Fluchtpunkt Geschichte

AF281304

Waxmann Verlag GmbH
Steinfurter Straße 555, 48159 Münster
info@waxmann.com

Tübinger Archäologische Taschenbücher

herausgegeben von
Manfred K. H. Eggert (Tübingen)
und Ulrich Veit (Leipzig)

Band 9

Waxmann 2011
Münster / New York / München / Berlin

Stefan Burmeister,
Nils Müller-Scheeßel (Hrsg.)

Fluchtpunkt Geschichte

Archäologie und Geschichtswissenschaft
im Dialog

Waxmann 2011
Münster / New York / München / Berlin

Bibliografische Informationen der Deutschen Nationalbibliothek
Die Deutsche Nationalbibliothek verzeichnet diese Publikation in der
Deutschen Nationalbibliografie; detaillierte bibliografische Daten sind
im Internet über http://dnb.d-nb.de abrufbar

Gedruckt mit Unterstützung der GERDA HENKEL STIFTUNG, Düsseldorf.

Tübinger Archäologische Taschenbücher, Band 9

ISSN 1430-1931
ISBN 978-3-8309-2437-1

© Waxmann Verlag GmbH, 2010
Postfach 8603, 48046 Münster

www.waxmann.com
info@waxmann.com

Umschlaggestaltung: Pleßmann Kommunikationsdesign, Ascheberg
Umschlagzeichnung: Holger Sinogowitz (nach einem Motiv vom
unteren Tor von Schloss Hohentübingen aus dem frühen 17. Jh.)
Gedruckt auf alterungsbeständigem Papier,
säurefrei gemäß ISO 9706

Vorwort

Der vorliegende Band geht aus einer Veranstaltung der Arbeitsgemeinschaft »Theorie in der Archäologie« hervor, die am 8. Oktober 2007 im Rahmen der 78. Jahrestagung des Nordwestdeutschen Verbands für Altertumskunde in Schleswig abgehalten wurde. Unter der Frage »Getrennt marschieren, vereint schlagen?« sollten Möglichkeiten und Grenzen der Zusammenarbeit von Archäologie und Geschichtswissenschaft diskutiert werden. Der meist bis auf den letzten Platz besetzte Tagungssaal und die regen Diskussionen zeigen nicht nur das große Interesse an dem Thema, sondern weisen eindrücklich auf die nachwievor drängende Aktualität der Verständigung über die Zusammenarbeit dieser beiden Disziplinen. Eine Publikation der Tagungsbeiträge erscheint deshalb notwendig.

Allen Beteiligten der Veranstaltung, den Vortragenden wie den Diskussionsteilnehmern, sei herzlich gedankt. Der Dank der Herausgeber geht weiterhin an die Gerda Henkel-Stiftung, die Anreise und Übernachtung der Teilnehmer der Schleswiger Tagung finanzierte und durch einen Druckkostenzuschuss das Erscheinen des vorliegenden Bandes ermöglichte.

Wir bedanken uns ferner bei den Autoren für die angenehme Zusammenarbeit. Manfred K. H. Eggert und Ulrich Veit nahmen das Buch in die von ihnen herausgegebene Reihe der »Tübinger Archäologischen Taschenbücher« auf, und Beate Plugge vom Waxmann-Verlag sorgte auf bewährte Weise für die rasche Drucklegung, wofür wir ihnen ebenfalls sehr danken.

Stefan Burmeister und Nils Müller-Scheeßel, September 2010

Inhalt

NILS MÜLLER-SCHEESSEL UND STEFAN BURMEISTER

Getrennt marschieren, vereint schlagen? Zur Zusammenarbeit von Archäologie und Geschichtswissenschaft

Zusammenfassung: Noch in den 1970er und 1980er Jahren fand ein reger Austausch zwischen Archäologie und Geschichtswissenschaft über die Grundlagen einer Zusammenarbeit statt. Dabei bildete sich der Konsens, dass die einstmals als Handlungsmaxime ausgegebene Parole des »getrennt marschieren, vereint schlagen!« nicht als methodologischer Leitfaden für die interdisziplinäre Zusammenarbeit taugt. Diese Diskussion wird hier nochmals rekapituliert; insbesondere wird auf die systemimmanente Vorläufigkeit aller wissenschaftlicher Erkenntnis und die fehlende Eigenständigkeit der Archäologie in methodologischer Hinsicht verwiesen, die dieser interdisziplinären Verfahrensweise die Grundlage entziehen. Die Notwendigkeit einer engen Zusammenarbeit von Archäologie und Geschichtswissenschaft ist unstrittig; so ergänzen sich die von den beiden Disziplinen hauptsächlich genutzten Quellen in ihrem Aussagegehalt gegenseitig, und durch die Zusammenarbeit erhalten beide Disziplinen einen produktiven Zugang zu fernerliegenden Nachbarwissenschaften. Voraussetzung für eine tragfähige Zusammenarbeit ist die sorgfältige Beachtung von Möglichkeiten und Grenzen der Aussagekraft der jeweiligen spezifischen Quellen. Ein kurzer Ausblick auf den Inhalt des Buches rundet den Beitrag ab.

Einleitung

Unter der taktischen Devise »getrennt marschieren, vereint schlagen« führte der preußische Generalfeldmarschall Helmuth Graf von Moltke 1866 seine Truppen bei Königgrätz zum Sieg über die österreichische Armee. Als Handlungsmaxime fand diese Vorgehensweise später Einzug in die wissenschaftliche Diskussion. So übertrug Hans Jürgen Eggers (1986, 251) dieses militärische Diktum auch auf die interdisziplinäre Zusammenarbeit von Nachbarwissenschaften. Damit gab er zum Ausdruck, dass diese unabhängig voneinander anhand ihrer jeweils eigenen Quellen zu Interpretationen kommen sollten, die dann miteinander verglichen und in eine gesamthafte Deutung integriert werden können.

Bereits in den 1970er Jahren wurde die dieser Maxime zugrunde liegende Haltung von dem Historiker Reinhard Wenskus kritisch hinterfragt und als unrealistisch und kontraproduktiv eingestuft.[1] An seiner negativen Einschätzung ließ er keinen Zweifel:

---

[1] Wenskus hatte seine Kritik erstmals in der Zusammenfassung der Arbeitstagung des Konstanzer Arbeitskreises für mittelalterliche Geschichte e. V. »Gemeinsame Forschungsprobleme der Archäologie und der Geschichtswissenschaft in archäologischer Sicht, Teil I« vom 08.–11.10.1974 auf

Sie sei als Handlungsanweisung einerseits zu grob, andererseits undurchführbar und daher nutzlos (Wenskus 1979, 637). Einer der zentralen Gründe für seine Ablehnung ist, dass es die Methodenreinheit in der Archäologie nicht gibt (ebd. 650). Am Beispiel einer Reihe von fachlichen Begriffen zeigte Wenskus auf, dass »bis in die Terminologie hinein so viel unreflektierte philologisch-historische Problematik in die Arbeitsweise jedes Archäologen eingebettet ist.« Archäologie und Geschichtswissenschaft sind für Wenskus also bereits in ihren heuristischen Grundlagen untrennbar miteinander verwoben.

Aber nicht nur Wenskus stellte grundsätzliche Fragen zum Verhältnis der beiden Nachbarfächer; in dieser Zeit wurde generell fächerübergreifend lebhaft über das Verhältnis zwischen Archäologie[2] und Geschichtswissenschaft diskutiert.[3] Inzwischen ist diese Debatte leider weitgehend abgeebbt und wird allenfalls noch im Bereich der Mittelalter- und Neuzeitarchäologie geführt – so etwa auf der Tagung der Deutschen Gesellschaft für Archäologie des Mittelalters und der Neuzeit »Historisches Ereignis und archäologischer Befund« 2004 in Amberg (Falk 2005; Gutscher 2005). Die zunehmende Spezialisierung der historischen und archäologischen Disziplinen, der damit verbundene Zuwachs an Spezialliteratur sowie der immense Zuwachs an neuem Fundmaterial in der Archäologie lassen es auch kaum mehr möglich erscheinen, einen Überblick über die das eigene wissenschaftliche Spezialgebiet transzendierenden Fächer zu behalten. Auch aus diesem Grund ist eine wirkliche Zusammenarbeit von

der Insel Reichenau vorgetragen (Protokoll der Tagungen des Arbeitskreises Nr. 191, 85–93, bes. 92 f.). Die anschließende Diskussion wurde sehr kontrovers geführt (ebd. 94–102). Vor allem von Seiten der anwesenden Historiker Walter Schlesinger und Helmut Beumann wurde die Forderung nach einem frühzeitigen Zusammengehen der beiden Disziplinen als nicht praktikabel (Schlesinger) und methodisch heikel (Beumann) zurückgewiesen. Wenskus knüpfte in seiner Zusammenfassung der zweiten Arbeitstagung zum Thema vom 18.–21.03.1975 an seiner Kritik an und führte sie weiter aus (Protokoll Nr. 196, 85–94). Die abschließende Diskussion zeigt (ebd. 95–107), dass sich im Grundsätzlichen unter den Tagungsteilnehmern nun anscheinend weitgehender Konsens über die Ausführungen Wenskus eingestellt hatte. – Ausführlich zu den Reichenau-Tagungen und den sich daran anschließenden Diskussionen Frommer 2007, 76 ff.

2   Wenn in diesen Diskussionen – wie auch hier in diesem Band – allgemein von »Archäologie« die Rede ist, so bezieht sich dies in erster Linie auf jenen Bereich, der meist als »Frühgeschichtliche Archäologie« bezeichnet wird, die archäologische Untersuchung jener Gesellschaften also, die bereits im Horizont schriftlicher Überlieferung liegen.

3   Aus marxistischer Perspektive etwa Herrmann 1977. – Die Tagungen des »Konstanzer Arbeitskreises für mittelalterliche Geschichte« von 1974/1975 fanden ihre Fortsetzung in zwei weiteren Doppeltagungen des Arbeitskreises: 1976/1977 »Von der Spätantike zum frühen Mittelalter. Aktuelle Probleme in historischer und archäologischer Sicht« (Werner/Ewig 1979); 1988/1989 »Ausgewählte Probleme europäischer Landnahmen des Früh- und Hochmittelalters. Methodische Grundlagendiskussion im Grenzbereich zwischen Archäologie und Geschichte« (Müller-Wille/Schneider 1993/1994). Die Diskussionen der letzten beiden Tagungen, die explizit auf die »methodische Grundlagendiskussion im Grenzbereich zwischen Archäologie und Geschichte« zielten, zeigen, dass man methodisch und theoretisch über die Diskussion der ersten Tagung von 1974 nicht hinausgekommen ist (Müller-Wille 1993, bes. 354; Johanek 1994, bes. 338).

Archäologie und Geschichtswissenschaft die Ausnahme. In der Regel werden Erkenntnisse oder Daten der anderen Disziplin – oft mit veraltetem Forschungsstand – nur zur Illustration und vermeintlichen Absicherung der eigenen Aussage herangezogen. Das ist leicht möglich, da meist weder die Schriftquellen noch die archäologischen Quellen in ihrer Aussage eindeutig sind und potenziell jeder archäologische Befund in Übereinstimmung mit den schriftlich überlieferten Zeugnissen gebracht werden kann und umgekehrt. Dies wiederum birgt die Gefahr zirkulärer Argumentationen. Alternativ werden die jeweiligen Studien meist ohne den Versuch einer Synthese nebeneinander gestellt. Die Diskurse des wissenschaftlichen Alltags zeigen mitunter einen eher sorglosen Umgang mit den Quellen und Ergebnissen der jeweils anderen Disziplin – Beispiele für das willfährige Bedienen im Fakten- und Ideenangebot der Nachbarwissenschaften sind allgegenwärtig. Insofern ist die Frage nach der Zusammenarbeit von Archäologie und Geschichtswissenschaft aktueller denn je.

Disziplin, Fach oder Wissenschaft?

Bevor allerdings zum Problem der Zusammenarbeit Stellung bezogen werden kann, muss zunächst die Frage beantwortet werden, wer oder was hier eigentlich zusammenarbeiten soll. Neben dem geläufigen Begriff der ›Wissenschaft‹ koexistieren auch die Bezeichnungen ›Fach‹ oder ›Disziplin‹, die mit demjenigen der ›Wissenschaft‹ eng zusammenhängen. Vom Duden (2006, 325) wird »Disziplin« u. a. als »Fach einer Wissenschaft« definiert. Ähnlich bezeichnet auch das »Deutsche Wörterbuch« (Wahrig 1991, 352) »Disziplin« als »wissenschaftl. […] Fachrichtung, Fachgebiet«. Nach diesen Definitionen wären ›Disziplin‹ und ›Fach‹ weitgehend synonym und jeweils Unterkategorien einer Wissenschaft. Dieser Auffassung schließen wir uns hier an.[4] Wenn es um die Zusammenarbeit der als ›Wissenschaft‹ verstandenen Bereiche geht, existieren jedoch im Deutschen interessanterweise nur für die ›Disziplin‹ entsprechende Adjektive wie etwa »multi-«, »inter-« oder »transdisziplinär«. ›Fächer‹ oder gar komplette ›Wissenschaften‹ können offensichtlich nicht miteinander in Kooperation treten.[5]

Betrachten wir die Ur- und Frühgeschichtliche Archäologie einmal als Fach bzw. Disziplin, stellt sich die Frage, welcher Wissenschaft sie zugeordnet werden sollte, setzen wir einmal voraus, dass auch »Archäologie« als potenzielles Ganzes lediglich

---

4 Diese Ansicht wird allerdings nicht von allen geteilt. So möchte M. K. H. Eggert (2006, 8 ff.) die Bezeichnung ›Fach‹ auf die Bedeutung ›Einzelfach‹ eingrenzen, während die ›Disziplin‹ für ihn – im Anschluss an H. Heckhausen (1987, 130 ff.) – mehrere Einzelfächer umschließt, die sich durch gemeinsame theoretische Grundlagen auszeichnen (ähnlich auch U. Veit in diesem Band).
5 Zum Begriff der ›Interdisziplinarität‹ und den damit zusammenhängenden Problemen s. etwa Kocka 1987.

einen Teilbereich eines übergeordneten Komplexes darstellt. Wenn man die Zuordnung zu den universitären Fakultäten oder – neudeutsch – Departments als Grundlage
nimmt, so kann man die Ur- und Frühgeschichtliche Archäologie sowohl als »Kul-
tur-« oder als »Geschichtswissenschaft« betrachten; an manchen Universitäten ist
sie sogar den Naturwissenschaften zugeordnet. Dieses Potpourri an Zugehörigkeiten
hat u. a. dazu geführt, dass über die genaue Positionsbestimmung der Archäologie im
Allgemeinen und der Ur- und Frühgeschichtlichen Archäologie im Besonderen innerhalb des Kanons der Wissenschaften in den letzten Jahren durchaus lebhaft diskutiert
wurde (z. B. Ament 1996; Eggert 1997; s. a. die folgenden Ausgaben des »Archäologischen Nachrichtenblattes« und der »Archäologischen Informationen«). Allerdings
war die Diskussion eher auf die Abgrenzung zu benachbarten Wissenschaften gerich-
tet, als dass Gemeinsamkeiten sowie Formen und Strategien der Zusammenarbeit mit
den Nachbarfächern erörtert wurden.

Vordergründig scheint die Frage nach der genauen Zugehörigkeit des Fachs
»Ur- und Frühgeschichte« reine Wortklauberei. Dennoch verbergen sich hinter den
unterschiedlichen Zuweisungen durchaus unterschiedliche theoretisch-methodische
Ausrichtungen. Exemplarisch sollen hier die Ansichten von Ulrich Veit und Manfred
K. H. Eggert auf der einen Seite und Sören Frommer auf der anderen Seite gegenübergestellt werden. Bei seiner Einstufung der Ur- und Frühgeschichte als Kulturwissenschaft bezieht sich U. Veit (2001; 2006) auf Max Weber (1985, 165; Hervorhebung im
Original), für den Kulturwissenschaften jene Fächer sind, »welche die Vorgänge des
menschlichen Lebens unter dem Gesichtspunkt ihrer *Kulturbedeutung* betrachten«.
Im Ergebnis plädiert Veit (2001, 85) für die Konzeption »einer explizit kulturwissenschaftlich orientierten Vergleichenden Ur- und Frühgeschichte«. Ähnlich urteilt Manfred K. H. Eggert (2006, bes. 246 ff.), für den Archäologie allgemein nichts Anderes
als eine Historische Kulturwissenschaft sein kann. Für Sören Frommer (2007, 341)
ist dagegen »Historische Archäologie«, worunter er auch die Ur- und Frühgeschichte
fasst, »die auf der Grundlage materieller Grundlage arbeitende Geschichtswissenschaft. Historische Archäologie ist eine (ausschließlich) nach Quellenkriterien definierte Teildisziplin der Geschichtswissenschaft i. w. S.«. In seinem Buch geht Frommer ausdrücklich auf Distanz zu einem stärker kulturvergleichenden Ansatz.

Im Kern geht es beim Gegensatz dieser beiden Positionen um die Frage, ob sich
eine Disziplin wesentlich über Theorie und Methodik (Eggert, Veit) oder über ihre
Quellen (Frommer) definiert. Bestimmen also die Quellen, die Methoden oder die
Fragestellungen ein Fach? Oder gar die Erkenntnisse, wie der »Wahrig« meint?[6] Dass
die Entscheidung für die eine oder die andere Auffassung auch eine Rückwirkung auf
die Zusammenarbeit mit Nachbarfächern hat, sollte auf der Hand liegen.

---

6 Für die Autoren des »Wahrig« (1991, 1441) ist ›Wissenschaft‹ ein »geordnetes, folgerichtig auf-
   gebautes, zusammenhängendes Gebiet von Erkenntnissen«.

Getrenntes Marschieren und vereintes Schlagen?

Eggers (1986, 255–97) schwebte in seinem originalen Konzept, das sich einerseits mit dem Diktum des »Getrennt marschieren, vereint schlagen« und andererseits mit dem hegelschen Dreischritt von These, Antithese und Synthese umschreiben lässt, ausdrücklich eine Form der Zusammenarbeit der verschiedenen Disziplinen vor. Das bei ihm durchscheinende Bemühen der sorgfältigen Trennung der disziplinären Verfahrenswege ist auch vor dem forschungsgeschichtlichen Hintergrund zu sehen, dass in der 1. Hälfte des 20. Jahrhunderts die einzelnen Quellengattungen häufig sorglos durcheinander geworfen worden waren (ebd. 251). Dennoch ist die Frage zu stellen, ob seine Vorstellung als Pate für eine fruchtbare Zusammenarbeit zwischen den Disziplinen stehen kann. Bei genauerer Hinsicht zeigen sich in diesem Konzept nämlich eine Reihe von problematischen Vorannahmen, die den Kern wissenschaftlichen Arbeitens und des interdisziplinären Austausches betreffen.

So weist die immer wieder formulierte Handlungsmaxime des getrennten Marschierens, aber vereinten Schlagens einen ernsten Defekt auf, auf den bereits Wenskus (1979, 645) hingewiesen hat, und der das wissenschaftliche Selbstverständnis unmittelbar berührt: Ab welchem Punkt das »getrennte Marschieren« als abgeschlossen gelten darf, bleibt vollkommen unklar. Ja, schlimmer noch: Die Metapher suggeriert, dass wissenschaftliche Erkenntnis irgendwann abgeschlossen sein könnte, dabei sind doch wissenschaftliche Ergebnisse *per se* immer nur vorläufig, können niemals endgültig sein. Insofern widerspricht das hinter dem Bild vom getrennten Marschieren stehende Gedankengut dem Selbstbild moderner Wissenschaft diametral.

Ferner beruht das Bild des getrennten Marschierens auf der Vorstellung einer reinen Methodenlehre: Man müsse nur die den fachspezifischen Quellen adäquaten facheigenen Methoden verfolgen, dann würde man zu objektiven Erkenntnissen kommen. Methodische Verquickungen wären eine Kontamination wissenschaftlicher Heuristik und würden folglich das Ergebnis in kaum einschätzbarer Weise beeinflussen.[7] Wie bereits betont, wies schon Reinhard Wenskus (1979, 643) darauf hin, dass diese Vorstellung einer reinen Methodenlehre eine Fiktion ist: Die Methoden der Archäologie basieren großenteils auf naturwissenschaftlichen, ihre Fachbegriffe vielfach auf ethnographischen und geschichtswissenschaftlichen Konzepten. Eine rein archäologische Methodologie oder eine rein archäologische Theorie gibt es nicht – und kann es wohl auch nicht geben. Selbst die für die Archäologie scheinbar so originäre Typologie hat ihren Ursprung in der Evolutionsbiologie, ihre geistigen Wurzeln ruhen jedoch mit ihrem Entwicklungsgedanken in der Philosophie und dem zugrunde liegenden Stilverständnis in der Kunstgeschichte. Doch selbst wenn wir den klassischen

---

7   So z. B. Helmut Beumann in seiner Replik auf Wenskus auf der ersten Reichenau-Tagung (Protokoll Nr. 191, 96).

Methodenkanon der Archäologie von Typologie, Chronologie und Chorologie als rein archäologisch anerkennten und diese als unseren Beitrag zur Kulturgeschichte sähen, reduzierten wir uns in unseren wissenschaftlichen Bemühungen antiquarisch selbstgenügsam auf die formenkundliche, zeitliche und räumliche Klassifikation von Altertümern. Das hieße, sich mit der Erstellung von Typentafeln und Verbreitungskarten zufrieden zu geben. Im Bild des getrennten Marschierens wäre der Weg des Archäologen dann nur sehr kurz, von gemeinsamem Schlagen könnte schon gar keine Rede sein, bestenfalls wäre der Archäologe ein vorübergehender Weggefährte, der eine gewisse Zeit mal einen Teil des Marschgepäckes trägt.

Der Archäologie fehlt jenseits von Datenerhebung und -verarbeitung das fachspezifisch eigene theoretische Rüstzeug, ihren Realien und Befunden ein »menschliches Antlitz« zu geben. Aus diesem Grund ist sie hinsichtlich ihrer Interpretationen auf die Hilfe der so genannten Gesellschaftswissenschaften im Allgemeinen und – neben der Ethnologie – auf die der Geschichtswissenschaft im Besonderen angewiesen. Die kulturwissenschaftlichen Deutungen archäologisch erschlossener Tatbestände basieren zentral auf historischen Modellen und Begrifflichkeiten; ebenso steht die Geschichtswissenschaft für viele der Denkmodelle der Archäologie etwa hinsichtlich der Wirtschaftsform und Siedlungsweise Pate: Die Geschichtswissenschaft ist für die Archäologie eine interpretationsleitende Disziplin. Archäologische Erkenntnis ist mit einer Vielzahl unterschiedlichster Modelle und Vorstellungen von außerhalb der Archäologie unentwirrbar verwoben, sie basiert also unentrinnbar auf Entlehnungen aus anderen Wissenschaftsdisziplinen. Allein aus diesem Grunde ist die intensive Diskussion mit für uns interpretationsleitenden Disziplinen – wie hier mit der Geschichtswissenschaft – eine absolute Notwendigkeit.

Chancen des Austausches

Die Maxime des getrennten Marschierens, aber vereinten Schlagens beruht folglich auf fehlgeleiteten Ansichten zum einen allgemein über wissenschaftliches Arbeiten, zum anderen über die Herkunft archäologischer Theorien und Methoden. Demgegenüber gibt es eine ganze Reihe von positiven Gründen, die für eine enge und frühzeitige Kontaktpflege der Disziplinen sprechen.

Mit der Maxime Eggers‹ würde man sich unnötig beschränken, erweitern die Ergebnisse von Nachbardisziplinen doch den Horizont und regen möglicherweise neue Fragestellungen an. Wenskus (1979, 657) wies auf einen weiteren positiven Nebeneffekt einer engen Zusammenarbeit hin: Da beide Wissenschaften unterschiedliche Schwerpunkte des Austausches mit weiteren benachbarten Wissenschaften einbringen, erweitert sich dadurch auch der Horizont der Beteiligten. Durch die Zusammenarbeit kommen sie in Kontakt mit Fragestellungen, Methoden oder Theorien, die sonst möglicherweise unbeachtet geblieben wären. Wenskus prägte hierfür den Begriff der »Kontaktwissenschaft«, eine Rolle, die er explizit der Archäologie zuschrieb. Archäologische und schriftliche Quellen können Aussagen über unterschiedliche Lebensdimensionen treffen. Dies ist einerseits eine Chance, da die Archäologie beispielsweise Lebensbereiche erschließt, die in den Schriftquellen nur unzureichend reflektiert sind wie z. B. die Alltagswelt.[8] Sofern dieselben Gegenstände behandelt werden, muss allerdings auch die Verschiedenartigkeit der jeweiligen Quellen berücksichtigt werden. Hier stellt sich die Frage, ob wir das Gleiche meinen, wenn wir vom scheinbar Gleichen reden. Wir sind mit dem generellen Problem konfrontiert, inwieweit die Begrifflichkeiten, die aus anderen Disziplinen entlehnt und als Referenz auf das eigene Datenmaterial übertragen werden, in dem neuen Quellenkontext adäquate Bezeichnungen eines zunächst gänzlich anderen Sachverhaltes sind. Hier findet ein Übersetzungsvorgang statt, der ohne die notwendige kritische Reflexion zu unerkannten Bedeutungsverschiebungen oder unzulässigen Bedeutungsaufladungen der je spezifischen Quellen führen kann. Reden wir über dasselbe, wenn wir uns eines gemeinsamen Begriffsapparates bedienen?[9]

Archäologie und Geschichtswissenschaft haben nicht nur den gleichen Untersuchungsgegenstand, sie verfolgen in weiten Teilen auch das gleiche Erkenntnisziel. Beide Disziplinen schöpfen aus den ihnen eigenen Quellen, deren Nutzung jeweils auch für die andere Seite von großem Erkenntnisgewinn sein könnte. Die Archäologie kann sicherlich nicht ohne die Geschichtswissenschaft sinnvoll ihre Erkenntnisziele verfolgen. Doch im Gegenzuge sollte auch die Geschichtswissenschaft ein großes Interesse an der Archäologie haben, da diese – bei all ihren Problemen erkenntnistheoretischer Art (s. u.) – einen großen Fundus an Daten hat, die nicht dem von Herwig

---

8 Wenskus äußerte in seiner Zusammenfassung der zweiten Reichenauer Tagung 1975 die Erwartung, dass die Geschichtswissenschaft vor allem in wirtschaftsgeschichtlichen Fragen von der Archäologie profitieren könne. Dies führte er darauf zurück, dass die wirtschaftlichen Grundbedürfnisse des Menschen eine große Kontinuität aufwiesen (Protokoll Nr. 196, 88). Der vornehmliche Grund für die besondere Eignung der Archäologie, hier weiterführende Aussagen zu treffen, dürfte jedoch eher darin zu suchen sein, dass sich das wirtschaftliche Verhalten des Menschen direkter im materiellen Befund abbildet als all jene kulturellen Bereiche, die vornehmlich ideell bestimmt sind.

9 So fordert z. B. Volker Bierbrauer (2004, 48) für die Verständigung zwischen Archäologen und Historikern explizit, dass die den historischen Quellen entnommenen Ethnonyme auf archäologisch erschlossene Gruppen zu übertragen seien, andernfalls wäre kein Dialog möglich. Doch sind die *gentes* der Historiker wirklich identisch mit den als »Kulturmodell« abstrahierten Kulturgruppen der Archäologen? Nach gegenwärtigem Diskussionsstand handelt es sich etwa bei den germanischen *gentes* um militärisch begründete Gruppen, das postulierte archäologische Korrelat wird meist über Bestattungssitten und Merkmale der Frauentracht definiert. Es ist nicht von vornherein davon auszugehen, dass das archäologische »Kulturmodell« und die historisch bezeugte *gens* das Gleiche bezeichnen bzw. sich überhaupt auf der gleichen Ebene sozialer Kategorisierung bewegen; siehe für die weitere Diskussion Burmeister im Dr.

Wolfram (1994) so charakterisierten historiographischen Dilemma, dem »Lügen mit der Wahrheit«, unterliegen.[10]

Das Problem der Quellen

Begeben wir uns in die interdisziplinäre Auseinandersetzung, wie sie oben auf verschiedenen Ebenen skizziert wurde, ist eine realistische Einschätzung des Aussagepotenzials und der Aussagegrenzen der jeweils fachspezifischen Quellen eine essentielle Voraussetzung. Man gewinnt jedoch den Eindruck, dass dem Laien wie dem Nachbarwissenschaftler, aber auch dem Archäologen selbst ein den erkenntnistheoretischen Möglichkeiten der Archäologie sachlich angemessener Blick oft verstellt ist. Befasst sich doch die Archäologie im Wesentlichen mit den Realien, den Objekten der Vergangenheit. Unser assoziatives Sprachverständnis leitet von den Realien und Objekten schnell über zu den zentralen wissenschaftlichen Glaubenssätzen von Realität und Objektivität. Dinge »lügen« nicht. Von vielen Kommentatoren (u. a. Eggers 1986, 257) wird immer wieder betont, dass historische Quellen tendenziös seien, die archäologischen Quellen dahingegen deutlich neutraler. Durch die Postprozessuale Archäologie hat zwar auch die Intentionalität Einzug in den archäologischen Befund gehalten, dennoch wird der archäologischen Realie ein deutliches Maß an Authentizität und unmittelbarem Vergangenheitsbezug zugestanden. Der scheinbar unmittelbare Zugriff auf die Vergangenheit ist ein Privileg der Archäologie. Es wird, wie Knut Ebeling (2004, 18) schreibt, suggeriert, dass man durch den Schleier der Erscheinungen hindurch treten und zum Wesen, zum tatsächlichen Kern der Dinge vordringen könne. Die Archäologie mit ihrem Dingbezug wird so zur Leitwissenschaft für eine Vielzahl von Disziplinen. Diese kaum fassbare Aufwertung freut uns natürlich über die Maßen: Kann die Archäologie, statt im Chor der Kulturwissenschaften nur immer im Hintergrund mitzubrummen, nun auch mal die Solostimme übernehmen.

Doch diese schön schillernde Seifenblase muss unter jedem kritischen Blick zwangsläufig zerplatzen. Die Vorstellung ist grundfalsch, dass die Dinge, also die archäologischen Quellen einen unmittelbaren Zugang zur Vergangenheit geben – und selbst wenn sie es täten, wir würden dessen nicht gewahr werden. Der Historiker Otto Gerhard Oexle (2003, 18) formuliert treffend: »Die ›Objektivität‹ kommt letztlich nicht von den Gegenständen her, sondern von der Struktur des erkennenden Subjekts. Das erkennende Subjekt, indem es mit ›Dingen‹ befaßt ist, weiß nichts über ›Dinge an sich‹, sondern es weiß nur etwas von Phänomenen, von ›Erscheinungen‹, es weiß nur das, was im Lichte seiner Fragen zum Vorschein kommt.« Archäologische Erkenntnis

---

10 Zu weiteren Vorteilen der Zusammenarbeit aus Sicht der Geschichtswissenschaft s. Schlesinger 1974; Wenskus 1979, 656 f.

wird eben nicht aus den Funden und Befunden selbst gewonnen, sondern aus deren Einbettung in den Kontext kulturwissenschaftlich relevanter Phänomene.[11] Im Zentrum der Erkenntnis steht folglich nicht das Objekt, sondern das forschende Subjekt, der Wissenschaftler und die Wissenschaftlerin. Sie sind es, die der toten Materie der archäologischen Realien kulturgeschichtliches Leben einhauchen, die mit ihren Interpretationen der Vergangenheit einen Sinn geben. Ihre Modelle und Vorstellungen, die sie an die archäologischen Quellen herantragen, sind die Grundlage archäologischer Erkenntnis (s. bes. den Beitrag von U. Ickerodt in diesem Band). Diese Modelle und Vorstellungen werden bestenfalls aus anderen, mit ähnlichen Phänomenen befassten Wissenschaften entlehnt, vielfach speisen sie sich aber auch aus dem weiten Spektrum von Alltagserfahrungen und ideologischen Dispositionen des Archäologen selbst. Die gesellschaftliche Bindung des Forschers wird in Zusammenhang mit Wissenschaft unter totalitären Bedingungen zweifelsfrei gesehen, unter gesellschaftlich freieren Vorzeichen jedoch noch viel zu wenig reflektiert.[12] Sicherlich müssen sich die Archäologen der Möglichkeiten und Grenzen ihrer Wissenschaft bewusst sein, aber ebenso auch die Diskussionspartner aus anderen Disziplinen. Die oben geschilderten Illusionen, die die Archäologie als Leitwissenschaft für andere interessant macht, unsere scheinbar besonderen Möglichkeiten des authentischen Zugriffs auf die Vergangenheit, sind strikt zurückzuweisen. Denn eine interdisziplinäre Zusammenarbeit, die auf solchen Mythen basiert, ist zum Scheitern verurteilt. Die notwendigerweise sich bald einstellende Ernüchterung bei unseren Diskussionspartnern droht dann, zur Frustration und zum vorzeitigen Abbruch der weiteren interdisziplinären Bemühungen zu führen.

Im Gegenzuge müssen sich auch die Archäologen ein klares Bild von den Aussagemöglichkeiten und -grenzen der schriftlichen Quellen machen. Auch wenn jedem Archäologen bewusst sein wird, dass die Schriftquellen tendenziös sind und in jedem Falle einer kritischen Lesart bedürfen, sind dennoch die Fälle zahlreich, in denen historischen Quellen quasi als Vergangenheitsprotokoll herangezogen werden, die archäologischen Ergebnisse zu untermauern. Es bedarf notwendigerweise eines reflektierten Umgangs mit den Quellen anderer Disziplinen.

Die Geschichtswissenschaft hat eine lange Tradition, was die kritische Reflexion der Aussagekraft ihrer Quellen anbelangt. Das Diktum Leopold von Rankes »Sagen, wie es eigentlich gewesen« wurde als Imperativ historischer Forschung vielfach in Frage gestellt. Diese Forderung basiert auf der als irrig angesehenen Vorstellung, dass die Schriftquellen einen authentischen Einblick in die Vergangenheit bieten bzw.

---

11 Insofern muss bedenklich stimmen, dass der ambitionierte Entwurf von Sören Frommer (2007) zur »methodologischen Grundlegung der Archäologie als Geschichtswissenschaft« (so der Untertitel) sich auf ca. 170 Seiten fast ausschließlich um die Quellenerschließung dreht, die Frage der Quelleninterpretation dann aber auf lediglich 15 Seiten streift.

12 In einem äußerst lesenswerten Aufsatz hat Sabine Rieckhoff (2007) jüngst am Beispiel der deutschen Hallstattzeit-Forschung den nachhaltigen Einfluss persönlicher Weltbilder auf die archäologische Modellbildung offengelegt.

sich dieser nach einer fundierten Quellenkritik einstellt. Jüngste Tagungsbände wie derjenige »Auf der Suche nach der verlorenen Wahrheit« (Kiesow/Simon 2000) oder »Von Fakten und Fiktionen« (Laudage 2003) stehen in einer langen Reihe von Bemühungen, historische Erkenntnis zwischen den Polen der Tendenziösität und Selektivität schriftlicher Quellen einerseits und der Subjektivität des Historikers andererseits unter Kontrolle zu bringen (s. a. Fried 2004; Beitrag D. Föller in diesem Band). Beide, Quellen wie Historiker, stehen in Verruf, ein schwer zu überwindendes Hindernis auf dem Weg historischer Erkenntnis zu sein.[13]

Archäologen und Historiker sitzen zwar nicht im selben Boot, werden aber durch die gleichen Untiefen von ihrem Kurs abgebracht. Dies ist ein Plädoyer an alle Beteiligten, sich den fachspezifischen Quellen der anderen Disziplinen mit der gleichen Offenheit, aber auch notwendig kritischen Distanz zu nähern, die man im Umgang mit den eigenen Quellen hat. In der Konsequenz bedeutet dies, hier ist Sören Frommer (2007, 343) zuzustimmen, dass die praktische Umsetzung von Interdisziplinarität in der Person des Forschenden selbst beginnt.

Zur Gliederung dieses Bandes

Wie bei der Tagung, die diesem Band zugrunde liegt, sind die Beiträge größtenteils in Tandems organisiert, d. h. dass jeweils ein Archäologe und ein Historiker dieselbe Fragestellung aus dem Blickwinkel ihrer jeweiligen Quellen betrachten und analysieren. In zwei einleitenden Beiträgen (Eggert, Föller) werden die Struktur der jeweils fachspezifischen Quellen hinsichtlich Erkenntnispotenzial und Erkenntnisgrenzen reflektiert. Anschließend werden einige Themen, die in den letzten Jahren zwischen Archäologen und Geschichtswissenschaftlern kontrovers diskutiert wurden, aus der jeweiligen Perspektive der Archäologie und der Geschichtswissenschaft behandelt (Troja[14], Varusschlacht[15], Ethnos, germanische Sozialstrukturen). Hierbei

---

13 Wie Hans-Werner Goetz (2003, 225) betont, ist man sich in der Geschichtswissenschaft seit Langem im Klaren: »Geschichtsverlauf und Geschichtserzählung stimmen keineswegs überein.« Als Konsequenz formuliert er ein anderes Geschichtsverständnis, indem er den Fokus von der ›historischen Realität‹ hin zur Wahrnehmung durch die Zeitgenossen wendet. Er akzeptiert damit das Fiktionale der schriftlichen Quellen, sieht es gar als Teil ihrer Realität und folglich als historisch relevant zu interpretierende Eigenart der mittelalterlichen »Konstruktion von Geschichte«.

14 Leider sah Martin Zimmermann, der ursprünglich den historischen Teil zum Trojablock beigetragen hatte, davon ab, seinen Vortrag »Die Erforschung des bronzezeitlichen Troia. Zum Konflikt zwischen Geschichtswissenschaft und Archäologie« in schriftlicher Form einzureichen; siehe aber Zimmermann 2006.

15 Als Vertreter der Geschichtswissenschaft hielt Reinhard Wolters den Vortrag zur Varusschlacht. Auch er nahm leider Abstand von einer Veröffentlichung (zu seiner Position s. Wolters 2003; 2008). Wir danken an dieser Stelle Rainer Wiegels, der diese Lücke äußerst kollegial füllte.

sollen am konkreten Thema die Möglichkeiten der jeweiligen Disziplin ausgelotet werden, mit den jeweils eigenen Quellen und Methoden eigenständige, tragfähige, kulturgeschichtlich relevante Aussagen zu erzielen. Wo liegen die Grenzen und ab welchem Punkt wird auf Nachbarwissenschaften zurückgegriffen? Wo liegen Probleme und Chancen der Zusammenarbeit bei den jeweiligen konkreten historischen Fragestellungen? In zwei Beiträgen stellen Vertreter der Vorderasiatischen Archäologie (Bernbeck) und Ägyptologie (Fitzenreiter) die Situation in ihrem Fach dar. In beiden dieser Altertumswissenschaften gehören Schriftquellen und Sachquellen zum festen Bestandteil des Faches,[16] die Fachvertreter sind mit beiden Quellengattungen grundsätzlich vertraut, so dass zumindest nicht anzunehmen ist, dass die zwischen Archäologie und Geschichtswissenschaft so deutliche »Übersetzungsproblematik« bei ihnen zum Tragen kommt. Am Schluss stehen die Beiträge von Ulf Ickerodt und Ulrich Veit, in denen sie Ansätze einer Synthese vorstellen und das Gemeinsame von Archäologie und Geschichte im Sinne einer Historischen Anthropologie bzw. Historischen Kulturwissenschaft herausarbeiten.

Es ist das Ziel dieses Buches, die Maxime des »Getrennt-Marschierens« in Frage zu stellen und für ein frühzeitiges Zusammengehen der beteiligten Disziplinen zu plädieren. Die beteiligten Altertumswissenschaften haben ein gleichgerichtetes Erkenntnisziel; die Ausblendung oder ungenügende Berücksichtigung der Ergebnisse anderer Disziplinen führt zu einer unnötigen Fragmentierung unserer ohnehin begrenzten Möglichkeiten historischer Erkenntnis. Eine tragfähige inter- und transdisziplinäre Kooperation setzt jedoch unabdingbar voraus, dass den Partnern die Möglichkeiten und Grenzen der jeweils anderen Disziplin bewusst sind, anhand ihrer spezifischen Quellen zu tragfähigen Aussagen zu kommen. Dies lässt sich – wie bereits auf den Reichenauer Tagungen 1974/1975 hervorgehoben – nur über einen regelmäßigen intensiven Austausch gewährleisten, verbunden mit einer kritischen Reflexion der jeweiligen aktuellen Forschungs- und Diskussionsstände, um so dem willfährigen ›Bedienen‹ im Fundus benachbarter Disziplinen einen Riegel vorzuschieben. Im Ergebnis soll dieser Band dazu beitragen, der zunehmenden Zersplitterung der Altertumswissenschaften entgegenzuwirken und den beteiligten Disziplinen wieder eine gemeinsame Klammer zu geben.

---

16 Für die Altorientalistik siehe jedoch auch Hauser 2005.

Literaturverzeichnis

Ament 1996: H. Ament, Die Wissenschaft ›A‹ oder die Schwierigkeit, ein Fach zu benennen. Arch. Nachrbl. 1, 1996, 5–8.

Bierbrauer 2004: V. Bierbrauer, Zur ethnischen Interpretation in der frühgeschichtlichen Archäologie. In: W. Pohl (Hrsg.), Die Suche nach den Ursprüngen. Von der Bedeutung des frühen Mittelalters. Österr. Akad. Wiss. Denkschr. Phil.-Hist. Kl. 322 = Forsch. Gesch. Mittelalter 8. Wien: Österreichische Akademie der Wissenschaften 2004, 45–84.

Burmeister im Dr.: Ethnizität und Migration. In: M. K. H. Eggert / U. Veit (Hrsg.), Theorie in der Archäologie. Zum Stand der deutschsprachigen Diskussion. Tübinger Arch. Taschenb. Münster, New York: Waxmann im Dr.

Duden 2006: Duden – Die deutsche Rechtschreibung. Mannheim: Duden-Verlag ²⁴2006.

Ebeling 2004: K. Ebeling, Die Mumie kehrt zurück II. Zur Aktualität des Archäologischen in Wissenschaft, Kunst und Medien. In: K. Ebeling / St. Altekamp (Hrsg.), Die Aktualität des Archäologischen in Wissenschaft, Kunst und Medien. Frankfurt a. Main: Fischer 2004, 9–30.

Eggers 1986: H. J. Eggers, Einführung in die Vorgeschichte. München, Zürich: Piper ³1986 [Erstausg.: München 1959].

Eggert 1997: M. K. H. Eggert, Die Ur- und Frühgeschichte als akademische Disziplin: Bemerkungen zur gegenwärtigen Diskussion. Arch. Inf. 20, 1, 1997, 103–15.

Eggert 2006: Ders., Archäologie: Grundzüge einer Historischen Kulturwissenschaft. Tübingen, Basel: Francke 2006.

Falk 2005: A. Falk, Historisches Ereignis und archäologischer Befund. Zusammenfassung und Schlussbetrachtung. Mitt. Dt. Ges. Arch. Mittelalter u. Neuzeit 16, 2005, 117–9.

Fried 2004: J. Fried, Der Schleier der Erinnerung. Grundzüge einer historischen Memorik. München: Beck 2004.

Frommer 2007: S. Frommer, Historische Archäologie: ein Versuch der methodologischen Grundlegung der Archäologie als Geschichtswissenschaft. Tübinger Forsch. Hist. Arch. 2. Büchenbach: Dr. Faustus 2007.

Goetz 2003: H.-W. Goetz, »Konstruktion der Vergangenheit«. Geschichtsbewusstsein und »Fiktionalität« in der hochmittelalterlichen Chronistik, dargestellt am Beispiel der Annales Palidensis. In: Laudage 2003, 225–57.

Gutscher 2005: D. Gutscher, Historisches Ereignis und archäologischer Befund. Gedanken zur Einführung ins Thema. Mitt. Dt. Ges. Arch. Mittelalter u. Neuzeit 16, 2005, 9–14.

Hauser 2005: St. R. Hauser, Quellen – Material. Historiker, Archäologen und das Schweigen der Steine. In: K. Hitzl (Hrsg.), Methodische Perspektiven in der Klassischen Archäologie. Schr. Dt. Archäologenverband 16, 2005, 69–107.

Heckhausen 1987: H. Heckhausen, ›Interdisziplinäre Forschung‹ zwischen Intra-, Multi- und Chimären-Disziplinarität. In: Kocka 1987, 129–45.

Herrmann 1977: J. Herrmann (Hrsg.), Archäologie als Geschichtswissenschaft: Studien und Untersuchungen [Festschr. K.-H. Otto]. Schr. Ur- u. Frühgesch. 30. Berlin: Akademie 1977.

Johanek 1994: P. Johanek, Schlußbetrachtungen. In: M. Müller-Wille / R. Schneider (Hrsg.), Ausgewählte Probleme europäischer Landnahmen des Früh- und Hochmittelalters.

Methodische Grundlagendiskussion im Grenzbereich zwischen Archäologie und Geschichte. Vorträge u. Forsch. 41, 2. Sigmaringen: Thorbecke 1994, 337–46.

Kiesow/Simon 2000: R. M. Kiesow/D. Simon (Hrsg.), Auf der Suche nach der verlorenen Wahrheit. Zum Grundlagenstreit in der Geschichtswissenschaft. Frankfurt a. Main, New York: Campus 2000.

Kocka 1987: J. Kocka (Hrsg.), Interdisziplinarität: Praxis – Herausforderung – Ideologie. Frankfurt a. Main: Suhrkamp 1987.

Laudage 2003: J. Laudage (Hrsg.), Von Fakten und Fiktionen. Mittelalterliche Geschichtsdarstellungen und ihre kritische Aufarbeitung. Europä. Geschichtsdarstellungen 1. Köln u. a.: Böhlau 2003.

Müller-Wille 1993: M. Müller-Wille, Zwischenstand. In: Ders./R. Schneider (Hrsg.), Ausgewählte Probleme europäischer Landnahmen des Früh- und Hochmittelalters. Methodische Grundlagendiskussion im Grenzbereich zwischen Archäologie und Geschichte. Vorträge u. Forsch. 41, 1. Sigmaringen: Thorbecke 1993, 339–54.

Müller-Wille/Schneider 1993/1994: Ders./R. Schneider (Hrsg.), Ausgewählte Probleme europäischer Landnahmen des Früh- und Hochmittelalters. Methodische Grundlagendiskussion im Grenzbereich zwischen Archäologie und Geschichte. Vorträge u. Forsch. 41, 1–2. Sigmaringen: Thorbecke 1993–1994.

Oexle 2003: O. G. Oexle, Von Fakten und Fiktionen. Zu einigen Grundsatzfragen der historischen Erkenntnis. In: Laudage 2003, 1–42.

Rieckhoff 2007: S. Rieckhoff, Keltische Vergangenheit: Erzählung, Metapher, Stereotyp. Überlegungen zu einer Methodologie der archäologischen Historiografie. In: St. Burmeister/H. Derks/J. von Richthofen (Hrsg.), Zweiundvierzig. Festschrift für Michael Gebühr zum 65. Geburtstag. Internat. Arch. Stud. Honoraria 25. Rahden/Westf.: Leidorf 2007, 15–34.

Schlesinger 1974: W. Schlesinger, Archäologie des Mittelalters in der Sicht des Historikers. Zeitschr. Arch. Mittelalter 2, 1974, 7–31.

Veit 2001: U. Veit, Von der Schwierigkeit ein Fach zu bestimmen: Überlegungen zur kognitiven Identität der Ur- und Frühgeschichte. Saeculum 52, 2001, 1, 73–90.

Veit 2006: Ders., ›Digging for Symbols‹: Ur- und Frühgeschichtliche Archäologie als Kulturwissenschaft. Ethnogr.-Arch. Zeitschr. 47, 2006, 145–62.

Wahrig 1991: G. Wahrig, Deutsches Wörterbuch. Mit einem »Lexikon der Deutschen Sprachlehre«. Gütersloh, München: Bertelsmann Lexikon Verlag 1991.

Weber 1985: M. Weber, Die »Objektivität« sozialwissenschaftlicher und sozialpolitischer Erkenntnis. In: J. Winckelmann (Hrsg.), Max Weber: Gesammelte Aufsätze zur Wissenschaftslehre. Tübingen: Mohr [6]1985, 146–214 [Erstausg.: Tübingen 1900].

Wenskus 1979: R. Wenskus, Randbemerkungen zum Verhältnis von Historie und Archäologie, insbesondere mittelalterlicher Geschichte und Mittelalterarchäologie. In: H. Jankuhn/R. Wenskus (Hrsg.), Geschichtswissenschaft und Archäologie: Untersuchungen zur Siedlungs-, Wirtschafts- und Kirchengeschichte. Vorträge u. Forsch. 22. Sigmaringen: Thorbecke 1979, 637–57.

Werner/Ewig 1979: J. Werner/E. Ewig (Hrsg.), Von der Spätantike zum frühen Mittelalter. Aktuelle Probleme in historischer und archäologischer Sicht. Vorträge u. Forsch. 25. Sigmaringen: Thorbecke 1979.

Wolfram 1994: H. Wolfram, Einleitung oder Lügen mit der Wahrheit – Ein historiographisches Dilemma. In: A. Scharer / G. Scheibelreiter (Hrsg.), Historiographie im frühen Mittelalter. Veröff. Inst. Österr. Geschforsch. 32. Wien, München: Oldenbourg 1994, 11–25.

Wolters 2003: R. Wolters, Hermeneutik des Hinterhalts: die antiken Berichte zur Varuskatastrophe und der Fundplatz von Kalkriese. Klio 85, 2003, 131–70.

Wolters 2008: Ders., Die Schlacht im Teutoburger Wald. Arminius, Varus und das römische Germanien. München: Beck 2008.

Zimmermann 2006: M. Zimmermann, Troia – eine unendliche Geschichte? In: Ders. (Hrsg.), Der Traum von Troia: Geschichte und Mythos einer ewigen Stadt. München: Beck 2006, 11–25.

MANFRED K. H. EGGERT

Über archäologische Quellen[1]

Michael Gebühr gewidmet

Zusammenfassung: Dieser Beitrag sucht, die wichtigsten Charakteristika nichtschriftlicher archäologischer Quellen herauszuarbeiten. Dabei werden die so verstandenen archäologischen Zeugnisse den Schriftquellen der Geschichtswissenschaft gegenübergestellt. Auf eine knappe Erörterung der inneren Differenzierung historischer Zeugnisse folgen sieben Thesen, in denen die wesentlichen Unterschiede nichtschriftlicher archäologischer und schriftlicher historischer Quellen zusammengefasst sind. Anschließend dienen zwei Beispiele aus dem Bereich der Frühgeschichte dazu, die aus der allgemeinen Betrachtung gewonnenen Einsichten zu illustrieren.

In den folgenden Ausführungen sollen – entgegen der Aussage des Titels – die charakteristischen Merkmale der Quellen sowohl der Archäologie als auch der Geschichtswissenschaft im engeren Sinne erörtert werden. Bevor ich dazu eine Reihe grundsätzlicher Aussagen thesenhaft präsentiere, erscheint es angebracht, einige begriffliche Voraussetzungen knapp anzusprechen. Leitschnur dieser Vorbemerkungen ist die Absicht, ein Quellenkonzept zu skizzieren, mit dem sich in den verschiedenen Spielarten der beiden Fächer operieren lässt. Wann immer im Folgenden von ›Historie‹ gesprochen wird, ist damit die eben genannte Geschichtswissenschaft im engeren Sinne gemeint, also die wesentlich auf Schriftzeugnissen beruhende Wissenschaft von der Geschichte.

Zur inneren Differenzierung historischer Zeugnisse

Es bedarf keiner längeren Darlegungen, dass der Begriff ›historische Quellen‹ an sich die Gesamtheit aller Zeugnisse umfasst, die über eine mehr oder weniger entfernte Vergangenheit Erkenntnisse zu liefern vermögen. In diesem Sinne schließen

1 Bei diesem Beitrag handelt es sich um eine leicht veränderte und ergänzte Fassung meines Schleswiger Vortrages. Stefanie Samida (Tübingen), Stefan Burmeister (Kalkriese / Hamburg) sowie Nils Müller-Scheeßel (Frankfurt) danke ich sehr für kritische Kommentare zu einer früheren Version dieses Textes. Den Letzteren bin ich für ihre Einladung zur Schleswiger Tagung dankbar. – Da ich an der Festschrift zum 65. Geburtstag meines früheren Hamburger Kollegen Michael Gebühr (Burmeister / Derks / von Richthofen 2007) aufgrund eines Missverständnisses nicht mitgewirkt habe, sei ihm dieser Text nachträglich zugeeignet.

historische Quellen auch archäologische Quellen ein. Um den Quellenbegriff weiter zu differenzieren, empfiehlt es sich, auf die erstmals 1889 von Ernst Bernheim vorgenommene Unterscheidung von ›Überresten‹ und ›Tradition‹ zurückzugehen. In die erste Kategorie verwies Bernheim »alles, was unmittelbar von den Begebenheiten übriggeblieben und vorhanden ist«, in die zweite hingegen »alles, was mittelbar von den Begebenheiten überliefert ist, hindurchgegangen und wiedergegeben durch menschliche Auffassung« (hierzu und zum Folgenden Eggert 2008, 44 ff.).

Grundsätzlich gesehen, umfasst der Begriff ›archäologische Quellen‹ die Gesamtheit der Zeugnisse aller archäologischen Einzelfächer und damit auch solche Sachgüter, die in primärer oder sekundärer Funktion Schriftträger sind. Das Gleiche gilt natürlich auch für historische Zeugnisse. Nehmen wir beispielsweise die Quellen der Archäologie des Mittelalters und betrachten sie unter dem Blickwinkel von Überresten und Tradition: Wir haben es bei beiden offenkundig sowohl mit schriftlichen als auch mit nichtschriftlichen Zeugnissen zu tun. Mit anderen Worten, grundsätzlich gesehen unterscheiden sich die Quellen der Archäologie des Mittelalters nicht von jenen der Geschichte des Mittelalters. Die dennoch vorhandenen Unterschiede liegen im Bereich der Quellengewinnung sowie vor allem im quantitativen Anteil der Quellengruppen – sie stehen in einem umgekehrt proportionalen Verhältnis zueinander. Der Mittelalterhistoriker verwendet bei seinen Forschungen überwiegend schriftliche Überreste und schriftliche Tradition, der Mittelalterarchäologe hingegen vor allem nichtschriftliche Überreste. Somit zeigt sich, dass archäologische Quellen unter bestimmten Bedingungen und bei einem hohen Abstraktionsgrad mit historischen Quellen im weiteren Verständnis identisch sein können.

Damit dürfte klar sein, dass mein Thema mit dem Titel »Über archäologische Quellen« nicht ganz zutreffend bezeichnet ist. Ich habe mich bei seiner Wahl nicht von grundsätzlichen Überlegungen, sondern von der Praxis leiten lassen. In der Forschungspraxis liegt der Bezeichnung ›historische Quellen‹ ein engeres Verständnis zugrunde: Sie steht gemeinhin für Schriftzeugnisse.[2] Der Begriff ›archäologische Quellen‹ wiederum wird meist – in gleichermaßen unzulässiger Weise – auf nichtschrifttragendes Sachgut bzw. auf archäologische *in situ*-Kontexte oder ›Befunde‹ eingegrenzt.[3]

---

2 Dieses Verständnis wird auch im Folgenden zugrunde gelegt; es entspricht dem einleitend charakterisierten Begriff von ›Historie‹.

3 Inhaltlich korrekt, wenngleich überaus unhandlich und nicht ohne Weiteres verständlich wäre der Titel »Über nichtschriftliche Überreste und nichtschriftliche Tradition« gewesen. Auch »Über paläohistorische Quellen« lag nahe – aber angesichts der Tatsache, dass das Adjektiv ›paläohistorisch‹ im Sinne von ›urgeschichtlich‹ in der Archäologie unüblich ist, hätte dieser Titel wohl eher zur Verwirrung geführt. Die Alternative »Über urgeschichtliche Quellen« wiederum hätte dazu verleitet, die Ausführungen irrtümlicherweise ausschließlich auf die Ur- und Frühgeschichtliche Archäologie zu beziehen. Jedenfalls meint ›archäologische Quellen‹ im Folgenden grundsätzlich paläohistorische, also nichtschriftliche, Zeugnisse.

Sieben Thesen zur Struktur und zum Aussagepotenzial von nichtschriftlichen und schriftlichen Zeugnissen

Selbstverständlich lebt die behandelte Thematik von der impliziten – und in der Tat von den Veranstaltern der Schleswiger Tagung gewollten – Gegenüberstellung von Archäologie und Historie. Wenn ich also hier die Kategorie ›archäologische Quellen‹ (bzw. ›paläohistorische Quellen‹) zu charakterisieren versuche, dann erfolgt das vor dem Hintergrund der Kategorie ›historische Quellen‹. Die zwischen beiden Kategorien differenzierenden Merkmale sind somit Nichtschriftlichkeit *versus* Schriftlichkeit. In der folgenden thesenhaften Auflistung sind daher die aus meiner Sicht wichtigsten Charakteristika beider Quellengruppen gegenübergestellt.

Paläohistorische Quellen	**Historische Quellen**
Nichtschriftlichkeit	Schriftlichkeit
These 1: Paläohistorische Quellen sind der nichtschriftliche Niederschlag kulturellen Verhaltens.	Historische Quellen sind der schriftliche Niederschlag kulturellen Verhaltens.
These 2: Paläohistorische Quellen sind ›materialisierte Momentaufnahmen‹ der Vergangenheit und damit statisch. Quelle und Bezugsebene sind in der Regel zeitgleich.	Historische Quellen spiegeln *qua* Schrift eine Dynamik. Quelle und Bezugsebene sind häufig nicht zeitgleich.
These 3: Paläohistorische Quellen sind ein konkreter, sicht- und greifbarer Teil der Vergangenheit. Ihre primäre Erkenntnisebene liegt im Bereich des Stofflichen.	Historische Quellen sind rein äußerlich ein konkreter, inhaltlich aber ein abstrahierter und kodifizierter Teil der Vergangenheit. Ihre primäre Erkenntnisebene liegt im Bereich des Nichtstofflichen.
These 4: Paläohistorische Quellen sind nicht regelhaft verschlüsselt. Sie repräsentieren damit *per se* kein Symbolsystem.	Historische Quellen sind über die Schrift regelhaft verschlüsselt. Sie repräsentieren ein Symbolsystem.
These 5: Paläohistorische Quellen dürften häufig Medium symbolischer Information gewesen sein.	Historische Quellen sind der Inbegriff symbolischer Information.
These 6: Paläohistorische Quellen sind semiotisch nur schwer zugänglich, da die dafür relevanten kulturspezifischen Bedeutungssphären nicht mehr bestehen. Strukturell ähneln sie damit nichtentzifferten Sprachen.	Historische Quellen sind über die Lesbarkeit der in ihnen verwendeten Sprache semiotisch zugänglich.
These 7: Paläohistorische Quellen sind wesentlich ›stumme‹ Überreste. Ihnen lässt sich nur selten eine ›Botschaft‹ entnehmen.	Historische Quellen sind häufig Tradition. Tradition ist intentional, d. h. ›Botschaften‹ sind ihr Wesensmerkmal.

Wenn es bei Debatten zwischen Fächern um so grundsätzliche Fragen wie Erkennt-nis und Erkenntnismöglichkeiten geht, pflegt dabei auf beiden Seiten die Hybris eine Rolle zu spielen. Es genügt, hier an den Troia-Streit der vergangenen Jahre zu erinnern. Im Mittelpunkt solcher Erörterungen steht meist das Quellenproblem. In diesem Beitrag ist zwar auch ständig von den Quellen der einen wie der anderen Seite die Rede, doch zielt er keineswegs auf das Für und Wider von Archäologie und Historie ab. Vielmehr wird anstelle einer Auf- oder Abwertung dieser oder jener Seite eine Einschätzung der empirischen Grundlage beider Fächer bzw. Fächerkomplexe angestrebt.

Dennoch sei auf die Tatsache hingewiesen, dass mehr als 99,5 % jenes Weges, der von den Australopithecinen Afrikas bis in die Gegenwart führt, nur über die Archäo-logie erschließbar ist. Für manche Teile des Globus trifft das sogar bis an die Wende vom 19. zum 20. Jahrhundert zu. Die Historie setzt erst gegen Mitte des 3. Jahrtau-sends v. Chr. mit der zunehmend dichter werdenden schriftlichen Überlieferung im Zweistromland ein (hierzu knapp Eggert 2006, 76 ff.). Je nach betrachtetem Raum bedurfte es aber bekanntlich noch vieler Jahrhunderte, ja selbst mehr als dreitausend Jahre, bis schriftliche Zeugnisse beinahe überall zur beherrschenden Quellengattung wurden. Erst von dieser Zeit an dominiert die Historie, soweit sie dann nicht aus-schließlich die Kenntnis der Vergangenheit bestimmt.

Daraus folgt, dass unserem Anliegen nicht mit jenem Feld geholfen ist, das ent-weder allein von der Archäologie oder aber von der Historie beherrscht wird. Unser Augenmerk soll vielmehr der Frühgeschichte gelten, jenem Bereich also, in dem zwar schriftliche Zeugnisse nicht gänzlich fehlen, der aber vor allem durch nichtschriftliche Quellen erschlossen wird. Zwei Beispiele mögen dazu dienen, einige wichtige Punkte herauszuarbeiten.

Von der Theorie zur Praxis

Das Grab eines Königs

Im Jahre 1653 wurde beim Bau eines zur Kirche St. Brictius (St. Brice) in Tournai gehörenden Armenhauses ein Grab entdeckt, das die Archäologie bis heute beschäf-tigt. Es handelte sich um eine in Kalkgestein eingetiefte Körperbestattung, der zahl-reiche Objekte beigegeben waren: mehr als 100 Gold- und 200 Silbermünzen, ein rund 300 g schwerer goldener Armring, eine goldene Zwiebelknopffibel, etwa 300 kleine goldene Bienen,[4] deren Flügel Einlagen aus Almandin trugen, ein kleiner gol-

---

4   Diese auf Chiflets Angabe beruhende Zahl ist von Joachim Werner (1971, 45; 1983, 31; 1992, 149) angezweifelt worden; nach seiner Meinung waren es nicht mehr als 30. Soweit ich sehe, hat er seine Auffassung jedoch nirgendwo begründet.

dener, wiederum mit Almandin verzierter Stierkopf sowie eine Reihe weiterer meist mit Almandineinlagen versehener Goldobjekte. Ein besonders wichtiges Stück war schließlich ein goldener Siegelring mit der spiegelverkehrten Umschrift CHILDI-RICI REGIS.[5] Die Siegelfläche schmückte das Porträt eines frontal dargestellten Mannes mit mittig gescheiteltem schulterlangen Haar, Brustpanzer, Mantel und rechts geschulterter Lanze.[6]

Zu diesen Kostbarkeiten trat eine Waffenausrüstung, die aus einem zweischneidigen eisernen Langschwert, einem eisernen einschneidigen Kurzschwert, einer gut 1 kg schweren eisernen Streit- oder Wurfaxt, einem Eisenfragment, das möglicherweise zu einem Schildbuckel gehörte,[7] sowie einer ebenfalls eisernen Lanzenspitze bestand. Die beiden Schwerter bzw. Schwertscheiden waren mit almandintragenden Goldbeschlägen verziert. Außerdem fand sich noch eine Bergkristallkugel mit einem Durchmesser von beinahe 5 cm, in der sich das Licht so brach, dass das darin eingefangene Bild beim Blick durch die Kugel um 180° gedreht erschien.

Bei der Bergung des Aufsehen erregenden Fundes ging es turbulent zu: Zahlreiche Fundstücke verschwanden sofort, andere wurden verschenkt. Der immer noch beträchtliche Hauptbestand gelangte kaum einen Monat nach der Entdeckung zunächst in den Besitz des habsburgischen Erzherzogs Leopold Wilhelm. Er war Statthalter der spanischen Niederlande, und zu seinem Amtsbereich gehörte das heute belgische Tournai. Auf mancherlei Umwegen kam das Grabinventar schließlich in die Königliche Bibliothek zu Paris. Dort wurde der allergrößte Teil 1831 gestohlen und von den Dieben eingeschmolzen.

Sogleich nach der Entdeckung des Grabes bestand an der Identität des so prunkvoll Bestatteten kein Zweifel: Der goldene Siegelring wies ihn als Childerich I. aus dem Hause der Merowinger aus. Es handelte sich also um einen germanischen ›Häuptling‹ oder – in der Terminologie der Römer, deren Föderat er war – einen *rex*, einen ›König‹. Wie die Inschrift zeigt, hatte sich Childerich diese Bezeichnung zu eigen gemacht. Das Todesjahr dieser nur beiläufig in Schriftquellen bezeugten Persönlichkeit ergibt sich aus der Tatsache, dass ihm sein Sohn Chlodwig I. wohl noch im gleichen Jahr, nämlich 481/482, im Alter von etwa fünfzehn Jahren als König folgte.

Das Grab des Childerich ist nicht nur ungewöhnlich früh entdeckt worden, sondern es zeichnet sich vor allem dadurch aus, dass es sogleich eine wissenschaftliche Bearbeitung erfuhr. Erzherzog Leopold Wilhelm hatte seinen gelehrten Leibarzt Jean-Jacques Chiflet damit beauftragt. Der legte bereits zwei Jahre nach der Entdeckung des Grabes eine aufwändig gedruckte, in barockem Latein abgefasste und mit zahlreichen

---

5   Das ›S‹ in der Umschrift war seitenverkehrt dargestellt.
6   Zum Childerichgrab siehe auch Eggert/Samida 2009, 245 ff.
7   Dieses Fragment ist seit der Auffindung des Grabes bis in die jüngste Zeit für das Fragment eines Hufeisens gehalten worden (etwa Böhner 1981, 455 mit Abb. 137, 11). Die Deutung als Schildbuckel geht auf den früheren Marburger Doktoranden A. Schäfer zurück (Böhme 1994, 70 mit Anm. 11).

Tafeln versehene Veröffentlichung vor (Chiflet 1655). Es handelt sich dabei um die erste publizierte Bearbeitung eines herausragenden archäologischen Fundkomplexes. Die Bedeutung dieses Werkes als primäre Quelle ist kaum hoch genug anzusetzen, da das Grabinventar nur noch in geringen Resten erhalten ist.

Folgt man Chiflet, wurden bei der Ausschachtung der einst hölzernen Grabkammer außer dem Skelett des Childerich ein zweiter, kleinerer menschlicher Schädel sowie ein Pferdeschädel geborgen. Während das einstige Vorhandensein eines Pferdes oder jedenfalls eines Pferdeschädels bereits 1859 in Abrede gestellt wurde und auch in der jüngeren Literatur nur selten akzeptiert wird, bleibt der zweite Schädel in aller Regel unerwähnt (anders hingegen Böhner 1981, 442; 458).

Von den mehr als 100 Goldmünzen des Grabes hat Chiflet 91, von den über 200 Silbermünzen hingegen nur 42 bearbeiten können.[8] Während die frühestmögliche Prägung der ältesten Goldmünze in das Jahr 425 (Valentinian II.) und die der jüngsten in das Jahr 477 (Basiliscus und Marcus) fällt, verteilen sich die von Chiflet bestimmten Silbermünzen auf einen relativ großen Zeitraum, nämlich zwischen der Römischen Republik (1 Denar) und dem Jahre 337 (Constantius II.). Der Münzspiegel verkörpert also eine Zeitspanne von rund 500 Jahren. So aufschlussreich diese bemerkenswerte Tatsache für kultur-, insbesondere für wirtschaftsgeschichtliche Fragen ist, für die Grablegung selbst spielt lediglich das Jahr 477 eine Rolle: Es stellt einen *terminus ad quem* bzw. *post quem* dar, mit anderen Worten, die Bestattung kann frühestens in diesem Jahr stattgefunden haben. Das trifft allerdings nur dann zu, wenn sich unter den verlorengegangenen Solidi kein später als 477 geschlagenes Exemplar befand. Die frühestmöglichen Emissionen von 77 der insgesamt 91 bearbeiteten Goldmünzen umfassen im Übrigen eine Spanne von nur 20 Jahren: 58 Münzen des Leo (457–474), eine des Zeno und Leo (474), eine des Iulius Nepos (474–476), zwei des Basiliscus (476–477), 14 des Zeno (476–491) und die bereits erwähnte Prägung des Basiliscus und Marcus (477). Nach dem Prinzip der großen Zahl spricht also alles dafür, dass die Grablegung zu einem Zeitpunkt stattgefunden hat, der von der Emission der Schluss-münze nicht allzu weit entfernt gewesen ist.[9] Relativ-chronologisch repräsentiert das Grabensemble nach heutiger Auffassung die Frühphase der Älteren Merowingerzeit (Martin 1989).

Die wissenschaftliche Bedeutung des Childerichgrabes liegt keineswegs allein in der Erlesenheit und Zusammensetzung seiner Beigaben. Sie ergibt sich auch aus der Verknüpfung dieser Ausstattung mit einer frühmittelalterlichen, historisch fass-baren Persönlichkeit. Ihr aus den Schriftquellen abgeleitetes Todesjahr wird durch die Schlussmünze zwar nicht abgesichert, aber der Münzspiegel spricht doch nach-drücklich für eine Bestattung während des letzten Viertels des 5. Jahrhunderts. In der

---

8 Zu den Münzen des Childerichgrabes im Einzelnen Radnoti-Alföldi / Stribrny 1998.
9 Zur Datierung siehe die eingehenden Ausführungen von Guy Halsall (2001, 166 ff.). Er weist zu
   Recht darauf hin, dass die Bestattung zwischen 477 und 491 stattgefunden haben kann.

Archäologie des Frühmittelalters gibt es seit den 1930er Jahren eine intensiv geführte Diskussion um eine immer feinere relative und absolute Chronologie der merowingerzeitlichen Sachkultur. Darin spielt dieses Grab nicht zuletzt aufgrund der vielen darin gefundenen Münzen bis heute eine wichtige Rolle.[10] Aber auch andere, auf den sozial- und kulturgeschichtlichen Zusammenhang zielende Fragen treten hinzu. Einige seien genannt:

1. Was stellte ein fränkischer Bündnispartner der Römer[11] in der zweiten Hälfte des 5. Jahrhunderts aus fränkischer Sicht dar?[12]
2. Wie wurden diese Partner von den Römern beurteilt?
3. Wie war die genaue Stellung des Childerich im Rahmen der römischen Machtstruktur?
4. Auf welcher Grundlage beruhte die autochthone Herrschaft dieses Bündnispartners als ›Kleinkönig‹ über ein bestimmtes Gebiet innerhalb des von Franken besiedelten Territoriums?
5. Wie war diese Herrschaft strukturiert und wie wurde sie durchgesetzt?
6. Ist von einem festen Herrschaftssitz Childerichs auszugehen? Welche Rolle spielte Tournai dabei?
7. Worin bestand die wirtschaftliche Grundlage der herrschaftlichen Haushaltung, und wie waren Wirtschaft und Haushalt organisiert?

Zu solchen Fragen schweigen die Schriftquellen weitgehend. Leider vermag auch die Archäologie dazu nichts beizutragen. Da es uns jedoch nicht um die pragmatische Seite des Erkenntnisstandes, sondern um die theoretische Ebene des Erkenntnispotenzials geht, ist dieses für beide Fächer negative Ergebnis in unserem Zusammenhang irrelevant. Anders steht es mit der grundsätzlichen Botschaft, die diese Fragen vermitteln. Die ersten fünf wären – zumindest in der ersten Annäherung – ausschließlich über schriftliche Zeugnisse zugänglich.[13] Die letzten beiden hingegen könnten bei besserer Quellenlage sowohl von der Historie als auch von der Archäologie beantwortet werden. So bietet es sich durchaus an, die Fundstelle des Grabes nahe einer römischen Fernstraße in *Tornacum* (Tournai), dem Hauptort der *civitas Turnacensium*, als Hinweis auf die territoriale Konzentration der Macht des Bestatteten zu deuten. Allerdings muss das aufgrund fehlender archäologischer Erkenntnisse ebenso

---

10 Hierzu erstmals grundlegend Werner 1935.
11 Bei ›Römer‹ und ›römisch‹ sind hier und im Folgenden die Begriffe ›Gallorömer‹ und ›gallorömisch‹ mitzudenken.
12 In diesem Zusammenhang sind die Überlegungen wichtig, die Thomas Meier (2002, 151 ff.) am Beispiel der »Beigabenausstattung frühmittelalterlicher Könige« u. a. zum Zeichencharakter bestimmter exogener Beigaben und dem damit eventuell verbundenen Zeichentransfer in ein autochthones Milieu angestellt hat.
13 Hierbei sehe ich bewusst von jenen Einsichten ab, die die Archäologie auf der Grundlage analogischen Deutens zu diesen Fragen beitragen könnte.

hypothetisch bleiben wie alle Antworten auf Fragen der wirtschaftlichen Differenzierung in jener Zeit. Sucht man sich ein Bild von Childerich I. im Widerschein schriftlicher Zeugnisse zu machen, kommt man nicht weit. Die Hinweise bleiben auf ein Minimum beschränkt. Wir erfahren, dass er ein Sohn Merowechs gewesen sein sowie 24 Jahre regiert haben soll. Es heißt ferner, er habe in den Jahren zwischen 463 und 470 an der Seite der Römer bei Orléans gegen die Westgoten, bei Angers gegen die Sachsen und – das Zeugnis ist umstritten – unmittelbar darauf ebenfalls im nordgallischen Raum gegen Alanen oder Alamannen gekämpft. Man nimmt an, dass er diese Aufgaben als »föderierter General« der Römer durchgeführt hat (Ewig 1988, 16). Aus einem Schreiben Remigius' von Reims an seinen Sohn Chlodwig zu dessen Regierungsantritt geht hervor, dass Childerich auch Kommandant eines Militärsprengels in der Provinz *Belgica secunda* (Provinz Reims) war. Wie Eugen Ewig (1988, 17) betont, ist allerdings unklar, welchen Umfang dieser Sprengel besaß und unter welchen Umständen das Kommando verliehen wurde.[14] Childerich ist, anders als sein Sohn Chlodwig I., nie vom überkommenen heidnischen Glauben abgewichen.

Bleibt die Konzentration auf das Archäologische. Mit der Auffindung des Grabes von Childerich ist dieser historisch kaum wahrnehmbare Föderat anhand mannigfacher Einzelheiten der Grabausstattung konkret fassbar geworden. Wir vermögen das, was man ihm beigeben hat, mit Funden aus ähnlich reich ausgestatteten Gräbern zu vergleichen und Übereinstimmungen und Unterschiede herauszuarbeiten. Auf diese Weise ergibt sich ein anschauliches Bild solcher mehr oder minder mächtigen Persönlichkeiten, die den Römern als Partner verbunden waren oder aber als Widersacher entgegentraten.

Die Vielfalt möglicher Anknüpfungspunkte, die das aufwändige Grabinventar bietet, sei hier auf einige wenige beschränkt. Dabei bleiben im engeren Sinne archäologische Fragen wie die nach der Bedeutung des Grabes für die relative und absolute Chronologie der Älteren Merowingerzeit unberücksichtigt. Die folgende Auflistung der Aussagemöglichkeiten des Grabinventars setzt, wie bereits angedeutet, den Vergleich voraus.

1. Die Ausstattung des Grabes zeigt eine Reihe einheimisch-fränkischer Elemente wie etwa die Spatha (Böhner 1981, 442 ff.; 1987; Böhme 1994; Menghin 1983), die Franziska (Hübener 1980; 1995), die Lanzenspitze und den goldenen Armring (Werner 1980). In diesem Zusammenhang wäre auch der von Chifflet genannte Pferdeschädel als Hinweis auf die eventuelle Mitbestattung eines Pferdes zu nennen.[15]

---

14 Eine Zusammenstellung der Erwähnung von Childerich in den Schriftquellen findet sich bei Zöllner 1970, 37 ff. passim. Wichtige mit Childerich und seinem Grab zusammenhängende Forschungsfragen sind prägnant resümiert von Kaiser 2004, 84 ff.

15 Die Beigabe eines Pferdes wird allerdings von Werner (1971, 45; 1983, 35; 1992, 150) vor allem aufgrund des Fehlens von Pferdegeschirr im Grab bezweifelt. Anders hingegen Périn / Kazanski 1996, 176 f. Brulet (1995, 311) weist auf die geringe Zahl möglicher zu einem Pferdegeschirr zäh

2. Es gibt eindeutig aus dem Raum jenseits des merowingischen Gebietes stammende Elemente, wie z. B. der von Reitervölkern über den Donauraum vermittelte schmale Langsax und das in die gleiche Region oder in das Mittelmeergebiet weisende Almandinzellenwerk des Zierstiles (Böhner 1981, 445 ff. 449 f.).[16]

3. Daneben sind auch nicht minder eindeutig römisch inspirierte Trachtbestandteile vorhanden: die goldene Zwiebelknopffibel (Pröttel 1988) und das wohl einst vorhandene *paludamentum*, der kurze, reichbestickte Mantel (Böhner 1981, 450 f.; Werner 1971, 43 f.; 1983); Chiflet hat ausdrücklich zahlreiche Goldfäden erwähnt, die er einem vergangenen Gewand zuordnete. Überdies ist auf dem Porträt des Siegelringes ein solcher Mantel abgebildet.[17]

4. Der Münzspiegel regt verschiedene kultur- und wirtschaftsgeschichtliche Fragen an (Radnoti-Alföldi/Stribrny 1998), etwa: Wie ist diese 500 Jahre umspannende Thesaurierung zu erklären? Was besagen die Silbermünzen für den Münzumlauf? Wie ist zu erklären, dass es sich bei den meisten Goldmünzen um byzantinische Prägungen handelt, solche des Westreiches hingegen kaum vorhanden sind? Was bedeutet in diesem Zusammenhang die auffallend geringe maximale Prägespanne von 20 Jahren der meisten Goldmünzen?

5. Das Grabinventar erlaubt anhand von Einzelheiten der Bewaffnung sowie der Schmuck- und Trachtgegenstände und des Zierstiles eine Erörterung der kulturellen und politischen Einflüsse und Beziehungen im Bereich der nördlichen Grenzen des dort zu dieser Zeit bereits höchst instabilen Römischen Reiches.

Das Grab von Tournai illustriert mithin kennzeichnende Züge nichtschriftlicher archäologischer Quellen: Sie sind der materielle Niederschlag kulturellen Verhaltens, sie sind materialisierte Momentaufnahmen, sie sind statisch, sie sind ein konkreter, stofflicher Teil der einstigen Wirklichkeit, sie repräsentieren kein regelhaft verschlüsseltes Symbolsystem, sie sind semiotisch schwer zugänglich, sie sind weitgehend ›stumme‹ Überreste, und es ist schwer, etwaige ›Botschaften‹ herauszuarbeiten. Zugleich aber zeigen Siegelring und Münzen die Charakteristika schriftlicher Quellen: Sie sind der schriftliche Niederschlag kulturellen Verhaltens, sie spiegeln eine Dynamik, sie sind ein wesentlich abstrahierter und kodifizierter Teil der einstigen Wirklichkeit, sie sind regelhaft verschlüsselt, sie sind semiotisch zugänglich, und sie enthalten eine ›Botschaft‹.

---

lender Objekte hin, hält aber an der Beigabe eines Pferdeschädels fest. Dieser Schädel ist seines Erachtens dem »persönlichen Pferd« Childerichs zuzuordnen (»sa monture personnelle«: ebd. 314; zurückhaltender ders. 1996, 165 f.); entsprechend Müller-Wille 1998, 16. – Zu Pferdegräbern etc. in der Merowingerzeit zuletzt Steuer 2003.

16 Seit Mitte der achtziger Jahre des 20. Jahrhunderts wurde in diesem Zusammenhang meist auf Konstantinopel verwiesen (zusammenfassend Périn/Kazanski 1996, 179), während für den Zellenschmuck seit den frühen 1990er Jahren eher der westmediterrane Raum genannt wird (ebd. 179 ff.).

17 Zu den hier aufgelisteten Punkten 1–3 s. von Rummel 2007, bes. 265 ff. 364 ff. 368 ff.

Allerdings mag man zweifeln, ob dieses Grabensemble – und letztlich Gräber überhaupt – das zentrale Charakteristikum paläohistorischer Zeugnisse erfüllt, nämlich vor allem intentionsloser Überrest zu sein. Wie an »Prunkgräbern« (Kossack 1974) generell, wird auch an diesem Beispiel deutlich, in welch starkem Maße der Tod einer herausragenden Persönlichkeit von der ihr unmittelbar verpflichteten und sie tragenden Gruppe als Medium kollektiver sozialer Aktion zelebriert wird. Die ›Intention‹ – in Form der ›Zeichenhaftigkeit‹ – der Bestattung und ihrer zahlreichen Einzelaspekte drängt sich auch dem heutigen Betrachter, sprich dem Archäologen, unmittelbar auf. Dabei geht es durchaus nicht um eine von uns vorgenommene »Betonung der Individualität des Toten im Totenritual«, unter der – wie Ulrich Veit (2008, 27) zu Recht bemerkt – die Diskussion der bronze- und eisenzeitlichen ›Fürstengräber‹ leidet.[18] Für den Archäologen sind vielmehr jene Einsichten in das soziale Gefüge, die Glaubensvorstellungen und den kulturellen Habitus relevant, die dieses und ähnliche Gräber ermöglichen. So gesehen, bestehen wenig Zweifel, dass die Bestattung des Childerich mit einer Botschaft versehen war, die in ihrer Zeit verstanden wurde.[19] Die mannigfachen mit dieser Thematik verknüpften Aspekte sind vor wenigen Jahren unter dem begrifflichen Dreigestirn »Körperinszenierung – Objektsammlung – Monumentalisierung« in einer großen Tübinger Fachtagung erörtert und in einer voluminösen Veröffentlichung vorgelegt worden (Kümmel / Schweizer / Veit 2008 a; 2008 b).

Durch das Childerichgrab wird uns zudem vor Augen geführt, dass Föderaten in der zweiten Hälfte des 5. Jahrhunderts gewissermaßen in zwei Welten lebten: Sie

---

18 Inwieweit eine solche Betonung der Individualität bei der Bestattung des Childerich sowie in ähnlichen Grabzusammenhängen ebenfalls eine Rolle gespielt hat, ist allerdings zunächst einmal offen. Veits (2008, 27) Argument, dass die moderne westliche Vorstellung der »Person als Individuum« keine universale Geltung besitze und es – so die Implikation – in frühen Kulturen keine Individualität im heutigen Verständnis gegeben habe, trifft insofern nicht den Kern der Sache, als es hier um strukturelle soziopolitische Positionen geht, die deren Inhaber *eo ipso* aus der Masse der Bevölkerung herausheben.

19 Vom quellensystematischen Standpunkt geurteilt, ist das mit dem Tod Childerichs verbundene Totenritual von der Bestattungsgemeinschaft intentional als ›Botschaft‹ gestaltet worden. Diese Botschaft war – so darf man annehmen – für das Fortleben des Gruppenbewusstseins der Bestattungsgemeinschaft wesentlich; hier ist also auch der quellensystematische Begriff ›Tradition‹ angebracht. Inwieweit die im Grab gefundenen Objekte als ›Überreste‹ oder als ›Tradition‹ klassifiziert werden sollten, bleibt letztlich der persönlichen Einschätzung überlassen; meines Erachtens stellt der Gesamtkontext in diesem Falle eine Einheit dar, die mir als ›Tradition‹ am besten beschrieben zu sein scheint. – Halsall (2001, 121 f.) diskutiert die Bestattung des Childerich ebenfalls als ›Botschaft‹ (»A grave can be seen as a text, a conjunction of semiotic variables designed to convey information to an audience«, ebd. 122). Dabei geht es ihm vor allem um die soziopolitische Instabilität, die der Tod des Childerich nach sich gezogen haben könnte: Sein Sohn Chlodwig habe mit der Ausrichtung dieser Bestattung seinen Herrschaftsanspruch untermauern und die Anhänger seines Vaters an sich binden wollen (ebd. 129 ff.). Der Grundtenor der Ausführungen von Halsall entspricht weitgehend der These von Georg Kossack (1974), der allerdings nicht zitiert wird.

waren einheimische Herrscher und zugleich römische Offiziere. Müssen der goldene Siegelring sowie die goldene Zwiebelknopffibel und der bei der Bestattung wohl auch vorhandene Kurzmantel mit typisch römischer Macht- und Herrschaftsrepräsentation verbunden werden, schlägt sich etwa im goldenen Armring und im Münzschatz die entsprechende germanische, aus römischer Sicht ›barbarische‹ Komponente nieder. Auch die Fülle und Erlesenheit der anderen Beigaben demonstriert bei allen darin erkennbaren Fernbezügen das einheimische, nichtrömische Element. Überhaupt verkörpert die gesamte Grablege eine, wie schon Chiflet (1655, 76) treffend bemerkte, heidnische Sitte: »Childericus Rex sepultus est […] ritu barbarico«.

Alles in allem erweist sich, dass Childerich erst mit dem Auffinden seines Grabes aus dem Halbdunkel der wenig aussagefähigen Schriftzeugnisse herausgetreten ist. Dabei wird in den materiellen Zeugnissen, wie es der Archäologie entspricht, in erster Linie seine kulturelle und soziale Umwelt greifbar. Mit anderen Worten: Wir würden diesen Toten auch dann, wenn er nirgendwo erwähnt wäre, in den Zusammenhang einordnen, in den er nach diesen Quellen gehört. Wäre sein Grab in der Gegenwart entdeckt und fachgerecht ausgegraben worden, würden unsere Einsichten im Übrigen weit über das hinausgehen, was sich heute sagen lässt. Wir wären nicht nur über die Körperlichkeit von Childerich einschließlich aller aus seinem Skelett mit naturwissenschaftlichen Methoden ableitbaren Erkenntnisse unterrichtet, sondern auch die Konstruktion des Grabes und der innere Zusammenhang der Beifunde wären bekannt. Das betrifft sowohl die beigegebenen Objekte als auch die wichtige, heute jedoch nicht mehr lösbare Frage nach dem Pferdeschädel sowie dem zweiten menschlichen Schädel.

Man hat das Childerichgrab immer als Einzelgrab angesprochen. Wie wir erst seit rund 25 Jahren wissen, lässt sich diese Auffassung heute nicht mehr aufrechterhalten. Das Grab zeichnet sich vielmehr durch Besonderheiten aus, die ein eindeutig germanisches Brauchtum widerspiegeln: 1983 bis 1986 konnten bei neuen Grabungen im Bereich der Kirche St. Brice gut 90 weitere fränkische Gräber des 5. bis 7. Jahrhunderts sowie drei sorgfältig in das anstehende Kalkgestein eingetiefte Gruben mit kollektiven Pferdedeponierungen freigelegt werden.[20] Die Gruben enthielten insgesamt 21 Pferde, und zwar vor allem Wallache und Hengste. Aufgrund von ^{14}C-Datierungen von fünf Pferden aus den drei Gruben sowie der Überschneidung von zwei Gruben durch je ein Grab des 6. Jahrhunderts spricht viel für ihre Datierung in die zweite Hälfte des 5. Jahrhunderts. Die Gesamtsituation deutet alles in allem darauf hin, dass die Pferde im Zuge der Bestattungsfeierlichkeiten für Childerich getötet und deponiert worden sind.

Der räumliche Abstand zwischen dem Grab des Childerich und den Gruben betrug maximal etwa 20 m. Soweit es sich heute noch beurteilen lässt, lag das Grab offenbar

---

20 Zu den Grabungen der achtziger Jahre des 20. Jahrhunderts im Einzelnen: Brulet 1990; 1991; zusammenfassend ders. 1995; 2006.

recht zentral innerhalb der gesamten Nekropole. Dem Leiter der neuen Ausgrabungen, Raymond Brulet, erscheint es nahe liegend, dass es einst von einem Erdhügel überwölbt gewesen ist, an dessen Peripherie sich die drei Gruben befanden.[21] Aus den neuen Grabungen ergeben sich neue Fragen, und alte müssen neu gestellt werden:

1. Warum sind dem Herrscher eines der vielen fränkischen Stämme so viele Pferde mitgegeben worden?
   a. War es, ähnlich wie bei der Grabausstattung, eine Demonstration von Macht und Reichtum?
   b. Bedurfte eine solche Persönlichkeit nach den Vorstellungen ihrer Zeit all dieser Tiere auf dem Weg ins Jenseits?
   c. Oder trifft sowohl a) als auch b) zu?[22]
2. Wie steht es im Licht der neuen Einsichten mit dem in der Forschung bisher kaum beachteten zweiten menschlichen Schädel, von dem J.-J. Chiflet berichtete?
   a. Darf man ihn, wie K. Böhner vermutete, der Bestattung einer Frau zurechnen, die mit der Bergkristallkugel und einer ebenfalls im Grabe gefundenen Goldnadel ausgestattet war?[23]
   b. Falls ja, in welcher Beziehung stand diese Person dann zu der des fränkischen Kleinkönigs Childerich?[24]

Eine Antwort auf diese Fragen vermag die Archäologie nicht bzw. nicht mehr zu liefern – und auch die Historie muss hier schweigen.

Ein König ohne Grab

Chlodwig I., der Sohn Childerichs, folgte – wie gesagt – wohl bereits 481/482 als ungefähr Fünfzehnjähriger seinem Vater als König. Bereits fünf Jahre später sorgte er, wie der Historiker Karl Ferdinand Werner (1989, 313) schreibt, für »den Eintritt der Franken in die Weltgeschichte«: Er hatte dem Gallorömer Syagrius, dem mit Rom im Zwist liegenden ›römischen‹ Oberbefehlshaber und Herrscher im nördlichen Gallien, den Krieg erklärt und ihn bezwungen. War sein Vater Childerich noch Verbündeter des Syagrius, übernahm Chlodwig nicht nur dessen Heer, sondern auch dessen Herrschaft, die er fortan immer weiter ausbaute. Syagrius floh an den Hof des Westgotenkönigs

---

21 Die topographische und chronologische Beziehung des Childerichgrabes und der Gruben wird von Edward James (1992, 247) mit Zurückhaltung beurteilt.

22 Zu diesen Fragen Werner 1992, 156 ff., bes. 161; kritisch zum zweiten Punkt Steuer 2003, 84.

23 Die Bergkristallkugel wurde von Werner (1971, 44; 1983, 34) als Talisman gedeutet. D. Quast (2010) hingegen hat sie soeben anhand einer Reihe von Parallelen als Teil eines spätantiken Zepters interpretiert.

24 Brulet (1995, 310 f.) allerdings hält es für wenig wahrscheinlich, dass der zweite Schädel tatsächlich eine Bestattung repräsentiert, die mit der Childerichs in Zusammenhang steht. Ebenfalls skeptisch Kazanski/Périn 1988, 18 f.; ablehnend Werner 1983, 35.

Alarich II. in Toulouse. Alarich lieferte ihn jedoch an Chlodwig aus, der ihn, kaum dass er seiner habhaft war, töten ließ.

Hatte Chlodwig den Ausbau seiner Herrschaft mit der Übernahme von Syagrius' ›Reich von Soissons‹ eingeleitet und schließlich auch die offizielle Anerkennung durch den Kaiser in Konstantinopel erhalten, sicherte und erweiterte er sein Herrschaftsgebiet durch weitere Militäraktionen in Nordgallien, zwei siegreiche Kriege gegen die Alamannen, einen Sieg über die Westgoten sowie durch eine systematische Heiratspolitik. Als sich sein Leben dem Ende zuneigte, waren alle anderen fränkischen Kleinkönige beseitigt und alle Franken in einem *regnum Francorum* unter seiner Herrschaft vereint. Auf diesem Wege hatte er keine Mittel gescheut und – wie der Historiker Reinhold Kaiser (1997, 41) formuliert – nicht zuletzt auch die »Ansprüche aller Verwandten durch brutale Ausrottung« beseitigt. Dadurch wurde er zu dem, was im Epilog der von ihm erlassenen *Lex Salica* zu Recht als *»primus rex Francorum«* benannt wurde. Mehr noch, er war nicht nur König aller Franken, sondern er hatte seine Herrschaft zunächst über die nordgallischen und aquitanischen Romanen und schließlich über ganz Gallien ausgedehnt – ein König, den die Bischöfe auf dem ersten fränkischen Reichskonzil in Orléans 511 als *»gloriosissimus rex«* bezeichneten.

Chlodwig wählte schließlich Paris als Ort seiner Residenz. Dort ließ er über dem Grab der um 502 gestorbenen Hl. Genovefa die Apostelkirche (Eglise Saints-Apôtres) errichten, die er zu seiner Grabbasilika bestimmte. In karolingischer Zeit wurde sie der Hl. Genovefa geweiht (Eglise Sainte-Geneviève). Chlodwig starb im Jahre 511 und wurde in seiner Grabbasilika bestattet (Périn 1989). Auch Angehörige seiner Familie fanden dort ihre letzte Ruhe: Um 530 zunächst seine von seinen Söhnen Childebert und Chlotar ermordeten Enkel Theudebald und Gunthar – deren Stiefvater Chlotar überdies war –, dann 531 seine Tochter Chlodechild, sowie 544, also erheblich später, seine Frau, die aus dem burgundischen Königsgeschlecht stammende Königin Chrodechilde.

Trotz der »notorisch quellenarmen Zeit des frühen Mittelalters« (Kaiser 2004, XI) steht uns für Chlodwig im Gegensatz zu seinem Vater Childerich eine beträchtliche Anzahl schriftlicher Zeugnisse zur Verfügung. Sie berichten gleichsam über die ›Haupt- und Staatsaktionen‹ einer mit allen Mitteln verfolgten Expansions- und Machtpolitik. Wir lernen Chlodwig aus dem Zeugnis von Gregor von Tours als einen machtbesessenen Gewaltmenschen kennen, der etwa den rheinfränkischen Königssohn Chloderich zum Mord an seinem Vater Sigibert anstiftete, um daraufhin Chloderich töten und sich dann selbst zum König der Rheinfranken ausrufen zu lassen. Von seinen vier Söhnen, unter denen das Frankenreich nach seinem Tode aufgeteilt wurde, standen ihm zumindest Childebert und Chlotar an Heimtücke und Grausamkeit kaum nach.

Die Herrschaft der Merowinger über das von Chlodwig geschaffene Frankenreich fand schließlich 751 mit der Königserhebung des Karolingers Pippin ihr Ende.

Der damit abgesetzte letzte Merowinger Childerich III. zählte zu den verschiedenen merowingischen »Schattenkönigen« (Kaiser 2004, 41), die die tatsächliche Ausübung der Herrschaft durch Hausmeier nicht gefährden konnten. Seiner Verbannung in ein Kloster war eine fast hundertjährige Phase des Zerfalls und der Agonie der merowingischen Herrschaft vorausgegangen.

   Es ist weder möglich noch nötig, jene archäologischen Funde und Befunde anzuführen, die die hier angedeutete Herausbildung des Frankenreiches unter Chlodwig und seinen Nachfolgern spiegeln. Zusammenfassend sei lediglich festgestellt, dass eine beträchtliche Zahl fränkischer oder fränkisch inspirierter Grabinventare sowohl aus dem nördlichen Gallien als auch aus Aquitanien, Burgund, Alamannien und Thüringen bekannt geworden ist. Diese Gräber aus dem späten 5. und frühen 6. Jahrhundert sowie aus den folgenden Jahrzehnten werden als Zeugnisse fränkischer Ausbreitung gedeutet.[25] Statt darauf wollen wir uns auf Chlodwig selbst konzentrieren.

   Wie Bischof Gregor von Tours schreibt, bekannte sich Chlodwig schließlich zum Christentum. Er wurde, wohl an Weihnachten 498, von Bischof Remigius von Reims angeblich gemeinsam mit 3000 seiner Landsleute getauft. Mit der Errichtung der Apostelbasilika und seinem Wunsch, darin bestattet zu werden, ist er als erster fränkischer König dem gängigen Bestattungsideal der christlichen Elite Galliens gefolgt. Michael Müller-Wille (1998) hat eine Mainzer Akademieabhandlung über die Bestattungen Childerichs und Chlodwigs mit dem Titel »Zwei religiöse Welten« versehen. Er beschließt sie mit der Feststellung, dass mit Chlodwig das Heidentum zwischen Seine und Mittelrhein überwunden war, die in heidnischen Vorstellungen wurzelnde Beigabensitte indes selbst dann weiter ausgeübt wurde, wenn die Gräber in und bei Kirchen lagen.[26] Wie also mag es die ›Bestattungsgemeinschaft‹ bei Chlodwig gehalten haben?

   Sucht man sich Chlodwig aus archäologischer Sicht zu nähern, steht man selbst nach intensivem Bemühen mit leeren Händen da. Nicht einmal über seine Grablege lässt sich Bestimmtes sagen, wenn man einmal davon absieht, dass er doch wohl in der Kirche der Hl. Genovefa bestattet worden ist. Wo jedoch sein Grab innerhalb der Kirche genau lag und wie es beschaffen war, wissen wir nicht (Périn 1989; 1992). Gleiches gilt für die Gräber seiner Angehörigen. Man muss davon ausgehen, dass sie entweder in den Normannenstürmen während der zweiten Hälfte des 9. Jahrhunderts oder bei den mannigfachen Umbauten in der darauf folgenden Zeit geplündert und zerstört wurden. Die kurz vor dem Abbruch der Kirche 1807 geborgenen Sarkophage

---

25 Zu den »Adelsgräbern« des 6.–7. Jahrhunderts zwischen Nordfrankreich und Ostbayern Böhme 1993; zusammenfassend Koch 1996; Müller-Wille 1996; Périn 1996; Schmidt 1996; Wieczorek 1996.

26 Die in diesem Sinne vorgenommene Gegenüberstellung der Bestattungen von Chlodwig und Childerich liegt in der Natur der Sache; sie ist in der jüngeren Forschung gang und gäbe (z. B. Périn 1989; 1992; Young 1986).

stammen jedenfalls ausnahmslos aus späterer Zeit – wer in ihnen bestattet worden war, ist unbekannt (Kluge-Pinsker 1996; Périn 1989; 1992).

Ohne hier, wie Patrick Périn (1989, 364) es einmal treffend bezeichnet hat, *archéo-logie-fiction* treiben zu wollen, ist es nicht nur reizvoll, sondern in unserem Zusammenhang auch aufschlussreich, sich über das Grab des Chlodwig weitere Gedanken zu machen. Obwohl keine merowingischen Königsgräber aus dem 6. Jahrhundert bekannt sind, dürfte es jedenfalls unwahrscheinlich sein, dass er ohne Beigaben bestattet wurde. Wie bereits von Müller-Wille (1996, 213 ff.; 1998, 29 ff.) betont, sprechen etwa die beiden reich ausgestatteten Knabengräber unter St. Severin in Köln und mehrere Gräber in der Abteikirche St. Denis bei Paris – darunter das von Arnegundis, der Frau des fränkischen Königs Chlotar I. – dagegen. Man könnte auch das reiche Frauen- sowie das Knabengrab unter dem Kölner Dom anführen (Müller-Wille 1996, 216 mit Abb. 153–157; zusammenfassend Hauser 1996). Wie immer der durchaus umstrittene konkrete Status der dort bestatteten Personen gewesen sein mag, sie dürften der oberen, wenn nicht der obersten gesellschaftlichen Elite angehört haben. Man fragt sich also, wie es mit der Grabausstattung des ersten Königs der Franken bestellt war.

Die Antwort auf diese Frage könnte nur spekulativ sein. Es erscheint daher müßig, sich darauf im Einzelnen einzulassen. Dennoch seien einige wenige Punkte angesprochen. Man wird wohl mit einer ähnlichen Ausstattung wie bei seinem Vater Childerich rechnen müssen. Allerdings werden die Pferde gefehlt haben – als herausragendes Symbol einer nichtchristlichen Bestattung hätte sich so etwas an diesem geweihten Ort gewiss nicht inszenieren lassen, selbst wenn die Bestattungsgemeinschaft einen solchen Ritus gern vollzogen hätte. Jedenfalls dürfen wir annehmen, dass uns das Grabinventar, wäre es denn überliefert, zahlreiche Hinweise auf den sozialen Status und das kulturelle Umfeld des Bestatteten gegeben hätte. Aus den Indizien seines Status, die sich aus dem Grabaufwand erschließen ließen, würde sich sein Selbstverständnis zwar nur indirekt ergeben. Wohl aber hätte man recht direkt auf die Art und Weise folgern können, in der sich sozialer Status und Prestige dieser Persönlichkeit in der Bestattungsgemeinschaft spiegelte und welchen Konventionen solche Bestattungen unterlagen. Was das kulturelle Umfeld des Bestatteten betraf, wäre die Ausstattung seines Grabes sicherlich ebenso aufschlussreich gewesen wie die des Childerich.

Aber wie hätte sich – vom Bestattungorts und dem Fehlen von Pferden abgesehen – das Grab des Chlodwig von dem seines Vaters unterschieden? Zwischen diesen beiden Bestattungen lagen drei Jahrzehnte. Hätte sich die während dieser Zeit fundamental veränderte politische Situation im Grab niedergeschlagen? Wäre eine Veränderung der herrscherlichen Repräsentation eingetreten? Hätten sich die mannigfachen politisch-kulturellen Verknüpfungen des Toten in seiner Ausstattung erkennen lassen? Wäre die These von Müller-Wille (1998), dass Childerich und Chlodwig in »zwei religiösen Welten« lebten, durch mehr als den Bestattungsort und die bei Chlodwig sicherlich fehlenden Pferde gestützt worden? Hätte die Grablege des Chlodwig in der Apostelkirche zu Paris wirklich die von Müller-Wille (ebd. 33) unterstellte Überwindung des Heidentums angezeigt?[27] Oder ist dies nur ein Argument aus der Rückschau? Die Beigaben führenden Bestattungen des 6. Jahrhunderts in oder bei Kirchen zwischen Seine und Mittelrhein (ebd. 32 Abb. 17) deuten in eine gegenteilige Richtung. Stoßen wir hier nicht wiederum an die Grenzen der Aussagekraft der Archäologie?[28] Was ist Glaube, was politischer Opportunismus?[29] Wie gewichten wir zwischen dem Bestattungsort – der Kirche – und der Beigabensitte, die doch – wie Müller-Wille (ebd.) zu Recht feststellt – »letzten Endes ihre Wurzeln in heidnischen, sprich nichtchristlichen Vorstellungen« hatte?[30] Solche Fragen zeigen, wie sehr wir äußere Phänomene jener Zeit für den Inhalt nehmen, wenn wir damit zwischen ›heidnisch‹ bzw. ›nichtchristlich‹ und ›christlich‹ unterscheiden.[31]

Was also ergibt sich aus der Betrachtung des nichtüberlieferten Grabes des Chlodwig für unsere erkenntnistheoretische Fragestellung? Zunächst einmal nur das Schweigen der Quellen. Dennoch ermöglicht uns der Vergleich mit exzeptionellen zeitgenössischen Gräbern eine Annäherung: Wäre das Grab des Chlodwig auf uns gekommen, hätten wir daraus – wie im Fall des Childerichgrabes – zweifellos Einsichten gewinnen können, die die Historie nicht oder nur in einem sehr eingeschränkten Maße zu liefern imstande wäre. Andererseits vermag die Archäologie nur unter günstigsten Umständen jenes Bild in groben Umrissen nachzuzeichnen, das sich

27 Im Gegensatz zu Müller-Willes Deutung wird man der Feststellung von Périn (1992, 255) zustimmen wollen, dass der mit Chlodwig initiierte und von seinen Nachfolgern und der gallo-fränkischen Aristokratie fortgeführte neue Brauch der Bestattung in Kirchen eine große Bedeutung für die Ausbreitung des Christentums im ländlichen Gallien hatte.

28 In diesem Zusammenhang sollte man sich die treffende Bemerkung von Bailey Young (1977, 14) ins Gedächtnis rufen: »Au sens strict, le mot *rite* dans la littérature archéologique se refère aux observations de l'archéologue: orientation des fosses, disposition des corps, etc. Le problème fondamental de l'interprétation est de savoir si, et *jusqu'à quel point*, ces rites observés et définis peuvent donner des indications sur la mentalité qui les a suscités« (Hervorhebungen im Original).

29 Der belgische Mittelalterhistoriker Alain Dierkens (1996, 191) beschließt seine prägnante Kurzanalyse der Taufe Chlodwigs mit der Feststellung, dass uns »der Anteil der persönlichen Überzeugung Chlodwigs« dabei völlig unbekannt sei, ihre »politische Wirkung« sich indes beurteilen lasse: die Taufe Chlodwigs könne »als Hauptereignis der Geschichte des Frühmittelalters« angesehen werden. Ähnlich hat sich auch Karl Ferdinand Werner (1988, 7) geäußert: »Le bilan de Clovis sur le plan de l'histoire française comme sur celui de l'histoire de l'Europe est [...] impressionnant. C'est ce bilan des conséquences immédiates et lointaines de son œuvre politico-militaire [...] que nous devons présenter, à la place d'un ›portrait‹ du personnage, car ce portrait serait historiquement impossible à dresser d'une façon sérieuse et scientifique.«

30 Die in diesem Zusammenhang zurückhaltende Rolle der Kirche bis Ende des 7. Jahrhunderts fasst Young (1977, 8 ff. 55 ff. 65 f.) zusammen.

31 In diesem Sinne bezeichnet Périn (1992, 258) – gemäß der später von Müller-Wille (1996; 1998) vorgetragenen und hier resümierten Interpretation – Childerich als »the ›last of the pagan kings‹ among the Salian Franks«.

nach den Schriftquellen – vor allem nach dem Zeugnis des Gregor von Tours – von der sich verändernden politischen und religiösen Lage ergibt. Die schriftlich überlieferten individuellen Taten und Untaten der Akteure jener Zeit schließlich bleiben jenseits des Zugriffes der Archäologie.

Abschließende Bemerkungen

Dieser Versuch über paläohistorische und historische Quellen im Bereich der Frühgeschichte hat uns einmal mehr die Beschaffenheit der beiden Wege in die Vergangenheit vor Augen geführt: Die Archäologie vermittelt die Anschauung des konkreten Einstigen – für sie zählen die nichtschriftlichen Zeugnisse, das Sachgut, das Dingliche, das konkret Sicht- und Fassbare und damit all jenes, was sich daraus ableiten lässt. Die Historie hingegen vermittelt einen schriftlich fixierten Ausschnitt des Einstigen, sei er gleichzeitig oder später verfasst. Die von ihr überlieferten ›Haupt- und Staatsaktionen‹ und vieles andere, das die ›Fülle des Lebens‹ ausmacht, entziehen sich weitgehend der archäologischen Erkenntnis.

In Zeiten ohne Schriftzeugnisse ist die Archäologie unser einziger Zugang zur Vergangenheit. Aber auch in jenen Epochen, die an solchen Zeugnissen »notorisch arm« sind, gelingt es mit Hilfe der dinglichen Hinterlassenschaften, ein facettenreiches Bild jener Wirklichkeit zu zeichnen, die durch schriftliche Quellen nur schlaglichtartig und damit insgesamt unzureichend erhellt werden. Wie wir seit langem wissen, ist weder die eine noch die andere Gruppe von Zeugnissen voraussetzungslos interpretierbar. Vielmehr sind beide zunächst einmal routinemäßig einer Äußeren und einer Inneren Quellenkritik zu unterziehen, in der Überlieferung und Wert geprüft werden (Eggert 2008, 100 ff.). Hinzu kommen all jene auf dem Wege des Vergleiches gewonnenen inhaltlichen Anreicherungen, die aus den Zeugnissen selbst nicht direkt zu entnehmen sind. Diese auf dem Prinzip der Analogie beruhenden Weiterungen brachte man traditionell vor allem mit der Archäologie in Verbindung; inzwischen ist jedoch klar, dass auch die Historie darauf nicht verzichten kann (Eggert 2003, 454 ff.; 2006, 63 ff. 223). In diesem Punkte sind sich Archäologie und Historie also strukturell ähnlich.

Den paläohistorischen Quellen der Archäologie fehlt im Gegensatz zu jenen historischen Quellen, die der ›Tradition‹ zuzurechnen sind, ein genuin ›assoziatives Moment‹ in dem Sinne, dass die Quelle – wie oben in These 7 formuliert – eine direkte Botschaft enthält. Historischen Quellen wiederum fehlt anders als den paläohistorischen Quellen das genuin der Vergangenheit zugehörige Dinglich-Faktische. Grundsätzlich wird man also festhalten dürfen, dass die typischen Quellen von Archäologie und Historie im Wesentlichen unterschiedlicher Natur sind.

Paläohistorische und historische Quellen spiegeln überdies verschiedene Aspekte der Vergangenheit. Sie werden sich nur selten entsprechen, gelegentlich ergänzen, meist aber ohne gegenseitigen Bezug bleiben. Es gilt, diesen Tatbestand im Blick zu behalten. Er sollte das Nachdenken über das Verhältnis von Archäologie und Historie für jene Epochen bestimmen, aus denen Quellen beider Wissenschaften vorliegen. Aus diesem Nachdenken sollte auf beiden Seiten der Wunsch erwachsen, nicht in der intellektuellen Isolation zu verharren, sondern gemeinsame, von Anbeginn an integrierte Projekte in Angriff zu nehmen (Eggert 2006, 219 ff.). Die auch heute immer noch feststellbare fachbezogene Selbstgenügsamkeit – leider nicht selten verbunden mit einem bemerkenswerten Hochmut – hat Barbara Scholkmann (2003) kürzlich am Beispiel der Archäologie des Mittelalters und der Mittleren Geschichte erörtert. Dennoch wird man sagen dürfen, dass die Vor- und Nachteile von archäologischen und historischen Zeugnissen spätestens seit der Debatte, die die neuen Grabungen in Troia unter der Leitung von Manfred O. Korfmann ausgelöst haben, kritisch reflektiert werden (Ulf 2004 b; Cobet 2004; Sinn 2004). Um es mit Begriffen des Klassischen Archäologen Ulrich Sinn (2004, 41; 46; 53) zu sagen: All jene, die mit dem Diskussionsstand vertraut sind, werden jedenfalls nicht mehr der ›Sogwirkung‹ schriftlicher Zeugnisse und der daraus nur allzu häufig folgenden ›Verblendung‹ bei der Zusammenführung von literarischer und archäologischer Überlieferung anheim fallen.[32]

Sinn erörtert viele Beispiele aus dem Bereich der Klassischen Archäologie und der Alten Geschichte bzw. Gräzistik, die zeigen, zu welchen interpretatorischen Irrtümern das meist blinde Vertrauen auf die Angemessenheit und Aussagekraft schriftlicher Überlieferung in archäologischen Zusammenhängen geführt hat. Aus diesem Blick in die Forschungsgeschichte hat er eine forschungstaktische Maxime abgeleitet: Bei aller anfänglichen Ausschau nach Übereinstimmungen von schriftlicher und archäologischer Überlieferung sollte – so meint er – dann bald die »Herausarbeitung von Widersprüchen und Diskrepanzen« die Forschungsrichtung bestimmen. Diesem Verfahren komme ein ungleich größeres Erkenntnispotenzial als der Suche nach Übereinstimmungen zu (Sinn 2004, 49). Diesem Leitspruch ist zuzustimmen. Wenn man die im vorliegenden Beitrag charakterisierten Unterschiede schriftlicher und nichtschriftlicher Überlieferung zugrunde legt, dürfen wie auch immer beschaffene ›Übereinstimmungen‹ bestenfalls ein erstes Ergebnis systematischen Vergleichens sein. Fruchtbare Fragestellungen ergeben sich nicht aus der Konzentration auf Übereinstimmungen, sondern auf Unterschiede.

---

32 Zur Troia-Diskussion siehe auch Stefanie Samida (in diesem Band).

Literaturverzeichnis

Actes Soissons 1988: Actes des VIIIᵉ Journées internationales d'archéologie mérovingienne de Soissons (19–22 juin 1986). Revue Arch. Picardie 3/4, 1988.

Böhme 1993: H. W. Böhme, Adelsgräber im Frankenreich: Archäologische Zeugnisse zur Herausbildung einer Herrenschicht unter den merowingischen Königen. Jahrb. RGZM 40, 1993 (1995), 397–534.

Böhme 1994: Ders., Der Frankenkönig Childerich zwischen Attila und Aëtius: Zu den Goldgriffspathen der Merowingerzeit. In: C. Dobiat (Hrsg.), Festschrift für Otto-Herman Frey zum 65. Geburtstag. Marburger Stud. Vor- u. Frühgesch. 16. Marburg: Hitzeroth 1994, 69–110.

Böhner 1981: K. Böhner, Stichwort »Childerich von Tournai«. III. Archäologisches (Childerichgrab). In: H. Beck u. a. (Hrsg.), Reallexikon der Germanischen Altertumskunde 4. Berlin, New York: de Gruyter 1981, 441–60.

Böhner 1987: Ders., Germanische Schwerter des 5./6. Jahrhunderts. Jahrb. RGZM 34, 1987, 411–90.

Brulet 1990: R. Brulet (Dir.), Les fouilles du quartier Saint-Brice à Tournai: L'environnement funéraire de la sépulture de Childéric 1. Coll. Arch. Joseph Mertens 3 (= Publ. Hist. Art et Arch. Univ. Catholique Louvain 73). Louvain-la-Neuve: Département d'Archéologie et d'Histoire de l'Art 1990.

Brulet 1991: Ders., Les fouilles du quartier Saint-Brice à Tournai: L'environnement funéraire de la sépulture de Childéric 2. Coll. Arch. Joseph Mertens 7 (= Publ. Hist. Art et Arch. Univ. Catholique Louvain 79). Louvain-la-Neuve: Département d'Archéologie et d'Histoire de l'Art 1991.

Brulet 1995: Ders., La sépulture du roi Childéric à Tournai et le site funéraire. In: F. Vallet/M. Kazanski (Hrsg.), La noblesse romaine et les chefs barbares du IIIᵉ au VIIᵉ siècle. Mém. Assoc. Française Arch. Mérovingienne 9. Saint-Germain-en-Laye: Association Française d'Archéologie Mérovingienne et Musée des Antiquités Nationales 1995, 309–26.

Brulet 1996: Ders., Tournai und der Bestattungsplatz um Saint-Brice. In: Kat. Mannheim 1996, 163–70.

Brulet 2006: Ders., Stichwort »Tournai«. In: H. Beck u. a. (Hrsg.), Reallexikon der Germanischen Altertumskunde 31. Berlin, New York: de Gruyter 2006, 99–106.

Burmeister/Derks/von Richthofen 2007: St. Burmeister/H. Derks/J. von Richthofen (Hrsg.), Zweiundvierzig: Feschrift für Michael Gebühr zum 65. Geburtstag. Internat. Arch. Stud. Honoraria 25. Rahden/Westf.: Leidorf 2007.

Chiflet 1655: I. I. Chiflet, Anastasis Childerici I. Francorum regis, sive thesaurus sepulchralis Tornaci Neruiorum effossus, et commentario illustratus. Antwerpen: Plantini 1655.

Carver 1992: M. O. H. Carver (Hrsg.), The Age of Sutton Hoo: The Seventh Century in North-Western Europe. Woodbridge: Boydell Press 2002.

Cobet 2004: J. Cobet, Vom Text zur Ruine: Die Geschichte der Troia-Diskussion. In: Ulf 2004 a, 19–38.

Dierkens 1996: A. Dierkens, Die Taufe Chlodwigs. In: Kat. Mannheim 1996, 183–91.

Eggert 2003: M. K. H. Eggert, Das Materielle und das Immaterielle: Über archäologische Erkenntnis. In: U. Veit/Ders./T. L. Kienlin/Ch. Kümmel/S. Schmidt (Hrsg.), Spuren und Botschaften: Interpretationen materieller Kultur. Tübinger Arch. Taschenb. 4. Münster u. a.: Waxmann 2003, 423–61.

Eggert 2006: Ders., Archäologie: Grundzüge einer Historischen Kulturwissenschaft. Tübingen, Basel: Francke 2006.

Eggert 2008: Ders., Prähistorische Archäologie: Konzepte und Methoden. Tübingen, Basel: Francke ³2008.

Eggert/Samida 2009: Ders./St. Samida, Ur- und Frühgeschichtliche Archäologie. Tübingen, Basel: Francke 2009.

Ewig 1988: E. Ewig, Die Merowinger und das Frankenreich. Stuttgart: Kohlhammer 1988.

Halsall 2001: G. Halsall, Childeric's Grave, Clovis' Succession, and the Origins of the Merovingian Kingdom. In: R. W. Mathisen/D. Shanzer (Hrsg.), Society and Culture in Late Antique Gaul: Revisiting the sources. Aldershot u. a.: Ashgate 2001, 116–33.

Hauser 1996: G. Hauser, Das fränkische Gräberfeld unter dem Kölner Dom. In: Kat. Mannheim 1996, 438–47.

Hübener 1980: W. Hübener, Eine Studie zu den Beilwaffen der Merowingerzeit. Zeitschr. Arch. Mittelalter 8, 1980, 65–127.

Hübener 1995: Ders., Stichwort »Franziska«. II. Archäologisches. In: H. Beck u. a. (Hrsg.), Reallexikon der Germanischen Altertumskunde 9. Berlin, New York: de Gruyter 1995, 472–76.

James 1992: E. James, Royal Burials among the Franks. In: Carver 1992, 243–54.

Kaiser 1997: R. Kaiser, Die Franken: Roms Erben und Wegbereiter Europas? Hist. Seminar N. F. 10. Idstein: Schulz-Kirchner 1997.

Kaiser 2004: Ders., Das römische Erbe und das Merowingerreich. Enzyklopädie Dt. Gesch. 26. München: Oldenbourg ³2004.

Kat. Mannheim 1996: A. Wieczorek/P. Périn/K. v. Welck/W. Menghin (Hrsg.), Die Franken – Wegbereiter Europas. Vor 1500 Jahren: König Chlodwig und seine Erben. Mainz: Zabern 1996.

Kazanski/Périn 1988: M. Kazanski/P. Périn, Le mobilier funéraire de la tombe de Childeric Iᵉʳ: Etat de la question et perspectives. In: Actes Soissons 1988, 13–38.

Kluge-Pinsker 1996: A. Kluge-Pinsker, Königliche Kirchen der Merowinger in Paris und Saint-Denis. In: Kat. Mannheim 1996, 423–34.

Koch 1996: R. u. U. Koch, Die fränkische Expansion ins Main- und Neckargebiet. In: Kat. Mannheim 1996, 270–84.

Kossack 1974: G. Kossack, Prunkgräber: Bemerkungen zu Eigenschaften und Aussagewert. In: Ders./G. Ulbert (Hrsg.), Studien zur Vor- und Frühgeschichtlichen Archäologie: Festschrift für Joachim Werner. I. Allgemeines, Vorgeschichte, Römerzeit. Münchner Beitr. Vor- u. Frühgesch. Ergänzungsbd. 1, I. München: Beck 1974, 3–33.

Kümmel/Schweizer/Veit 2008a: Ch. Kümmel/B. Schweizer/U. Veit (Hrsg.), Körperinszenierung – Objektsammlung – Monumentalisierung: Totenritual und Grabkult in frühen Gesellschaften. Archäologische Quellen in kulturwissenschaftlicher Perspektive. Tübinger Arch. Taschenb. 6. Münster u. a.: Waxmann 2008.

Kümmel/Schweizer/Veit 2008b: Dies., Wissenschaftliches Konzept und Programm der Tübinger Tagung. In: Kümmel/Schweizer/Veit 2008a, 11–5.

Martin 1989: M. Martin, Bemerkungen zur chronologischen Gliederung der frühen Merowingerzeit. Germania 67, 1989, 121–41.

Meier 2002: Th. Meier, Die Archäologie des mittelalterlichen Königsgrabes im christlichen Europa. Mittelalter-Forsch. 8. Stuttgart: Thorbecke 2002.

Menghin 1983: W. Menghin, Das Schwert im Frühen Mittelalter: Chronologisch-typologische Untersuchungen zu Langschwertern aus germanischen Gräbern des 5. bis 7. Jahrhunderts n. Chr. Wiss. Beibd. Anz. Germ. Nationalmus. 1. Nürnberg: Germanisches Nationalmuseum 1983.

Müller-Wille 1996: M. Müller-Wille, Königtum und Adel im Spiegel der Grabfunde. In: Kat. Mannheim 1996, 206–21.

Müller-Wille 1998: Ders., Zwei religiöse Welten: Bestattungen der fränkischen Könige Childerich und Chlodwig. Mit einem Anhang von M. Radnoti-Alföldi und K. Stribrny. Akad. Wiss. u. Lit. Mainz, Abhandl. Geistes- u. Sozialwiss. Kl. 1998, 1. Stuttgart: Steiner 1998.

Périn 1989: P. Périn, La tombe de Clovis. In: Media in Francia …: Recueil de mélanges offert à Karl Ferdinand Werner à l'occasion de son 65ᵉ anniversaire par ses amis et collègues français. Paris: Institut Historique Allemand 1989, 363–78.

Périn 1992: Ders., The Undiscovered Grave of King Clovis I († 511). In: Carver 1992, 255–64.

Périn 1996: Ders., Die archäologischen Zeugnisse der fränkischen Expansion in Gallien. In: Kat. Mannheim 1996, 227–32.

Périn / Kazanski 1996: Ders. / M. Kazanski, Das Grab Childerichs I. In: Kat. Mannheim 1996, 173–82.

Pröttel 1988: P. M. Pröttel, Zur Chronologie der Zwiebelknopffibeln. Jahrb. RGZM 35, 1988 (1991), 347–72.

Quast 2010: D. Quast, Ein spätantikes Zepter aus dem Childerichgrab. Arch. Korrbl. 40, 2010, 285–96.

Radnoti-Alföldi / Stribrny 1998: M. Radnoti-Alföldi / K. Stribrny, Zu den Münzbeigaben im Childerichgrab. In: Müller-Wille 1998, 37–45 (Anhang).

von Rummel 2007: Ph. von Rummel, Habitus barbarus: Kleidung und Repräsentation spätantiker Eliten im 4. und 5. Jahrhundert. RGA Ergänzungsbd. 55. Berlin, New York: de Gruyter 2007.

Schmidt 1996: B. Schmidt, Das Königreich der Thüringer und seine Eingliederung in das Frankenreich. In: Kat. Mannheim 1996, 285–97.

Scholkmann 2003: B. Scholkmann, Die Tyrannei der Schriftquellen? Überlegungen zum Verhältnis materieller und schriftlicher Überlieferung in der Mittelalterarchäologie. In: M. Heinz / M. K. H. Eggert / U. Veit (Hrsg.), Zwischen Erklären und Verstehen? Beiträge zu den erkenntnistheoretischen Grundlagen archäologischer Interpretation. Tübinger Arch. Taschenb. 2. Münster u. a.: Waxmann 2003, 239–57.

Sinn 2004: U. Sinn, Archäologischer Befund – Literarische Überlieferung: Möglichkeit und Grenzen der Interpretation. In: Ulf 2004 a, 39–61.

Steuer 2003: H. Steuer, Stichwort »Pferdegräber«. § 4. P. der Merowinger- und Karolingerzeit. In: H. Beck u. a. (Hrsg.), Reallexikon der Germanischen Altertumskunde 23. Berlin, New York: de Gruyter 2003, 74–89.

Ulf 2004 a: Ch. Ulf, Der neue Streit um Troia: Eine Bilanz. München: Beck ²2004.

Ulf 2004 b: Ders., Wozu eine Bilanz? In: Ulf 2004 a, 9–15.

Veit 2008: U. Veit, Zur Einführung. In: Kümmel / Schweizer / Veit 2008 a, 17–30.

Werner 1935: J. Werner, Münzdatierte austrasische Grabfunde. Germ. Denkmäler Völkerwanderungszeit 3. Berlin, Leipzig: de Gruyter 1935.

Werner 1971: Ders., Neue Analyse des Childerichgrabes von Tournai (Kurzfassung). Rhein. Vierteljahrsbl. 35, 1971, 43–6.

Werner 1980: Ders., Der goldene Armring des Frankenkönigs Childerich und die germanischen Handgelenksringe der jüngeren Kaiserzeit. Mit einem Anhang von L. Pauli. Frühmittelalterl. Stud. 14, 1980, 1–49.

Werner 1983: Ders., Childerich: Geschichte und Archäologie. Ant. Welt 14, 1983, 28–35.

Werner 1992: Ders., Childerichs Pferde. In: H. Beck / D. Ellmers / K. Schier (Hrsg.), Germanische Religionsgeschichte: Quellen und Quellenprobleme. RGA Ergänzungsbd. 5. Berlin, New York: de Gruyter 1992, 145–61.

K. F. Werner 1988: K. F. Werner, De Childéric à Clovis: Antecédents et conséquences de la bataille de Soisson en 486. In: Actes Soissons 1988, 3–7.

K. F. Werner 1989: Ders., Die Ursprünge Frankreichs bis zum Jahr 1000. Gesch. Frankreichs 1. Stuttgart: Deutsche Verlags-Anstalt 1989.

Wieczorek 1996: A. Wieczorek, Die Ausbreitung der fränkischen Herrschaft in den Rheinlanden vor und seit Chlodwig I. In: Kat. Mannheim 1996, 241–60.

Young 1977: B. Young, Paganisme, christianisation et rites funéraires mérovingiens. Arch. Médiévale 7, 1977, 5–81.

Young 1986: Ders., Exemple aristocratique et mode funéraire dans la Gaule mérovingienne. Annales: Economies, Sociétés, Civilisations 41, 1986, 379–407.

Zöllner 1970: E. Zöllner, Geschichte der Franken bis zur Mitte des 6. Jahrhunderts. München: Beck 1970.

DANIEL FÖLLER

» … der den König selbst davon erzählen hörte.«

Die Jerusalemreise Haralds »des Harten«
und das konstruktive Potenzial gedächtniskritischer Historie

Zusammenfassung: Archäologie und Geschichtswissenschaft sind, obwohl in ihrem Erkenntnisziel geeint, durch einen fundamentalen Unterschied getrennt: Während die Quellen der einen schweigen, einen stets sprachlosen Befund bedeuten, sind die Quellen der anderen bloße Sprache. Und doch verbindet sie, bei aller Unterschiedlichkeit des Materials, der wichtigste und zugleich grundlegendste Faktor, der auf das Entstehen eines jeden geschichtlichen Zeugnisses, jedes Überrestes und somit jeder historischen Quelle einwirkt: das Gedächtnis. Alles ist Erinnerung, Wahrnehmungs- und Deutungsmuster ebenso wie Sprachstrukturen und Erzählstrategien, ja sogar jedwede handwerkliche Tätigkeit; all dies wurde erlernt und dem Gedächtnis eingeprägt, und jeder noch so unwillkürliche Zugriff auf Erlerntes ist Erinnerung. Die wesentliche Bedeutung dieser Erkenntnis für die Geschichtswissenschaft führte den Frankfurter Mediävisten Johannes Fried jüngst zur Entwicklung einer ›Historischen Memorik‹, eines methodischen Instrumentariums für die Interpretation historischer Quellen, das jene gedächtnistheoretischen Überlegungen in die klassische Quellenkritik integriert. Die notwendige grundsätzliche Skepsis gegenüber jeder Aussage einer gedächtnisinduzierten historischen Quelle bedeutet für den Historiker *de facto* eine Umkehrung des im Strafrecht geltenden Unschuldsprinzips: Bis zum Beweis des Gegenteils muss eine Aussage als prinzipiell unzutreffend gelten. Am Beispiel einer Episode in der Karriere des norwegischen Königs Harald »des Harten« Sigurðarson wird eine derartige gedächtniskritische Quelleninterpretation demonstriert und erläutert. Die besondere Quellenlage bietet – für jene Zeit ungewöhnlich – drei Erinnerungszeugnisse ersten Ranges: die Hofdichter des Königs, die durch Adam von Bremen kodifizierte Erinnerung seiner Gegenspieler, des Dänenkönigs Sven Estridsson und des Erzbischofs Adalbert von Hamburg-Bremen, sowie die Memoiren des byzantinischen Generals Kekaumenos, der mit Harald gemeinsam im Feld war. Dieser seltene Glücksfall erweist sich als geeignetes Exempel für eine gedächtniskritische Untersuchung, die zugleich das kritische wie das konstruktive Potenzial einer ›Historischen Memorik‹ verdeutlicht.

Es galt, einen toten König zu preisen. Harald »der Harte« Sigurðarson,[1] Halbbruder des norwegischen Märtyrerkönigs Olaf »des Heiligen« († 1030) und seinerseits seit zwanzig Jahren König über Norwegen, war am 25. September 1066 in einer Schlacht bei Stamford Bridge nahe York in Nordengland gefallen. Genaueres über das Treffen, den Tod des norwegischen Königs und seine Bestattung lassen uns die zeitgenössischen Quellen kaum wissen; alle weiteren Details, die sich in später entstandenen Sagatexten oder modernen Geschichtsbüchern finden, sind mittelalterliche Fiktionen oder deren Aufbereitung (zuletzt mit einer minutiösen Rekonstruktion des Schlacht-verlaufs: De Vries 1999). Einzig der Totenpreis auf Harald ist uns in Fragmenten erhalten geblieben.

Es handelt sich um nicht weniger als drei Skaldengedichte zum Lob des Toten, so genannte *erfidrápur* (wörtl. »Erbgedichte«).[2] Diese Zahl ist beachtlich, einem Mann wie Harald aber durchaus angemessen: Zeit seines Lebens war er ein Freund der Dichtkunst gewesen, hatte zahlreiche Skalden an seinem Hof aufgenommen und gefördert, zuweilen sogar selbst Verse geschmiedet (Turville-Petre 1968; Kuhn 1983, 306–311). Von zumindest einem seiner Hofdichter, Þjóðólfr Arnórsson, nimmt man an, er sei mit seinem Herren auf dem Schlachtfeld gefallen. Dass die Skalden einem solchen Mäzen ein poetisches Denkmal setzen wollten, überrascht nicht, zumal sie sicherlich auf weitere Förderung durch seine Söhne Olaf und Magnus gehofft haben werden. Vielleicht hatten diese jene Gedichte sogar schon in Auftrag gegeben.

Wie aber dichtet man über einen Toten? Im Falle Haralds konnte man auf Texte gleichen oder ähnlichen Formats zurückgreifen: Nicht weniger als neun Preisgedichte wurden zu seinen Lebzeiten auf ihn verfasst; die Zuschreibung zweier weiterer ist unsicher, aber durchaus plausibel, zusätzlich ist noch ein weiteres zwar erwähnt, aber nicht erhalten.[3] Die Überlieferung späterer Jahrhunderte zählte insgesamt vierzehn

---

1   Haralds Beiname *harðráði*, wörtlich »der Hartherrscher, der Tyrann«, entstammt der isländischen Sagaliteratur des 13. Jahrhunderts (Turville-Petre 1968, 3 f.), deckt sich aber durchaus mit zeitge-nössischen Charakterisierungen des Königs bei Adam von Bremen (III 17) und in Preisgedichten von Haralds Hofskalden, insbesondere der *Sexstefja* des Þjóðólfr Arnórsson (ÞjóðA *Sex* 11; 19–22; 25; SkP I 123 f.; 133–9; vgl. auch Fidjestøl 1982, 236–44). Das Skaldengedicht ist, wie auch die übrigen Skaldengedichte in diesem Beitrag, nach der soeben erschienenen Edition von Kari Ellen Gade (SkP II) zitiert, von dort stammen auch die Kurzsiglen; Ausnahmen werden kenntlich gemacht. Die Übersetzung von Haralds Beinamen ist zwar nicht präzise, aber die im deutschen Sprachraum übliche.

2   Es handelt sich um die *Stúfsdrápa* des Stúfr Þórðarson (Stúfr *Stúfdr*; Skp II 350–8), die *Haralds-drápa* des Arnórr Þórðarson jarlaskáld (Arn *Hardr*; SkP II 260–80), die bereits in einer kritischen Edition vorliegt (Whaley 1998, 128–32; 268–301), sowie um eine Strophe des anonym überliefer-ten *Haraldsstikki* (Anon *Harst*; SkP II 807 f.). Zur *erfidrápa* im Allgemeinen vgl. Fidjestøl 1982, 193–8; Kuhn 1983, 217.

3   Alle Gedichte sind nur fragmentarisch erhalten; die eingeklammerten Zahlen geben die Anzahl der erhaltenen Strophen und Strophenteile an: Preisgedichte des Þórarinn Skeggjason (1; ÞSkegg *Hardr*; SkP II 294 f.) und des Valgarðr von Vollr (11; Valg *Har*; SkP II 300–10); drei Gedichte

Skalden an seinem Hof.[4] Das Zurückgreifen auf bestehende Gedichte war jedoch für die Skalden nicht unproblematisch: Einerseits werden nur wenige Episoden aus Haralds Leben darin detailreich aufbereitet, meist handelt es sich nur um knappste Anspielungen (Poole 1991, 5 f.), denn die erfindungsreiche Variation poetischer Bilder und ein exaktes Erfüllen metrischer und rhythmischer Vorgaben galten den Dichtern mehr als ein abwechslungsreicher Erzählfluss; andererseits verstieß das Verwenden ›fremder‹ Verse gegen die höfischen Spielregeln und konnte den Ruf eines Skalden nachhaltig schädigen (Kuhn 1983, 242), wie etwa der Beiname eines norwegischen Skalden aus dem 10. Jahrhundert, Eyvindr *skáldaspillir*, »der Skaldenverderber« (De Vries 1964, 145 f.), oder der des sagenhaften Skalden Auðunn, *illskælda*, »der schlechte Dichter« (Kuhn 1983, 240), zeigen, denen solches vorgeworfen wurde.

Also war vor allem aus dem Gedächtnis zu schöpfen. Neben Erinnerungen an eigene Erlebnisse mit dem König war der Skalde dabei auch auf die Erinnerungsleistung anderer Personen angewiesen: entweder auf die Erzählungen Haralds über die eigene Vergangenheit, die der Dichter selbst gehört oder von anderen mitgeteilt bekommen hatte, oder aber auf die Berichte anderer Gefolgsleute des Königs, die der Skalde entweder selbst befragen konnte oder von denen er am Hof gehört hatte. So unterschiedlich all diese Quellen auch sein mögen, ihnen allen ist gemein, dass es sich um Erinnerungsleistungen handelt, um Produkte des Gedächtnisses. Der Skalde, der ein Totenpreisgedicht auf seinen gefallenen König verfasste, teilt diese Abhängigkeit von der Erinnerung mit schlechthin jedem, der ein Geschehen aufzeichnet, der eine fließende Wirklichkeit zum Text gerinnen lässt. Der Historiker aber, der den umgekehrten Weg beschreitet, der aus derartigen Zeugnissen Rückschlüsse nicht nur auf deren Entstehen, sondern auch auf die ihnen zugrunde liegende Wirklichkeit zie-

---

des Þjóðólfr Arnórsson, die *Haraldsdrápa runhenda* (4; ÞjóðA *Run*; SkP II 103–7), die *Sexstefja* (32; ÞjóðA *Sex*; SkP II 108–47) sowie eine Strophenfolge über Haralds Flotte (7; ÞjóðA *Har*; SkP II 147–58); eine namenlose *drápa* seines Bruders Bǫlverkr Arnórsson (8; Bǫlv *Hardr*; SkP II 286–93); die *Nizarvísur* des Steinn Herdísarson (7; Steinn *Nizv*; SkP II 359–66); das in seiner Einzeledition von Poole 1991, 73–76 als *Friðgerðarflokkr* bezeichnete Gedicht des Halli stirði (6; Halli XI *Fl*; SkP II 337–43); zuletzt ein Preisgedicht des Illugi Bryndœlaskáld (4; Ill *Har*; SkP II 282–5). Unsicher sind die Gedichte von Grani, dem Skalden (2; Grani *Har*; SkP II 296–9) und Sneglu-Halli (1; SnH *Frag* 1; s. u. S. 64 mit Anm. 49). Nicht erhalten ist die in den Sagas erwähnte *Bláglaladrápa* des Arnórr Þórðarson jarlaskáld. Alle diese Gedichte dürften vor Haralds Tod entstanden sein, also spätestens 1066, da sie ihn persönlich ansprechen, was bei Verstorbenen unüblich war. Hinzu kommen noch Haralds eigene Verse, vor allem die sechs erhaltenen Strophen und Halbstrophen der vermutlich zwischen 1043 und 1045 entstandenen *Gamanvísur* (Hharð *Gamv*; SkP II 35–41).

4 Neben den oben (Anm. 3) erwähnten zehn Skalden sind dies noch die Dichter zweier Totenpreisgedichte, Stúfr »der Blinde« Þórðarson und der anonyme Verfasser des *Haraldsstikki* sowie zwei im *Skáldatal*, einem vermutlich erstmals im späten 13. Jahrhundert kompilierten Dichterverzeichnis, erwähnte Skalden: Oddr kikinaskáld und der ansonsten unbekannte Valþjófr. Vgl. Snorra Edda 344; Turville-Petre 1968, 4 f.; Kuhn 1983, 307.

hen muss, sollte sich jene Abhängigkeit nahezu aller Schriftquellen vom Gedächtnis
klar vor Augen führen. Sie in ihrer ganzen Tragweite erstmals erkannt und für den
Umgang mit ihr methodische Konsequenzen für die Geschichtswissenschaft formuliert zu haben, ist das Verdienst des Frankfurter Mediävisten Johannes Fried (v. a.
2004).

Die nachstehenden Ausführungen folgen einem doppelten Ansatz: Zum einen verstehen sie sich als ein Beitrag zur geschichtswissenschaftlichen Auseinandersetzung
mit dem Gedächtnis und jenen Erinnerungsprozessen, die eine Grundkonstituente
historischer Quellen bilden; zum anderen werden sie das von Fried zur Erweiterung
herkömmlicher Quellenkritik entwickelte gedächtniskritische Instrumentarium an
einem konkreten Beispiel erproben, nämlich an zwei Strophen aus einem der oben
genannten Totenpreisgedichte auf den norwegischen König Harald »den Harten«.

Zur korrekten Einschätzung jener Erinnerungsleistungen, die den Skaldengedichten wie den übrigen Narrativen zugrunde liegen, bedarf die Geschichtswissenschaft
der Hilfe anderer Disziplinen. Obwohl sie sich durchweg mit Vergangenem und somit
Erinnertem befasst, spielen Kenntnisse über die Funktionsweise des menschlichen
Gedächtnisses bisher kaum eine Rolle (Fried 2004, 57–79); mit ihnen beschäftigen
sich andere Fächer, die Neurowissenschaften und vor allem verschiedene psychologische Disziplinen (ebd. 80–152).

Das bei der Beschäftigung mit den Ergebnissen dieser Wissenschaften hervorstechende Grundproblem für den Historiker ist die Unzuverlässigkeit einer jeden
Erinnerungsleistung. Sich zu erinnern bedeutet nämlich keineswegs, ein wahrgenom-
menes und unveränderlich gespeichertes Erlebnis abzurufen; vielmehr handelt es
sich um einen von vielen Faktoren abhängigen Konstruktionsprozess, der bei jedem
Abruf neuerlich abläuft und höchst unterschiedliche Ergebnisse zeitigt. Schon die
sinnlich wahrgenommene Realität erreicht unser Bewusstsein nur gefiltert: Bekannt
Scheinendes wird mit bereits vorhandenen Informationen vernetzt, also unbewusst
gedeutet, vermeintlich Unnötiges in einem ebenfalls unbewussten, auf erlernten Kriterien fußenden Selektionsprozess gelöscht. Diese Sinneseindrücke, ihrerseits schon
Produkte von Erinnerungsprozessen, werden dann gedeutet und in verschiedenen
Teilen des Gedächtnisses abgelegt, wobei die je spezifische Situation auf diese Enkodierung und Speicherung wesentlich Einfluss nimmt (ebd. 121–128). Ebenso situati-
onsgebunden und -bezogen ist auch ein jeder Abruf von Erinnertem; jedes Mal stellt
unser Gedächtnis ein neues Ensemble an Erinnerungsbildern, Sinneseindrücken und
Geschehensdeutungen zur Verfügung, das sich je nach dem Moment des Erinnerns
unterscheidet, da es sowohl von der psychophysischen Konstitution des Erinnernden
als auch von den Erfordernissen der äußeren Umstände abhängig ist. Ferner können
neue Informationen hinzutreten, andere Facetten oder Versionen des selben Geschehens, beispielsweise im Gespräch oder bei der Lektüre von Geschriebenem, die dann
auf das Erinnern einwirken und es verändern. »Jede Erinnerung schwingt zwischen
Individuum und Gesellschaft« (Fried 2006, 328). Niemand also erinnert ein Gesche-

hen zweimal identisch, bei jedem Abruf ist die Erinnerung jeweils anders. Die Divergenz der Erinnerungen gegenüber dem einstmals Geschehenen ist dabei beachtlich: Psychologische Tests haben ergeben, dass mit einer Fehlerrate von dreißig bis vierzig Prozent pro Abruf zu rechnen ist (Zahl nach ebd. 349). Als weitere Schwierigkeit tritt der Umstand hinzu, dass kaum ein Erinnernder sich der Fehlerhaftigkeit seiner Gedächtniserzeugnisse bewusst ist, sondern im Gegenteil ein jeder seine Erinnerung für die einzig zutreffende hält, was Fried als »Gewissheitssyndrom« bezeichnet (Fried 2004, 51).

Die Konsequenzen dieser Erkenntnisse für den Historiker sind gravierend: Solange die Korrektheit eines Erinnerungszeugnisses zu einem Geschehen sich nicht zumindest plausibilisieren lässt, ist es als falsch zu betrachten (ebd. 367–372). Aus der geschichtswissenschaftlichen Beschäftigung mit dem Gedächtnis resultiert notwendigerweise die Radikalisierung der Quellenkritik, eine Umkehrung des Unschuldsprinzips: *in dubio contra memoriam*. Die historisch-kritische Methode, wie sie im 19. Jahrhundert entwickelt und seither beständig verfeinert wurde, ist für die Gewinnung und Sicherung historischer Fakten und die Rekonstruktion vergangenen Geschehens allein nicht mehr zureichend; für den Umgang mit dem Gedächtnis fehlen ihr schlicht die analytischen Werkzeuge. Um dieser Herausforderung zu begegnen, bedarf es neuer, an Neuro- wie Kognitionswissenschaften und Psychologie orientierter methodischer Ansätze. Sie haben zweierlei zu leisten: einerseits mit gedächtniskritischen Fragen das Instrumentarium klassischer Quellenkritik zu erweitern, andererseits als interpretationsleitende Methode den Historiker in die Lage zu versetzen, neue Erkenntnisse über Sichtweisen und Erinnerungsmuster vergangener Zeiten zu gewinnen.

Eine solche ›Historische Memorik‹ hat Fried in einer Reihe von Einzelstudien und einer zusammenführenden Monographie entwickelt, deren wichtigste Elemente hier umrissen werden sollen. Auf der Makroebene hat zunächst die Einbindung eines jeden Gedächtniszeugnisses in den Erinnerungskontext zu erfolgen; um dies zu gewährleisten, hat Fried vier ›Gedächtnistypen‹ verschriftlichter Erinnerung definiert (ebd. 378 f.): Der Erste ist das zu analysierende *Erinnerungszeugnis* selbst; daneben treten als zweiter die *Gegenerinnerung*, die in fundamentaler Opposition zum ersten Gedächtnistyp steht, und als dritter die *Parallelerinnerung*, die weitere Erinnerungsstränge ähnlicher Orientierung wie der erste oder zweite darstellt; der vierte Gedächtnistyp ist schlussendlich das neutrale *Kontrollzeugnis*, das von den Erinnerungskonflikten der anderen drei unbeeinflusst sein muss. All diese divergierenden Erinnerungsstränge sind sorgsam gegeneinander zu lesen. Eine memorische Feinanalyse der einzelnen Zeugnisse erfolgt über die Anwendung von Verformungsfaktoren, die sich wie ein Prüfraster über jede narrative Quelle legen lassen (ebd. 49–56; 379; ders. 2006, 355 f.). Fried differenziert zwischen insgesamt neunzehn primären Verformungsfaktoren, die unbewusst wirksam werden, und einer Fülle von sekundären, bewussten Verformungen, also den bisher von der Quellenkritik vornehmlich in den Blick genommenen Prägungen, Färbungen und Veränderungen eines Textes. Zwangsläufig muss eine derartige Rekonstruktion von Erinnerungsvorgängen mit Plausibilitäten arbeiten und entwickelt mit dem Durchspielen und Falsifizieren verschiedener denkbarer Möglichkeiten, mithin aus der Radikalisierung und Weiterführung der hermeneutisch-argumentativen Methode regelrecht Experimentcharakter. Deutlich zu scheiden sind bei diesen Gedankenexperimenten stets die verschiedenen Ebenen des Erinnerns, nämlich die Enkodierung, die Ergänzung durch andere Erinnerungen und die einzelnen Abrufe.

Die genannten Elemente einer gedächtniskritischen Geschichtswissenschaft gilt es nun im Zusammenspiel mit den herkömmlichen historischen Methoden anzuwenden und ihre Arbeitsweise anhand der Analyse eines Beispiels zu verdeutlichen. Es entstammt einem der oben erwähnten Totenpreisgedichte auf den Norwegerkönig Harald »den Harten«, der nach ihrem Autor benannten *Stúfsdrápa* oder kurz *Stúfa* des Stúfr Þórðarson.

In zwei der erhaltenen sieben Strophen schildert der Skalde eine Episode aus jener Zeit, in der Harald als Söldner in byzantinischen Diensten stand.[5] Shepard (1973, 149) hat den Beginn seiner Dienstzeit überzeugend auf Sommer 1034 datiert; ihr Ende wird derzeit von den Historikern für 1042/43 angenommen (Shepard 1977–1984, 177 datiert auf Sommer 1044). In jenen beiden Strophen wird über einen Eroberungsfeldzug nach Palästina berichtet, den Harald unternommen habe:[6]

Fór ofrhugi inn øfri	Es fuhr der verwegene Mann, der
eggdjarfr und sik leggja	schwertkühne, sich zu unterwerfen
– fold vas víga valdi	– das Land war dem Kampfurheber[7]
virk – Jórsali ór Girkjum.	untertan – Jerusalem aus Griechenland.
Ok með ærnu ríki	Und wegen seiner überlegenen Macht
óbrunnin kom gunnar	kam unverbrannt in des Kampf-
heimil jǫrð und herði.	förderers[8] Gewalt das Land.
(Hafi ríks, þars vel líkar.)	(Des mächtigen [Haralds Seele] habe, wo es
	wohl sein ist, …)

---

5 Jene Dienstzeit Haralds ist in der Forschung vielfach behandelt worden und ein Schwerpunkt der wissenschaftlichen Auseinandersetzung mit skandinavischen Söldnern im Byzantinischen Reich. Die wichtigsten Arbeiten sind: Storm 1884; Blöndal 1939; Nordhagen 1966; Davidson 1976, 207–29; Blöndal/Benedikz 1978, 54–102; Bagge 1990; De Vries 1999, 28–38. Marsden 2007, 84–134 ist zwar ausführlich, aber wegen fehlender Belegnoten und mangelhafter Quellenarbeit eher als populärwissenschaftlich anzusehen; ebenfalls populärwissenschaftlich, aber aus der Feder eines ausgewiesenen Fachmanns ist Larsson 1997, 44–61.

6 Der Text ist nach SkP II 352–4 zitiert; eine marginal andere Lesart bringt Blöndal/Benedikz 1978, 64.

7 Altnordisch *víga valdi* = Harald.

8 Altnordisch *gunnar herðir*, wörtlich »Härter des Kampfes« = Harald.

Stóðu rǫð af reiði	Es setzte sich die Herrschaft im Zorn
(rann þat svikamǫnnum)	(diese Nachricht vertrieb die Verräter)
Egða grams á ýmsum	des *Egðir*-Herrschers[9] an beiden
(orð) Jórðánar borðum.	Ufern des Jordan durch.
Enn fyr afgerð sanna	Und für bewiesene Vergehen
– illa gat frá stilli –	– Schaden bekam es vom Herrscher –
þjóð fekk vísan váða.	erhielt das Volk Strafe.
(Víst of aldr með Kristi.)	(… ihre Wohnung für immer bei Christus …)

Schon die Sagaautoren des 13. Jahrhunderts, die jene Strophen überliefern, empfanden deren Aussagen angesichts der Kreuzzugserfahrungen offenbar als ungeheuerlich und unglaubwürdig, denn stets wird die Glaubhaftigkeit des Skalden mit dem Zusatz betont, er habe Harald selbst von diesen Dingen berichten hören.[10] Die Sagaschreiber banden die beiden Strophen in eine Prosaerzählung ein, in der die Kreuzfahrt von Haralds Urenkel König Sigurd »dem Jerusalemfahrer« präfiguriert wurde. Ohne dass die Strophen davon auch nur ein Wort erwähnen, berichten die Sagas von einem Bad Haralds im Jordan und reichen Opfergaben an den Heiligen Stätten, also all jenen Dingen, die seit dem 12. Jahrhundert im Norden bekannter Pilgerbrauch waren. Harald wird als Kreuzfahrer *avant la lettre* dargestellt, die Strophen von den Sagaschreibern also aus der Erfahrung ihrer eigenen Gegenwart gedeutet, die sie bis in die Mitte des 11. Jahrhunderts zurückprojizieren.[11] Der Historiker aber hat die Strophen Stúfrs vor allem in ihrem Entstehungskontext, also der Zeit kurz nach Haralds Tod im September 1066 zu betrachten.

An dieser Stelle erscheint es angebracht, kurz auf die Frage nach der Authentizität von Skaldenstrophen einzugehen, mithin ein anderes Feld gedächtniskritischer Geschichtswissenschaft zu streifen: das der Überlieferungsgeschichte. Bis auf wenige Ausnahmen sind alle Skaldenstrophen in isländischen Manuskripten des hohen und späten Mittelalters auf uns gekommen, in erzählenden Quellen ebenso wie in poetologischen Traktaten. Wenn man nun den Quellenwert hochmittelalterlicher Prosaerzählungen für die Geschichte der Wikingerzeit zu Recht bestreitet, bedarf es einer Begründung, weshalb man die in ihnen enthaltenen Skaldengedichte höher schätzt.

---

9 Altnordisch *Egða gramr*; die *Egðir* sind die Bewohner der südnorwegischen Landschaft Agder, ihr Herrscher war folglich der verstorbene König Harald.

10 Alle Sagatexte, in denen sich auch nur eine der beiden Strophen findet, geben diesen Zusatz: die vor 1220 verfasste *Morkinskinna*, 146 (Übersetzung Andersson/Gade 2000, 144); die um 1230 geschriebene *Fagrskinna*, 233 (Übersetzung Finlay 2004, 187); Snorri Sturlusons um 1225–1235 entstandene *Heimskringla*, III 83 sowie die Ende des 14. Jahrhunderts entstandene *Flateyjarbók*, IV 74.

11 Die Konzeption des Haraldbildes in der *Haralds saga Sigurðarsonar* in Snorris *Heimskringla* untersuchte Friedrichsen 2001.

Dies ist nicht der Ort, auf die Feinheiten der sprachlichen Rekonstruktion einzugehen (vgl. dafür Jesch 2001, 18–21). Vielmehr geht es hier um die Frage, ob die Skaldengedichte die Zeit von ihrer mündlichen Komposition bis zu ihrer schriftlichen Niederlegung – für unsere Strophen auf Harald sind gut hundert Jahre zu veranschlagen – ohne größere Veränderung überstehen konnten, ob sie mithin authentische Texte der Wikingerzeit sind. Die dafür notwendige, aber noch nicht vorhandene Studie kann und soll hier nicht vorweggenommen werden. Stattdessen wird auf Grund von Oralitätsforschung und Gedächtniskritik an dieser Stelle lediglich eine Arbeitshypothese aufgestellt. Mündliche Überlieferungen sind, so lehren es die Ergebnisse von Ethnologie und Psychologie, chronisch unzuverlässig. Da ihr Überlieferungsmedium das Gedächtnis ist, verwundert das nicht weiter; auch die metrische Durchgestaltung scheint sie davor nicht zu bewahren (zusammenfassend Ong 1987, 61–71, bes. 66). Allerdings sind die von der Oralitätsforschung bislang untersuchten poetischen Formen relativ einfach und lassen sich leicht variieren. Für die im *dróttkvætt*, im ›Hofton‹ gedichtete Skaldik gilt dies freilich nicht: Sie ist deutlich komplizierter. Anstatt zwei stabilisierenden Gestaltungsebenen (Rhythmus / Reim, feste Formeln) hat die klassische Skaldendichtung im ›Hofton‹ deren mindestens fünf (Silbenzahl, Stabreim, Binnenreim, vielgliedrige poetische Bilder, komplexe Satzordnung). Da ein vergleichbar komplexes poetisches System bislang noch nicht auf seine Überlieferungssicherheit untersucht worden ist, liegt diesen Ausführungen die Hypothese zugrunde, dass die wikingerzeitlichen *dróttkvætt*-Strophen aufgrund ihrer komplexen sprachlichen Struktur nur unverändert als sinnvoll memoriert werden konnten; unbewusste Verformungen wird man daher ausschließen dürfen, da ein Eingreifen ein schwieriges Umdichten erfordert hätte, das nicht absichtslos geschehen konnte und zu dem die wenigsten Rezipienten in der Lage gewesen sein dürften. Nicht zufällig hat jüngst die Altnordistin Judith Jesch (2005) die Skaldendichtung als »literacy *avant la lettre*« bezeichnet.

Für die Auswertung des historischen Gehalts eines Gedächtniszeugnisses wie etwa der Strophen unseres Skalden sind, wie bei Gericht, alle Aussagen zu hören, ehe man zu einem Urteil kommt. Es sind also die anderen zeitgenössischen Quellen, die von Haralds Aufenthalt in Byzanz zeugen, in jenes Raster von Erinnerungstypen einzuordnen, das Fried in seinem Entwurf einer historischen Gedächtniskritik entwickelt (2004, 378): neben dem analysierten Erinnerungsprodukt noch Gegenerinnerung, Parallelerinnerung, und Kontrollzeugnis. »Fehlt einer dieser Erinnerungstypen, ist keine Gedächtnisleistung abschließend zu interpretieren«, formuliert Fried (ebd.) paradigmatisch. Gerade in quellenärmeren Epochen ist dieses Postulat allerdings kaum zu erfüllen, und das Vorhandensein aller vier Erinnerungstypen stellt eher die Ausnahme denn die Regel dar. Quellenmangel aber darf nicht dazu verleiten, gedächtniskritischen Analysen auszuweichen, denn schon das Gegeneinanderlesen zweier verschiedener Quellen erlaubt es, Gedächtnisverformungen aufzuspüren, selbst wenn keine Idealbedingungen herrschen; und manches Schweigen ist nicht nur erklärbar, sondern geradezu verräterisch.

Die Zeit Haralds in byzantinischen Diensten, der die von Stúfr bedichtete Jerusalemfahrt zweifellos zugehört, stellt für die chronisch quellenarme Wikingerzeit einen
seltenen Glücksfall dar, denn alle vier Erinnerungstypen sind vorhanden. Zur Erinnerung Stúfrs an Haralds Erzählungen über Byzanz treten noch die übrigen Skaldengedichte hinzu, die von den Taten des Norwegerkönigs im Mittelmeerraum künden,
insgesamt fünf Fragmente: erstens die einzige erhaltene Halbstrophe des Þórarinn
Skeggjason, zwischen 1046 und 1066 entstanden;[12] zweitens eine Halbstrophe des
Valgarðr von Vǫllr, zwischen 1047 und 1066 gedichtet;[13] drittens vier Strophen aus
einer *drápa* des Bǫlverkr Arnórsson, die zwischen 1048 und 1066 verfasst wurde;[14]
viertens eine Kenning und vier Strophen aus der *Sexstefja* des Þjóðólfr Arnórsson, des
Bruders von Bǫlverkr, verfasst in Haralds letzten Lebensjahren (1064–1066);[15] sowie
fünftens zwei Halbstrophen des Illugi Bryndœlaskáld, die aus der Zeit vor Haralds
Tod 1066 stammen dürften.[16] Neben diesen sekundären Erinnerungszeugnissen, die
wohl ausschließlich auf den Erzählungen Haralds und seiner Gefolgsleute über die
Zeit in byzantinischen Diensten fußen, ist ein einzigartiger Text zu erwähnen, nämlich
eine Strophe des Königs selbst. Sie entstammt den *Gamanvísur* (»Scherzstrophen«),
einem Gedicht, das Harald zwischen 1043 und 1045 für seine Braut Elisabeth verfasste, die Tochter des Kiewer Großfürsten Jaroslaw I. »des Weisen«, und in dem er
seine eigenen Taten bedichtete.[17] Die Verse dieser fünf Hofskalden des Königs und
seine eigenen Worte mögen als *Parallelerinnerungen* zu Stúfrs Preisgedicht gelten,
da sie zwar alle zum Preis Haralds gedichtet wurden, aber zu verschiedenen Zeiten
von verschiedenen Skalden. Als *Gegenerinnerung* dürfen wir die einschlägigen
Passagen in den *Gesta Hammaburgensis ecclesiae pontificum* des Domscholasters
Adam von Bremen aus der Zeit zwischen 1072 und 1085 betrachten, in der sich
zwei Erinnerungsstränge von erbitterten Gegnern Haralds vereinen: des Dänenkönigs
Sven Estridsson (1047–1074) und des Erzbischofs Adalbert von Hamburg-Bremen
(1043–1072), in dessen Auftrag Adam sein Werk begann. Unabhängig von diesen
Konfliktlinien in Nordeuropa existiert ein weiteres Zeugnis über Haralds Aufenthalt im Byzantinischen Reich, nämlich eine Passage in dem nach 1075 entstandenen
byzantinischen *Strategikon* des Kekaumenos, einer Art Fürstenspiegel aus der Feder
eines Offiziers, der 1041 mit Harald selbst im Feld gewesen war.[18] Diese Quelle kann
man aufgrund ihrer Unabhängigkeit von den lateineuropäischen und altnordischen

---

12 ÞSkegg *Hardr*; vgl. SkP II 294 f. sowie Fidjestøl 1982, 145.

13 Valg *Har* 1; vgl. SkP II 300 f. sowie Fidjestøl 1982, 144.

14 Bǫlv *Hardr* 2; 4; 5; 6; vgl. SkP II 288–91 sowie vgl. Fidjestøl 1982, 143.

15 ÞjóðA *Sex* 2; 3; 5; 7; die Kenning *Bolgara brennir*, »Bulgarenverbrenner«, findet sich in ÞjóðA
    Sex 1. Vgl. SkP II 112–9 sowie Fidjestøl 1982, 134–42; 236–44.

16 Ill *Har* 3; 4; vgl. SkP II 282–5 sowie Fidjestøl 1982, 142 f.

17 Hharð *Gamv* 2; vgl. SkP II 36 f. sowie Fidjestøl 1982, 60.

18 Die Passage über Harald findet sich im zweiten Teil des Werkes, dem *Logos nouthetikos*, dessen
    Titel H.-G. Beck (1964, 135) mit »Mahnrede an den Kaiser« übersetzt.

Traditionen sowie ihrer vollkommenen Losgelöstheit von den politischen Verhältnissen in Skandinavien ohne weiteres als *neutrales Kontrollzeugnis* bezeichnen.

Keine der insgesamt sechs uns erhaltenen *Parallelerinnerungen* zu Haralds Zeit in byzantinischen Diensten liefert einen weiteren Hinweis auf seine Jerusalemfahrt. Dass dieser eindeutig negative Befund jedoch keineswegs die Irrigkeit von Stúfrs Strophen beweist, verdeutlicht eine genauere Betrachtung der Quellen. Wie nahezu alle Skaldengedichte sind uns auch diejenigen auf Harald nur fragmentarisch überliefert; wie viele Strophen verloren sind, lässt sich bei den meisten Gedichten nicht mehr sagen; nur von Haralds eigenen *Gamanvísur*, »Scherzstrophen«, wissen wir, dass nicht ganz sechs von ursprünglich sechzehn Strophen erhalten sind.[19] Die Schreiber der Sagas und die Kompilatoren gelehrter Werke, denen wir die Überlieferung der erhaltenen Skaldenstrophen verdanken, trafen offenbar eine strenge Auswahl, so ihnen denn die Gedichte überhaupt noch vollständig bekannt waren. Zudem verstand man offensichtlich im 13. Jahrhundert einen Teil der Strophen nicht mehr; aus missdeuteten griechischen Lehnworten in zwei Strophen, die sich offenbar mit Haralds Kämpfen gegen Normannen in Unteritalien befassen, konstruierten die Sagaschreiber eine vollkommen widersinnige Reiseroute Haralds nach Konstantinopel, nämlich von Russland aus über Deutschland, Frankreich und die Lombardei.[20] Es erscheint durchaus denkbar, dass die Autoren des 13. Jahrhunderts ähnliche Skaldenverse, die sie gar nicht mehr zu interpretieren vermochten, nicht in ihre Texte einarbeiteten. Sie hatten kein antiquarisches, bewahrendes Interesse an den wikingerzeitlichen Gedichten, sondern verwendeten besonders gelungene Verse zur Illustrierung und Authentifizierung ihrer Narrative in den Sagas oder als Beispiele für bestimmte poetische Phänomene in Traktaten zur Dichtung.

All dies hat zur Folge, dass Haralds Jahre als byzantinischer Söldner in den erhaltenen Fragmenten der Skaldengedichte nur unvollständig zu verfolgen sind. Einige Episoden, wie etwa seine Teilnahme am Sizilien-Feldzug des Georg Maniakes 1038–1040 oder seine Mitwirkung bei der Blendung des gestürzten Kaisers Michael V. Kalaphates am 22. April 1042, begegnen uns in mehreren Strophen;[21] andere Aspekte, wie sein Dienst unter Michael IV. (1034–1041) oder seine Ankunft in Konstantinopel

---

19 Die Angabe zur Anzahl der Strophen findet sich sowohl in der *Fagrskinna* (237), der *Morkinskinna* (148) wie auch in Snorri Sturlusons *Heimskringla* III 89.

20 Z. B. *Heimskringla* III 82. – Aus griechisch *frangoi*, mit der Bedeutung »französischsprachige Normannen«, wurde altnordisch *Frakkar* (Ill *Har* 3; SkP II 284); aus dem unteritalienischen Verwaltungsbezirk der Byzantiner, *Longobardia*, wurde im Norden *Langbarðaland* (ÞjóðA *Sex* 5; SkP II 117). Vgl. auch Blöndal/Benedikz 1978, 70 f. und Jesch 2001, 87.

21 Der Sizilienfeldzug: Hharð *Gamv* 2 (SkP II 36 f.); Valg *Har* 1 (SkP II 300 f.); Bǫlv *Hardr* 4 (SkP II 289 f.); ÞjóðA *Sex* 2 (SkP II 113 f.). Die Andeutungen auf Kämpfe gegen Afrikaner (Bǫlv *Hardr* 5 und ÞjóðA *Sex* 3; vgl. SkP II 114 ff. 290 f.) dürften sich auf ziridische, also nordafrikanische Kräfte in Sizilien beziehen (Blöndal/Benedikz 1978, 60 f. 66; Felix 1981, 202–206; 212; Jesch 2001, 89). Blendung Michaels V.: ÞSkegg *Hardr* (SkP II 294 f.); ÞjóðA *Sex* 7 (SkP II 118 f.).

im Sommer 1034 sind uns bloß in je einer Strophe überliefert;[22] und nur eine einzige Andeutung haben wir über Haralds aus anderen Quellen wohlbekannte Teilnahme an der Niederschlagung einer bulgarischen Rebellion 1041,[23] nämlich die Kenning *Bolgara brennir*, »Bulgarenverbrenner«, für den König in Þjóðólfr Arnórssons *Sexstefja* (ÞjóðA *Sex* 1; SkP II 112 f.). Dass also Stúfrs Strophen das einzige skaldische Zeugnis über die Jerusalemfahrt Haralds sind, schmälert ihren Quellenwert zunächst nicht.

Auch die *Gegenerinnerung*, in diesem Falle die *Gesta Hammaburgensis ecclesiae pontificum* des Domscholasters Adam von Bremen, weiß nichts von Haralds Jerusalemfahrt. Generell sind Adams Informationen über den Byzanzaufenthalt Haralds spärlich. Zweimal kommt er darauf zu sprechen (III 13; 17), macht aber nur allgemeine Angaben: »Harald [...] hatte [...] die Heimat verlassen und war in die Fremde nach Konstantinopel gezogen. Dort wurde er Soldat des Kaisers, führte zahlreiche Kämpfe gegen die Sarazenen zur See und die Skythen zu Lande, wurde durch seine Tapferkeit berühmt und an Schätzen reich.«[24] In Scholien zum Haupttext erwähnt er Haralds Heirat mit der Tochter des Kiewer Großfürsten Jaroslaw »des Weisen« auf der Rückreise in den Norden (schol. 62) und die Größe von Haralds aus Griechenland stammendem Schatz (schol. 83): »Das Gewicht des Goldes war so groß, dass 12 junge Männer es kaum auf ihren Schultern tragen konnten.«[25] Mehr aber konnte oder wollte Adam nicht sagen.

Dass Adam den Norwegerkönig durchweg negativ bewertet, ergibt sich schon aus den Informationsquellen, die dem Chronisten zur Verfügung standen.[26] Seine beiden Informanten waren Gegner des Norwegerkönigs: Der Dänenkönig Sven Estridsson war seit Haralds Rückkehr in den Norden dessen schärfster Konkurrent um die Vormachtstellung in Dänemark gewesen; jahrelang hatten die beiden im Krieg miteinander gelegen, Harald meist erfolgreicher als der Däne, und erst 1064, nach beinahe zwanzig Jahren Krieg, hatte der Norweger Sven als dänischen König anerkannt.[27] Erzbischof Adalbert hingegen, der Auftraggeber von Adams Geschichtswerk, war

---

22 Dienst unter Michael IV.: Ill *Har* 4 (SkP II 285); Ankunft in Byzanz: Bǫlv *Hardr* 2 (SkP II 288 f.).

23 Kekaumenos erwähnt Haralds Teilnahme an dem Feldzug ausdrücklich (Kekaumenos 298; Übersetzung Beck 1964, 141), und auch Adams Erwähnung von Haralds Kämpfen gegen »Skythen« dürfte sich auf den Krieg gegen die Bulgaren beziehen (Adam III 13; 152 f.).

24 »Haroldus [...] Constantinopolim exul abiit. Ubi miles imperatoris effectus multa prelia contra Sarracenos in mari et Scitas in terra gessit, fortitudine clarus et divitiis auctus vehementer« (Adam III 13, 152 f.; Übersetzung Trillmich/Buchner 1978, 341).

25 »Erat autem pondus auri, quod vix bisseni iuvenes cervice levarent« (Adam III 52 schol. 83, 196. Übersetzung Trillmich/Buchner 1978, 395).

26 Eine neuere, umfassende Studie zu Adams Informanten gibt es leider nicht; die Einführung in die Übersetzung bietet diesbezüglich noch die neuesten und ausführlichsten Informationen (Trillmich/Buchner 1978, 147–50).

27 Einen Reflex dieses Friedensschlusses von skaldischer Seite bieten Halli XI *Fl* und ÞjóðA *Sex* 23; vgl. SkP II 137 f. 337–43 und Poole 1991, 73–85 sowie allgemeiner Andersen 1966.

auf anderem Gebiet mit Harald aneinander geraten, nämlich in der Frage kirchlicher Hoheitsrechte über Norwegen. Der König hatte Bischöfe in England und Frankreich weihen lassen und, vielleicht nach byzantinischem Vorbild, eigenständig eingesetzt; damit hatte er Rechte des Erzstuhls usurpiert. Adalbert reagierte entsprechend gereizt und schaltete sogar Papst Alexander II. ein,[28] allerdings ohne dass wir von Konsequenzen wüssten (hierzu Seegrün 1967, 71–74). Dementsprechend negativ ist Adams Darstellung von Harald: Er charakterisiert ihn als König, der »in seiner Grausamkeit alle Tyrannen übertreffe«, mit einem Lucan-Zitat als »Blitz des Nordens, schicksalhaftes Unheil aller dänischen Inseln«,[29] beschuldigt ihn der Zerstörung von Kirchen, der Verfolgung von Christen, der Zauberei, der Plünderung von Kirchenschätzen, ja er lässt ihn sogar laut verkünden, »er kenne keinen Erzbischof oder anderen Herren über Norwegen als Harald« (alles III 17).[30] Zu dieser Charakterisierung als Feind der Kirche würde die Erwähnung einer Reise ins Heilige Land nicht recht passen, zumal die Pilgerfahrt nach Jerusalem unter Adalberts Episkopat einen hohen Stellenwert einnahm: Jerusalemfahrer erhielten Bischofssitze (III 21) oder wurden Ratgeber des Erzbischofs (III 77).[31]

Angesichts von Adams nicht besonders detailreichen Informationen über Haralds Aufenthalt im Byzantinischen Reich und der klaren Charakterisierung Haralds als unchristlicher Feind der Kirche ist es wenig verwunderlich, dass die *Gesta* nichts von einer Fahrt ins Heilige Land berichten; ihr Schweigen hierüber muss nicht auf die Nichtexistenz einer solchen Reise deuten, sondern kann ebenso gut auf Adams lückenhafte Informationen verweisen oder mit der Verteufelung des Norwegerkönigs zusammenhängen. Auch das Schweigen der Gegenseite ist in diesem Falle kein definitiver Gegenbeweis.

Vollkommen losgelöst von den Konflikten im Norden ist schließlich das neutrale *Kontrollzeugnis*, die einzige byzantinische Quelle, die Harald überhaupt erwähnt: das so genannte *Strategikon* des Kekaumenos. Aufgrund dieses sowohl räumlichen wie auch kulturellen Abstandes ist das Werk als Kontrollzeugnis im Fried'schen Sinne gut geeignet, denn es handelt sich um ein direktes Erinnerungszeugnis: Kekaumenos war mit Harald gemeinsam im Feld, als dieser sich 1041 bei der Niederschlagung einer bulgarischen Rebellion auszeichnete (Kekaumenos 298; Beck 1964, 141). Und selbst wenn seine zusätzlichen Informationen nicht auf eigene Gespräche mit Harald zurückgehen sollten, zeigt sich der Autor des *Strategikon* hier – wie auch in anderen Bereichen – vorzüglich informiert. Freilich erwähnt auch Kekaumenos nichts von

---

28 Adam zitiert den Brief des Papstes im Wortlaut im Scholium 69; vgl. Adam III 17 schol. 69, 160 f.
29 »[...] fulmen septentrionis, fatale malum omnibus Danorum insulis« (Adam III 17, 159 mit Anm. 4; Übersetzung Trillmich/Buchner 1978, 347).
30 »[...] clamitans se nescire, quis sit archiepiscopus aut potens in Norvegia, nisi solus Haroldus« (Adam III 17, 160; Übersetzung Trillmich/Buchner 1978, 349).
31 Siehe auch die kurze Notiz bei Hägermann 1985, 21.

einer Reise Haralds ins Heilige Land. Bedenkt man aber die Darstellungsabsicht, die jener Passage zugrunde liegt, in der auch von Harald die Rede ist, so erschließen sich seine Argumentation und die Auswahl seiner Beispiele. In jenen Kapiteln geht es ihm um die richtige Behandlung ausländischer Söldner: »Für das römische Reich, o Herr, ist es sehr von Nutzen, Ausländer nicht mit großen Ehren zu bedenken. Wenn sie dir für Kleidung und Brot dienen, dann sei versichert, dass sie dir treu und von ganzem Herzen dienen. Sie werden an deinen Händen hängen, wenn sie ein paar Taler und Brot bekommen. Machst du aber einen Barbaren zu mehr als zum *Spatharokandidaten*, dann wird er zum Verächter und wird dir nicht mehr richtig dienen.«[32] Harald wird als Beispiel für eben jene Aussage angeführt: Obwohl er königlicher Abstammung ist und eine große Truppe adeliger Leute anführt, obwohl er sich durch außerordentliche militärische Leistungen auszeichnet, erhält er nur mittlere Ränge in der byzantinischen Hierarchie. Zum Schluss streicht Kekaumenos Haralds Bescheidenheit heraus: »Aber er war keineswegs böse, dass er nur *Manglabites* und *Spatharokandidates* geworden war, im Gegenteil: auch als König wahrte er den Griechen Treue und Anhänglichkeit.«[33]

Kekaumenos erwähnt dementsprechend auch nur diejenigen Taten Haralds, die er als besonders außergewöhnlich betrachtete und die der Kaiser direkt mit der Verleihung eines Titels und den dazugehörigen Bezügen honorierte: die Teilnahme am Sizilien-Feldzug unter Georg Maniakes 1038–1040 (von Falkenhausen 1967, 71–3; Blöndal/Benedikz 1978, 65–74; Felix 1981, 207–16) und an der Niederschlagung der Rebellion des Peter Deljan 1040–1041 (Blöndal/Benedikz 1978, 74–6). Andere Taten Haralds, die wir aus mehreren Skaldengedichten kennen, wie etwa Kämpfe gegen sarazenische Piraten zur See (von denen auch Adam von Bremen weiß), gegen die Normannen in Italien oder die Blendung Michaels V., erwähnt Kekaumenos nicht, da sie seine Argumentation nicht weiter stützen würden. Ähnliches ist auch für die Jerusalemfahrt Haralds denkbar, von der der Autor des *Strategikon* durchaus gewusst haben könnte; der Grund seines ›Schweigens‹ könnte ebenso gut darin zu suchen sein, dass diese Reise keine besondere Bedeutung gehabt und nicht zu einer Beförderung oder anderweitigen Belohnung geführt hat.

---

32 »Πολλὰ γὰρ συμφέρει τῇ Ῥωμανίᾳ, δέσποτα, τὸ μὴ τιμᾶν ἐθνικοὺς ἀξίας μεγάλας· εἰ γὰρ πρὸς ἱμάτιον καὶ ἄρτον δουλεύσωσιν, πληροφορήθητι, πιστῶς σοι δουλεύσουσιν καὶ ὁλοψύχως, ἀποβλέποντες εἰς τὰς χεῖράς σου εἰς τὸ λαβεῖν νομίσματα οὐδαμινὰ καὶ ἄρτον. Εἰ δὲ τιμήσεις ἐθνικὸν ἐπέκεινα σπαθαροκανδιδάτου, ἔκτοτε γίνεται καταφροντὴς καὶ οὐ μή σοι δουλεύσῃ ὀρθῶς« (Kekaumenos 294–296; Übersetzung Beck 1964, 138 f.). Kekaumenos bezieht sich hier auf eine Entwicklung des 11. und 12. Jahrhunderts, die immer mehr Nichtbyzantiner in hohe Funktionen innerhalb des Byzantinischen Reiches brachte (Roueché 2000). Kurz zusammengefasst ist diese allgemeine Entwicklung in Byzanz bei Kazhdan/Epstein 1985, 167–96.

33 »Καὶ οὐκ ἐγόγγυσεν ὑπὲρ ὧν ἐτιμήθη μαγγλαβίτης ἢ σπαθαροκανδιδάτης, ἀλλὰ μᾶλλον καὶ βασιλεύων ἐφύλαξε πίστιν καὶ ἀγάπην πρὸς Ῥωμαίους« (Kekaumenos 300; Übersetzung Beck 1964, 141).

Nachdem nun alle anderen Quellen neben dem Gedicht des Stúfr Þórðarson zu Haralds Jerusalemreise schweigen, hat man die politische Situation zu betrachten, um zu prüfen, ob und in welcher Form ein solches Unternehmen überhaupt stattgefunden haben könnte. Das Verhältnis zwischen den Byzantinern und den ägyptischen Fatimiden, die in jener Zeit Palästina kontrollierten, war in den Jahren von Haralds Aufenthalt im Mittelmeergebiet zwischen 1034 und 1043 von gespannter Ruhe bestimmt. Die konfliktgeladene Regentschaft des Kalifen al-Hakim (996–1021), der 1009 die von Konstantin dem Großen errichtete Grabeskirche in Jerusalem zerstört und die in seinem Herrschaftsbereich lebenden Christen verfolgt hatte, führte 1016 zu einem Embargo der Byzantiner gegen Ägypten. Nach dem rätselhaften Verschwinden al-Hakims wechselten sich Friedensbemühungen, Drohgebärden und kleinere Stellvertreterkonflikte ab.[34] Im Herbst 1032 dann wurden langwierige Verhandlungen aufgenommen, die erst dreieinhalb Jahre später, im Spätsommer 1036, zum Abschluss eines zehnjährigen Friedensvertrages führten.[35] Der einzige militärische Zusammenstoß byzantinischer und fatimidischer Truppen während dieser Friedenszeit fand 1040/1041 statt, südlich von Aleppo, und löste keine größeren Kriegshandlungen aus (Felix 1981, 110 f.).

Eine militärische Expedition der Byzantiner nach Palästina ist nicht bekannt. Als letzter war Johannes I. Tzimiskes 975 bis ins nördliche Palästina vorgedrungen, hatte aber bloß Galiläa erreicht und die gewonnene Position nicht halten können (Gil 1992, 344–8). Bedenkt man, wie sehr sich Byzantiner, Fatimiden und lokale syrische Machthaber in jener Zeit belauerten, wie verbissen um jede Grenzfestung verhandelt und gerungen wurde,[36] wie akribisch zumal die arabischen Geschichtsschreiber jede Regung oder Provokation der christlichen Seite verzeichneten, so ist eine nach Palästina ausgreifende Militäraktion in jenem Zeitraum kategorisch auszuschließen. Sie hätte eine schwere Störung des fragilen Gleichgewichtes bedeutet und wäre nicht ohne Konsequenzen geblieben. Von einem Feldzug oder entsprechenden Folgen erfahren wir jedoch aus den überlieferten byzantinischen oder arabischen Quellen nichts.

Also alles reine Panegyrik, die übersteigerte Erfindung eines Dichters, der den Totenpreis seines Königs vor dem exotischen Hintergrund des Byzantinischen Reiches mit blühender Phantasie ins Maßlose, Irreale übersteigerte? War Harald nur in der Vorstellung Stúfrs in Palästina gewesen?

Fahndet man in den wikingerzeitlichen Quellen Norwegens nach Hinweisen auf eine Verbindung zum Heiligen Land in eben jener Zeit, so stößt man auf den Runen-

---

34 Für einen Überblick vgl. die immer noch maßgebliche Arbeit von Felix 1981, 40–4 (ausführliche Zeittafel) und 71–107 (detaillierte Darstellung) sowie Gil 1992, 370–408; für die allgemeine Geschichte Syriens in fatimidischer Zeit vgl. Bianquis 1986–1989.

35 Vgl. Felix 1981, 100–7 mit exakter Datierung sowie Dölger/Wirth 1995, Nr. 843 mit weiterführender Literatur.

36 Bianquis 1986–1989, 478 f. spricht von einem »guerre des châteaux«.

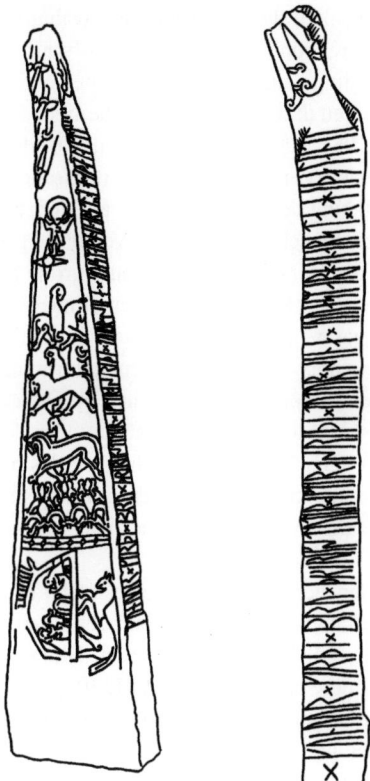

Abb. 1. Der Runenstein von Dynna, Norwegen (NIyR 1, Nr. 68), Mitte 11. Jahrhundert, mit einer Epiphanie-Darstellung (Zeichnung: D. Toalster).

stein von Dynna. In der Mitte des 11. Jahrhunderts wurde er nahe Haralds Herrschaftszentrum Oslo errichtet (Abb. 1).[37] Die Inschrift weist weder einen Bezug zu Harald noch zum Mittelmeerraum auf: »Gunnvǫr machte die Brücke, Þryríkrs Tochter, nach Ástríðr, ihrer Tochter. Die war das handfertigste Mädchen in Haðaland.«[38] Einzig die christliche Frömmigkeit mag man aus ihr herauslesen, da die Errichtung

---

37 Zu Harald und Oslo vgl. vor allem Christie 1966.
38 Runenbefund (nach SamRun): × kunuur × kirþi × bru × þririks tutir × iftir ąsriþi × tutur × sina × su uas mar hanarst × ą h[a]þalanti. Altwestnordische Normalisierung: *Gunnvǫr gerði brú, Þrýðríks dóttir, eptir Ástríði, dóttur sína. Sú var mær hǫnnurst á Haðalandi.* Die Inschrift ist ediert in NIyR 1, 192–202 (Nr. 68), wo auch die bis heute gültige Interpretation zu finden ist.

einer Brücke für das Seelenheil der Verstorbenen erwähnt wird, eine in der Bekehrungszeit Skandinaviens nicht unübliche Memorialstiftung.[39]

Es schmückt ihn allerdings ein außergewöhnliches christliches Bildprogramm: eine Darstellung der heiligen drei Könige und der heiligen Familie. Der Kunsthistoriker Martin Blindheim (1981, 300 ff.) analysierte jenen Bildschmuck und formulierte die These, dass zwei Aspekte der Darstellung byzantinischen Einfluss vermuten lassen: zum einen die Abbildung des Christuskindes auf dem Stern im oberen Teil des Steines, die auf eine byzantinische theologische Vorstellung aus dem 7. Jahrhundert verweise; zum anderen die Darstellung der Geburtsgrotte nicht als Haus, sondern als Höhle. Insbesondere der letztere Umstand deutet nach Blindheim nicht nur auf byzantinischen, sondern gar palästinischen Einfluss, da sich Imitationen von Grotten, die ähnlich wie auf diesem norwegischen Bildstein geformt und in Palästina gefertigt worden waren, in der Gestalt von Reliquiaren auch im Ostseeraum fanden.[40] Da wir außer dem Söldnerdienst Haralds von keiner anderen direkten norwegischen Verbindung nach Byzanz in jener Zeit wissen, ließe sich das byzantinisch anmutende Bildprogramm des Runendenkmals am ehesten mit der Rezeption von durch den König oder sein Gefolge importierten byzantinischen oder palästinischen Kunstwerken erklären.

Die geographischen Gegebenheiten stützen eine solche These. Aufgestellt nämlich ist der Stein in der Nähe von Oslo, einem der Herrschaftszentren Haralds, zudem auf Ländereien, die einem königlichen Gut zugehörten; Blindheim schließt denn auch, all dies sei »more than a mere coincidence« (1981, 300).

Nur wenige Zeugnisse aus anderen Regionen des wikingerzeitlichen Skandinavien weisen auf Fahrten ins Heilige Land; Wikinger scheinen nur sporadisch auf Pilgerfahrt gegangen zu sein.[41] Möglicherweise angeregt von Bischof Adalward dem Jüngeren machten sich vermutlich um 1064 eine schwedische Dame namens Ingirūn und ein zu einem mächtigen Geschlecht der *Svear* gehöriger Mann namens Øystæinn auf den Weg ins Heilige Land – er starb im Byzantinischen Reich, und ob sie zurückkehrte, wissen wir nicht.[42] In Dänemark erwähnt das *Chronicon Roskildense* für das Jahr 1088

---

39 Zum Brückenbau als Zeichen christlicher Frömmigkeit auf wikingerzeitlichen Runensteinen vgl. Sawyer 2000, 134–6 und 186 f.; Gschwantler 1998, 757–61; Zilmer 2000, passim.

40 Gegen byzantinischen und für angelsächsischen oder ottonischen Einfluss plädiert Fuglesang 1996.

41 Die umfängliche Aufzählung wikingerzeitlicher skandinavischer Pilger (also vor 1096) in der immer noch unersetzten Studie aus dem 19. Jahrhundert zum Thema (Riant 1865, 93–126) verdankt sich größtenteils hochmittelalterlichen Erzählungen, deren Pilgerberichte zum überwiegenden Teil, wenn nicht vollständig, als legendarisch zu werten sind.

42 Ingirūn errichtete den (mittlerweile verlorenen) Runenstein von Stäket vor ihrem Aufbruch (SR VIII, U 605, 4–10; Jesch 1994, 68 f.; Sawyer 2000, 139 f.; Waßenhoven 2006, 335 f. [B 120]); für Øystæinn wurden drei Gedenksteine in Broby errichtet (SR VI, U 135; U 136; U 140, 200–5; Sawyer 2000, 137–40; Waßenhoven 2006, 238 [A 329]). Alle drei wurden ganz in der Nähe von Sigtuna aufgestellt, wo zwischen 1064 und 1066 der von Erzbischof Adalbert von Hamburg-Bre-

den Tod des Bischofs Sven auf Rhodos während einer Pilgerreise, wobei unklar ist, ob er Jerusalem bereits erreicht hatte oder nicht.[43] Dies zeigt, dass Reisen ins Heilige Land zumindest im 11. Jahrhundert für Nordleute denkbar, aber selten waren, man also von einer »Gewohnheit [skandinavischer Söldner, D. F.], ihren Urlaub zu einer Reise nach Jerusalem zu benutzen« (Runciman 1957, 46) nicht sprechen kann.

Nähere Antworten vermag nur eine genaue Lektüre der beiden Strophen aus dem Totenpreisgedicht des Stúfr auf Harald zu erbringen. Sie weckt Zweifel an einer gradlinigen Ablehnung von Haralds Jerusalemfahrt als »fabulöse Berichte« (Felix 1981, 210), da sie innere Widersprüche offenbart, die zu einer erfundenen Fabel nicht recht passen wollen.[44] Die beiden Strophen bieten, obwohl sie dies behaupten, gerade nicht die konzise Schilderung eines glorreichen Eroberungsfeldzuges. Zwar beginnt Stúfr mit der Absicht Haralds, er habe sich Jerusalem unterwerfen wollen (... *und sik leggja Jórsali* ...), bei der Eroberung selbst aber verzichtet er auf jede farbige Kampfbeschreibung, wie sie die Skalden jener Zeit pflegten und wie auch er sie beherrschte.[45] Seine zweite Strophe zur Jerusalemfahrt verzichtet ebenso auf jegliche Kampfbeschreibung, sondern feiert Harald einzig als Gerechtigkeitsstifter. Außer der von Stúfr unterstellten Eroberungsabsicht Haralds liefern die Strophen keinen einzigen Hinweis auf Kämpfe: Es wird kein Schlachtenruhm besungen, keine Leichenberge werden ausgemalt, nicht einmal Beute wird genannt. Dass der Inhalt jener Strophen so gar nicht den Erwartungen seines Publikums an einen Eroberungszug entsprach, hat Stúfr wohl bemerkt, denn er versuchte dieses Manko durch eine sorgsame Auswahl poetischer Bilder zu kaschieren. In seiner ersten Strophe umschreibt er Harald nicht weniger als drei Mal: als *ofrhugi inn øfri eggdjarfr* (»der verwegene Mann, der schwertkühne«), als *víga valdr* (»Verursacher des Kampfes«) und als *gunnar herðir* (»Förderer des

---

men geweihte Adalward der Jüngere seinen Bischofssitz hatte, der als *magno fervore praedicandi evangelii* (»mit glühendem Eifer für die Predigt des Evangeliums«, Adam IV 29, 261 f.; Übersetzung Trillmich / Buchner 1978, 475) charakterisiert wird und energisch missionierte. Lager (2003, 504–7) wies auf die Einführung neuer Frömmigkeitsformen durch die Etablierung von Bistümern im wikingerzeitlichen Schweden hin, und angesichts der oben genannten Popularität der Jerusalempilgerfahrten an der Kurie Adalberts dürfte diese auffällige Häufung von Pilgern im Einflussbereich Adalwards kein Zufall sein.

43 Vgl. *Chronicon Roskildense*, Kap. 11, 24 sowie Riant 1865, 125 f. und Waßenhoven 2006, 279 (A 473).

44 Diese inneren Widersprüche haben zu diversen Vermutungen Anlass gegeben: Neben das vollständige Ablehnen einer Jerusalemfahrt Haralds trat vor allem die Vermutung, er habe zu Beginn seiner Karriere in Byzanz entweder Handwerker für den Wiederaufbau der Grabeskirche oder pilgernde Mitglieder der Kaiserfamilie nach Jerusalem eskortiert (Nordhagen 1966, 12; Davidson 1976, 219 f.; Blöndal / Benedikz 1978, 63–5; De Vries 1999, 30 f.; Jesch 2001, 101). Die von Naser-e-Khosrou (75) überlieferte Anekdote mit dem in Verkleidung pilgernden Kaiser dürfte legendarisch sein; über byzantinische Fahrten ins Heilige Land gibt es aus dem 11. Jahrhundert so gut wie keine Berichte (Talbot 2001).

45 In anderen Strophen seines Preisgedichts: Stúfr *Stúfdr* 5; 7; 8 (SkP II 355–8).

Kampfes«). Alle drei Umschreibungen variieren nur ein einziges poetisches Bild: Harald nämlich als den Urheber militärischer Auseinandersetzungen, ohne dass diese allerdings mit nur einem Wort erwähnt werden.

Warum aber diese inneren Widersprüche? Hätte der Skalde nicht einfach das übliche Arsenal an Schlachtbeschreibungen aufbieten können, eine blutige, ruhmreiche Eroberung wider die Sarazenen, mit einem Festschmaus für Raben und Wölfe sowie gewaltiger Beute? Dass Stúfr solches nicht tat, dass er die inneren Widersprüche seiner Strophen erhielt und nur mit poetischen Bildern zu verbergen suchte, bringt uns zum Kern der Analyse: Jene Details, die seinem Konzept zuwiderliefen, durften offensichtlich nicht geändert werden, vermutlich weil er sie selbst erinnerte. Die Aussage der Sagaschreiber, Stúfr habe Harald selbst von seiner Fahrt nach Jerusalem erzählen hören, mag zutreffen oder auch nicht. Aber dass der Skalde sich an Details einer Erzählung über jenes Geschehen erinnerte, aus wessen Mund sie auch geflossen sein mag, darauf weist die gesamte Komposition; und diese Einzelheiten schienen ihm so wichtig, dass er sie nicht zugunsten einer in sich stimmigen Gestaltung aufgab.

Eben hier kommt die von Fried formulierte Erinnerungskritik ins Spiel. Die innere Widersprüchlichkeit von Stúfrs Jerusalem-Strophen stellt einen ›Verformungsmarker‹ dar. Will man sich nicht nur mit der Feststellung jener Unstimmigkeiten zufrieden geben, sondern verstehen, was mit der Erinnerung des Skalden geschehen ist, welchen Inhalt die ursprüngliche Erzählung hatte, die er hörte, und ob König Harald tatsächlich in Palästina war, gilt es nun, eine memorische Feinanalyse vorzunehmen. Die wesentlichen intellektuellen Werkzeuge dafür sind die von Fried formulierten neunzehn primären, also unbewusst wirkenden Verformungsfaktoren (Fried 2006, 355 f.).[46] Sie können die Erinnerung bereits bei ihrer Einspeicherung verformen, bei jedem Abruf neuerlich wirksam werden und auch das nun erneut Gespeicherte verändern:

1) die aktive oder passive Teilnahme an einem Geschehen;
2) die unbewusste Nutzung internalisierter Darstellungsmuster;
3) die Wiederholung des Berichtes;
4) konditionierende Wissensvorgaben;
5) Anzahl und Dichte der zu erinnernden Geschehnisse;
6) die Selektion und Dekonstruktion der Sinneseindrücke;
7) die Konstruktion der Erinnerung aus den Fragmenten der eingegangenen Sinneseindrücke;
8) die durch Emotionen beeinflusste Positionierung der eigenen Person im erinnerten Geschehen;

---

46 In seiner zwei Jahre zuvor publizierten Monographie »Der Schleier der Erinnerung« zählt er nur siebzehn auf (Fried 2004, 50 f.), merkt aber an, dass die Liste mit diesen keineswegs erschöpft sei. Gleiches gilt für die erweiterte Liste (Fried 2006, 355). Die folgende Liste folgt Fried teils auch im Wortlaut.

9) die Kanonisierung von Erinnerungen;
10) die Kontamination mehrerer ähnlicher Geschehnisse zu einem einzigen;
11) die Teleskopie, mit der eigentlich unwichtige Details an Relevanz gewinnen, ›vergrößert‹ werden;
12) die Überschreibung gleichartiger Details verschiedener Episoden zu Mischkonstrukten;
13) die Kontraktion lang andauernder Ereignisse zu einem einzigen Augenblick, etwa einer Geste oder einem Satz;
14) die Mehrdeutigkeit eingehender Signale;
15) die temporale sowie die qualitative Inversion, die Zeitabläufe und Wertungen umkehrt;
16) die psychophysische und soziokulturelle Situation im Augenblick der Wahrnehmungskodierung;
17) die entsprechende Konstellation im Augenblick der Reproduktion;
18) das Gewissheitssyndrom, wonach die eigenen Erinnerungen als zutreffend betrachtet werden;
19) die Verrechnung aller einwirkenden Faktoren durch ein sich erinnerndes Hirn.

Bei Stúfr kennen wir weder den exakten Zeitpunkt noch die genauen Umstände von Enkodierung oder Abruf seiner Erinnerung an die Jerusalem-Erzählung, jedoch ist zu vermuten, dass er sie erst an Haralds Hof hörte. In einer weiteren Strophe seiner *erfidrápa* auf den König (Stúfr *Stúfdr* 1; SkP II 351) beschreibt er seine Aufnahme in dessen Gefolgschaft, die auf dem Hof Haugr, wohl einem Herrschaftssitz Haralds, im nördlichen Trøndelag stattfand, etwa zwei Kilometer vom Ort der Schlacht von Stiklastaðir entfernt, wo 1030 Haralds heilig gesprochener Bruder gefallen war.[47] Der König habe ihn warm willkommen geheißen und ihm aus goldenem Horn zu trinken gereicht, so Stúfr; des Weiteren lobt der Skalde in jener Strophe nicht nur die Kampfkraft, sondern auch die Großzügigkeit und Umgänglichkeit Haralds. Zusammengenommen mit der einzigen anderen Erwähnung des Hofes Haugr, in der zwischen 1064 und 1066 entstandenen *Sexstefja*, wird man auf einen recht späten Zeitpunkt schließen dürfen, zu dem sich Stúfr König Harald anschloss. Der Skalde hörte jene Erzählung über eine Fahrt nach Jerusalem also zu einem Zeitpunkt, da er Harald als großen, beinahe sagenumwitterten König kennen gelernt hatte, der in dem in Byzanz gewonnenen Reichtum und Ruhm glänzte, der Sieger über die Dänen in der großen Schlacht am Flusse Niz in Halland 1062 war, die von seinen Skalden in makellosen

---

47 Auf die große Bedeutung des Hofes Haugr für Harald weist auch ÞjóðA *Sex* 1 (SkP II 112 f.); interessanterweise ist es jene Strophe, in der auch die Kenning »Bulgarenverbrenner« vorkommt – ein Zufall? Oder deutet auch dies auf einen Zusammenhang zwischen dem Hof Haugr und Erzählungen über Haralds Zeit im Mittelmeerraum?

dróttkvætt-Versen gerühmt wurde.[48] Zumindest ein Teil der situativen Konstellation der Wahrnehmungskodierung lässt sich also fassen, die Spannung nämlich zwischen dem schlachtberühmten König Harald und einer gänzlich kampflosen Reise, die dieser während seiner Zeit als byzantinischer Söldner nach Palästina unternommen hatte.

Als der Skalde vermutlich nach Haralds Tod mit der Abfassung seiner *erfidrápa*, seines Totenpreises begann und sich entschloss, jene Erzählung über eine Jerusalemfahrt zu verarbeiten, dürften ihm auch die Verse anderer Skalden im Kopf umhergeschwirrt sein. Sie definierten den Rahmen, in den Stúfr auch sein Gedicht einzupassen hatte. Von einer Strophe des Sneglu-Halli, die Harald als Eroberer aller Länder rühmt, finden wir einen direkten Widerhall in Stúfrs Jerusalem-Passage:[49]

Svá lét und sik	So unterwarf sich
leggja dróttinn	der Herr der Krieger
lǫnd ǫll lagin,	alle Länder,
liðs oddviti.	des Gefolges Anführer.

Bei der Formulierung seiner ersten Jerusalem-Strophe zitierte Stúfr die Wendung *und sik leggja*, »sich unterwerfen«; nur diese beiden Verse von allen 115 auf Harald gedichteten Strophen haben diese Formulierung. Dass Stúfr die Strophe kannte, ist bei dieser Parallele anzunehmen; sie gab das Deutungsmuster ab, in dem unser Skalde die Jerusalem-Erzählung erinnerte. Es hatte eine Überschreibung in seinem Gedächtnis stattgefunden: Auch Palästina gehörte nun zu »allen Ländern«, die Harald sich unterworfen hatte.

Betrachtet man die beiden Jerusalem-Strophen der *Stúfsdrápa* nun noch einmal und beachtet dabei sowohl die Situation der Wahrnehmungskodierung, nämlich den König auf dem Höhepunkt seiner Macht, als auch die Überschreibung mit der Strophe des Sneglu-Halli, so bleiben einige Details übrig: der Ausgangspunkt der Reise nämlich, *ór Girkjum*, »von Griechenland aus«; der friedliche Charakter der Reise, das »unverbrannte« Land; die Ahndung von Rechtsbrüchen im Jordangebiet. Diese drei Einzelheiten müssen nun als die wesentlichen Charakteristika von Haralds Jerusalemfahrt gelten, und nach einer solchen Reise, einer friedlichen Unternehmung der

---

48 Arn *Hardr* 2–4 (SkP II 262–5), Steinn *Nizv* (SkP II 359–66), ÞjóðA *Sex* 13–18 (SkP II 125–33) und ÞjóðA *Har* (SkP II 147–58); die letzten drei sind auch in Poole 1991, 59–72 zusammen ediert und übersetzt. Auch von Stúfr selbst ist eine Strophe seines Totenpreises über diese Schlacht erhalten: Stúfr *Stúfdr* 7 (SkP II 356 f.).

49 Zitiert ist die Strophe nach dem *Dritten grammatischen Traktat*, 155. Halli starb vermutlich noch zu Lebzeiten König Haralds, also vor 1066 und damit der Abfassung der *Stúfsdrápa*; vgl. SkP II 323 und Fidjestøl 1982, 143 f. Der Vers ist nicht im komplizierten *dróttkvætt*, sondern in einem einfacheren Versmaß, dem *fornyrðislag* gedichtet. Da er aber nicht in einem Sagatext überliefert ist, er also nicht zusammen mit den Versen Stúfrs tradiert wurde, soll er unter Vorbehalt als authentisch angesehen werden.

Byzantiner im Heiligen Land, gilt es nun in der Geschichte der Jahre zwischen 1034 und 1043 zu suchen. Rasch stößt man auf die zweite Phase im Wiederaufbau der Grabeskirche, die durch den byzantinischen Kaiser Michael IV. »den Paphlagonier« (1034–1041) um 1037 initiiert wurde (vgl. Biddle 1999, 74–81).[50] Nachdem die konstantinische Grabeskirche des 4. Jahrhunderts 1009 von dem Fatimidenkalifen al-Hakim wohl weitgehend zerstört oder zumindest schwer beschädigt worden war, hatten bereits 1012 erste Instandsetzungsmaßnahmen begonnen. Dennoch scheint Bedarf für weitere Arbeiten bestanden zu haben, denn die byzantinischen *basileis* bemühten sich als Schutzherren des orthodoxen Patriarchats von Jerusalem wiederholt um die Erlaubnis der muslimischen Machthaber zum Wiederaufbau; sowohl 1027/8 als auch 1033–1036 hatte diese Erlaubnis einen der zentralen Punkte bei den byzantinisch-fatimidischen Friedensverhandlungen dargestellt und war für die Entlassung muslimischer Kriegsgefangener und die Einräumung erweiterter Rechte für die Moschee in Konstantinopel auch gewährt worden (Felix 1981, 80 f. 100–7; Dölger / Wirth 1995, 2 [823b]; 8 [843]). Arabische und syrische Quellen berichten, dass der Kaiser nach dem Vertragsabschluss Handwerker sowie Geldmittel nach Jerusalem gesandt habe, um den Wiederaufbau voranzutreiben. Zehn Jahre später, 1047, beschrieb der persische Reisende und Dichter Naser-e-Khosrou (75 f.) in seinem *Safarname* (»Buch der Reisen«) die bereits fertige, reich ausgeschmückte Grabeskirche. Dass sowohl ein byzantinischer Baumeister als auch byzantinische Handwerker an den Arbeiten maßgeblich beteiligt gewesen sein müssen, legen Ausgrabungen nahe, die bei Mauerwerk und Gesamtkonstruktion beträchtliche Unterschiede zu den übrigen in jener Zeit in Palästina entstandenen Bauwerken und starke Gemeinsamkeiten mit zeitgenössischen byzantinischen Kirchenbauten feststellten (Ousterhout 1989, 72–8). Eine Karawane, die Geld und Handwerker nach Jerusalem brachte, musste aber mit Bedeckung reisen, da Palästina zu jener Zeit ein gefährliches Land und keineswegs fest in der Hand der fatimidischen Herrscher war. Zahlreiche Beduinengruppen lieferten sich einen erbitterten Kleinkrieg mit den Fatimiden und bedrohten zumal christliche Reisende, so dass der Kaiser eine starke Eskorte gestellt haben dürfte. Das Zeugnis von Stúfrs Strophen legt nahe, dass Harald zu dieser Eskorte gehörte.

In der Tat passt dies gut in Haralds byzantinisches Itinerar, so weit wir es rekonstruieren können. Seine Ankunft in Konstantinopel lässt sich, wie bereits gesagt,

---

50 Die von Ousterhout 1989 formulierte und von Jacoby 2005, 268–74 reproduzierte These, dass erst Kaiser Konstantin IX. Monomachos (1042–1055) den Wiederaufbau in seinen ersten Regierungsjahren vorangetrieben habe, basiert auf der verwirrten und wenig zuverlässigen Darstellung des Kreuzzugschronisten Wilhelm von Tyrus (I 6, 112 f.), der im letzten Viertel des 12. Jahrhunderts schrieb, also mehr als hundert Jahre nach den Ereignissen (zu ihm allgemein Edbury / Rowe 1988). Die zeitgenössischen Quellen, auch die byzantinische Chronik des Johannes Skylitzes (387 f.), schreiben den Wiederaufbau aber, wenn sie ihn überhaupt erwähnen, Michael IV. zu und nicht Konstantin IX.

ziemlich sicher auf 1034 datieren. Möglicherweise nahm er schon kurz darauf an einer byzantinischen Militäraktion unter Führung des Johannes Orphanotrophos (»Ernährer der Waisen«, ein byzantinisches Hofamt), des Bruders des Kaisers, gegen ziridische Piraten aus Nordafrika teil, die im Herbst desselben Jahres das kleinasiatische Myra erobert hatten und die Kykladen verheerten (Skylitzes, 396 f.; vgl. Shepard 1973). Die Sagaautoren des 13. Jahrhunderts wurden durch poetische Bilder in einigen Skaldenstrophen auf Harald zu der Vermutung veranlasst, er habe im Anschluss daran einen Feldzug nach Nordafrika unternommen.[51] Diese Bezüge zu Afrika (oder im Hochmittelalter entsprechend gedeuteten Toponymen und Ethnonymen) könnten allerdings auch auf die nordafrikanischen Wurzeln von Haralds ziridischen Gegnern in der Ägäis oder auf Sizilien anspielen, die den mittelalterlichen Autoren wohl nicht mehr bekannt waren: das bei Bǫlverkr (Hardr 5, SkP II 290 f.) erscheinende *Bláland* (»Schwarzland«) auf dunkelhäutige Muslime und der *jǫfurr Afríka* (»Fürst Afrikas«) bei seinem Bruder Þjóðólfr (Sex 3, SkP II 114 ff.) auf die Herkunft der Ziriden; mit dem allgemeineren, später ebenfalls als Afrika gedeuteten *Serkland* (»Sarazenenland«) könnte dieser in einer weiteren Strophe (ÞjóðA Sex 2, SkP II 113 f.) durchaus Sizilien meinen und mit den *Serkir* (»Sarazenen«) dessen muslimische Einwohner oder Verteidiger.[52] Ein Feldzug nach Afrika, von dem wir auch aus keiner byzantinischen oder muslimischen Quelle hören, lässt sich mit diesen Strophen jedenfalls nicht belegen, vermutlich beziehen sie sich also entweder auf die Kämpfe gegen die ziridischen Piraten in der Ägäis oder den Sizilien-Feldzug.

Nach der möglichen Expedition gegen die muslimischen Piraten Ende 1034/Anfang 1035 wissen wir jedenfalls nichts über Haralds weitere Dienstzeit, bis er – wohl 1038 unter dem Kommando des Maniakes – nach Sizilien entsandt wurde und sich dort derart bewährte, dass er nach dem Ende der Sizilienexpedition den Rang eines *Manglabites* erhielt, also in die kaiserliche Leibgarde aufgenommen wurde. Er hätte durchaus in der Zwischenzeit die Karawane nach Jerusalem eskortieren und rechtzeitig für den Sizilienfeldzug wieder in Konstantinopel verfügbar sein können.

Zusammenfassend lässt sich folgender Hergang als historisches Postulat rekonstruieren: Kurze Zeit nach dem Abschluss eines Friedensvertrages mit den Fatimiden 1036/1037, in dem der Wiederaufbau der Grabeskirche auf Kosten des Kaisers

---

51 Vgl. die Sagakompilationen Morkinskinna, 64 (Übersetzung Andersson/Gade 2000, 135 f.), Fagrskinna, 222 ff. (Übersetzung Finlay 2004, 185 f.) und Snorri Sturlusons Heimskringla III, 74 ff. (Übersetzung Hollander 2005, 580 ff.); dieser Deutung folgte zuletzt Jesch 2001, 89. Dagegen schon Nordhagen 1966, 10 f. und Blöndal/Benedikz 1978, 61 f. – Davidson 1976, 219 vermutet, dass Harald in Kleinasien plünderte, was ziemlich unplausibel erscheint, da es damals noch zum Kerngebiet des Byzantinischen Reiches gehörte.

52 Zur Ambivalenz und umstrittenen Etymologie des Toponyms *Serkland* vgl. Metzenthin 1941, 94 f.; Jesch 2001, 104–7 sowie Nylén 2005. Angesichts des starken Bezugs jener wikingerzeitlichen Quellen, die den Namen erwähnen, zum byzantinischen Einflussbereich handelt es sich vermutlich um eine Ableitung von dem griechischen Begriff Σαρακηνοί (»Sarazenen«).

vereinbart wurde, entsendet der *basileus* Michael IV. eine Karawane mit finanzieller wie bautechnischer Unterstützung für umfangreiche Renovierungsarbeiten nach Jerusalem. Er wählt als Teil der Eskorte für jene Reisegruppe den Söldner Harald aus, der bereits seit etwa drei Jahren in seinen Diensten steht. Unter dem Schutz des Friedensabkommens öffnen die muslimischen Städte Syriens und Palästinas seiner Karawane die Tore, und nur am Jordan gibt es Scharmützel mit Räubern (vermutlich Beduinenstämmen), die von der Eskorte allerdings abgewehrt werden. Nach der Ankunft der Geldmittel, des Baumeisters und der Handwerker in Jerusalem beginnt zügig die zweite Phase des Wiederaufbaus der Grabeskirche, die spätestens 1047 abgeschlossen ist. Harald kehrt bald nach seiner Ankunft in Palästina nach Konstantinopel zurück und bricht kurze Zeit später, 1038, mit Maniakes nach Sizilien auf. Beinahe dreißig Jahre nach Haralds Jerusalemfahrt hört der Skalde Stúfr Mitte der 1060er Jahre von dieser Reise, entweder von Harald selbst oder von dessen Gefolgsleuten; nach dem Tod des Königs gießt er diese Erzählung in zwei Verse seiner *erfidrápa* auf Harald um, und sein Gedächtnis verformt unter dem Eindruck vom Ruhm des Toten und rekapitulierter Verse anderer Dichter das Narrativ zu einem Eroberungszug. Etwa anderthalb Jahrhunderte darauf deuten die Sagaschreiber diese beiden Strophen im Kontext ihrer eigenen Zeit und machen Harald in ihren Werken zu einem Kreuzfahrer gleich seinem Urenkel Sigurd.

Letztgültig beweisen lässt sich all dies freilich nicht, dazu sind die Quellen der Zeit bei weitem zu lückenhaft. Doch wo definitive Beweise fehlen, muss man aus den zahlreichen indirekten Hinweisen Plausibilitäten formulieren, will man seine Fragen nicht ohne jede Antwort lassen. Die von Fried entwickelten Elemente historischer Gedächtniskritik machen sowohl die Authentizität von Stúfrs Strophen wahrscheinlich als auch ein Nachvollziehen seiner Gedächtnisverformungen möglich. Die Einbettung der so gewonnenen Argumente in den ereignisgeschichtlichen Hintergrund jener Zeit erlauben weitergehende Schlüsse bis zu einer Präzisierung des bisher kaum fassbaren ersten Teiles von Haralds byzantinischer Dienstzeit. Es lässt sich so das konstruktive Potenzial memorischer Fragestellungen zeigen, deren konsequente Umsetzung nicht nur bisherige geschichtswissenschaftliche Konstrukte zu destruieren vermag, ein oft formulierter Vorbehalt gegen die Gedächtniskritik (Fried 2004, 173; 225; 356; 385), sondern deren Verwendung auch neue Deutungsmodelle zu generieren erlaubt. Dass dabei verstärkt mit Plausibilitäten argumentiert wird, ist keineswegs ein hermeneutisches Novum, sondern legt vielmehr grundlegende Konstitutionsbedingungen allen geschichtswissenschaftlichen Arbeitens offen. Das von der ›Historischen Memorik‹ geforderte Durchdenken verschiedener Möglichkeiten führt zurück zu einer der Wurzeln unserer Disziplinen, nämlich dem anregenden Zusammenspiel von Wissenschaft und Phantasie.[53]

---

53 Siehe hierzu vor allem die Gedanken von Fried 1996 sowie ders. 2004, 385–93.

Literaturverzeichnis

Primärquellen

Adam von Bremen: Adam von Bremen, Hamburgische Kirchengeschichte. Herausgegeben von B. Schmeidler. MGH SS rer. Germ [2]. Hannover, Leipzig: Hahn ³1917.

Andersson/Gade 2000: Th. M. Andersson/K. E. Gade (Übers.), Morkinskinna. The Earliest Icelandic Chronicle of the Norwegian Kings (1030–1157). Islandica 51. Ithaca/NY, London: Cornell University Press 2000.

Beck 1964: H.-G. Beck (Übers.), Vademecum des byzantinischen Aristokraten. Das sogenannte Strategikon des Kekaumenos. Byzantinische Geschichtsschreiber 5. Graz u. a.: Styria 1964.

Drittes grammatisches Traktat: Óláfr Þórðarson Hvítaskáld, Dritte grammatische Abhandlung. Der isländische Text nach den Handschriften AM 748 I, 4° und Codex Wormianus. Hrsg. von B. M. Ólsen, übers., komm. und hrsg. von Th. Krömmelbein. Stud. Nordica 3. Oslo: Novus 1998.

Fagrskinna: Bjarni Einarsson (Hrsg.), Ágrip af Nóregskonunga sögum. Fagrskinna – Nóregs konunga tal. Íslenzk Fornrit 29. Reykjavík: Hið íslenzka fornritafélag 1985, 55–373.

Finlay 2004: A. Finlay (Übers.), Fagrskinna. A Catalogue of the Kings of Norway. Northern World 7. Leiden, Boston: Brill 2004.

Heimskringla: Snorri Sturluson, Heimskringla. Bjarni Aðalbjarnason gaf út. 3 Bände. Íslenzk Fornrit 26–28. Reykjavík: Hið íslenzka fornritafélag 1941–1951.

Hollander 2005: L. M. Hollander (Übers.), Heimskringla. History of the Kings of Norway by Snorri Sturluson. Austin/Tex.: University of Texas Press ⁵2005.

Kekaumenos: Kekavmen, Soviety i rasskazy. Poučenie vizantijskogo polkovodca XI veka. Podgot. teksta, vved., per. s grečeskogo i kommentarij G. G. Litavrina. Vizantijskaja biblioteka: Istočniki. Sankt Petersburg: Aletejja ²2003.

Morkinskinna: Finnur Jónsson (Hrsg.), Morkinskinna. Samfund til Udgivelse af Gammel Nordisk Litteratur 53. Kopenhagen: Jørgensen 1932.

Naser-e-Khosrou: Naser-e-Khosrou, Safarname. Ein Reisebericht aus dem Orient des 11. Jahrhunderts. Herausgegeben, bearbeitet und aus dem Persischen übersetzt von S. Najmabadi und S. Weber. München: Diederichs 1993.

NIyR 1: M. Olsen (Hrsg.), Norges Innskrifter med de yngre Runer. Første Bind: I. Østfold fylke. II. Akershus fylke og Oslo. III. Hedmark fylke. IV. Opland fylke. Oslo: Jacob Dybdwad 1941.

Poole 1991: R. G. Poole, Viking Poems on War and Peace. A Study in Skaldic Narrative. Toronto Medieval Texts and Translations 8. Toronto: University of Toronto 1991.

SkP II: K. E. Gade (Hrsg.), Poetry from the King's Sagas 2. 2 Bände. Skaldic Poetry of the Scandinavian Middle Ages 2. Turnhout: Brepols 2009.

Skylitzes: Ioannis Scylitzae Synopsis Historiarum. Recensuit H. Thurn. Corpus fontium historiae Byzantinae 5, Series Berolinensis. Berlin, New York: de Gruyter 1973.

Snorra Edda: Guðni Jónsson (Hrsg.), Edda Snorra Sturlusonar. Nafnaþulur og skáldatal. Reykjavík: Björnsson 1959.

SR VI: E. Wessén/S. B. F. Jansson (Hrsg.), Upplands Runinskrifter. Första Delen. Sveriges Runinskrifter 6. Uppsala: Almqvist & Wiksell 1940–1943.

SR VIII: E. Wessén/S. B. F. Jansson (Hrsg.), Upplands Runinskrifter. Tredje Delen. Sveriges Runinskrifter 8. Uppsala: Almqvist & Wiksell 1949–1951.

Trillmich/Buchner 1978: W. Trillmich/R. Buchner (Hrsg.), Quellen des 9. und 11. Jahrhunderts zur Geschichte der hamburgischen Kirche und des Reiches. Ausgewählte Quellen Dt. Gesch. Mittelalter 11. Darmstadt: Wissenschaftliche Buchgesellschaft ⁵1978 [Erstausg.: Darmstadt 1961].

Wilhelm von Tyrus: Guillaume de Tyr, Chronique. Édition critique par R. B. C. Huygens. Corpus Christianorum Continuatio Mediaevalis 63. Turnhout: Brepols 1986.

Sekundärquellen

Andersen 1966: P. S. Andersen, Harald Hardråde, Danmark og England. In: Berg 1966, 94–126.

Bagge 1990: S. Bagge, Harald Hardråde i Bysants. To fortellinger, to kulturer. In: Ø. Andersen/T. Hägg (Hrsg.), Hellas og Norge. Kontakt, komparasjon, kontrast. En artikkelsamling. Skrifter utgitt av det norske institutt i Athen 2. Bergen: Det norske institutt i Athen 1990, 169–92.

Berg 1966: A. Berg (Hrsg.), Harald Hardråde. Oslo: Dreyer 1966.

Bianquis 1986–1989: Th. Bianquis, Damas et la Syrie sous la domination fatimide (359–468/969–1076). Essai d'interprétation de chroniques arabes médiévales. 2 Bände. Publ. Inst. Français Damas 120/121. Damaskus: Institut Français 1986–1989.

Biddle 1999: M. Biddle, The Tomb of Christ. Stroud: Sutton 1999.

Blindheim 1981: M. Blindheim, Byzantine Influence on Scandinavian Pictorial Art in the 11th and 12th Centuries. In: R. Zeitler (Hrsg.), Les pays du Nord et Byzance (Scandinavie et Byzance). Actes du colloque nordique et international de byzantinologie tenu à Upsal 20–22 avril 1979. Uppsala: Almqvist & Wiksell 1981, 299–313.

Blöndal 1939: S. Blöndal, The last exploits of Harald Sigurdsson in Greek service. A chapter from the history of the Varangians. Class. et Mediaevalia 2, 1939, 1–26.

Blöndal/Benedikz 1978: S. Blöndal, The Varangians of Byzantium. An aspect of Byzantine military history translated, revised and rewritten by B. S. Benedikz. Cambridge: Cambridge University Press 1978.

Christie 1966: H. Christie, Haralds Oslo. In: Berg 1966, 69–89.

Davidson 1976: H. R. Ellis Davidson, The viking road to Byzantium. London: Allen & Unwin 1976.

Dölger/Wirth 1995: F. Dölger/P. Wirth, Regesten der Kaiserurkunden des oströmischen Reiches von 565–1453. 2. Teil: Regesten von 1025–1204. Corpus Griech. Urkunden Mittelalter u. Neuere Zeit R. A, Abt. I. München: Beck ²1995.

Edbury/Rowe 1988: P. W. Edbury/J. G. Rowe, William of Tyre: Historian of the Latin East. Cambridge Studies in Medieval Life and Thought. Cambridge: Cambridge University Press 1988.

von Falkenhausen 1967: V. von Falkenhausen, Untersuchungen über die byzantinische Herrschaft in Süditalien vom 9. bis ins 11. Jahrhundert. Schr. Geistesgesch. Östl. Europa 1. Wiesbaden: Harassowitz 1967.

Felix 1981: W. Felix, Byzanz und die islamische Welt im früheren 11. Jahrhundert. Geschichte der politischen Beziehungen von 1001 bis 1055. Byzantina Vindobonensia 14. Wien: Akademie der Österreichischen Wissenschaften 1981.

Fidjestøl 1982: B. Fidjestøl, Det norrøne fyrstediktet. Univ. Bergen Nordisk Inst. Skr. 11. Øvre Ervik: Alvheim & Eide 1982.

Fried 1996: J. Fried, Wissenschaft und Phantasie. Das Beispiel der Geschichte. Hist. Zeitschr. 263, 1996, 291–316.

Fried 2004: Ders., Der Schleier der Erinnerung. Entwurf einer historischen Memorik. München: Beck 2004.

Fried 2006: Ders., Erinnerung im Kreuzverhör. Kollektives Gedächtnis, Albert Speer und die Erkenntnis erinnerter Vergangenheit. In: D. Hein/K. Hildebrand/A. Schulz (Hrsg.), Historie und Leben. Der Historiker als Wissenschaftler und Zeitgenosse. Festschrift für Lothar Gall zum 70. Geburtstag. München: Oldenbourg 2006, 327–57.

Friedrichsen 2001: E. Friedrichsen, Harald Sigurdsson: A Norwegian King in the Service of the Byzantine Emperor as Described in Snorri's Heimskringla. Offa 58, 2001, 303–5.

Fuglesang 1996: S. H. Fuglesang, A Critical Survey of Theories on Byzantine Influence in Scandinavia. In: K. Fledelius/P. Schreiner (Hrsg.), Byzantium. Identity, Image, Influence. XIX International Congress of Byzantine Studies, University of Copenhagen, 18–24 August 1996. Major Papers. Kopenhagen: Eventus 1996, 137–68.

Gil 1992: M. Gil, A History of Palestine, 634–1099. Cambridge: Cambridge University Press 1992.

Gschwantler 1998: O. Gschwantler, Runensteine als Quellen der Frömmigkeitsgeschichte. In: K. Düwel/S. Nowak (Hrsg.), Runeninschriften als Quellen interdisziplinärer Forschung. Abhandlungen des Vierten Internationalen Symposiums über Runen und Runeninschriften in Göttingen vom 4.–9. August 1995. RGA Ergänzungsbd. 15. Berlin, New York: de Gruyter 1998, 738–65.

Hägermann 1985: D. Hägermann, Buten und Binnen im 11. Jahrhundert. Welt und Umwelt bei Bremens erstem Geschichtsschreiber Magister Adam. Bremer Jahrb. 63, 1985, 15–31.

Jacoby 2005: D. Jacoby, Bishop Gunther of Bamberg, Byzantium and Christian Pilgrimage to the Holy Land in the Eleventh Century. In: L. M. Hoffmann/A. Monchizadeh (Hrsg.), Zwischen Polis, Provinz und Peripherie. Beiträge zur byzantinischen Geschichte und Kultur. Mainzer Veröff. Byzantinistik 7. Wiesbaden: Harassowitz 2005, 267–85.

Jesch 1994: J. Jesch, Women in the Viking Age. Woodbridge: Boydell [2]1994.

Jesch 2001: Dies., Ships and Men in the Late Viking Age: the Vocabulary of Runic Inscriptions and Skaldic Verse. Woodbridge: Boydell 2001.

Jesch 2005: Dies., Skaldic Verse, a Case of Literacy *Avant la Lettre*? In: P. Herrmann (Hrsg.), Literacy in Medieval and Early Modern Scandinavian Culture. Viking Collect. 16. Odense: The Viking Collection 2005, 187–210.

Kazhdan/Epstein 1985: A. P. Kazhdan/A. Wharton Epstein, Change in Byzantine Culture in the Eleventh and Twelfth Centuries. Transformation Class. Heritage 7. Berkeley: University of California Press 1985.

Kuhn 1983: H. Kuhn, Das Dróttkvætt. Heidelberg: Winter 1983.

Lager 2003: L. Lager, Runestones and the Conversion of Sweden. In: M. Carver (Hrsg.), The Cross goes North. Processes of Conversion in Northern Europe, AD 300–1300. York: York Medieval Press 2003, 497–507.

Larsson 1997: M. G. Larsson, Väringar. Nordbor hos kejsaren i Miklagård. In: Ders., Vikingar i österled. Stockholm: Atlantis 1997.

Marsden 2007: J. Marsden, Harald Hardrada. The Warrior's Way. Phoenix Mill: Sutton 2007.

Metzenthin 1941: E. M. Metzenthin, Die Länder- und Völkernamen im altisländischen Schrifttum. Bryn Mawr/Pa.: Bryn Mawr College 1941.

Nordhagen 1966: P. J. Nordhagen, Harald og Bysants. In: Berg 1966, 7–27.

Nylén 2005: E. Nylén, Stichwort »Serkland«. In: H. Beck u. a. (Hrsg.), Reallexikon der Germanischen Altertumskunde 28. Berlin, New York: de Gruyter 2005, 218–9.

Ong 1987: W. J. Ong, Oralität und Literalität. Die Technologisierung des Wortes. Opladen: Westdeutscher Verlag 1987.

Ousterhout 1989: R. Ousterhout, Rebuilding the Temple: Constantine Monomachus and the Holy Sepulchre. Journal Soc. Architectural Historians 48, 1989, 66–78.

Riant 1865: P. Riant, Expéditions et pèlerinages des Scandinaves en Terre Sainte au temps des croisades. Paris: Lainé & Havard 1865.

RouECHÉ 2000: Ch. Rouché, Defining the Foreign in Kekaumenos. In: D. C. Smythe (Hrsg.), Strangers to themselves: The Byzantine outsider. Papers from the Thirty-second Spring Symposium of Byzantine Studies, University of Sussex, Brighton, March 1998. Soc. Promotion Byzantine Stud. Publ. 8. Aldershot: Ashgate 2000, 203–14.

Runciman 1957: St. Runciman, Geschichte der Kreuzzüge 1. Der Erste Kreuzzug und die Gründung des Königreichs Jerusalem. München: Beck 1957 [Erstveröff.: A History of the Crusades 1. The First Crusade in the Foundation of the Kingdom of Jerusalem. Cambridge u. a.: Cambridge University Press 1951].

Sawyer 2000: B. Sawyer, The Viking-age Rune-stones. Custom and Commemoration in Early Medieval Scandinavia. Oxford: Oxford University Press 2000.

Seegrün 1967: W. Seegrün, Das Papsttum und Skandinavien bis zur Vollendung der nordischen Kirchenorganisation (1164). Quellen u. Forsch. Gesch. Schleswig-Holstein 51. Neumünster: Wachholtz 1967.

Shepard 1973: J. Shepard, A Note on Harold Hardraada: the Date of His Arrival in Byzantium. Jahrb. Österr. Byzantinistik 22, 1973, 145–50.

Shepard 1977–1984: Ders., Why did the Russians attack Byzantium in 1043? Byzantin.-Neugriech. Jahrb. 22, 1977–1984, 147–212.

Storm 1884: G. Storm, Harald Hardraade og Væringerne. Hist. Tidsskr. 2, 1884, 354–86.

Talbot 2001: A.-M. Talbot, Byzantine Pilgrimage to the Holy Land from the Eighth to the Fifteenth Century. In: J. Patrich (Hrsg.), The Sabaite Heritage in the Orthodox Church from the Fifth Century to the Present. Orientalia Lovaniensia Analecta 98. Leuven: Peeters 2001, 97–110.

Turville-Petre 1968: G. Turville-Petre, Haraldr the Hard-Ruler and His Poets. The Dorothea Coke Memorial Lecture in Northern Studies Delivered at University College London, 1 December 1966. London: Lewis 1968.

De Vries 1964: J. de Vries, Altnordische Literaturgeschichte 1. Vorbemerkungen – Die heidnische Zeit – Die Zeit nach der Bekehrung bis zur Mitte des zwölften Jahrhunderts. Grundriss Germ. Philol. 15. Berlin, New York: de Gruyter ²1964.

De Vries 1999: K. de Vries, The Norwegian Invasion of England in 1066. Woodbridge: Boydell 1999.

Waßenhoven 2006: D. Waßenhoven, Skandinavier unterwegs in Europa (1000–1250). Untersuchungen zu Mobilität und Kulturtransfer auf prosopographischer Grundlage. Europa im Mittelalter 8. Berlin: Akademie 2006.

Whaley 1998: D. Whaley, The Poetry of Arnórr jarlaskáld. An Edition and Study. Westfield Publ. Medieval Stud. 8. Turnhout: Brepols 1998.

Zilmer 2000: K. Zilmer, Kristne runeinnskrifter i dynamisk sammenheng. Tekstuelle utviklingslinjer og kulturhistorisk kontekst. En studie med utgangspunkt i bro-innskrifter. Nordistica Tartuensia 6. Tartu: Tartu Universitet 2000.

STEFANIE SAMIDA

Literatur, Geschichte und Archäologie im 19. Jahrhundert: Der Burghügel von Hisarlık[1]

Zusammenfassung: Wie kaum eine andere archäologische Ausgrabung haben die von Heinrich Schliemann 1870 begonnenen Grabungen am Burghügel Hisarlık (Türkei) eine enorme Wirkung auf die noch junge Ur- und Frühgeschichtswissenschaft ausgeübt. Doch von Beginn an wurden die dort gemachten Entdeckungen mit Skepsis betrachtet. Dabei spielten in erster Linie die Vertreter anderer wissenschaftlicher Fächer – vor allem der Klassischen Archäologie, der Alten Geschichte sowie der Altphilologie – eine maßgebliche Rolle. Bis heute hat sich daran prinzipiell nichts geändert. Archäologie und Geschichtswissenschaft scheinen in diesem speziellen Fall grundlegend unterschiedlich positioniert. Das veranschaulichen besonders gut die damals wie heute gleichen Fragen und Probleme: Haben die Homerischen Epen einen historischen Kern? Kann die Archäologie zur Beantwortung dieser Frage beitragen? In dem Beitrag wird der komplexen Beziehung von Archäologie und Geschichtswissenschaft anhand der Troia-Problematik aus forschungsgeschichtlicher Perspektive nachgegangen. Dazu wird die Arbeitsweise Schliemanns in Hisarlık vor dem Hintergrund zeitgenössischen historischen und archäologischen Wissens erörtert und bewertet. Es werden das Verhältnis beider Wissenschaften zueinander sowie Übereinstimmungen bzw. Differenzen auf interpretatorischer Ebene zur Troia-Frage herausgearbeitet.

»Geschichtliche Begebenheiten gewinnen einen eigenthümlichen Reiz, wenn wir die Oertlichkeit kennen, wo sie sich zutrugen. In den lebendigsten Farben treten sie dem vor die Seele, welcher sich auf ihrem eigentlichen Schauplatz befindet, und wie wir einen regeren Antheil nehmen an den Schicksalen eines Mannes, dessen Gesichtszüge wir kennen, ebenso prägen sich dem Gedächtniß die Vorgänge tiefer ein, deren räumliche Bedingungen wir anschauen. Geschichte und Ortskunde ergänzen sich wie die Begriffe von Zeit und Raum.«

von Moltke 1879, 18 f.

Diese Worte aus dem Jahr 1879 stammen von einem Mann, der im 19. Jahrhundert großes Ansehen erlangte und der schon früh den Wunsch gehegt hatte, archäologische und geschichtliche Studien zu betreiben: Helmuth Carl Bernhard von Moltke

---

1 Den Veranstaltern der Sitzung der ›Theorie-AG‹, Stefan Burmeister und Nils Müller-Scheeßel, sei für die Einladung nach Schleswig herzlich gedankt sowie für die Möglichkeit zur Publikation der Beiträge. Bei Manfred K. H. Eggert und Holger Wendling möchte ich mich für ihre kritischen Kommentare zu einer früheren Version dieses Textes sehr bedanken.

Abb. 1. Porträt Helmut von Moltkes (Quelle: Illustrirte Zeitung 97, 2469, 25.10.1891, 437).

(1800–1891) (Abb. 1). Bekannt wurde er als preußischer Militärstratege, der 1866 bei Königgrätz gegen die österreichische und 1870 bei Sedan gegen die französische Armee große Erfolge feierte. Moltke war aber nicht nur Feldherr und Militärstratege. In den dreißiger Jahren des 19. Jahrhunderts hielt er sich über mehrere Jahre zu militärischen Zwecken im Osmanischen Reich auf. Seine Reisebeschreibungen zeigen, dass er sich darüber hinaus auch für topographische und historische Belange interessierte. Wie zahlreiche seiner Zeitgenossen widmete auch er sich der damals vorherrschenden Frage »Ubi Troia fuit?« und plädierte – ebenfalls wie viele andere – für den Hügel Ballıdağ bei dem Dorf Bunarbaschi (Pınarbaşi) als Ort des von Homer beschriebenen Troia.[2]

2　Zu Moltke siehe z. B. Jatzlauk 2000; speziell zu Moltkes Position im Kontext mit Troia und Schliemann Bölke 2001.

Moltke ist gerade für die Troia-Thematik in zweifacher Hinsicht interessant: Zum einen führt er als Vertreter der Bunarbaschi-These auf die zentrale Problematik hin – wo nämlich Troia gelegen habe und welche Bedeutung in diesem Zusammenhang den Epen Homers zukomme; zum anderen wird seine rein auf militärtaktische Belange bezogene Devise vom »Getrennt marschieren, vereint schlagen« seit der Übernahme durch Hans Jürgen Eggers in dessen »Einführung in die Vorgeschichte« aus dem Jahr 1959 immer wieder als Umschreibung für streng disziplinäres Arbeiten in Anspruch genommen.

Der Beziehung von Archäologie und Geschichtswissenschaft im 19. Jahrhundert soll im Folgenden in vier Abschnitten nachgegangen werden. Zunächst wird ihr gegenseitiges Verhältnis während des 19. Jahrhunderts in methodisch-theoretischer Hinsicht skizziert. Anschließend möchte ich dann konkret auf das Beispiel Troia eingehen. Im Mittelpunkt werden dabei Schliemann und seine Arbeitsweise stehen. Der dritte Teil ist der zeitgenössischen Kritik gewidmet. Eine Zusammenfassung der Ergebnisse und ein Ausblick auf die heutige Situation stehen am Ende des Beitrages. Mit der bewusst gewählten forschungsgeschichtlichen Perspektive ist das Ziel verknüpft, dem Ursprung des in vielerlei Hinsicht durchaus ›gespannten‹ Verhältnisses[3] von Geschichtswissenschaft und Archäologie innerhalb der Troia-Debatte auf den Grund zu gehen.

Geschichtswissenschaft und Archäologie im 19. Jahrhundert

Es ist an dieser Stelle nicht möglich und auch nicht nötig, ausführlich auf die Entwicklung bzw. den methodisch-theoretischen Hintergrund aller an der Troia-Frage im 19. Jahrhundert beteiligten Fächer einzugehen. Hier soll zum einen lediglich ein Blick auf die geisteswissenschaftlichen Fächer geworfen werden,[4] speziell auf die Geschichtswissenschaft, die Klassische Archäologie und die sich erst im Laufe des 19. Jahrhunderts etablierende Ur- und Frühgeschichtswissenschaft. Zum anderen muss es für unsere Zwecke genügen, die Grundtendenzen der Arbeitsweise der drei genannten Fächer herauszustellen. Dies soll anhand einer vergleichenden und stark schematisierten Darstellung erfolgen (Abb. 2).

---

3   Besonders deutlich wird dies an der seit 2001 geführten Troia-Debatte. Hier sei auf die Aussage des Archäologen Hans-Peter Uerpmann im Troia-Streit verwiesen; er hielt den Historikern vor, sie stünden aufgrund ihrer begrenzten und subjektiven Textquellen mit dem Rücken zur Wand, während der Archäologe objektive Tatsachen ans Licht brächte und damit die Wahrheit gepachtet hätte. Nachzulesen bei Cobet (2004, 37). Zur Troia-Debatte siehe die Beiträge in Ulf 2004 b; Zimmermann 2006.

4   Dass daneben auch naturwissenschaftliche Fächer schon früh einen großen Anteil an den Ausgrabungen in Troia hatten, soll nicht in Abrede gestellt werden. Für unser Thema spielen sie jedoch keine Rolle.

	Klassische Archäologie	Geschichtswissenschaft	Ur- und Frühgeschichtliche Archäologie	
Arbeitsweise	Stilanalyse/Ausgrabung	Textedition/-interpretation	Ausgrabung	
Quellenbezug	Material- und objektgebunden	Textgebunden	Materialgebunden	
Wissenschafts-verständnis	H i s t o r i s t i s c h			
Ansatz	Kunstwissenschaftlich-hermeneutisch	Historisch-hermeneutisch	Archäologisch-historisch	Archäologisch-naturwissenschaftlich
Ziel	Geschichte der antiken Kunst	Ereignis- und Institutionen-geschichte	Ethnisch-nationale Geschichtsschreibung	Geschichte der Menschheit

Abb. 2. Grundtendenzen der Arbeitsweise von Geschichtswissenschaft, Klassischer Archäologie und Ur- und Frühgeschichtlicher Archäologie im 19. Jahrhundert.

Die Historie wird dabei als Wissenschaft charakterisiert, die in der Hauptsache
stark textgebunden ist und (antike) Texte ediert und interpretiert.[5] Sie ist als eine
Wissenschaft zu betrachten, deren wesentliches Ziel es im 19. Jahrhundert war, die
Geschichte von wichtigen Ereignissen und Institutionen mittels eines historisch-her-
meneutischen Ansatzes darzustellen. *Leopold von Rankes* (1795–1886) Objektivitäts-
postulat, das berühmte und viel zitierte Diktum aus dem Jahr 1824, »bloß sagen, wie
es eigentlich gewesen« (Ranke 1824, VI),[6] verdeutlicht in diesem Zusammenhang
besonders gut den Anspruch, den die Geschichtswissenschaft damals verfolgte: quellenkritische Geschichtsforschung mit dem Ziel, historisches Material zu sammeln
und zu erfassen sowie die darin geschilderten Ereignisse und Phänomene so nachzuzeichnen, wie sie sich dem Historiker in den Quellen offenbarten.
    Die Klassische Archäologie ist das älteste aller archäologischen Einzelfächer.[7]
Sie entstand bereits im 18. Jahrhundert als akademisches Fach. Als ihr Nestor gilt
Johann Joachim Winckelmann (1717–1768), und es ist wohl nicht verfehlt, in ihm
den Begründer der kunstarchäologischen Forschung zu sehen. Im Gegensatz zu den

---

5   Es sei darauf hingewiesen, dass es Ranke war, der als einer der ersten systematische, historisch-
    kritische Quellenforschung betrieb; dazu z. B. Nipperdey 1988, 218 f.; Muhlack 2006, 53 ff. Bezo-
    gen auf die neuere Geschichte stellte Ranke in einer seiner Vorlesungen fest, Geschichte solle
    nicht nach der Tradition – also gemäß und aufbauend auf Werken früherer Geschichtsschreiber –,
    sondern vielmehr anhand von jenen »unmittelbaren Denkmalen der letzten Jahrhunderte, die sich
    in den Archiven finden, Relationen, Korrespondenzen, Aktenstücken der verschiedensten Art«
    (Ranke 1975, 415) geschrieben werden.
6   Das vollständige Zitat Rankes (1824, V f.) lautet: »Man hat der Historie das Amt, die Vergangen-
    heit zu richten, die Mitwelt zum Nutzen zukünftiger Jahre zu belehren, beygemessen: so hoher
    Aemter unterwindet sich gegenwärtiger Versuch nicht: er will bloß sagen, wie es eigentlich gewe-
    sen«. Wie Muhlack (2006, 52 f.) deutlich macht, hing Ranke aber nicht einem »naiven Realismus«
    nach, sondern war sich der Subjektivität des Historikers durchaus bewusst.
7   Ausführlich zur Fachgeschichte und universitären Etablierung Eggert 2006, 100–4.

Geschichtswissenschaften ist das Quellenmaterial der Klassischen Archäologie in der Regel nichtschriftlicher Natur, d. h. ihre Quellen sind materielle Hinterlassenschaften. Wo es möglich ist, werden ergänzend Schriftquellen herangezogen.[8] Im Mittelpunkt des Forschungsinteresses steht in erster Linie das Kunstwerk. Über die Stilanalyse versucht die Klassische Archäologie, die antiken Kunstwerke zu analysieren und klassifizieren und über die kunstwissenschaftlich-hermeneutische Betrachtungsweise zu interpretieren. Ziel ist es, eine Geschichte der antiken Kunst zu schreiben.

Im Gegensatz zur Klassischen Archäologie wurde die Ur- und Frühgeschichtliche Archäologie erst spät als akademisches Fach institutionalisiert. Ihre Quellen sind, jedenfalls was den Bereich der Urgeschichte angeht, ausnahmslos materielle Zeugnisse der Vergangenheit. Erst mit dem Übergang zur Frühgeschichte besitzen wir auch zu einem geringen Teil schriftliche Quellen, die allerdings nur eine ›Außen-‹ und keine ›Binnensicht‹ widerspiegeln (detailliert dazu Eggert 2006, 50–2). So wie die Geschichtswissenschaft als »textgebunden« umschrieben und die Klassische Archäologie verallgemeinernd als »material- und stark objektgebunden« bezeichnet werden kann, so ist die Ur- und Frühgeschichtliche Archäologie als »materialgebunden« zu charakterisieren. Ihre Quellen erschließt letztere über die systematische Ausgrabung. Auch wenn ihr Wissenschaftsverständnis generell als historistisch zu bezeichnen ist, so lassen sich im 19. Jahrhundert doch zwei unterschiedliche Forschungsansätze unterscheiden: einerseits der archäologisch-naturwissenschaftliche, vertreten durch den Berliner Mediziner, Politiker und Anthropologen *Rudolf Virchow* (1821–1902), und andererseits der archäologisch-historische, als dessen Protagonist *Gustaf Kossinna* (1858–1931) gilt. Beide Ansätze sollen im Folgenden etwas detaillierter erläutert werden, da sie für die Einordnung und Stellung Schliemanns innerhalb der noch jungen Wissenschaft von Bedeutung sind.

Ein für die Entwicklung der Archäologie im 19. Jahrhundert wichtiges Ereignis war sicherlich die durch Rudolf Virchow im Jahr 1869 angeregte Gründung der *Berliner Gesellschaft für Anthropologie, Ethnologie und Urgeschichte* (BAG). Im Spätherbst dieses Jahres wurde zuerst die BAG und 1870 dann der gesamtdeutsche Dachverband, die *Deutsche Gesellschaft für Anthropologie, Ethnologie und Urgeschichte* (DAG), gegründet (zu beiden Vereinen siehe Andree 1969). Diese Gründungen gaben der im Werden begriffenen jungen Forschungsrichtung eine neue, in erster Linie naturwissenschaftlich beeinflusste Ausrichtung. Dies liegt gewiss zu einem großen Teil daran, dass sich zu dieser Zeit in der Mehrheit Naturwissenschaftler und Mediziner, speziell Anatomen und Anthropologen, mit Fragen der Menschwerdung beschäftigten und vermehrt archäologischen Fragen ihre Aufmerksamkeit schenkten. Das im 19. Jahrhundert dominierende positivistische Wissenschaftsverständnis ist daher auch für die sich etablierende Ur- und Frühgeschichtswissenschaft zu diagnostizieren. Manfred K. H.

---

8   Gerade zur Mitte des 19. Jahrhunderts nimmt der Einfluss der Klassischen Philologie zu und
      damit die Verknüpfung von Denkmal und Text (dazu Eggert 2006, 102 f.).

Eggert (2006, 46) spricht von einem »naturwissenschaftlichen Paradigma«, das zum einen an der weitgehend materialgebundenen Ausrichtung der frühen Forschungen deutlich wird und zum anderen zweifellos eng mit Virchow verbunden ist.[9] Mit Virchows Engagement für die so genannte ›vaterländische Altertumskunde‹ und der Gründung der beiden großen, für die Professionalisierung des Fachs einfluss-reichen Gesellschaften zeichnet sich erstmals eine ›Verwissenschaftlichung‹ bezüg-lich der bis dato von Laien betriebenen heimatlichen Altertumsforschung ab. So kam er bereits 1880 auf einer Versammlung der BAG zu dem Schluss: »Wir haben die Deutsche Prähistorie selbständig gemacht« (Virchow 1880, 6). Virchow prägte die Archäologie in dieser Zeit wie kein anderer, weshalb Georg Kossack (1999, 33) ihn treffend als »Doyen der entstehenden ›Zunft‹ prähistorisch orientierter Archäologen« bezeichnet hat (zu Virchows Bedeutung siehe auch Eggert 2006, 41 ff.; Veit 2006 a).

Die zweite zentrale Gestalt, die neben Virchow zur Entwicklung der Archäologie entscheidend beigetragen hatte, war Gustaf Kossinna.[10] Auch Kossinna kam über Umwege zur Archäologie. Nach einem Studium der Germanischen Philologie, deut-schen Altertumskunde, Landeskunde und Kunstgeschichte u. a. in Berlin und Straß-burg, das er 1881 mit einer philologischen Dissertation abschloss, schlug er zunächst die Bibliothekarslaufbahn ein. In den folgenden Jahren war er an verschiedenen Orten tätig und beschäftigte sich in dieser Zeit im Selbststudium mit der Vorgeschichte. Man darf Kossinna daher zweifellos und damit ähnlich wie Heinrich Schliemann (s. u.) als Autodidakt bezeichnen.[11] Wie Heinz Grünert (2002, 51 f. 61; 64) in seiner Biographie Kossinnas deutlich machen konnte, nahmen wohl vor allem die späten achtziger und die beginnenden neunziger Jahre, als er in Bonn und Berlin tätig war, für seine Lauf-bahn als Prähistoriker einen wichtigen Platz ein (so auch schon Smolla 1984 / 1985, 11). 1895 / 1896 betrachtete Kossinna selbst seine Entwicklung vom Philologen zum Archäologen als abgeschlossen (Grünert 2002, 52). Diese Selbsteinschätzung Kos-sinnas ist insofern richtig, als er auf der Versammlung der DAG am 9. August 1895 in Kassel seinen »epochemachenden« (Smolla 1984 / 1985, 11) Vortrag mit dem Titel »Die vorgeschichtliche Ausbreitung der Germanen in Deutschland« hielt. Darin pro-

---

9 Virchow selbst ließ ausschließlich ›Fakten‹ gelten. Bei Andree (1976, 169) heißt es dazu: »Vor-bildlich war Virchows Bemühen, eine streng wissenschaftliche, allein auf den Tatsachen beru-hende Forschung zu betreiben und Spekulationen nicht zu dulden«.

10 Zur Bedeutung Kossinnas für die deutsche Ur- und Frühgeschichtswissenschaft siehe die ein-drückliche, von H. Grünert (2002) verfasste Biographie mit weiterer Literatur.

11 Sicherlich ist auch Virchow als Autodidakt zu charakterisieren. Es bestehen meines Erachtens jedoch gewisse Unterschiede, die es zu berücksichtigen gilt. Während Virchow Wissenschaftler und Gelehrter ›durch und durch‹ war und ausgehend von medizinischen und anthropologischen Fragen zur Archäologie kam, sind die Voraussetzungen bei Schliemann und Kossinna gänzlich anders. Während Kossinna zwar studierte und durch seine Fächer auch erste Kontakte zur Alter-tumswissenschaft bzw. Archäologie gehabt haben dürfte, konnte Schliemann lediglich auf eine kaufmännische Ausbildung und seine privaten Studien zu Homer zurückgreifen.

pagierte er erstmals seine so genannte ›siedlungsarchäologische Methode‹, mit der er versuchte, von Verhältnissen der Gegenwart bzw. der historiographisch dokumentierten Vergangenheit auf Zustände in prähistorischer Zeit zu schließen.[12] Damit folgte er, wie es Alexander Gramsch (2007, 288) ausgedrückt hat, dem Konzept der »Deckungsgleichheit von Territorien, Volk, Sprache und Kultur, einschließlich materieller Kultur«, wobei er keinen Unterschied zwischen den Begriffen ›Kultur‹, ›Volk‹ und ›Rasse‹ vornahm. Sein übergeordnetes Ziel war es, »die vaterländische Archäologie mit der Geschichte in Verbindung zu bringen« und den bis dato gemachten Funden ihre »Subjektlosigkeit« zu nehmen (Kossinna 1896, 1; ähnlich ders. 1895, 109). Es ging ihm folglich um eine Verlängerung der »ethnisch-nationalen Geschichtsschreibung« (Eggert 2006, 46 Abb. 4.1) mit Hilfe archäologischer Objekte. Das wird nicht nur in seinem Kasseler Vortrag, sondern auch bei seinen weiteren Forschungen deutlich, beschäftigte er sich doch bis zum Lebensende nahezu ausschließlich mit der Herkunft der Germanen und der Lokalisierung ihrer ›Urheimat‹.[13]

Günter Smolla (1979 / 1980) hat wohl als erster Kossinnas Wirken treffend analysiert und darauf hingewiesen, dass er es war, der der deutschen Ur- und Frühgeschichtswissenschaft mit seiner ›siedlungsarchäologischen Methode‹ ein Paradigma im Sinne Thomas S. Kuhns (1997) gegeben hat. Es lässt sich am ehesten als »archäologisch-historisch« (Eggert 2006, 46 Abb. 4.1) charakterisieren. Während die Vertreter des archäologisch-naturwissenschaftlichen Ansatzes also vornehmlich die Entwicklung der Menschheitsgeschichte im Auge hatten, stand für die archäologisch-historische Seite, vereinfacht gesagt, die ethnisch-nationale Geschichtsschreibung im Vordergrund. Dem bis dahin unangefochtenen naturwissenschaftlichem Paradigma Virchows stand am Ende des 19. Jahrhunderts das historisierende Paradigma Kossinnas gegenüber.

---

12 Seine Methode, die er auch als »ethnographische Vorgeschichte« bezeichnete, formulierte er aber erst 1911 detailliert in dem Buch »Die Herkunft der Germanen. Zur Methode der Siedlungsarchäologie«.

13 Hachmann (1962, 23 ff.) hat in der Auseinandersetzung mit der Kossinnaschen Methode die Probleme und Fehler klar benannt. Ein wichtiger Kritikpunkt ist die »naive Quellengläubigkeit« (ebd. 23) und die fehlende »kritische Überprüfung der antiken Überlieferungen« (ebd. 24). Ähnlich auch Veit (2006 a, 52), wenn er schreibt, dass Kossinna nicht konsequent zwischen »Wissen und Glaube« zu trennen wusste.

Schliemanns Arbeitsweise

Kaum ein anderer Ort rief und ruft auch heute noch so viele Assoziationen hervor wie Troia. Bereits in der Antike rankten sich, bedingt durch die Homerischen Epen und den darin geschilderten Troianischen Krieg, dessen Historizität übrigens nie angezweifelt wurde, zahlreiche Mythen um die Lokalisierung dieses Ortes. Es ist daher auch nicht weiter überraschend, dass schon früh nach dem sagenumwobenen Ort ›gefahndet‹ wurde. In der Antike glaubte man, ihn auf dem Hügel Hisarlık an den Dardanellen gefunden zu haben.[14]

Besonders mit dem Neuhumanismus und der Etablierung der Homerphilologie gegen Mitte des 18. Jahrhunderts rückte die Suche nach dem in Vergessenheit geratenen Ort erneut in den Vordergrund. Im Zuge des Historismus verstärkte sich der Wunsch nach seiner Identifizierung, und so verwundert es nicht, dass die Suche nach dem ›realen‹ Troia im 19. Jahrhundert mit großem Eifer betrieben wurde.

Nach einem Hinweis des in der Troas ansässigen Briten *Frank Calvert* (1828–1908) war es schließlich der Kaufmann und Autodidakt *Heinrich Schliemann* (1822–1890) (Abb. 3), der in den siebziger Jahren des 19. Jahrhunderts auf dem Hügel Hisarlık zu graben begann. Er versuchte, die immer wieder geäußerte Vermutung, bei Hisarlık handele es sich um das antike Troia, mit archäologischen Mitteln zu beweisen. Zuvor hatte er kleinere Ausgrabungen auf dem Ballıdağ vorgenommen und gezeigt, dass es sich hier unmöglich um das antike Troia handeln konnte, da kaum Siedlungsspuren anzutreffen waren. Nach diesem ›Negativbeweis‹ begann er erstmals 1870 auf Hisarlık zu graben und führte die Grabungen mit Unterbrechungen bis zu seinem Tod im Jahre 1890 fort.

Schliemann war – wie übrigens alle anderen Forscher seiner Zeit, die sich mit der Troia-Frage beschäftigten – stark von der literarischen Vorlage Homers beeinflusst. Er reiht sich nahtlos in die Liste namhafter Forscherpersönlichkeiten und Gelehrten ein, die quasi alle mit ›Homer in der Hand‹ in der Troas nach der Stätte des Troianischen Krieges suchten – verwiesen sei hier lediglich auf den angesehenen Philologen und späteren Olympia-Ausgräber *Ernst Curtius* (1814–1896), einen Verfechter der Bunarbaschi-Theorie. Nicht unüblich für das 19. Jahrhundert war darüber hinaus, sich einen Ausgrabungsort zu suchen, zu dem es geeignete und viele Schriftquellen gab (Sinn 2004, 40). Man darf also mit Justus Cobet (1992 a, 124) feststellen, dass das 19. Jahrhundert generell und Schliemann im Speziellen »Homer profanisiert und an dem empirischen Gegenstand, den Ruinen in Hisarlik« festgemacht haben.

Zu unterscheiden ist hierbei sicherlich, auf welche Weise und mit welchem Enthusiasmus dies jeweils stattfand. Schliemann ist in diesem Zusammenhang fraglos ein

---

14 Nach einer Siedlungsunterbrechung von etwa 250 Jahren wurde der Hügel erst wieder um 700 v. Chr. besiedelt. Im 14. Jahrhundert zerfällt die Stadt zunehmend und gerät ab Mitte des 15. Jahrhunderts in Vergessenheit. Zum Erinnerungsort Troia siehe jetzt auch Samida 2007.

Abb. 3. Porträt Heinrich Schliemanns (Quelle: Illustrated London News 98, 2698, 03.01.1891, 5).

›Unikum‹. Wie kaum ein anderer legte er den Beschreibungen Homers – besonders zu Beginn seiner Ausgrabungstätigkeit – den »Maßstab der Zuverlässigkeit und Genauigkeit eines Generalstabwerkes« (Michaelis 1906, 183) an.[15] Gewiss ist es legitim, Funde und Befunde mittels schriftlicher Quellen zu deuten und damit in einen kulturellen Zusammenhang zu stellen; Voraussetzung ist aber eine kritische Unbefangenheit (Sinn 2004, 43).[16] In unserem Fall kommt noch hinzu, dass es sich bei der schriftlichen Überlieferung der Ilias nicht, wie Franz Hampl (1975) schon 1962 feststellte, um ein »Geschichtsbuch«, sondern um Heldenepik handelt. Diese Form

15 Döhl (1981, 81; 85) ist dagegen der Meinung, Schliemann habe bereits in den siebziger Jahren seine naive Homergläubigkeit abgelegt. Dagegen spricht Schliemanns (1878, 382 f.) Aussage in seinem Mykene-Buch aus dem Jahr 1878: »Was mich betrifft, so habe ich immer fest an den trojanischen Krieg geglaubt; mein fester Glaube an Homer und die Tradition ist nie von der modernen Kritik erschüttert worden, und diesem Glauben verdanke ich die Entdeckung Trojas und seiner Schätze«.

16 Allzu häufig meint man, wie Sinn (2004, 43) kürzlich feststellte, dass »die antike Realität in der uns vorliegenden Textüberlieferung lückenlos erfaßt ist«.

von Literatur hat nicht zum Ziel, Landschaften, Örtlichkeiten oder deren Einwohner vorzustellen und zu beschreiben wie etwa die Reisebeschreibungen des Pausanias; der poetisierte Text soll vielmehr den Blick in die Vergangenheit richten, um sie für ein Plädoyer für die Gegenwart bzw. Zukunft zu nutzen (Ulf 2004a, 262).[17] Dass auch Schliemann Homer als Dichter und nicht ausschließlich als Historiograph und Topograph betrachtete, geht aus einem Bericht vom 24. Mai 1873 an die *Augsburger Allgemeine Zeitung* hervor. Darin stellte er fest, Troia sei für die Taten der Ilias viel zu klein und Homer habe wohl »alles mit dichterischer Freiheit übertrieben« (Meyer 1953, 230 Nr. 208).[18] An seiner Deutung, es handele sich um Troia und er habe es aufgedeckt, hielt er dennoch im gleichen Atemzug fest.

Auch Spitzhacke und Spaten galten Schliemann – ganz in positivistischer Manier – als Werkzeuge, die im wahrsten Sinne des Wortes ›fassbare‹ Tatsachen ans Licht brachten (ähnlich auch Cobet 1992b, 27; 1992c, 360).[19] So äußerte er sich des Öfteren kritisch über die ›Stubengelehrten‹, die von ihrem Schreibtisch aus Interpretationen vornähmen. In einem Artikel in der *Kölnischen Zeitung* vom 13. September 1873 monierte er beispielsweise im Zusammenhang mit der »Lösung des größten und wichtigsten Räthsels«, wie man sich nach einem Aufenthalt von wenigen Stunden in Bunarbaschi zu Hause hinsetzen und eine Verteidigung der Bunarbaschi-Theorie schreiben könne, wenn auch eine Grabung – und sei es nur eine Stunde mit einem Arbeiter – möglich gewesen wäre (Meyer 1953, 239f. Nr. 218).[20] So überrascht es nicht, dass er bereits 1871 in einem Bericht an die *Augsburger Allgemeine Zeitung* (27.11.1871, Nr. 331, 5852) schrieb: »Meine Ansprüche sind höchst bescheiden; [...] Der einzige Zweck meiner Ausgrabungen war ja von Anfang an nur Troja aufzufinden, über dessen Baustelle von hundert Gelehrten hundert gediegene Werke geschrieben worden sind, die aber noch niemals jemand versucht hat durch Ausgrabungen ans Licht zu bringen«. Dieser alles andere als »bescheiden« anmutende Anspruch erinnert meiner Meinung nach an Rankes »bloß sagen, wie es eigentlich gewesen«.

---

17 Ulf (2004a, 283) zufolge wurden die Homerischen Epen geschaffen, um eine »neue Ordnung des Zusammenhalts in der problematisch gewordenen Gegenwart zu propagieren«.

18 Ein Brief an *Charles Thomas Newton* (1816–1894), Konservator am British Museum in London, vom 4. September 1873 bestätigt dies. Dort schreibt Schliemann: »[...] you see it [Troy] is not large; but Homer is an epic poet and no historian. He never saw neither the great tower of Ilium, nor the divine wall, nor Priams Palace, because when he visited Troy 300 years after its destruction all those monuments were for 300 years couched with its 10 feet thick layers of red ashes and ruins of Troy [...]« (Meyer 1953, 238 Nr. 217).

19 Schliemann sprach immer wieder von der »Kritik meiner Spitzhaue und meines Spatens« (z. B. 1881, 578; 747).

20 Ähnlich Schliemann in einem Brief an den damaligen Ausgräber auf Samothrake *Alexander Conze* (1831–1914) vom 9. April 1873 (Meyer 1953, 226f. Nr. 203) oder in einem Brief an seinen Förderer und Freund Rudolf Virchow vom 9. März 1881 (Herrmann/Maaß 1990, 252f. Nr. 214).

Es sollte Schliemann also nicht zum Vorwurf gemacht werden, dass er versuchte, ganz im Geiste der Zeit mittels einer neuen, bis dato wenig akzeptierten Vorgehensweise – der Ausgrabung – Ergebnisse hinsichtlich der Frage »Ubi Troia fuit?« zu erlangen. Anders sieht es dagegen aus, wenn man seine vor allem in der Anfangszeit vorherrschenden Fund- und Befundbenennungen betrachtet. Da wird vorbehaltlos und selbstredend vom ›Skäischen Tor‹, der ›Pergamos von Troia‹, dem ›Haus des Priamos‹ oder gar dem ›Schatz des Priamos‹ gesprochen. Solcher Art Zuweisungen mussten zwangsläufig zu Kritik führen.

Zeitgenössische Kritik an Schliemann

Die Kritik kam von zwei Seiten: von der Presse und von der Fachwelt. Von besonderem Interesse sind die Artikel des wöchentlich erscheinenden politischen Witz- und Satireblattes *Kladderadatsch*, das in den 1870er Jahren die beachtliche Auflage von etwa 50 000 Exemplaren besaß.[21] Hier sei lediglich ein Beispiel angeführt (Abb. 4). Die Spötteleien des *Kladderadatsch* sind nicht allein als karikierende oder schlicht lustige Beiträge zu betrachten, sondern als kritische Kommentare zur Troia-Debatte des 19. Jahrhunderts.[22] Interessant sind sie deswegen, weil sie in pointierter Manier den Kern der gesamten Troia-Problematik, so wie sie sich auch heute noch darstellt, treffen. Damals wie heute geht es um ›Fakten und Fiktionen‹, ›Wirklichkeit und Traum‹, ›Wahrheit und Dichtung‹[23] bzw. um das Verhältnis von materiellen und schriftlichen Quellen und deren Interpretation. Dass der *Kladderadatsch* immer wieder das Nibelungenlied als Vergleich heranzog, ist meines Erachtens bezeichnend (dazu auch Samida 2009).

Kritik musste Schliemann auch von akademischer Seite, in erster Linie von Klassischen Archäologen, hinnehmen.[24] Persönliche und fachliche Motive sind dabei in vielen Fällen nicht immer auseinander zu halten. Schliemann galt in akademischen

---

21 Vergleichszahlen anderer Zeitschriften und Zeitungen verdeutlichen die weite Verbreitung. So hatten etwa die großen deutschen Tageszeitungen damals eine Auflage von etwa 40 000 bis 50 000 Exemplaren; siehe dazu auch die bei Stöber 2005, 236 ff. publizierten Zahlen.

22 Es muss offen bleiben, von wem die Beiträge im *Kladderadatsch* geschrieben wurden. Schliemann äußerte in einem Brief vom 13. Dezember 1873 an seinen deutschen Verleger Brockhaus die Vermutung, der Olympia-Ausgräber Curtius sei für die Verunglimpfungen seiner Person und seiner Grabungen im *Kladderadatsch* verantwortlich (Bölke 1992, 61). Dies lässt sich allerdings nicht nachweisen. Die Beiträge im *Kladderadatsch* hat Witte (2004) zusammengestellt.

23 In Ausgabe 5, Jahrgang 1874 des Familienblattes *Die Gartenlaube* lautet eine Überschrift: »Wahrheit oder Dichtung?«. Auch dort wurde die Problematik erkannt.

24 Positive Rückmeldungen sollen an dieser Stelle nicht unterschlagen werden. Der Philologe *Otto Keller* (1838–1927) schrieb z. B.: »Ja, wenn wir gerecht sein wollen, müssen wir sagen: dieser Praktiker hat in unserer Frage mehr geleistet für die Wissenschaft und Wahrheit, als die meisten

Abb. 4. Bildunterschrift: »Nachdem Herr *Schliemann* in Folge Homerischer Studien den trojanischen Schatz gefunden, liest er zufällig die *Nibelungen-Sage* und begibt sich sofort nebst Frau und Umschlagetuch auf die *Rheingold-Suche*« (Quelle: Kladderadatsch 27, 14/15, 29.03.1874, 56).

Kreisen als Emporkömmling und Außenseiter.[25] Neben seinen vorschnellen Deutungen wurde seine methodische Vorgehensweise beanstandet. Anders als bis dahin üblich, schenkte er den Baudenkmälern und Kunstwerken nur wenig Aufmerksamkeit; im Vordergrund standen vielmehr die vermeintlich unscheinbaren Kleinfunde aus Keramik, Metall und Knochen sowie Pflanzenreste. Wie Ulrich Veit (2006b, 124) hervorgehoben hat, erforderte dies einen gänzlich anderen methodischen Ansatz als die bisher rein objektbezogene so genannte ›Kunstarchäologie‹, wie sie die Klassischen Archäologen praktizierten.[26] In Troia und anderswo ging es vor allem darum, die »materiellen Überreste zu bergen, zu bestimmen, in ihrer Abfolge zu ordnen und kulturgeschichtlich zu bewerten« (ebd.). Man könnte es mit Ulrich Sinn (2004, 40) auch anders sagen: Er etablierte die Ausgrabung als »selbstverständliches Arbeitsmittel«. Diese ›neue‹ Art der Archäologie hob sich komplett von den damals vorherrschenden philologisch und kunsthistorisch geprägten Archäologie ab. Vereinfacht gesagt: Hier die Archäologie im klassischen Sinn, dort die – wie man sie selbst heute

---

Gelehrten von Fach« (Keller 1875, 61). Zum Verhältnis ›Keller–Schliemann‹ siehe Paret 1964; Bölke 1997.

25 Dazu kam sicherlich auch der Neid, der in dem Umstand wurzelte, dass die Öffentlichkeit einem Laien zujubelte.

26 »Bei den zeitgenössischen (Klassischen) Archäologen stießen die Arbeiten Schliemanns dagegen weithin auf Geringschätzung und Ablehnung« (Veit 2006b, 124).

noch bisweilen nennt – ›Spatenwissenschaft‹. Kaum einer der damaligen Altertumswissenschaftler konnte mit den Ausgrabungsergebnissen etwas anfangen, und viele
Gelehrte empfanden die Grabungstätigkeit darüber hinaus als unter ihrer Würde
(Korfmann 1990, XV).[27] Der Klassische Archäologe *Adolf Michaelis* (1835–1910)
etwa, ein Zeitgenosse Schliemanns, fällte in seiner 1906 veröffentlichten Arbeit »Die
archäologischen Entdeckungen des neunzehnten Jahrhunderts« folgendes, man muss
schon sagen ›vernichtendes‹, Urteil über ihn: »Seiner ganzen Anlage wie seiner Vor-
bildung nach stand Schliemann jeder wissenschaftlichen Betrachtungs- und Behand-
lungsweise völlig fremd gegenüber. Er hatte weder für Geschichte Sinn noch für die
Kunst, wie seine Gleichgültigkeit gegen den praxitelischen Hermes zeigen kann;
Urzeit, Kuriositäten, vage Vorstellungen erschöpften sein Interesse« (Michaelis 1906,
184). Dieses Zitat veranschaulicht sehr gut die einseitige zeitgenössische Auffassung
von Archäologie und die Hybris der Fachgelehrten gegenüber einem akademischen
Außenseiter wie Schliemann.

Ergebnis und Ausblick

Niemand wird bezweifeln, dass Schliemann ein Opfer der »Sogwirkung« (Sinn
2004, 41) schriftlicher Überlieferungen wurde: Sobald sich »zwischen einem archäologischen Befund und einer schriftlich überlieferten Nachricht ein Zusammenhang
auch nur anzudeuten schien« (ebd.), wurde dies als Bestätigung der Schriftzeugnisse
gewertet. Und solche Andeutungen gab es in der Tat zuhauf. Justus Cobet (1990,
25) hat daher in diesem Zusammenhang vom so genannten »Schliemann-Effekt«
gesprochen. Doch wird man Schliemann wirklich gerecht, wenn man ihn mit Michaelis (1906, 184) als »Dilettant im vollen Sinne des Wortes« bezeichnet, oder ihn, wie
andere, als naiven Homergläubigen charakterisiert? Sicher nicht. Schliemann war
ein Kind des Historismus (Abb. 5); ihm ging es darum, den Nachweis für die Ereig-
nishaftigkeit des Troianischen Krieges zu erbringen; er wollte nicht mehr als andere
seiner Zeit, nämlich letztlich nur zeigen, wie – oder in unserem Falle –, *dass* etwas
gewesen war. Im Übrigen ist herauszustellen – und das wird leider kaum beachtet –,
dass Schliemann *par excellence* ›Interdisziplinarität‹ verkörperte. Er stand aus heutiger Sicht gewissermaßen für einen konkret am Fall ›Troia‹ praktizierten modernen
Forschungsansatz. Mit den Mitteln seiner Zeit integrierte er die Werke der antiken

---

27 Dies betrifft nicht allein die Grabungen in Troia, sondern die Ausgrabungstätigkeit generell. Insgesamt wurde die Entwicklung der neuen Forschungsrichtung mit Skepsis betrachtet. So schrieb
schon Gummel (1938, 300) in seiner Forschungsgeschichte: »Tief bedauerlich ist das geringe Verständnis, das – aufs Ganze gesehen – unserem Fach von der Sprach-, Geschichts- und klassisch-
archäologischen Forschung entgegengebracht wurde, also von den Wissenschaften, mit denen es
großenteils gemeinsame Ziele hat«.

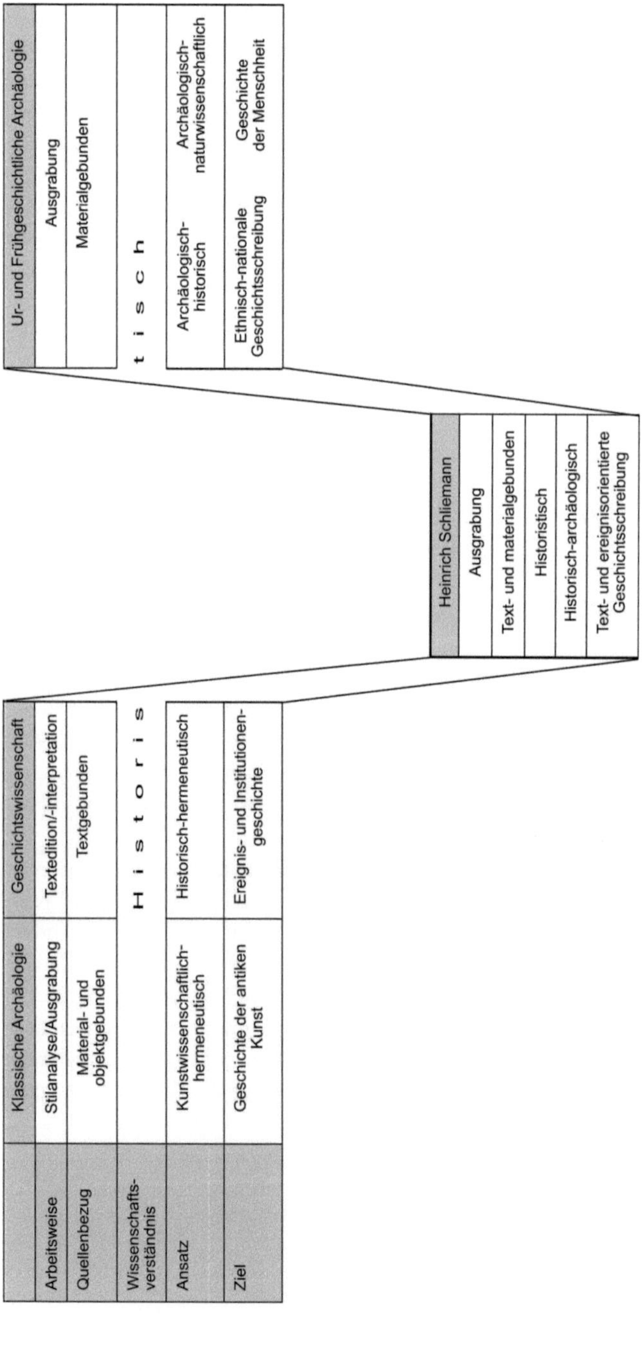

	Klassische Archäologie	Geschichtswissenschaft
Arbeitsweise	Stilanalyse/Ausgrabung	Textedition/-interpretation
Quellenbezug	Material- und objektgebunden	Textgebunden
Wissenschafts-verständnis	Historisch	
Ansatz	Kunstwissenschaftlich-hermeneutisch	Historisch-hermeneutisch
Ziel	Geschichte der antiken Kunst	Ereignis- und Institutionen-geschichte

Ur- und Frühgeschichtliche Archäologie

Ausgrabung	
Materialgebunden	
Historisch	
Archäologisch-historisch	Archäologisch-naturwissenschaftlich
Ethnisch-nationale Geschichtsschreibung	Geschichte der Menschheit

Heinrich Schliemann

Ausgrabung
Text- und materialgebunden
Historistisch
Historisch-archäologisch
Text- und ereignisorientierte Geschichtsschreibung

Abb. 5. Heinrich Schliemanns Stellung im Kanon der Fächer.

Literatur, die Geschichtswissenschaft, die noch junge Ur- und Frühgeschichtswissenschaft, bis zu einem gewissen Grad die Klassische Archäologie und einige Naturwissenschaften. Es ist bedauerlich, dass er dabei von Seiten der Klassischen Archäologie und zum Teil auch von historischer Seite kaum Unterstützung bekam.

Mit Schliemann und seinen Ausgrabungen auf Hisarlık sollten verschiedene Facetten des Problems von Archäologie und Geschichtswissenschaft im 19. Jahrhundert angesprochen werden. Sie werden im Folgenden noch einmal knapp zusammengefasst:

- Die Zusammenführung von literarischer und archäologischer Überlieferung ist in methodologischer Hinsicht problematisch, da es sich um zwei unterschiedliche Überlieferungsstränge handelt (Sinn 2004, 40).
- Der – häufig krampfhafte – Versuch, schriftlich Überliefertes mittels Ausgrabungen auf seinen Wahrheitsgehalt zu überprüfen, macht die Archäologie unweigerlich zur Getriebenen der Schriftquellen.[28] Schliemann verkörpert dies wie kein anderer.
- Die Archäologie vermag der historischen Überlieferung nur scheinbar »auf eine unbestreitbare Weise Realität zu verleihen« (Cobet 1992 b, 25).
- Das Abgleichen von literarischer Überlieferung und Grabungsbefund bedeutet allzu oft »das Ende der Diskussion« (Sinn 2004, 48 f.).
- Die Deutungshoheit historischer Quellen lag in den Händen von Historikern und Klassischen Archäologen. Die Wertschätzung der materiellen Hinterlassenschaft war gering, da den Schriftquellen der entscheidende Aussagewert zugesprochen wurde.[29]
- Es herrschte ein Nebeneinander der Fächer auch dort, wo ein Miteinander nötig gewesen wäre.

Was bedeutet das nun für das Verhältnis der beiden Fächer? Es ist sicherlich nicht damit getan, wie es der Althistoriker Moses I. Finley (1992, 187) einmal vorgeschlagen hat, »Homers Trojanischen Krieg aus der *Geschichte* der griechischen Bronzezeit zu verbannen«. Das ist nicht die Lösung des Problems, zumal dadurch ein streng disziplinäres Arbeiten gefördert werden würde. Wichtig erscheint mir vielmehr ein unvoreingenommenes Miteinander, hin zu einer ›Allgemeinen Altertumswissenschaft‹, wie sie schon zu Beginn des 19. Jahrhunderts etwa der Klassische Philologe *August Boeckh* (1785–1867) im Sinn gehabt hat (zu Boeckh siehe Vogt/Horstmann 1998). Dabei möchte ich eine solche ›Altertumswissenschaft‹ keineswegs als Einheitswissenschaft verstanden wissen, sondern eher als gemeinsamen Überbau. Der somit eingeforderte inter-/transdisziplinäre Forschungsansatz dürfte nicht nur im Hinblick auf die Troia-Frage vielversprechend sein. Allerdings setzt Interdisziplinarität wechselseitiges Verstehen voraus, wobei hier weniger das »gegenseitige Ver-

---

28 Im Zusammenhang mit der mittelalterlichen Schriftüberlieferung schrieb die Archäologin Barbara Scholkmann (2003) einmal von der »Tyrannei der Schriftquellen«.

29 Sinn (2004, 30) formuliert es folgendermaßen: »Zu dominant war die Einstellung, durch die antiken Schriftzeugnisse ausreichend und authentisch informiert zu werden«.

stehen von Wissenschaftlern über ihre Gegenstände und Theorien« (Fiala 2004, 70) gemeint ist. Interdisziplinarität wird vielmehr mit Erwin Fiala (ebd. 71) als Methode verstanden, die gemeinsamen Zusammenhängen und Kontexten nachgeht, also Untersuchungsobjekte aus ihrer »fachspezifischen Isolation« herauslöst und mit anderen Phänomenen verbindet. Eine derart verstandene Interdisziplinarität sucht man aber sowohl in der Troia-Debatte des 19. Jahrhunderts als auch in der aktuellen Diskussion vergeblich.

Aus meinen Ausführungen ergeben sich abschließend drei Forderungen: (1) Der Archäologie kann es nicht darum gehen, Schriftquellen zu verifizieren oder zu falsifizieren; vielmehr dienen sowohl schriftliche als auch materielle Zeugnisse der »gegenseitigen Ergänzung und Erhellung«; dort wo schriftliche Zeugnisse vorhanden sind, geben sie einen Fundus zur Bildung von Analogien für die Interpretation nichtschriftlicher Überlieferung (Eggert 2006, 227); (2) Geschichtswissenschaft und Archäologie sollten in Zukunft an der Entwicklung gemeinsamer Fragestellungen arbeiten, gerade wenn es um Teile der Vergangenheit geht, die beide als ihren Forschungsgegenstand betrachten; (3) Die Aufgabe des Historikers und damit auch des Archäologen ist, so Hans-Joachim Gehrke (1994, 263) »Aufklärung und Kritik«. Es gilt, »Mythen und Legenden zu zerstören, nicht zu bilden« (ebd. 264; ähnlich Cobet 1992 a, 135).

Mit Moltke begann dieser Beitrag, mit Moltke soll er auch enden. Im Zusammenhang mit der Frage, wo Troia denn gelegen haben könnte, machte er auf folgendes aufmerksam: Eine Erzählung könne geschichtlich zwar unwahr, jedoch örtlich vollkommen genau sein (von Moltke 1879, 21).[30] Eine These, die einiges für sich hat, der man sich aber nur auf einem gemeinsamen, interdisziplinären Wege wird nähern können.

Literaturverzeichnis

Andree 1969: Ch. Andree, Geschichte der Berliner Gesellschaft für Anthropologie, Ethnologie und Urgeschichte, 1869–1969. In: Festschrift zum hundertjährigen Bestehen der Berliner Gesellschaft für Anthropologie, Ethnologie und Urgeschichte, 1869–1969. Erster Teil: Fachhistorische Beiträge [= Mitt. Berliner Ges. Anthr., Ethn. u. Urgesch. 3, 1969–1971]. Berlin: Berliner Gesellschaft für Anthropologie, Ethnologie und Urgeschichte 1969, 9–140.

Andree 1976: Ders., Rudolf Virchow als Prähistoriker 1. Virchow als Begründer der neueren deutschen Ur- und Frühgeschichtswissenschaft. Köln, Wien: Böhlau 1976.

Bölke 1992: W. Bölke, Schliemann und sein Verleger Brockhaus. Zur Geschichte des verlorengeglaubten Briefwechsels zwischen Heinrich Schliemann und Eduard Brockhaus.

---

30 »Ob je die Griechen Ilios bestürmten, mag ungewiß sein; aber unzweifelhaft ist, daß der blinde Sänger die Gegend östlich der Dardanellen-Mündung ganz genau kannte«.

In: J. Herrmann (Hrsg.), Heinrich Schliemann. Grundlagen und Ergebnisse moderner Archäologie 100 Jahre nach Schliemanns Tod. Berlin: Akademie 1992, 55–64.

Bölke 1997: Ders., Der Briefwechsel zwischen Heinrich Schliemann und dem Philologen Otto Keller. In: Ders. (Red.), Vorträge anläßlich des internationalen Kolloquiums ›Heinrich Schliemann zum 175. Geburtstag. Forschungsprobleme und neue Informationen über sein Leben und Werk‹ vom 4. bis 6. Juli in Waren (Müritz). Mitt. Heinrich-Schliemann-Mus. Ankershagen 5. Ankershagen: Heinrich-Schliemann-Museum 1997, 35–56.

Bölke 2001: Ders., Helmuth von Moltke – ein prominenter Befürworter der Bunarbaschi-Theorie. In: R. Witte (Red.), Vorträge auf dem Kolloquium des Heinrich-Schliemann-Museums Ankershagen ›Heinrich Schliemann – Begründer der Wissenschaft vom Spaten?‹ (9. und 10. Juni 2001, Waren/Müritz). Mitt. Heinrich-Schliemann-Mus. Ankershagen 7. Ankershagen: Heinrich-Schliemann-Museum 2001, 67–90.

Cobet 1990: J. Cobet, Heinrich Schliemann nach hundert Jahren. Die Historisierung von Mythos und Ärgernis. In: W. M. Calder III/J. Cobet (Hrsg.), Heinrich Schliemann nach hundert Jahren. Frankfurt a. Main: Klostermann 1990, 12–26.

Cobet 1992a: Ders., Troia, Jericho und historische Kritik. In: Cobet/Patzek 1992, 117–35.

Cobet 1992b: Ders., Zwischen Realismus und Romantik. Gedenken an Heinrich Schliemann. In: Cobet/Patzek 1992, 15–29.

Cobet 1992c: Ders., Schliemanns Wirkungsgeschichte und die historische Erinnerung. In: J. Herrmann (Hrsg.), Heinrich Schliemann. Grundlagen und Ergebnisse moderner Archäologie 100 Jahre nach Schliemanns Tod. Berlin: Akademie 1992, 359–64.

Cobet 2004: Ders., Vom Text zur Ruine. Die Geschichte der Troia-Diskussion. In: Ulf 2004b, 19–38.

Cobet/Patzek 1992: Ders./B. Patzek (Hrsg.), Archäologie und historische Erinnerung. Nach 100 Jahren Heinrich Schliemann. Essen: Klartext 1992.

Döhl 1981: H. Döhl, Heinrich Schliemann. Mythos und Ärgernis. München, Luzern: Bucher 1981.

Eggert 2006: M. K. H. Eggert, Archäologie: Grundzüge einer Historischen Kulturwissenschaft. Tübingen, Basel: Francke 2006.

Fiala 2004: E. Fiala, Kulturwissenschaft oder Kulturwissenschaften. In: E. List/E. Fiala (Hrsg.), Grundlagen der Kulturwissenschaften. Interdisziplinäre Kulturstudien. Tübingen, Basel: Francke 2004, 55–71.

Finley 1992: M. I. Finley, Schliemanns Troja nach hundert Jahren. In: Ders., Die Welt des Odysseus. Frankfurt a. Main, New York: Campus 1992, 169–87 [Erstveröff.: The World of Odysseus. Harmondsworth: Penguin 1962].

Gehrke 1994: H.-J. Gehrke, Mythos, Geschichte, Politik – antik und modern. Saeculum 45, 1994, 239–64.

Gramsch 2007: A. Gramsch, Ein Abriss der Geschichte der Prähistorischen Archäologie in Deutschland: Genese, Entwicklung und Institutionalisierung. Altertum 52, 2007, 275–304.

Grünert 2002: H. Grünert, Gustaf Kossinna (1858–1931). Vom Germanisten zum Prähistoriker. Ein Wissenschaftler im Kaiserreich und in der Weimarer Republik. Vorgesch. Forsch. 22. Rahden/Westf.: Leidorf 2002.

Gummel 1938: H. Gummel, Forschungsgeschichte in Deutschland. Urgeschichtsforsch. u. Histor. Entwicklung Kulturstaaten Erde 1. Berlin: de Gruyter 1938.

Hachmann 1962: Rolf Hachmann, Germanen und Kelten am Rhein in der Zeit um Christi Geburt. In: Ders. / G. Kossack / H. Kuhn (Hrsg.), Völker zwischen Germanen und Kelten. Schriftquellen, Bodenfunde und Namengut zur Geschichte des nördlichen Westdeutschlands um Christi Geburt. Neumünster: Wachholtz 1962, 9–68.

Hampl 1975: F. Hampl, Die ›Ilias‹ ist kein Geschichtsbuch. In: Ders., Geschichte als kritische Wissenschaft 2. Althistorische Kontroversen zu Mythos und Geschichte. Darmstadt: Wissenschaftliche Buchgesellschaft 1975, 51–99 [Erstveröff.: R. Muth (Hrsg.), Serta philologica Aenipontana. Innsbrucker Beitr. Kulturwiss. 7–8. Innsbruck: Sprachwissenschaftliche Institut der Leopold-Franzens-Universität 1962, 37–63].

Herrmann / Maaß 1990: J. Herrmann / E. Maaß, Die Korrespondenz zwischen Heinrich Schliemann und Rudolf Virchow 1876–1890. Berlin: Akademie 1990.

Jatzlauk 2000: M. Jatzlauk, Helmuth von Moltke. Weltreisender, Geograph und Militärstratege aus Mecklenburg. In: Festschrift für Gerhard Heitz zum 75. Geburtstag. Stud. Ostelb. Gesellschaftsgesch. 1. Rostock: Neuer Hochschulschriftenverlag 2000, 479–507.

Keller 1875: O. Keller, Die Entdeckung Ilions zu Hissarlik. Freiburg i. Br.: Bader & Co. 1875.

Korfmann 1990: M. Korfmann, Vorwort. In: H. Schliemann, Bericht über die Ausgrabungen in Troja in den Jahren 1871 bis 1873. München, Zürich: Artemis 1990, VII–XXIX [Erstveröff: Trojanische Alterthümer. Bericht über die Ausgrabungen in Troja. Leipzig: Brockhaus 1874].

Kossack 1999: G. Kossack, Prähistorische Archäologie in Deutschland im Wandel der geistigen und politischen Situation. Bayer. Akad. Wiss., Phil.-Hist. Kl., Sitzungsber. 4. München: Bayerische Akademie der Wissenschaften 1999.

Kossinna 1895: G. Kossinna, Ueber die vorgeschichtliche Ausbreitung der Germanen in Deutschland. Korrbl. Dt. Ges. Anthr. 26, 10, 1895, 109–12.

Kossinna 1896: Ders., Die vorgeschichtliche Ausbreitung der Germanen in Deutschland. Zeitschr. Ver. Volkskde. 6, 1896, 1–14.

Kuhn 1997: Th. S. Kuhn, Die Struktur wissenschaftlicher Revolutionen. Zweite revidierte um das Postskriptum von 1969 ergänzte Auflage. Frankfurt a. Main: Suhrkamp [14]1997 [Erstveröff.: The Structure of Scientific Revolutions. Chicago: University of Chicago Press 1962].

Meyer 1953: E. Meyer (Hrsg.), Heinrich Schliemann. Briefwechsel 1: 1842–1875. Berlin: Mann 1953.

Michaelis 1906: A. Michaelis, Die archäologischen Entdeckungen des neunzehnten Jahrhunderts. Leipzig: Seemann 1906.

von Moltke 1879: H. von Moltke, Wanderbuch. Handschriftliche Aufzeichnungen aus dem Reisetagebuch. Berlin: Paetel [3]1879.

Muhlack 2006: U. Muhlack, Leopold von Ranke (1795–1886). In: L. Raphael (Hrsg.), Klassiker der Geschichtswissenschaft 1. Von Edward Gibbon bis Marc Bloch. München: Beck 2006, 38–63.

Nipperdey 1988: Th. Nipperdey, Zum Problem der Objektivität bei Ranke. In. W. J. Mommsen (Hrsg.), Leopold von Ranke und die moderne Geschichtswissenschaft. Stuttgart: Klett-Cotta 1988, 215–22.

Paret 1964: O. Paret, Otto Keller. Klassischer Philologe und Archäologe (1838–1927). Württemberg. Franken 48, N. F. 38, 1964, 3–15.

Ranke 1824: L. Ranke, Vorrede. In: Ders. (Hrsg.), Geschichten der romanischen und germanischen Völker von 1494 bis 1535. Leipzig, Berlin: Brockhaus 1824, I–VIII.

Ranke 1975: Ders., Aus Werk und Nachlaß 4. Vorlesungseinleitung. Hrsg. von W. P. Fuchs/Th. Schieder. München, Wien: Oldenbourg 1975, 411–32 Nr. 50.

Samida 2007: St. Samida, Archäologische Bodendenkmale: Zur Aneignung alter Kulturlandschaft. Archiv Mediengesch. 7, 2007, 105–16.

Samida 2009: Dies., Heinrich Schliemann, Troia und die deutsche Presse: Medialisierung, Popularisierung, Inszenierung. In: P. Boden/D. Müller (Hrsg.), Populäres Wissen im medialen Wandel seit 1850. Berlin: Kadmos 2009, 135–51.

Schliemann 1878: H. Schliemann, Mykenae. Bericht über meine Forschungen und Entdeckungen in Mykenae und Tiryns. Leipzig: Brockhaus 1878.

Schliemann 1881: Ders., Ilios. Stadt und Land der Troianer. Leipzig: Brockhaus 1881.

Scholkmann 2003: B. Scholkmann, Die Tyrannei der Schriftquellen? Überlegungen zum Verhältnis materieller und schriftlicher Überlieferung in der Mittelalterarchäologie. In: M. Heinz/M. K. H. Eggert/U. Veit (Hrsg.), Zwischen Erklären und Verstehen? Beiträge zu den erkenntnistheoretischen Grundlagen archäologischer Interpretation. Tübinger Arch. Taschenb. 2. Münster u. a.: Waxmann 2003, 239–57.

Sinn 2004: U. Sinn, Archäologischer Befund – Literarische Überlieferung: Möglichkeit und Grenzen der Interpretation. In: Ulf 2004 b, 39–62.

Smolla 1979/1980: G. Smolla, Das Kossinna-Syndrom. Fundber. Hessen 19/20, 1979/1980, 1–9.

Smolla 1984/1985: Ders., Gustaf Kossinna nach 50 Jahren. Kein Nachruf. Acta Praehist. et Arch. 16/17, 1985/1985, 9–14.

Stöber 2005: R. Stöber, Deutsche Pressegeschichte: Von den Anfängen bis zur Gegenwart. Konstanz: UVK Verlagsgesellschaft ²2005.

Ulf 2004 a: Ch. Ulf, Was ist und was will ›Heldenepik‹: Bewahrung der Vergangenheit oder Orientierung für Gegenwart und Zukunft? In: Ulf 2004 b, 262–84.

Ulf 2004 b: Ders. (Hrsg.), Der neue Streit um Troia. Eine Bilanz. München: Beck ²2004.

Veit 2006 a: U. Veit, Gründerjahre: Die mitteleuropäische Ur- und Frühgeschichtsforschung um 1900. In: J. Callmer/M. Meyer/R. Struwe/C. Theune (Hrsg.), Die Anfänge der ur- und frühgeschichtlichen Archäologie als akademisches Fach (1890–1930) im europäischen Vergleich. Berliner Arch. Forsch. 2. Rhaden/Westf.: Leidorf 2006, 43–61.

Veit 2006 b: Ders., Mehr als eine »Wissenschaft des Spatens« – Troia und die Geburt der modernen Archäologie. In: M. O. Korfmann (Hrsg.), Troia. Archäologie eines Siedlungshügels und seiner Landschaft. Mainz: Zabern 2006, 123–30.

Virchow 1880: R. Virchow, [Ohne Titel, Redebeitrag]. Verhandl. Allg. Versammlung Dt. Ges. Anthr. 11, 1880, 1–16 [Beil. zu: Korrbl. Dt. Ges. Anthr. 11, 1880].

Vogt/Horstmann 1998: E. Vogt/A. Horstmann, August Boeckh (1785–1867): Leben und Werk. Zwei Vorträge. Öffentl. Vorlesungen 93. Berlin: Humboldt-Universität 1998.

Witte 2004: R. Witte, Schliemann einmal heiter betrachtet. Der Erforscher Troias und Mykenes in der satirischen Zeitschrift »Kladderadatsch« und in humorvollen Beiträgen. Mitt.

Heinrich-Schliemann-Mus. Ankershagen 8. Ankershagen: Heinrich-Schliemann-Museum 2004.

Zimmermann 2006: M. Zimmermann (Hrsg.), Der Traum von Troia. Geschichte und Mythos einer ewigen Stadt. München: Beck 2006.

Rainer Wiegels

Zur literarischen Überlieferung der Varusschlacht – eine überflüssige Re-tractatio?

Zusammenfassung: Die folgenden Überlegungen ›traktieren‹ erneut die literarischen Zeugnisse zur Varusschlacht unter bewusster Ausklammerung anderer Quellen wie etwa solche der Archäologie. Sie gehen aus von einer kurzen Reflexion über die Bedeutung der Erinnerungskultur. Die seit Jahrhunderten andauernde Diskussion über das Ereignis der Varusschlacht und insbesondere der Streit über den Ort derselben erfordern ein Nachdenken über die methodischen Prämissen einer jeden Interpretation, unabhängig davon, auf welchen Typus von Quellen sie sich bezieht. Im Hinblick auf die Schriftzeugnisse sind die allgemeinen Prinzipien der antiken Historiographie ebenso zu beachten wie die verschiedenen Deutungsmuster der einzelnen Autoren. Einem kurzen Überblick über die konkrete Quellenlage, der auch die unterschiedliche Bewertung des Ereignisses im größeren Rahmen der römischen Geschichte durch die antiken Gewährsleute aufzeigen soll, folgt zunächst eine keineswegs erschöpfende, aber auf typische Aussagen abhebende Analyse der landschaftlichen Verhältnisse und Kommunikationsstrukturen in Germanien. Anschließend wird die historische Überlieferung zum Schlachtfeld genauer betrachtet und den Ursachen und Konsequenzen der Varusschlacht nach Ansicht der antiken Autoren nachgegangen, wobei sich zwangsläufig auch die Frage nach der ›Schuld‹ an der römischen Niederlage stellt. Besonderer Wert wird auf den direkten Rekurs auf die originalen Quellenzeugnisse gelegt, die Sekundärliteratur dagegen bewusst eher beiläufig zitiert und diskutiert. In einem kurzen Fazit wird auf die Notwendigkeit des interdisziplinären Gesprächs ohne Aufgabe der jeweils eigenen methodischen Prämissen verwiesen. Ein Glossar der antiken Autoren ist angefügt.

Die Erinnerungskultur hat in den letzten Jahrzehnten nahezu alle Bereiche der Vergangenheit erfasst, um ihr auf diese Weise neues Leben einzuhauchen. Personen und Ereignisse der Geschichte bleiben insbesondere dann nicht von einer Aktualisierung verschont, wenn es gilt, unserem Kalenderrhythmus folgend runde Geburtstage zu ›feiern‹. Ein Abstand solcher Art wird dann zum willkommenen Anlass, sich an Geschehnisse und Akteure selbst einer weit zurückliegenden Epoche, über die häufig allenfalls diffuse Vorstellungen herrschen, zu erinnern und diese wieder in das Bewusstsein einer breiteren Öffentlichkeit zu heben. Dass die modernen Zeitgenossen, welche sich auf unterschiedliche Weise um eine Neubelebung der Vergangenheit bemühen, dabei auch eigenen Interessen folgen, versteht sich von selbst. Dieses betrifft auch die Wissenschaft, die ja ihrerseits Anteil am jeweils aktuellen Zeitgeist hat.

Es verwundert deshalb nicht, dass in den Sog dieser Erinnerungskultur, welche sich der gegenwärtigen Schnelllebigkeit entsprechend immer wieder neue Objekte zum Gegenstand von Reflexion und Präsentation erwählt, in und um das Jahr 2009 auch die Varusschlacht geriet, die sich im Herbst 9 n. Chr. *in saltu Teutoburgiensi*[1] ereignete und deren neuzeitliche Rezeption wohl folgenreicher war als das Ereignis selbst in seiner Zeit mit seinen unmittelbaren historischen Konsequenzen. Die *clades Variana* mit ihren Protagonisten P. Quin(c)tilius Varus auf römischer und Arminius auf germanischer Seite war einschließlich des historischen Umfeldes und der Rezeptionsgeschichte der Angelpunkt einer weithin beachteten und zweifellos auch gelungenen Ausstellungstrias, welche in Kalkriese bei Osnabrück, in Haltern und in Detmold – »an den Originalschauplätzen«, wie es anspruchsvoll hieß – eine überaus große Zahl von Geschichtsbeflissenen angezogen hat. Die historische Wissenschaft wird die hierdurch erkennbare Neugier und echtes Geschichtsbewusstsein auch dort respektieren, wo sie sich aus lokaler oder nationaler Identitätssuche speisen, jedoch ihre Aufgabe darin zu sehen haben, über die sachlichen Zusammenhänge im Rahmen der gegebenen Möglichkeiten und Quellenlage kritisch und nüchtern aufzuklären. Gefordert ist allerdings auf der anderen Seite die Bereitschaft, sich darauf auch einzulassen. Wer befangen ist in einem romantisch verklärten Nationalismus oder in bloßer Heimattümelei mit einer unhinterfragten Verherrlichung von heldischer Tat und Ereignis, wird hierzu allerdings ebenso wenig bereit sein wie derjenige, welcher im Zuge einer radikalen Umwertung dieser in vergangenem Zeitgeist wurzelnden Werte und Überzeugungen einem entgegengesetzten Vorurteil folgt und das Geschehen mit seinen wichtigsten Akteuren sowie seinen historischen Konsequenzen entweder als völlig bedeutungslos oder sogar als beklagenswert ansieht. Ist für die einen die Varusschlacht mit ihrem Ausgang Ursprung einer bis in die Gegenwart vermittelten nationalen Identität und erfolgreiche Manifestation eines urtümlichen und wesenhaften Freiheitswillens und Freiheitskampfes eines Volkes, welches sich einer aggressiven Überfremdung erwehrt und somit für die Folgezeit ein eigenständiges Volkstum bewahrt hat, so ist sie für andere allenfalls Brutstätte fehlgeleiteter nationalistischer Ideologie oder sogar ein bedauernswerter historischer ›Betriebsunfall‹, nämlich Grund dafür, dass weite Teile Deutschlands über Jahrhunderte hinweg von den Segnungen mittelmeerländischer Kultur ausgeschlossen blieben.[2] Beides hat mit der geschichtlichen Realität als solcher nichts zu tun. Ob diesbezüglich Aufklärung gelingt, bleibt abzuwarten. Die aktuelle Forschung geht sicherlich unbefangener und vorurteilsfreier an die Deutung der histo-

---

1 Tac. ann. 1,60,3. – Zu den antiken Autoren und ihren Werken (mit den hier verwendeten Abkürzungen) siehe das Quellenverzeichnis und Glossar unten.

2 Geradezu aktuell mutet in diesem Zusammenhang eine Äußerung des älteren Plinius (Plin. nat. 16,4) zu den Chauken (und den nicht besiegten Völkerschaften) an:»Und solche Völker behaupten (doch tatsächlich), wenn sie heute vom römischen Volk besiegt würden, so würden sie Sklaven! So ist es in der Tat: Das Schicksal verschont manche, um sie zu strafen« – nämlich: Es belässt sie in ihrer unzivilisierten Lebensweise.

rischen Zusammenhänge, als es noch die Vorväter taten. Dennoch verstrickt auch sie sich nicht selten in hitzige Streitereien, indem man die Deutungshoheit über Personen und Geschehen für sich beansprucht. Insbesondere die leidige Lokalisierungsfrage führt einmal mehr dazu, dass in der Öffentlichkeit genüsslich über »aktuelle Varusschlachten« gespottet werden konnte und kann.

»Zweitausend Jahre Varusschlacht« – von »Hermannsschlacht« ist anders als durchaus noch gegen Ende des vergangenen Jahrhunderts heute so gut wie keine Rede mehr – hat jedenfalls die Vertreter sämtlicher Medien und Vermarktungsstrategen ebenso auf den Plan gerufen wie zahlreiche mehr oder weniger fachlich versierte Autoren, die sich bemüßigt fühlten oder auch gedrängt wurden, erneut den Schreibgriffel zu einem Thema zu schwingen, zu dem doch alles gesagt schien. Und davon blieb auch Verf. nicht verschont. Mit Gewissheit ist allerdings davon auszugehen, dass mit dem Übergang in das zweite Jahrzehnt des 21. Jahrhunderts das allgemeine Interesse schwinden und sich anderen Erinnerungsthemen zuwenden wird.

Sich erneut mit der literarischen Überlieferung der Varusschlacht zu befassen, ist nicht zuletzt aus zwei Gründen eine ebenso heikle wie undankbare Aufgabe. Zum einen ist das Feld in der Vergangenheit vor allem im deutschsprachigen Raum so intensiv wie kaum ein anderes der antiken Geschichte beackert worden, und somit ist jedes Detailproblem immer und immer wieder im umgangssprachlichen Sinn ›traktiert‹ worden. Jedes Wort und jeder Buchstabe wurden hin- und her gewendet, häufig mit Fokus auf die Lokalisierungsfrage. Weit weniger Autoren haben in der Vergangenheit Arminius und die Varusschlacht in größere, vor allem politische Zusammenhänge gestellt. Zu ihnen zählen neben anderen insbesondere Theodor Mommsen, der schon 1885 in seiner »Römischen Geschichte« anmerkte: »Die Varusschlacht ist ein Rätsel, nicht militärisch, aber politisch, nicht in ihrem Verlauf, aber in ihren Folgen«, und nach dem Zweiten Weltkrieg Dieter Timpe, der mit seinem »Arminius« und zahlreichen weiteren Beiträgen der Forschung wichtige neue Perspektiven eröffnet hat.[3] Zum anderen beschränkt sich die historische Forschung üblicherweise – und zurecht – nicht auf die Interpretation literarischer Quellen, sondern wertet selbstverständlich auch die Sachquellen (archäologische Funde und Befunde; Münzen und anderes mehr) zur Deutung des historischen Geschehens aus; sie ist vielfach geradezu angewiesen auf die Einbeziehung aller erreichbaren Zeugnisse in die wissenschaftliche Analyse. Dieses gilt auch für viele Fragen im Zusammenhang mit der Varusschlacht. Im Grunde besteht weithin Einigkeit darin, dass die Lokalisierung der Varusschlacht letztlich nur von archäologischen Funden erhofft werden kann, wenngleich es umgekehrt wiederum mehr als problematisch ist, die Lösung dieses und weiterer Rätsel ausschließlich von den Sachquellen zu erwarten. Den angemessenen Rahmen für die Einordnung derselben in historische Zusammenhänge vermögen nur die literarischen

---

3 Vgl. aber auch die umfangreiche Liste an Beiträgen der jüngeren Vergangenheit und Gegenwart; siehe dazu das Literaturverzeichnis im Anhang, das nur eine Auswahl bietet.

Berichte zu liefern. Jedoch haben vor allem die archäologischen und numismatischen Forschungen der älteren und jüngeren Vergangenheit viele neue Bausteine und damit wichtige Erkenntnisse zutage gefördert, die zwangsläufig in den Köpfen auch derjenigen Interpreten, die sich vorwiegend mit der Auslegung der literarischen Überlieferung befassen, eine zentrale Rolle spielen und so bei der Gesamtdeutung der Vorgänge entscheidend mitwirken. Wozu also der erneute Rekurs auf die Schriftquellen?

Hierfür gibt es wohl nur einen hinreichenden Grund. Nicht zu Unrecht wird gefordert, dass die verschiedenen Wissenschaftsdisziplinen zunächst mit ihren eigenen methodischen Instrumentarien die Auslegung der Quellen betreiben sollen, bevor man ihnen die Ergebnisse aus anderen Wissenschaften gleichsam überstülpt. Andererseits aber sollte auch unstrittig sein, dass sich die verschiedenen Disziplinen nicht geradezu ignorieren sollten. Es muss also darum gehen, sachgerecht und sorgfältig den ersten Schritt vor dem zweiten zu tun und nicht umgekehrt. In der aktuellen Diskussion um die Varusschlacht, ihren Voraussetzungen und Ergebnissen, um die Örtlichkeit und die Intentionen der Akteure scheint dieses Prinzip gelegentlich aus den Augen verloren zu werden, indem man teilweise unbekümmert ausgehend von der literarischen Überlieferung oder umgekehrt von den archäologischen Funden und Befunden beides zwanghaft zur Deckung zu bringen sucht, übrigens durchaus mit unterschiedlichen Ergebnissen. Noch einmal: Die multidisziplinäre Deutung und Gesamtbetrachtung eines Ereignisses wie die Varusschlacht ist unabdingbar und zwingend notwendig, jedoch steht sie am Ende eines Diskurses, nicht an ihrem Anfang. Dass die Gesamtbetrachtung dann auch in die Detailprobleme einfließt, versteht sich von selbst.

Wer sich mit der Varusschlacht beschäftigt, hat zwangsläufig Arminius und seine historische Rolle mit zu berücksichtigen. Beides greift ineinander, sowohl in den antiken Berichten – wenngleich hier keineswegs überall – als auch und besonders in der neuzeitlichen Rezeption. Zum Kampfgeschehen wie zu den prominenten Akteuren soll hier noch einmal unter bestimmten Gesichtspunkten die literarische Überlieferung befragt werden, verbunden wenigstens mit dem Versuch, die aktuellen archäologischen Erkenntnisse zunächst weitgehend auszublenden und gleichsam zu ignorieren. Die einzige Legitimation für diese *re-tractatio* der *traditio litteraria* liegt also in einem erneuten kritischen Überdenken der diesbezüglichen Überlieferungslage mit ihren eigenen Voraussetzungen, die allerdings nichts wirklich Neues wird zutage fördern können, und in der Tatsache, dass bewusst die strittige Diskussion um die Evidenz archäologischer Funde im Kontext römischer Okkupationsversuche einer *Germania* bis zur Elbe und insbesondere um die Lokalisierung der Varusschlacht aus archäologischer Sicht ausgespart werden soll. Auf diese Weise ist vielleicht die Evidenz der literarischen Überlieferung schärfer zu fassen. Hoffen wir, dass das Eis, auf welches man sich hier begibt, nicht allzu brüchig ist.[4]

---

4   Dabei muss auf eine kritische und detaillierte Auswertung der kaum noch überschaubaren Forschungsliteratur mit allerdings auch vielen inhaltlichen Wiederholungen verzichtet werden; sie

Die literarische Überlieferung

Vergewissern wir uns zunächst im Grundsätzlichen der literarischen Überlieferung zur Varusschlacht. Diese lässt sich grob einteilen in historiographische Quellen, in solche, die der Geschichtsschreibung zumindest nahestehen wie die Biographie, und in weitere Quellen wie Dichtung oder Sachschriftstellerei. Dass die antiken historiographischen Berichte von besonderem Interesse für den nachbetrachtenden Historiker sind, versteht sich von selbst. Allerdings gilt es bei Auslegung dieser Quellen einiges mit zu bedenken, was sich dem Benutzer nicht unmittelbar erschließt oder auch was dieser angesichts der konkreten Quellenlage nicht erschließen kann. Die fast zwangsläufige Folge davon ist, dass moderne Interpreten zu ganz unterschiedlichen Ergebnissen und Folgerungen gelangen. Die insgesamt spärliche, trümmerhafte und zudem bis zu einem gewissen Grad einseitige Überlieferung – so fehlt bekanntlich jegliche Deutung des Geschehens und der historischen Umstände einschließlich einer Würdigung der entscheidenden Akteure aus germanischer Sicht[5] – hat zudem mit inneren Widersprüchen zu kämpfen, die nicht ohne weiteres aufzulösen sind. Zu berücksichtigen sind ferner die besonderen Probleme, welche mit den primären (zeitgenössischen) und sekundären (späteren, bereits durch literarische Tradition stark vorgeprägten) Quellen verbunden sind. Schließlich gilt es, die Grundsätze der antiken Geschichtsschreibung angemessen zu berücksichtigen, die sich ja nicht mit den unsrigen decken (müssen), und nicht zuletzt die Eigenart jedes Einzelnen der Autoren zu bedenken, die nach eigenen Maßstäben für relevant erachtete geschichtliche Vorgänge gedeutet und gestaltet haben.

Die Antike hat sich seit Beginn der Geschichtsschreibung im Griechenland des 5. Jahrhunderts v. Chr.[6] immer wieder explizit oder implizit mit deren inhaltlichen und formalen Prinzipien befasst und dabei einen umfassenden Geschichtsbegriff entwickelt.[7] Seit dem 4. Jahrhundert v. Chr. lassen sich vereinfachend drei Prinzipien aus-

würde den Rahmen dieses Beitrags bei Weitem sprengen. Wenig Sinn macht auch der Rekurs auf lediglich bestimmte Arbeiten, was nur einer willkürlichen Auswahl von Argumenten Vorschub leisten würde. Verf. ist sich selbstverständlich bewusst, dass auch die folgenden Erörterungen unbeschadet eigener Akzentsetzungen wie jede wissenschaftliche Arbeit wesentlich auf den Ergebnissen der früheren Forschung aufbauen. Statt einer eingehenden Auseinandersetzung mit der Sekundärliteratur soll dem thematischen Schwerpunkt dieses Beitrags entsprechend der direkte Rekurs auf die literarische Überlieferung im Vordergrund stehen. – Die Übersetzungen der Quellen folgen in der Regel Herrmann 1988–1991 und Goetz / Welwei 1995 oder lehnen sich an diese an.

5   Zum »Liedgut« der Germanen siehe weiter unten.

6   Sie wird bekanntlich seit der Antike mit Herodot, dem »Vater der Geschichtsschreibung« und Verfasser der »ἱστορίης ἀπόδεξις« (»Darlegung der Erkundung«) verbunden.

7   Behandelt werden u. a. politische und militärische Ereignisse, ethnographische, kulturhistorische, geographische oder religionsgeschichtliche Fragen; Gegenstand sind Epochen oder Persönlichkeiten, Universalgeschichte oder Lokalgeschichte, die Geschichte fremder Völker oder die mono-

machen, welche sich auf die Auswahl des Stoffes und seine Präsentation entscheidend auswirken, ohne dass sie in Reinform umgesetzt sein müssen: eine an der Rhetorik orientierte Geschichtsschreibung, bei der die stilistische Gestaltung zentral ist, eine tragische, auf Nachahmung und Nachempfinden abzielende Stoffpräsentation, und eine pragmatische, tatsachenbezogene Geschichtsschreibung, welche nicht zuletzt die Fakten in kausale Zusammenhänge einzuordnen sucht.

Zur Illustration einiger Prämissen aus römischer Zeit, welche auch gewisse epochenspezifische Probleme aufzeigen, mag etwa ein Auszug aus Ciceros Brief an L. Lucceius[8] aus dem Jahr 56 v.Chr. dienen, in welchem Cicero seinen Standesgenossen dazu ermuntert, im Rahmen von dessen geplanter und bereits in Angriff genommener Abfassung der Geschichte des Italischen Krieges und des Bürgerkrieges – oder auch unabhängig davon – seine eigene Leistung als Konsul 61 v.Chr. ins rechte Licht zu rücken. So meint Cicero (Cic. fam. 5,13,3.5.):

> »Darum bitte ich Dich rundheraus ein übers andere Mal, meine Taten noch krasser herauszustreichen, als es vielleicht Deinem Gefühl entspricht, die Gesetze der Geschichtsschreibung dabei einmal außer acht zu lassen [...] und unserer Liebe ein klein wenig mehr, als es die Wahrheit gestattet, zukommen zu lassen [...] Eine annalistische Aufreihung von Tatsachen, gleichsam eine kalendarische Tabelle, vermag uns doch nur mäßig zu interessieren; eines hervorragenden Mannes oft wechselnde, gefahrvolle Erlebnisse dagegen wecken Bewunderung, Spannung, Freude, Unbehagen, Furcht und Hoffnung, und finden sie dann gar ihren Abschluss mit einem denkwürdigen Ausgang, dann empfindet der Leser ein ungetrübtes Entzücken.«

Diese Einstellung zum Verhältnis von geschichtlicher Darstellung, handelnden Personen und Publikum lässt sich auch zumindest in Teilen auf die Kaiserzeit und die Akteure in und im Umfeld der Varusschlacht übertragen. Verweisen mag man auch auf Tacitus (Tac. ann. 4,34 f.), der von der Anklage gegen Cremutius Cordus im Jahr 25 n.Chr. berichtet, welcher in seinen »Annalen« Brutus gelobt und Cassius als letzten echten Römer gepriesen habe. Eine solche Wertung galt nun nicht mehr als erlaubt oder politisch korrekt und hat Cordus in den Selbsttod getrieben. Gleich zu Beginn seiner Annalen (Tac. ann. 1,2 f.) beklagt Tacitus, dass sich mit der Schilderung der Zeit des Augustus glänzende Koryphäen befasst hätten, bis sie durch die überbordende Kriecherei davon abgehalten worden seien: »Des Tiberius und Gaius [Caligula] sowie des Claudius und Nero Taten sind zu ihren Lebzeiten aus Furcht verfälscht, nach ihrem Tod mit frischem Hass verfasst worden. Deshalb beabsichtige ich, nur weniges über Augustus, und zwar das Ende seiner Herrschaft, zu berichten, dann den

---

graphische Behandlung einzelner Ereignisse, womit die unterschiedlichen Genera keineswegs erschöpfend erfasst sind.

8 Lucceius hatte sich für 59 v.Chr. um den Konsulat beworben, war aber gegen Caesar und Bibulus gescheitert und hatte sich wohl danach der Geschichtsschreibung zugewandt.

Principat des Tiberius und die Folgezeit darzustellen, ohne Abneigung und Vorliebe *(sine ira et studio)*, wozu mir jeglicher Anlass fehlt.« Dass der Historiker dieses hehre Vorhaben nicht in vollem Umfang durchhalten konnte, lässt sich vielfach belegen. Diese hier mehr oder weniger zufällig und unsystematisch aus der Überlieferung herausgezogenen Äußerungen lassen zumindest erahnen, wie vielschichtig das Verhältnis vom Autor zu seinem Gegenstand und zum Publikum war oder sein konnte. Für die kaiserzeitliche Historiographie ist zudem die Orientierung auf die Mitglieder der *domus Augusta* sowie auf die Oberbefehlshaber der römischen Armee und die ihrem politischen und gesellschaftlichen Status nach ranghohen Persönlichkeiten charakteristisch. Erwähnt sei auch, dass Quintilian in seiner viel gelesenen »Institutio oratoria« aus dem Jahr 95 n. Chr. feststellt, dass die Geschichtsschreibung der Poesie am nächsten stehe (Quint. inst. 10,1,31), allerdings grenze sie sich auch gerade deshalb prinzipiell von ihr ab. Bekanntlich fehlt allerdings eine antike Schrift mit einer systematischen Reflexion über die Prinzipien der Geschichtsschreibung mit Ausnahme jenes *opusculum* von Lukian aus 165/166 n. Chr., in welchem er sich darüber auslässt, wie man Geschichte schreiben solle.[9]

Bevor man sich im Einzelnen mit der Varusschlacht und der in der Vergangenheit, aber auch heute noch strittig diskutierten Lokalisierungsfrage im Spiegel der literarischen Quellen befasst, ist es empfehlenswert, einige allgemeine Bemerkungen zum besseren Verständnis der wichtigsten historiographischen Quellen vorauszuschicken. Dabei kann auch die grundsätzliche Einstellung der Autoren zu den unmittelbaren Kontrahenten Arminius und Varus nicht ganz ausgespart bleiben.[10] In der Forschung besteht ein nicht geringes Problem darin festzustellen, auf welchen Informationen und Primärquellen die einzelnen Nachrichten über den Ablauf des Geschehens, aber auch über die politischen und strategischen Voraussetzungen einschließlich der lokalen und überregionalen landschaftlichen Gegebenheiten sowie Verkehrsverhältnisse beruhen.[11] Inwieweit Berichte von solchen Personen, die am Heereszug und am Kampfgeschehen unmittelbar beteiligt waren, in die Geschichtsschreibung eingeflossen sind, ist schwer zu ermessen, jedoch müssen selbst solche Mitteilungen und Erzählungen

---

9 »Πῶς δεῖ ἱστορίαν συγγράφειν« *(Quomodo historia sit scribenda).*

10 Selbstverständlich kann man an dieser Stelle in der gebotenen Kürze den Autoren und ihren Werken nicht umfassend gerecht werden. Hierzu ist die einschlägige und in jedem Fall umfangreiche Sekundärliteratur zu konsultieren.

11 Bekanntlich war es in der Antike nicht unbedingt üblich, die Quellen des Wissens detailliert zu benennen. Sie müssen daher vielfach mühsam durch entsprechende, nicht zuletzt philologische Kritik entschlüsselt werden. Für Tacitus kann etwa nachgewiesen werden, dass er u. a. die *acta senatus* benutzte, ohne dieselben wortgetreu wiederzugeben. Die *acta* enthielten allerdings lediglich veröffentlichte Meinungen, nicht die hinter den Kulissen abgelaufenen Diskussionen und Entscheidungen, die zu den *arcana imperii* (den verschwiegenen und geheimen Vorgängen der Herrschaft) zählten. Dementsprechend beinhalteten die *acta* nicht notwendigerweise die ›ganze Wahrheit‹.

– wie die Erfahrung lehrt – nicht in vollem Umfang den Tatsachen entsprochen haben (s. dazu den Beitrag von D. Föller in diesem Band).

Generell ist jedenfalls zu konstatieren, dass sich die Bewertungstendenz in der Berichterstattung der tiberischen Zeit deutlich von derjenigen der späteren Zeit abhebt. Wenn unter Claudius der ältere Plinius in seinem Werk über die Germanenkriege insbesondere die Taten des älteren Drusus und seines Sohnes Germanicus vor dem ungerechtfertigten Vergessen *(iniuria oblivionis)* bewahren wollte (siehe Plin. epist. 3,5,3 f.) – dem dann Florus in Bezug auf Drusus und Tacitus in Bezug auf Germanicus so eindringlich gefolgt sind –, so steht er damit in gewissem Gegensatz zu Velleius Paterculus, der die Kriege des Germanicus praktisch übergeht und ganz auf Tiberius und dessen Wirken in Germanien nach der Varusschlacht fokussiert ist. Im weiteren Verlauf des 2. Jahrhunderts n. Chr. bei Sueton und insbesondere im 3. Jahrhundert n. Chr. bei Cassius Dio rückt dann die Varusschlacht in den Vordergrund, die Kriegszüge des Germanicus werden dagegen bei Letzterem nur noch in einem Satz zusammengefasst (s. dazu auch unten).

Ein kurzer Blick auf die wichtigsten Autoren, die sich mit der Varusschlacht befasst haben, sei zum besseren Verständnis ihrer Ausführungen vorausgeschickt. Von den antiken Geschichtsschreibern ist als erster, weil zeitgenössischer Autor, Velleius Paterculus zu nennen, dem wir die einzige erhaltene historische Darstellung über die Zeit des Augustus und Tiberius bis in dessen Spätjahre als *princeps* verdanken.[12] Dass wir mit einer ursprünglich weit reicheren Überlieferung zu rechnen haben, ist unstrittig.[13] Velleius gehörte zunächst dem Ritterstand an, dem zweithöchsten politischen und sozialen *ordo* in Rom. In Thrakien und Pannonien diente er als Militärtribun, bevor er von Tiberius nach dessen Adoption durch Augustus 4 n. Chr. und unter seinem Oberkommando zum *praefectus equitum* (»Reiteroberstein«) ernannt wurde. Mit Übernahme der Quaestur 6 n. Chr. stieg Velleius in den Senatorenstand auf, unterstützte aber weiterhin Tiberius als *legatus* in dessen Kommando im Pannonischen Krieg 6–9 n. Chr. (Vell. 2,111,4; 2,113,2; 2,114,5–115,1) und nahm auch an dessen Feldzügen in Germanien unmittelbar nach der Varusschlacht in den Jahren 9–11 n. Chr. teil. 15 n. Chr. bekleidete er noch auf Empfehlung des Augustus die Praetur (Vell. 2,124,4), danach wird es still um den glühenden Verehrer des mittlerweile zum *princeps* erkorenen Tiberius. Offenbar arbeitete Velleius seither u. a. an

---

12 Wir ordnen hier diese Schrift vereinfachend der Geschichtsschreibung zu, obwohl dieses in der Forschung umstritten ist und das Werk sogar als ein eigenständiges Genus angesehen wird, vgl. auch Schmitzer 2007.

13 Bemerkenswert ist in diesem Zusammenhang der pauschale Hinweis bei Velleius (Vell. 2,119,1) auf andere Autoren, die bereits über die Varusschlacht berichtet hätten. Auch Tacitus (Tac. ann. 2,88,1) bezieht sich auf namentlich nicht genannte senatorische Schriftsteller der tiberischen Zeit und rechtfertigt sein ausführliches Eingehen auf Arminius damit, dass dieser zwar im Liedgut der Germanen fortlebe, aber in der griechischen und römischen Historiographie nicht angemessen gewürdigt worden sei (Tac. ann. 2,88,3).

der Abfassung jenes Werkes, welches seit dem frühen 16. Jahrhundert unter dem Titel »Historia Romana« firmiert.[14] Festzuhalten ist, dass Velleius zweifellos ein versierter Kenner Germaniens und des Militärwesens war. Allerdings ist in Rechnung zu stellen, dass die »Historia Romana« um 30 n. Chr. abgeschlossen wurde, als die Quin(c)tilii in Ungnade gefallen waren, was sich offenbar auch auf das Urteil des Autors über Varus ausgewirkt hat. Nach seiner eigenen Aussage (Vell. 2,119,1) plante Velleius auch, eine Monographie über die Varusschlacht zu verfassen, die aber wohl niemals geschrieben oder fertig gestellt wurde.

In der Überlieferung folgt dann eine große zeitliche Lücke, welche ursprünglich neben anderen, uns nicht bekannten Autoren Aufidius Bassus[15] und der ältere Plinius mit ihren verlorenen Werken hätten ausfüllen können. Für das moderne Interesse an den römisch-germanischen Auseinandersetzungen ist insbesondere der Verlust der 20 Bücher »Bella Germaniae« des Plinius mit Darstellung der Germanenkriege Roms bis zu seiner Zeit (etwa 47 n. Chr.) schmerzlich, da das Werk offenbar viele Detailinformationen über Vorgänge enthielt, über die sich heute allenfalls spekulieren lässt.[16] C. Plinius Secundus d. Ä. war als Ritter im Militärdienst sowohl im untergermanischen als auch im obergermanischen Heeresbezirk tätig gewesen, bevor er die Verwaltungslaufbahn einschlug und zuletzt als Kommandant der Flotte von *Misenum* agierte. Auch er war also wie Velleius mit dem römischen Militärwesen und den Bedingungen im Grenzraum am Rhein sowie der Verwaltungspraxis Roms bestens vertraut. Das Werk war eine der wichtigsten literarischen Quellen für spätere Autoren, darunter nicht zuletzt für Tacitus (Tac. ann. 1,69,2). Erhalten ist dagegen seine enzyklopädische »Naturalis historia« mit manchen wichtigen geographischen und ethnographischen Nachrichten zum antiken Germanien.

Von unschätzbarem Wert wegen der überragenden Deutungskunst und stilistischen Versiertheit des Autors sind die kurz nach der Wende vom 1. zum 2. Jahrhundert verfassten, wenngleich teilweise lückenhaften »Historien« und »Annalen« des C. Cornelius Tacitus. In den Annalen nimmt Tacitus insbesondere auch Stellung zu den Auseinandersetzungen zwischen Germanicus und Arminius. Die Varusschlacht wird als solche zwar nicht direkt behandelt, da das Werk erst mit dem Übergang der

---

14 Wiederentdeckt 1515 im elsässischen Kloster Murbach; *editio princeps* durch Beatus Rhenanus 1520/1521.

15 »Libri belli Germanici«, vgl. Quint. inst. 10,1,103. – Als originales Zitat aus seinem Werk ist ein einziger Satz zu den Feldzügen des Drusus und Tiberius in den Jahren 12–8 v. Chr. überliefert, wonach sich 8 v. Chr. alle Germanen dem Tiberius ergeben hätten (Cassiod. chron. a. u. c. 746 = Peter 1967, 2,96).

16 Verloren ist auch Plinius' Geschichtswerk »A fine Aufidii Bassi« in 31 Büchern, welches die Jahre von 47 n. Chr. bis in die Regierungszeit Vespasians enthielt. – Zum Autor und seiner Monographie über die Germanenkriege Roms vermerkte sein Neffe Plinius Secundus d. J., dass sein Onkel 20 Bücher über die Kriege in Germanien verfasst habe: »Darin sammelte er alle Kriege, die wir mit den Germanen geführt haben« (Plin. epist. 3,5,4; vgl. auch Suet. v. Plin. p. 93 [ed. Reifferscheid]; Suet. Cal. 8,1; Tac. Germ. 37).

Herrschaft des Augustus auf Tiberius 14 n. Chr. einsetzt, sie spiegelt sich allerdings auf verschiedene und unmissverständliche Weise in seinem Werk.[17] Wie sehr der im Übrigen stark der traditionellen senatorisch orientierten Geschichtsschreibung verhaftete Autor auch an den Verhältnissen an der Peripherie des Imperium interessiert war, belegen seine kleinen Monographien »Germania« und »Agricola« aus dem Jahr 98 n. Chr. Tacitus verdanken wir auch die bis heute nachhaltigste Würdigung des Arminius bei seinem Tod wohl 21 n. Chr.[18] als »unbezweifelbaren Befreier Germaniens« *(liberator haud dubie Germaniae)*.[19] In diesem Kontext verweist Tacitus auch darauf, dass der Cherusker »noch heute«, also zu seiner Zeit, im Liedgut der Barbaren fortlebe, dagegen in den Annalen der Griechen nicht genannt und von den römischen Schriftstellern nur unzureichend gewürdigt werde.[20]

17 Dieses gilt insbesondere für die Berichte vom germanischen Kriegsschauplatz des Jahres 15 n. Chr.
18 Von manchen modernen Historikern wird das Todesjahr des Arminius auf 19 n. Chr. festgelegt. Dies gründet sich auf einer alternativen Berechnung seiner 37 Lebensjahre, von denen er 12 Jahre im Besitz der Macht gewesen sei (Tac. ann. 2,88,3). Strittig ist, ob als Ausgangspunkt seiner *potentia* die erfolgreiche Schlacht im Teutoburger Wald 9 n. Chr. oder ein früherer Zeitpunkt anzunehmen ist. – Nicht folgen vermögen wir der Ansicht, dass Arminius bei den Cheruskern die Stellung eines Königs innegehabt habe. Frontin. strat. 2,9,4 bezeichnet ihn als *dux Germanorum*. – Zu beiden Ansichten zuletzt Wolff 2005.
19 Auf die Ambivalenz des taciteischen Freiheitsbegriffes kann hier nicht näher eingegangen werden. Wie *libertas* (Freiheit) als politische Kampfparole bei den Germanen ge- und missbraucht wurde, verdeutlicht Tacitus später unter anderem wiederum an der Situation bei den Cheruskern. Als es angesichts der Rückführung des Italicus, des Sohnes von Flavus, aus dem Exil in Italien in die Führungsstellung bei seinem Stamm im Jahr 47 n. Chr. zu inneren Fehden kam, suchte Italicus die Freiheitsparole seiner Gegner als machtpolitisches Kalkül zu entlarven und fand den Beifall der Masse (Tac. ann. 2,17). – Vgl. grundsätzlich zur Auslegung von »Freiheit« in unterschiedlicher Perspektive etwa Caes. Gall. 1,33–37; Tac. Agr. 30–32; Tac. hist. 4,37 f.
20 Tac. ann. 2,88,3. – Was es mit dem »Liedgut« der Barbaren konkret auf sich hat, ist schwer zu ermessen. Tacitus bezieht sich hier allgemein auf die »Barbaren«, wobei man vornehmlich an die Cherusker und deren adlige Führungsschicht wird denken müssen. Aber diese Eliten waren zerstritten, zumindest ein beachtlicher Teil von ihnen kooperierte später mit Rom. Schließlich ging der cheruskische Adel durch die inneren Fehden, denen schon Arminius zum Opfer gefallen war (Tac. ann. 2,88,2), zugrunde (Tac. Germ. 36; Tac. ann. 11,16 f.; Cass. Dio 67,5,1). Auch verschwinden die Cherusker schon bald von der Bildfläche der Stämme der *Germania magna*. Es ist also schwer vorstellbar, wer dann der Vermittler eines Arminius-Mythos in Germanien über die Zeiten hinweg gewesen sein könnte. – Zu der leidigen und bisweilen heftig diskutierten Frage des Fortlebens des germanischen Siegers im Teutoburger Wald in der Siegfriedsage braucht hier nicht weiter Stellung bezogen zu werden. Die Debatte war bereits im Zuge des romantischen Nationalismus durch Giesebrecht 1837 angestoßen worden. Pro: etwa Bickel 1935; 1949; Höfler 1961; Contra: etwa Ploss 1966. Es genügt hier der Hinweis, dass selbst für den – wenig wahrscheinlichen – Fall einer diesbezüglichen Tradition aus derselben nichts zu den historischen Vorgängen als solchen geschlossen werden könnte und so die Sage allenfalls ein Beleg für eine fortdauernde Mythisierung des erfolgreichen Kriegsführers wäre, s. Timpe 1970, 11–3.

Aus dem weiteren 2. Jahrhundert sind noch Notizen in den Kaiserviten des C. Suetonius Tranquillus und im Geschichtswerk des L. Annaeus Florus aus der Zeit Hadrians von Interesse. Das Werk Suetons, der im ritterlichen Verwaltungsapparat Hadrians als »Kabinettssekretär« *(ab epistulis)* tätig war, belegt eine nachhaltige Verlagerung des Publikumsinteresses auf biographische Details insbesondere aus dem kaiserlichen Haus, wobei sich politische Mitteilungen mit Anekdoten, Charakterstudien, Berichten über die Lebensgewohnheiten der Caesaren und Hofklatsch mischen. Florus verfertigte eine stark rhetorisch aufgeputzte »Geschichte der römischen Kriege bis auf Augustus« *(Epitome bellorum omnium annorum DCC)*, in deren Rahmen er auch die Varusschlacht behandelt.

Als letzte, in mancher Hinsicht wichtigste und sogar einzige Quelle zu den Vorgängen um die Varusschlacht ist die »Römische Geschichte« des aus Nikaia in Bithynien stammenden römischen Senators Cassius Dio Cocceianus hervorzuheben. Das nach annalistischem Prinzip aufgebaute Werk umfasst in 80 Büchern die Geschichte Roms von den Anfängen bis in das Jahr 229 n. Chr. Durch Verlust entstandene Lücken können teilweise durch byzantinische Autoren des Mittelalters wenigstens notdürftig überbrückt werden. In der Forschung wird seine Darstellung trotz gewisser Einschränkungen heute weit positiver beurteilt als teilweise in der weiter zurückliegenden Vergangenheit. Dieses gilt auch für seine Darstellung des Kampfgeschehens im Jahr 9 n. Chr., das einzig weitgehend zusammenhängende Zeugnis über die Vorgänge. Für dieses hat er offenbar auch Überlieferung aus tiberischer Zeit, also einen oder mehrere ereignisnahe Berichte, ausgewertet. Nicht unerwähnt bleibe eines seiner schriftstellerischen Prinzipien, welches er beiläufig erwähnt (Cass. Dio 55,28,2 f.): »vielerlei, das keine Erwähnung verdient, trug sich bei einzelnen Gelegenheiten zu, und eine detaillierte Darstellung dürfte keinen Nutzen stiften. Möchte ich doch lediglich die irgendwie bemerkenswerten Gegenstände und auch diese nur in knapper Zusammenfassung wiedergeben, ausgenommen solche Ereignisse, die von großer Bedeutung sind«. Zu Letzteren zählt dementsprechend für Dio die Varusschlacht.

Ergänzt werden diese Berichte zur Varusschlacht und ihre Folgen durch vereinzelte Hinweise oder besser: durch Bezugnahme hierauf von Literaten (zeitnah: Manilius, Ovid und Seneca) und Sachschriftstellern (Frontinus); ferner durch einige spätantike Nachrichten (Orosius). Ferner sind ebenso primär geographisch und naturwissenschaftlich ausgerichtete Werke wie diejenigen des Strabon oder Pomponius Mela (aus dem 1. Jahrhundert n. Chr.) zumindest der Erwähnung wert, da sie wichtige Informationen zu den geographischen und ethnographischen Verhältnissen bzw. Vorstellungen vermitteln. Eigens genannt sei noch einmal die keinem bestimmten literarischen Genus eindeutig zuzuordnende »Germania« des Tacitus (Tac. Germ.).

Landschaft und Wege in der historischen Überlieferung

»Die Germanen töteten die bei ihnen jeweils stationierten und vorher angeforderten [römischen] Soldaten und griffen ihn [d. h. Varus] dann an, als er sich schon in schwer passierbaren Waldgegenden befand. Die sich dort als Feinde statt als Untertanen erwiesen, richteten zugleich fürchterliches Unheil an. Das Gebirge war nämlich schluchtenreich und zerklüftet, die Bäume standen dicht und waren überaus hoch gewachsen, so dass die Römer auch schon vor dem Angriff der Feinde Mühe hatten, Bäume zu fällen, Wege zu bahnen und Brücken zu bauen, wo solches erforderlich war. Sie führten auch viele Wagen und Lasttiere wie im tiefsten Frieden mit sich. Dazu folgten ihnen nicht wenige Kinder[21], Frauen und der übrige Tross, so dass sie schon deshalb weit auseinandergezogen marschieren mussten. Noch dazu brachen heftiger Regen und Sturm los und zersprengten sie noch mehr. Der Boden war an den Wurzeln und unten um die Baumstämme herum ziemlich rutschig geworden und machte jeden Schritt für sie zu einer Gefahr, und abbrechende und herabstürzende Baumkronen schufen ein Durcheinander« (Cass. Dio 56,19,5–20,4).

Mit diesen Worten leitet Cassius Dio seinen Bericht über den Zug des römischen Heeres in sein Verderben ein. Die Schilderung der landschaftlichen Gegebenheiten und Witterungsbedingungen hat nicht wenige moderne Interpreten bis in jüngste Zeit dazu geführt, die Einzelheiten gleichsam 1 : 1 wie eine moderne Reportage in die Realität umzusetzen und danach Ausschau zu halten, wo sich die heutige Landschaft gut oder auch weniger gut mit diesen Mitteilungen harmonisieren lässt. Dieses gilt ebenso für die Schilderung der topographischen Verhältnisse im Zusammenhang mit dem Hinterhalt, in den A. Caecina (Severus) mit seinem Heer im Jahr 15 n. Chr. geriet, den Tacitus (Tac. ann. 1,64 ff.) höchst anschaulich beschreibt. Allerdings setzt allein die Schwierigkeit einer zuverlässigen, ereignisnahen Rekonstruktion der historischen Altlandschaft einem solchen Versuch mehr als enge Grenzen. Dass aber in den Bericht des Dio topische Elemente eingeflossen sind, verdeutlicht schon ein kursorischer Blick in die weitere literarische Überlieferung zu den Verhältnissen und der Verkehrssituation in der *Germania magna* sowie teilweise auch im nördlichen Gallien.[22]

Aus diesen Berichten lassen sich über allgemeine Schlussfolgerungen hinaus nur begrenzt konkrete und detaillierte topographische Erkenntnisse ziehen. Soweit wir die antike Auffassung bei den Geographen oder in weiteren Quellen fassen können, besteht Germanien vor allem aus riesigen Waldgebirgen, Sümpfen und unzugänglichen Einöden, wobei besonders der »hercynische Wald« schon früh besondere

---

21　Das entsprechende griechische Wort παῖδες könnte auch mit »Sklaven« übersetzt werden. Da aber anschließend der Tross genannt wird, dem die Sklaven zuzurechnen wären, tendiert die Forschung zu der auch hier angenommenen Bedeutung »Kinder«.
22　Siehe zum Folgenden besonders auch die entsprechenden Abhandlungen bei Timpe 2006.

Beachtung gefunden hat.[23] Wiederholt werden bei den Schriftstellern aber auch weitere *silvae* und *saltus* namentlich genannt – darunter der *saltus Teutoburgiensis* (Tac. ann. 1,60,3) –, ohne dass diese Wälder und Gebirge im Allgemeinen alleine aus den diesbezüglichen Angaben exakt lokalisiert werden können. Die Siedlungskammern waren selbstverständlich über Wege erreichbar, ohne dass jedoch für uns ein überregionales Verkehrsnetz fassbar wäre; zudem gab es sicherlich lokale Verbindungswege oder Pfade zur weiteren Erschließung der Landschaft, von denen die Römer im Normalfall aber keine Kenntnis besaßen.[24] Teilweise hören wir von großen Scharen auf ihren Zügen durch die *Germania* wie demjenigen der Kimbern oder denjenigen des Ariovist, die sich offenbar mühelos durch das Land bewegen konnten.[25] Und nicht zuletzt sind wiederholt die Römer selbst mit großen Verbänden durch die *Germania magna* gezogen: Varus führte bekanntlich auf seinem Marsch drei Legionen mit sich und dazu an Hilfskontingenten weitere drei Reiterabteilungen (Alen) und sechs Infan-

---

23 Symptomatisch hierfür sind die Schilderungen schon bei Aristoteles (Aristot. meteor. 1,13,20), Caesar (Caes. Gall. 6,24,2 [auf griechische Kunde: Eratosthenes und/oder Poseidonios zurückgehend]; 6,25 [innerhalb eines vielleicht erst in nachcaesarischer [augusteischer?] Zeit eingefügten Exkurses]), Strabo (Strab. 4,6,9 [= 207 C]; 7,1,3 [= 290 C]; 7,1,5 [= 292 C]; 7,2,2 [= 293 C]; 7,3,1 [= 295 C] oder Dionysios Periegetes (Dion. Per. 285 f.), der von kriegswütigen Germanen berichtet, die entlang des hercynischen Waldes ziehen. Nach Flor. epit. 2,30,27 hat erst Drusus »den bis dahin noch nie in Augenschein genommenen und betretenen Wald zugänglich gemacht«. Plinius d. Ä. (Plin. nat. 16,6) verlegt die riesige Öde des hercynischen Waldes »seit Ewigkeit unberührt und so alt wie die Welt« in die nördlichen Gegenden Germaniens. Bei Caesar wird damit das gesamte Mittelgebirge nördlich der Donau vom Schwarzwald bis zu den Karpaten (mit Zentrum in den Böhmen umgebenden Gebirgen) bezeichnet; andere Autoren beziehen sich auf einen eingeschränkteren Bereich insbesondere im heutigen Deutschland (vgl. etwa Diod. 5,32,1; Dion. Hal. 14,1,3 usw.). Strabo charakterisiert ihn als kreisförmig und dicht mit hohen Bäumen bewachsen, in dessen Mitte ein gut zur Besiedlung geeignetes Land liege, das von dem »riesengroßen Stamm der Sueben« (mit verschiedenen Teilstämmen – vgl. auch die angeblich 100 Gaue der Sueben schon bei Caes. Gall. 4,1,3 f. [und dazu 1,37,3; 1,54,1]) bewohnt werde, der vom Rhein bis zur Elbe und teilweise darüber hinaus reiche. Schwächer seien dagegen andere germanische Stämme wie – unter anderem – »Cherusker, Chatten, [...] Brukterer, [...] Chauken [...] und viele andere« (Strab. 7,1,3 [= 291 C]). Diese Einschätzung gibt auch die politische Sicht der Römer über das spezifische Gefährdungspotenzial wieder, nämlich die größere Gefahr, die für Rom von den unsteten Gefolgschaftsverbänden der Sueben ausgehe als von den weitgehend sesshaften Stämmen im Rhein-Weser-Gebiet, die allerdings ebenfalls Kriegszüge bis nach Gallien hinein durchführten.

24 Verschiedentlich wird in den Quellen darauf hingewiesen, dass sich die Siedlungen der Germanen bewusst auch gegen ihre Nachbarn abschotteten. Am bekanntesten ist diesbezüglich wohl jener Wall, mit dem sich die Angrivarier von den Cheruskern abgrenzten (Tac. ann. 2,19,2) und um dessen Lokalisierung sich die Forschung seit Generationen bemüht, vgl. aber schon Caes. Gall. 4,3,1 f.; 6,10,5; 6,23,1.

25 Nach Plut. Mar. 11,3 sollen allein 300 000 Männer am Kimbernzug beteiligt gewesen sein, eine enorme, wenngleich sicherlich übertriebene Zahl. Ähnliches gilt für die Nachricht bei Caes. Gall. 1,31,5 ff., wonach nach Aussage des Häduers Diviciacus innerhalb kurzer Zeit vor allem durch Ariovist 120 000 Germanen auf gallisches Gebiet gekommen seien, teilweise in umfangreichen Verbänden.

teriekohorten,[26] ganz zu schweigen von dem umfangreichen Tross an Wagen, Tieren und begleitenden Personen (Cass. Dio 56,20,2; dazu vor allem Vell. 2,117,1; Suet. Aug. 23,1).[27] Germanicus hatte 15 n. Chr. die gesamte Rheinarmee von 8 Legionen und zahlreichen Hilfstruppen auf verschiedenen Wegen in Bewegung gesetzt. Traditionelle und großräumige Verbindungswege müssen also vorausgesetzt werden, ohne dass wir sie im Einzelnen kennen und ihre Dichte bemessen können.[28] Solche Trassen waren selbstverständlich nicht mit römischen Straßen zu vergleichen und daher auch nicht allenthalben bequem und gefahrlos mit einem großen Heer zu begehen, welches sich angesichts der fehlenden Voraussetzungen in Germanien anders als in Gallien nicht alleine aus dem Land auch nur mit dem Nötigsten versorgen konnte und deshalb in der Regel auf den weitreichenden und monatelangen Zügen eines großen Trosses bedurfte. Das römische Militär wird daher zweifellos aus eigenen Erfahrungen und mit den Informationen von Bundesgenossen und Kundschaftern, bisweilen wohl auch von Händlern,[29] über mehr und präzisere Informationen über das Wegenetz verfügt haben, als wir unmittelbar aus den literarischen Quellen erschließen können.

Belegt wird dieses Wissen durch die Berichte über die konkreten römischen Truppenbewegungen wie etwa beim Überfall auf die Marser 14 n. Chr. (Tac. ann. 1,50,1 ff.).

26 Die Anzahl an Hilfstruppen erscheint allerdings im Vergleich zu anderen Feldzügen in die *Germania* nicht sehr groß und vermittelt zudem den Eindruck einer festen Zuordnung von einer *ala* und zwei Kohorten zu jeder Legion. Nur zu vermuten ist, dass sie sich schwerpunktmäßig aus Galliern rekrutierten.

27 Siehe auch Flor. epit. 2,34; Manil. 899 f.; Tac. ann. 1,59,3 jeweils mit Bezug auf den Untergang der Legionen und bezeichnenderweise, weil in der Wertigkeit für Rom von geringerer Bedeutung, ohne Hinweis auf die Hilfstruppen und die zahlreichen im Tross mitziehenden Personen.

28 Ob sich ein solches weiträumiges Wegenetz in einer umfassenden, modernen Fundaufnahme abzeichnet, bleibt abzuwarten. Eine Reihe prähistorischer Routen durch das Gebiet der *Germania magna* sind bekannt.

29 Man wird allerdings die Bedeutung von Händlerwissen über Verkehrswege in der *Germania magna* nicht überschätzen dürfen. Immerhin hat Caesar solche Informationen genutzt (Caes. Gall. 4,3,3); die Tötung von Händlern im rheinnahen Gebiet führte 25 v. Chr. zu einer Strafexpedition (Cass. Dio 53,26,4); 16 v. Chr. waren Römer, also wohl Kaufleute, im Gebiet von Sugambrern, Usipetern und Tencterern gefangen genommen und gekreuzigt worden (Cass. Dio 54,20,4 ff.), was u. a. den Aufbruch des Augustus nach Gallien provozierte. Aber im Zusammenhang mit den großen Kriegszügen Roms in das Gebiet der *Germania magna* in augusteischer und tiberischer Zeit spielte der Handel als Motiv keine Rolle. Von römischen Kaufleuten im germanischen Hinterland, die auch dort zweifellos ihre Geschäfte betrieben, erfahren wir aus den literarischen Quellen nur wenig, vgl. etwa Tac. ann. 2,62,3 (bei den Markomannen); Cass. Dio 56,18,2 (Märkte in der *Germania*, was im Hinblick auf die »Gründung römischer Städte« und konkret den Fundplatz »Waldgirmes« von besonderem Interesse ist). Eine der wenigen Ausnahmen bildet die Nachricht bei Plinius d. Ä. über den römischen Ritter, welcher in neronischer Zeit Bernstein auf direktem Weg für Rom erschloss (Plin. nat. 37,45; vgl. zum Bernstein auch ebd. 4,94 ff. 103; Diod. 5,23,1.5, teilweise in mythischem Zusammenhang). Die archäologische Forschung ist hier bemüht und gehalten, die Lücke an Informationen über etwaige Handelskontakte zu schließen, deren Überlieferung nicht im primären Interesse der Schriftsteller lag.

Dieser Kriegszug der Römer verdient wegen seines exemplarischen Charakters eingehender gewürdigt zu werden: Germanicus durchmisst mit dem römischen Heer in Eilmärschen den Caesischen Wald[30] und die von Tiberius (nach der Varusschlacht) begonnene Grenzschneise *(limes)*. Auf ihr legt er ein Lager an, das auf Vorder- und Rückseite durch einen Wall, an den Seiten durch Verhaue geschützt ist. Von hier aus zieht er durch dunkle Waldgebirge *(obscuri saltus)* und überlegt, ob er von zwei Wegen den kurzen und gewöhnlichen *(breve et solitum iter)* oder den beschwerlicheren und (von den Römern bislang) unbegangenen und deshalb von den Feinden unbewachten *(impeditius et intemptatum iter eoque hostibus incautum)* einschlagen soll. Er entscheidet sich für den längeren. Kundschafter *(exploratores)* hatten ihm von einem Fest bei den Germanen mit Spielen und Gelagen berichtet. A. Caecina Severus erhält den Befehl, mit leichtbewaffneten Kohorten voranzugehen und die Hindernisse in den Wäldern zu beseitigen; die Legionen folgen. Die Siedlungen der Marser werden umstellt und die Ahnungslosen unterschiedslos niedergemetzelt. Anschließend teilt Germanicus die Legionen in vier Keile und lässt ein Gebiet von 50 römischen Meilen (ca. 74 km) verwüsten.[31] Ein kultischer Mittelpunkt und zentrales Heiligtum, nämlich dasjenige der Göttin Tanfana, wird zerstört. Brukterer, Tubanten und Usipeter greifen daraufhin zu den Waffen, besetzen die Waldgebirge *(saltus)* und greifen das römische Heer auf dessen Rückmarsch durch diese Wälder an den Flanken sowie an der Front und an der Nachhut an. Da das Heer aber in Schlachtordnung marschiert,[32] können die Angriffe letztlich abgeschlagen werden; in offenem Gelände wird schließlich ein Lager errichtet. Weitere Angriffe der Germanen unterbleiben.

Dieser Bericht enthält zahlreiche Elemente, die auch für das bessere Verständnis der Ereignisse um die Varusschlacht von Interesse sind: Die Kenntnis der Römer über Wegeverhältnisse, hier allerdings in verhältnismäßiger Nähe zum Rhein; deren unterschiedliche Beschaffenheit und Zugänglichkeit; die Anlage von *limites* und der Einsatz von Kundschaftern; die Gefahren für einen Heereszug durch die Wälder auch auf bekannten Wegen; die Kriegstaktik der Germanen und nicht zuletzt – sofern möglich – die taktische Antwort durch Rom mittels eines geordneten Heereszuges in Kampfbereitschaft. Dass die römische Heeresführung aber auch über präzises großräumiges Wissen von den geographischen und ethnischen Verhältnissen in der *Germania magna* verfügte, belegen die Truppenbewegungen mit Kolonnen sowohl über den See- als auch über den Landweg, welche sich dann an einer vorher festgelegten Stelle vereinigten. Spektakulär war in dieser Hinsicht der Feldzug des Jahres 5 n. Chr. unter Führung des Tiberius, als sich zwei Heereszüge an der mittleren Elbe punktgenau trafen, wobei der eine auf dem Landweg marschierte, der andere auf Schiffen über

---

30 Zwischen Lippe und Ruhr, aber nicht genau lokalisiert.

31 Nicht ganz klar ist die konkrete Vorstellung von diesem Gebiet oder Raum *(spatium)*.

32 Diese wird von Tacitus (Tac. ann. 1,51,2) bewusst detailliert beschrieben, um die Sorgfalt des Feldherrn herauszustreichen.

See und die Elbe flussaufwärts geführt worden war.[33] Dies setzt genaue Kenntnisse und eine entsprechend abgestimmte Logistik voraus.[34] Andererseits vermerkt Plinius (Plin. nat. 4,98), dass Germanien erst viele Jahre nach Agrippa und dann auch nicht in seiner Gesamtheit erforscht worden sei.[35]

Nicht von ungefähr nutzte Rom – wenn möglich – den Transport über die Flüsse und die Nordsee, um tiefer in das Gebiet der *Germania magna* vordringen zu können. Entsprechend lagen die wichtigsten Waffenplätze und militärischen Kopfstationen am Rhein gegenüber den aus der *Germania* einmündenden Flüssen wie Lippe und Main,[36] aber auch die strategische Nutzung von Ems, Weser und weiter der Elbe als letztem vor der jütländischen Küste aus dem Inneren Germaniens in die Nordsee

33 Vell. 2,106 f. – Die römische Doppelstrategie der Kriegszüge zu Wasser und zu Land wurde auch nach der Varusschlacht weiter verfolgt, so etwa von Tiberius (ebd. 2,121,1). Ähnlich verfuhr Germanicus 15 n.Chr., als er das Heer teilte, welches dann auf verschiedenen Routen unter Ausnutzung auch des Seeweges an der Ems wieder vereinigt und später auf dieselbe Weise zurückgeführt wurde (Tac. ann. 1,60,2; 1,63,3). Weitere Beispiele vor allem auch von Bewegungen des römischen Heeres über Land lassen sich beibringen. Diese haben durchaus eine Kenntnis der Wegeverhältnisse in der *Germania magna* auf Seiten Roms vorausgesetzt; dieses Wissen war aber sicherlich nicht bis ins letzte Detail vollständig und dürfte sich mit zunehmender Entfernung vom Rhein auch stark verringert haben.

34 Nicht weniger bemerkenswert ist bereits der erste Zug eines römischen Heeres bis an die Elbe unter Führung des Drusus 9 v.Chr. Als dieser beim Rückmarsch des Heeres im Gebiet der *Salas*/Saale vom Pferd stürzte und dem Tod geweiht war, eilte sein Bruder Tiberius von *Ticinum*/Pavia aus und dann von *Mogontiacum*/Mainz im Eilritt und nur in Begleitung eines einzigen, einheimischen Begleiters zu dem mitten in der *Germania* stehenden Heer, das er 30 Tage später erreichte und wo er seinen Bruder noch lebend antraf. Dieses setzt einerseits passable Wegeverhältnisse, andererseits weitgehend friedliche Verhältnisse voraus, wobei auch das Überraschungsmoment angesichts der Geschwindigkeit des Rittes zum guten Gelingen beigetragen haben wird; vgl. Liv. 142; Strab. 7,1,3 [= 291 C]; Val. Max. 5,5,3; Plin. nat. 7,84; Cass. Dio 55,2,1.

35 Vgl. Cons. ad Liviam 384 ff. – Nach Strab. 7,2,4 [= 294 C] enden alle Kenntnisse vom Land der Germanen an der Elbe, was sicherlich so nicht der Wirklichkeit entsprach. Immerhin hatte Domitius Ahenobarbus 1 n.Chr. das Heer über die Elbe hinaus geführt (Cass. Dio 55,10a,2; Tac. ann. 4,44,2); fortan verbot Augustus allerdings in richtiger Würdigung der militärischen Möglichkeiten die Überschreitung des Flusses (Strab. 7,1,4 [= 291 C]; vgl. auch 7,2,4 [= 294 C], wonach die Römer nie weiter vorgedrungen seien als bis zur Elbe).

36 *Lupia*/Lippe mit der Kopfstation *Vetera*/bei Xanten: Strab. 7,1,3 [= 291 C], allerdings mit falscher Flussrichtung in die Nordsee; Mela 3,30; Tac. ann. 1,60,3; 2,7,1; Cass. Dio 54,33,1.4; vgl. Tac. hist. 5,23,3. – *Moenus*/Main mit der Kopfstation *Mogontiacum*/Mainz: Mela 3,30; Plin. nat. 9,45, allerdings weniger in militärischen Zusammenhängen erwähnt; umso häufiger wird *Mogontiacum* als militärischer Schwerpunkt des obergermanischen Heeres genannt. Daneben waren selbstverständlich weitere, ins Innere der *Germania* von Gallien aus führende Flussläufe von militärischer Bedeutung wie Ruhr, Lahn oder Neckar. Zur Funktion der Hauptwaffenplätze wie *Vetera* in den strategischen Überlegungen des Augustus s. a. Tac. hist. 4,23,1. – Die in den Rhein mündenden Flüsse, die ja erstrangige und bekannte Einfallspforten in das Innere Germaniens waren, werden erstaunlicherweise von Strabo nicht genannt, dessen geographische Vorstellungen über die *Germania* aber ohnehin in manchen Hinsichten ungenau und schematisch sind.

mündenden Fluss wird mehrfach berichtet.[37] Insofern waren die Wasserwege von großer Bedeutung und mehr als nur eine Ergänzung der Verbindungen über Land. Schon unmittelbar zu Beginn der Offensiven in das Gebiet der *Germania* 12 v. Chr. nutzte Drusus die Route über See entlang der Nordseeküste.[38] Flottenstationen bildeten zweifellos auch wichtige Basen für den dringend benötigten Nachschub, denn eine Versorgung des Heeres aus dem Land selbst war nur in begrenztem Umfang möglich.[39] Aufschlussreich sind die Erwägungen, die Tacitus (Tac. ann. 2,5) dem Germanicus vor seinen Feldzügen des Jahres 16 n. Chr. unterstellt:

»Er [d. h. Germanicus] erwog die möglichen Wege der Kriegsführung und was ihm, der nun schon das dritte Jahr kämpfte, Schlimmes und Gutes begegnet sei. Geschlagen würden die Germanen in offener Schlacht und auf richtigem Gelände, begünstigt würden sie durch Wälder und Sümpfe, durch die Kürze des Sommers und den frühen Beginn des Winters. Seine Soldaten litten nicht so sehr unter ihren Verwundungen als unter den endlosen Märschen und dem Verlust der Ausrüstung [...]; der lange Zug des Trosses sei Überfällen leicht ausgesetzt und erschwere die Verteidigung. Aber wenn man den Seeweg einschlage, sei eine Besitzergreifung für sie selber leicht zu erreichen und bleibe dem Feind [vorerst] verborgen. Zugleich

---

37 Wichtigste Erwähnungen von Ems, Weser und Elbe auch in militärischen und politischen Zusammenhängen aus der Zeit der römischen Feldzüge unter Augustus und Tiberius: *Amisia/*Ems: Strab. 7,1,3 [= 290 C]; Tac. ann. 1,60,2 f.; 1,63,3; 2,8,1 f.; 2,23,1.– *Visurgis/*Weser: u. a. Tac. ann. 2,9,1 (mit dem folgenden berühmten Streitgespräch zwischen Arminius und seinem Bruder Flavus am Ufer derselben); 2,11,1; 2,12,1; 2,16,1; 2,17,6; Flor. epit. 2,30,26; Cass. Dio 54,33,1 f.; 55,1,2; 55,28,5; 56,18,5 (im Zusammenhang mit dem Zug des Varus vor der Schlacht 9 n. Chr.). – *Albis/*Elbe: u. a. R. Gest. div. Aug. 26,2; Tac. ann. 1,59,4; 2,14,4; 2,19,1; 2,22,1; 2,41,2; 4,44,2; Flor. epit. 2,30,26; Suet. Aug. 21,1; Cass. Dio 55,1,2 f.; 55,10a,2; 55,28,5; Eutr. 7,9.
38 Cass. Dio 54,32,2. – Aufschlussreich ist in diesem Zusammenhang auch der Bau der *fossa Drusiana* (Drususkanal) zur besseren Verbindung zwischen Rhein und Nordsee (Tac. hist. 5,19,2; Tac. ann. 2,8,1; Suet. Claud. 1,2; vgl. auch Tac. hist. 5,19,2 und dazu Tac. ann. 13,53).
39 Schon Drusus musste 11 v. Chr. seinen Kriegszug an der Weser aus Mangel an Lebensmitteln und wegen des bevorstehenden Winters abbrechen (Cass. Dio 54,33); im Kriegsfall nutzten die Germanen die Taktik der »verbrannten Erde« (vgl. z. B. Tac. ann. 1,60,3 zu den Bruktereren, welche im Jahr 15 n. Chr. ihren Besitz gegen die vorrückenden Römer anzündeten) und zogen sich in unbekannte oder weitgehend unzugängliche Refugien zurück (vgl. auch ebd. 1,45,3 beim Feldzug der Römer gegen die Chatten 15 n. Chr.: die waffenfähige Jugend der Germanen zerstreut sich, ihre Gaue und Siedlungen *(pagos et vicos)* im Stich lassend, in die Wälder). Im Gegenzug bemühte sich auch Rom wiederholt durch großflächige Verwüstungen den Feind zu schwächen. Schon Caesar suchte bei seinem ersten Rheinübergang 55 v. Chr. durch Zerstörung von Dörfern und Gehöften sowie Vernichtung des Getreides, den Germanen Furcht einzujagen und die zu dieser Zeit noch nahe am Rhein auf dessen östlicher Seite siedelnden Ubier zu entlasten, hielt sich aber nicht länger als 18 Tage jenseits des Rheins auf und ließ die Brücke wieder abbrechen (Caes. Gall. 4,19), offenbar in richtiger Einschätzung der sich bei weiterem Vordringen einstellenden Versorgungsprobleme; vgl. auch die Situation beim zweiten Rheinübergang 53 v. Chr. (ebd. 6,10,2 ff.) und Caesars Schilderung der Siedlungsweise und Nahrungsbeschaffung der Germanen (ebd. 6,22 f.; 29,1).

könne der Krieg zeitiger begonnen, Legionen und Proviant könnten zusammen befördert werden; mit noch frischen Kräften würden Pferde und Reiter auf dem Weg über Mündungen und Flussläufe mitten in Germanien stehen.«[40] Verallgemeinernd stellt der Geograph Pomponius Mela kurz vor der Mitte des 1. Jahrhunderts n. Chr. fest (Mela 3,29): »[Germanien] ist durch seine vielen Flüsse unzugänglich, durch die zahlreichen Berge beschwerlich und zum großen Teil durch Wälder und Sümpfe unwegsam«, wobei die Aussage zu den Flüssen – wie gesehen – aus anderer Perspektive zu differenzieren wäre. Strabo (Strab. 7,1,4 [= 292 C]) konstatiert, dass durch die gebirgige Struktur, Sümpfe und Wälder große Umwege nötig sind, um ein Ziel zu erreichen, was wohl auch zu den zu hohen Entfernungsangaben zwischen Rhein und Elbe geführt hat.[41] Im Zusammenhang mit dem zitierten Bericht des Dio verdient auch eine weitere Ansicht des älteren Plinius (Plin. nat. 16,5 f.) Beachtung, wonach Wälder fast das ganze Germanien bedecken und zu der Kälte noch Schatten hinzufügen; dabei würden die aneinander stoßenden Wurzeln Hügel aufwerfen und die ineinander greifenden Äste der riesigen Baumkronen bogenförmige Wölbungen wie offene Tore bilden. Die pauschalen Äußerungen belegen den Toposcharakter solcher geographischen Vorstellungen. Alleine schon deswegen lassen sie sich nur schwer auf eine einmalige und konkrete Situation übertragen, müssen allerdings auch nicht grundsätzlich falsch sein.

Germanien war also selbst für ein größeres Heer wie dasjenige des Varus nicht unzugänglich, aber ein Zug war gegebenenfalls auch auf bekannten Strecken mit erheblichen Risiken verbunden. Die Quellen berichten wiederholt, dass Pioniere und vorausgeschickte Trupps erst *limites* (Schneisen) schlagen oder *pontes* (Brücken; Bohlenwege) und *aggeres* (Dämme) errichten mussten, um dem Heer mitsamt dem Tross (und den Wagen!) einen passablen Durchzug zu ermöglichen.[42] Berühmt – und

---

40 Die folgende Schilderung der Feldzüge des Jahres 16 n. Chr. zeigt allerdings, dass ein endgültiger Erfolg nicht erzielt werden konnte und zudem die Flotte beim Rückmarsch stärkste Verluste erlitt.

41 Nach Vell. 2,106,2 gelangte das römische Heer unter Tiberius 5 n. Chr. vom Rhein bis zum 400. Meilenstein an der Elbe, das sind etwa 600 km; Strab. 7,1,4 [= 292 C] bemisst die Entfernung auf etwa 3 000 Stadien, d. h. etwa 540 km ; vgl. auch Plin. nat. 4,96 ff. – In Wirklichkeit ist die Entfernung erheblich geringer, wenn man sie nach Luftlinie berechnet (ca. 350 km). Aber die Autoren werden von konkreten Marscherfahrungen ausgegangen sein, bei denen Umwege unumgänglich waren. Eine wichtige Grundlage aller Nachrichten bildeten zudem offenbar die Commentarien des Agrippa, die sich jedoch nicht erhalten haben.

42 Vgl. besonders Tac. ann. 2,7,1, wonach Germanicus das gesamte Gebiet zwischen Rhein und dem Kastell *Aliso* (bislang nicht sicher lokalisiert) durch *limites* und *aggeres* gesichert habe; siehe auch Vell. 2,120,2 zum Vorgehen des Tiberius nach der Varusschlacht: »Er [d. h. Tiberius] griff an [...], drang ins Landesinnere ein, legte Schneisen an, verwüstete Äcker, brannte Häuser nieder und verjagte diejenigen, welche ihm entgegentraten« *(arma infert [...] penetrat interius, aperit limites, vastat agros, urit domos fundit obvios)*; ferner u. a. Tac. ann. 1,7,3; 1,56,1; 1,61,1 (dazu genauer weiter unten); 2,11,1.

bislang vergeblich gesucht – sind die *pontes longi,* »ein schmaler Damm zwischen ausgedehnten Sümpfen, der einst von L. Domitius [Ahenobarbus] angelegt worden war«[43] und die Caecina mit seiner Heeressäule beim Rückmarsch von der Ems zum Rhein 15 n. Chr. – obgleich auf bekannten Wegen[44] – möglichst schnell überschreiten sollte.[45] Es folgt bei Tacitus die ausführliche Schilderung des Hinterhaltes mit den Kampfhandlungen. Diese enden zwar für die Römer letztlich erfolgreich, aber wiederholt wird in dem ausführlichen Bericht auf die Varusschlacht angespielt und dieselbe offenbar bewusst geradezu gespiegelt (Tac. ann. 1,64–68). Dem Caecina erscheint danach im Traum Varus, welcher blutüberströmt aus den Sümpfen auftaucht, und Arminius spornt die Seinen zum Angriff an mit dem Ausruf: »Da sind Varus und die Legionen, noch einmal gefesselt in demselben Schicksal.« Aber auch die weitere Schilderung mit den Hinweisen auf den gefährdeten Tross, die Schwierigkeiten für die Reiterei angesichts des sumpfigen und schlüpfrigen Bodens, die Bedeutung der Feldzeichen und den fast zum Tod des Befehlshabers führenden Sturz vom Pferd mögen – *mutatis mutandis* – der Situation der Varusschlacht weitgehend entsprochen haben, jedenfalls soweit Tacitus über sie unterrichtet war.

Im Jahr 15 n. Chr. entschloss sich Germanicus dazu, das Schlachtfeld von 9 n. Chr. aufzusuchen, und zwar nach Verwüstung des Landes »zwischen Ems und Lippe, nicht weit entfernt vom Teutoburger Wald, wo die Überreste des Varus und der Legionen unbestattet liegen sollen [...] Man sandte Caecina voraus, um die verborgenen Schluchten des Waldgebirges *(occulta saltuum)* zu durchforschen sowie Brücken und Dämme in dem feuchten Sumpfland und in den trügerischen Ebenen anzulegen *(pontesque et aggeres umido paludum et fallacibus campis imponeret)*« (Tac. ann. 1,61,1). Der Bericht belegt mit Nennung von Ems, Lippe, dem Teutoburger Wald und dem »äußersten Siedlungsgebiet der Brukterer« ein grundsätzliches Interesse des antiken Autors an einer Lokalisierung des Schlachtfeldes, ohne dass sich daraus für uns eine punktgenaue Fixierung ergäbe. Diese wäre entsprechend den damaligen Möglichkeiten in technischer wie geographischer Hinsicht auch kaum möglich und für das Lesepublikum in Rom zudem nicht annähernd nachvollziehbar gewesen. Zu notieren ist, dass die Wege für den Marsch des Heeres zum Schlachtfeld zumin-

---

43 Tac. ann. 1,63,4 f. – Die Anlage erfolgte also ca. 15 Jahre zuvor; die Bohlen waren inzwischen morsch geworden.

44 Dieses bedeutete aber nicht, dass solche Wege durchgängig für den Durchzug römischer Truppen gesichert werden konnten.

45 Tacitus fährt fort (Tac. ann. 1,63,4): »Alles übrige war Morast mit klebrigem und zähem Schlamm oder Wasserläufe, welche die Wege unsicher machten. Rings herum waren allmählich ansteigende Wälder, die Arminius jetzt besetzt hielt, da er auf kürzeren Wegen und im Eilmarsch unseren mit Gepäck beladenen Soldaten zuvorgekommen war.« Das ausführliche Zitat wird auch deshalb hier angeführt, weil man gemeint hat, die Beschreibung der Ereignisse bei den »Langen Brücken« passe besser auf die realen Verhältnisse bei Kalkriese als diejenige der Kampfhandlungen 9 n. Chr.! Wir vermögen dieser Ansicht schon aus grundsätzlichen methodischen Erwägungen nicht zu folgen.

dest teilweise erst hergerichtet werden mussten und die für Germanien wiederholt als typisch beschriebenen landschaftlichen Gegebenheiten wie *saltus, paludes* und *campi* zur Sprache kommen. Wenig später ist nach der Bestattung der Toten durch Germanicus einmal mehr von dem unwegsamen Gelände *(avia)* die Rede, in das sich Arminius zurückzieht, als Germanicus ihm folgt, und von Wald, Ebene und Sumpf, die zusammen erneut eine für die Römer gefährliche Lage schufen, aus der sie sich jetzt allerdings retten konnten (ebd. 1,63,1 f.). Eher in verallgemeinernder Formulierung berichtet Velleius zur Varusschlacht (Vell. 2,119,2), dass das römische Heer von Wäldern, Sümpfen und Hinterhalten eingeschlossen und vom Feind bis zur völligen Vernichtung niedergemacht worden sei, und Florus stellt diesbezüglich fest (Flor. epit. 2,30,36; vgl. auch 2,30,38), dass nichts blutiger gewesen sei als dieses Gemetzel in Sümpfen und Wäldern.[46] Es war also gewissermaßen eine typische Situation, in die der Heereszug des Varus 9 n. Chr. geraten war: Schwierige und für die römische Kampfpraxis ungünstige landschaftliche und witterungsbedingte Verhältnisse, welche andererseits den Germanen und ihrer Kampfesweise entgegenkamen, die an derartige Bedingungen gewöhnt waren.[47]

Cassius Dio beschreibt in seinem ausführlichen Bericht über den Verlauf der Varusschlacht den weiteren, mehrere Tage dauernden Zug des römischen Heeres bis zu seiner endgültigen Vernichtung durch die Germanen. Wir erfahren Einzelheiten, so von einem für das Aufschlagen eines Lagers angesichts des Waldgebirges leidlich geeigneten Platz, vom Weiterzug am folgenden Morgen offenbar erneut durch Wälder, bis eine Lichtung erreicht wird; danach gelangt das Heer wieder in Waldgebiete mit engen Wegen, die keine geordnete Kampflinie für Reiter und Fußsoldaten ermöglichen. Wieder werden die Baumwurzeln als Stolperfallen genannt, zudem kommt ein starker Regen und furchtbarer Sturm auf, so dass die Legionäre ihre Waffen kaum benutzen können (Cass. Dio 56,21,1–3). Es gibt keinen Grund, an den für die Römer im Moment des Überfalls der Germanen äußerst ungünstigen Wegeverhältnissen und Witterungsbedingungen grundsätzlich zu zweifeln. Im Einzelnen erlaubt diese Schilderung allerdings nur wenige weiterreichende Schlüsse. Jedenfalls lässt sich aus allen Angaben zusammen genommen kein konkretes Kampfareal über eine grobe

---

46 Dass Cassius Dio Sümpfe nicht erwähnt, ist ohne Bedeutung und unterstreicht nur die Vagheit der jeweiligen landschaftlichen Beschreibungen des Kampfgeländes.

47 Caesar (Caes. Gall. 6,35,7) vermerkt zu den kriegerischen Gefolgschaftsverbänden der Germanen, dass Sümpfe und Wälder für die in Krieg und Raubzügen groß gewordenen Krieger kein Hindernis darstellen würden; Strabo (Strab. 1,1,17 [= 10 C]) charakterisiert die Feldzüge gegen Germanen unter anderem damit, dass die Barbaren in Sumpfgelände, unzugänglichen Wäldern und Einöden unter Ausnutzung ihrer Ortskenntnis Krieg geführt hätten: Den Unkundigen (d. h. Römern) täuschten sie vor, das Nahe sei fern, und sie verheimlichten die Wege und Möglichkeiten, Proviant sowie andere Dinge zu beschaffen. Auch Tacitus (Tac. ann. 1,64,2) weiß zu berichten, dass die Cherusker an Kämpfen in Sümpfen gewöhnt seien. Wiederholt bestätigen die Berichte über die Taktik der Germanen bei ihren militärischen Auseinandersetzungen mit Rom die Ausnutzung derartiger, geradezu typischer landschaftlicher Gegebenheiten.

topographische Zuordnung hinaus ermitteln. Genaueres erschließt sich allenfalls aus weiteren Hinweisen wie der Erwähnung von Flüssen oder Stämmen sowie deren Siedlungsgebiet. Details und Aussagen wie diejenige bei Cassius Dio zu Landschaft und Wetter am Ort und zum Zeitpunkt der Varusschlacht sind also nur mit größter Vorsicht zu verwerten. Kein Wunder, dass die ältere Forschung unzählige Orte der Varusschlacht glaubte ausmachen zu können, die – kaum lokalisiert – bald darauf jeweils wieder durch neue ersetzt wurden.

In der Bilanz kann aus den literarischen Nachrichten begründet geschlossen werden, dass die römische Militärführung zumindest im Grundsätzlichen über die wichtigsten Routen in der *Germania magna* informiert war, wenngleich nicht notwendigerweise über alle Details und topographischen Einzelheiten, zumal viele Wege sicherlich nicht routinemäßig begangen wurden. Es ist daher trotz der dem Varus zugeschriebenen Sorglosigkeit (*socordia* – Vell. 2,118,1), die sich allerdings auf den ungeordneten und nicht kampfbereit marschierenden Zug in vermeintlich friedlichem Gebiet bezieht, nicht anzunehmen, dass Varus ohne jegliches Wissen über die Wegeverhältnisse war, die er mit seinem Heer zu nutzen gedachte. Doch selbst bei einiger Kenntnis war man natürlich nicht in gleicher Weise über jeden Pfad informiert wie die ortskundigen Germanen.[48] Aber auch auf solchen Wegen, auf denen ein Heer wie dasjenige des Varus mitsamt dem Tross in Germanien ziehen wollte und prinzipiell auch konnte, gab es gefährliche Passagen, welche dazu führten, dass die Truppen lang auseinandergezogen und nicht in Kampfformation marschierten bzw. marschieren konnten. Beim Zug des Varusheeres offenbar aus dem Weserraum in Richtung Rhein und gegen »gewisse, weit entfernt siedelnde Aufständische« (Cass. Dio 56,19,3), wähnte man sich zudem noch in friedlichem Gebiet und unter Verbündeten, so dass nicht nur Sicherungsmaßnahmen unterblieben, sondern sogar im Gegenteil das Heer mitsamt dem Tross völlig ungeordnet durch das Land marschierte (ebd. 56,18,5–19,5). Dennoch: Über Stock und Stein und quer durch den Wald ist jedenfalls das Varusheer ebenso wenig gezogen wie auf einer breiten Heeresstraße entsprechend römischer Straßenbautechnik. Dass angesichts des Desasters in den literarischen Berichten der Wald immer undurchdringlicher, die Bäume immer höher, die Wege angesichts des Morastes immer ungangbarer, die Sümpfe immer tiefer und das Wetter immer schlechter wurden, ist nur verständlich, ohne dass damit die Lage, in die das römische Heer geriet, grundsätzlich infrage gestellt sei. Die Texte sind insoweit unseres Erachtens dem Sinn nach *(ad sensum)*, nicht dem genauen Wortlaut nach *(ad verbum)* zu interpretieren.[49]

---

48 Siehe auch Cass. Dio 56,20,4: »Während sie [d. h. die Römer] sich in schwieriger Lage befanden, umstellten die Barbaren sie plötzlich von allen Seiten, indem sie aus dem dichtesten Gebüsch hervorbrachen, da sie jeden Pfad kannten.« Die Nachricht kann ebenso gut auf einem Augenzeugenbericht beruhen wie auf plausiblem Schlussverfahren des Historikers.

49 Wie eingangs bereits gesagt, wollen die diversen Autoren nicht zuletzt eine anschauliche Schilderung liefern, welche vor allem auf ein römisch-italisches Publikum und dessen Lesegeschmack zielt.

Die historische Überlieferung zum Schlachtfeld

Als Germanicus 15 n. Chr. das Kampfareal, die »traurigen Stätten« *(maestos locos)* aufsuchte, waren noch manche Einzelheiten erkennbar wie das erste Lager des Varus, welches an der Absteckung des zentralen Platzes *(principia)* noch die Arbeit von drei Legionen erkennen ließ, dann ein halb eingestürzter Wall und niedriger Graben, wo sich die bereits zusammengeschmolzenen Reste des Heeres festgesetzt hatten:

> »Mitten auf dem Feld lagen bleichende Knochen, zerstreut oder in Haufen, ob sie nun geflohen waren oder noch Widerstand geleistet hatten. Daneben lagen zerbrochene Waffen und Pferdegerippe, und an den Baumstämmen waren Schädel angeheftet. In Hainen in der Nähe standen die Altäre der Barbaren, an denen sie die Tribunen und die Zenturionen ersten Ranges geschlachtet hatten. Männer, die jene Niederlage überlebt hatten oder aus der Gefangenschaft entkommen waren, berichteten, hier seien die Legaten gefallen, dort seien die Legionsadler erbeutet worden, wo Varus die erste Wunde empfangen, wo er durch einen mit unseliger Hand selbstgeführten Stoß den Tod gefunden habe, von welcher Höhe herab Arminius zu dem versammelten Heer gesprochen, wie viele Kreuzbalken für die Gefangenen, welche Gruben er habe machen lassen, und wie er im Übermut die Feldzeichen und Adler verspottet habe« (Tac. ann. 1,61).

Im Folgenden wird die Bestattung der Gebeine der Toten der drei Legionen und die Anlage eines Grabhügels berichtet, für den Germanicus selbst das erste Rasenstück aufschichtete (ebd. 1,62,1). Allerdings hatten die Germanen bereits ein Jahr später den Grabhügel und einen für Drusus, den Vater des Germanicus, errichteten älteren Altar zerstört. Letzterer wurde von Germanicus 16 n. Chr. wiederhergestellt, nicht aber der Grabhügel (ebd. 2,7,2 f.).

Der Bericht des Tacitus stammt notwendigerweise aus zweiter Hand. Die Einzelheiten zu den Lagern, zu den immer noch vorhandenen Waffenteilen, die also noch nicht (alle) bis dahin aufgelesen worden waren, zur Sakralisierung des Schlachtfeldes durch die Germanen, zur Erwähnung von Überlebenden und Flüchtlingen aus germanischer Gefangenschaft, die wieder in das römische Heer eingegliedert worden waren,[50] zur Bestattung der Gebeine und zum Grabhügel werden ebenso anschaulich wie plastisch geschildert, so dass sich der Leser fast schon anwesend glaubt. Es entsteht der Eindruck, als habe sich das Geschehen auf einem begrenzten und überschaubaren Areal ereignet.[51] Es ist also erforderlich, hinter der Dramatisierung der

---

50 Cassius Dio (Cass. Dio 56,22,4) weiß auch von Gefangenen zu berichten, die von Angehörigen freigekauft wurden, denen es aber untersagt worden war, in Italien zu leben. Noch im Jahr 50 n. Chr. konnten römische Gefangene aus der Varusschlacht aus den Händen der »Barbaren«, und zwar der Chatten, befreit werden (Tac. ann. 12,27,3).
51 Einen ganz anderen Eindruck erhält man, wenn man dem Bericht des Cassius Dio (Cass. Dio 56,18 ff.) folgt.

Schilderung Realitäten zu fassen, wobei es allerdings nicht einfach ist, dem Vorwurf der willkürlichen Reduktion des Berichtes zu entgehen. Dasselbe gilt für die zweifellos rhetorisch aufgeputzte und dramatisch fast schon ins Extrem übersteigerte, manierierte Schilderung des Florus (Flor. epit. 2,30,29 ff.), wonach Varus in seinem Lager von den Germanen im Sturmangriff überrannt wurde. Geradezu genüsslich werden dann die Martern geschildert, welche die Römer zu erleiden hatten,[52] und es wird auf die Adler verwiesen, von denen sich zwei »noch heute« in der Hand der Barbaren befinden würden, während der dritte vom Standartenträger abgerissen und mit ihm im Sumpf verborgen wurde (Flor. epit. 2,30,37–9). Weder der Angriff auf das römische Lager noch das Schicksal der Adler ist allerdings plausibel. Beides widerspricht der übrigen Überlieferung.[53] Die Ausmalung der an den Römern vollzogenen Martern und der heldenhaften Tat des Adlerträgers ist offenkundig der Dramatisierung des Geschehens durch den Autor geschuldet. Aber die verbreitete antirömische Stimmung bei den Germanen, die Führungsrolle des Arminius, die fatalen Folgen einer wenig sensiblen Anwendung römischer Rechtspraktiken in einem Gebiet, wo andere Formen der Streitschlichtung üblich waren,[54] die Grausamkeit des Kampfes, die Betonung der prestigeträchtigen Legionsadler, die charakterlichen und militärischen Defizite des Varus (Hochmut, Grausamkeit und Sorglosigkeit) und die grundlegende Zielsetzung Roms zu dieser Zeit, nämlich die Pazifizierung der eroberten Gebiete, werden deutlich und befinden sich auch in Übereinstimmung mit anderen Quellen. Aber es ist eben auch Literatur, welche hier nicht zuletzt auf Emotionen beim Leser abzielt.

52 Dieses braucht hier nicht im Einzelnen ausgeführt zu werden. Die Grausamkeiten des Kampfgeschehens mit den Folgen für das römische Heer werden auch in anderen Quellen erwähnt, so bei Frontin. strat. 2,9,4 und Tac. ann. 1,61,3 f.

53 Bekanntlich wurden alle drei Adler im Verlauf der folgenden Jahre von Rom wiedergewonnen, davon zwei durch Germanicus 15 bzw. 16 n.Chr. (Tac. ann. 1,60,3; 2,25,1), der dritte offenbar wesentlich später erst unter Claudius 41 n.Chr. (Cass. Dio 60,8,7). Für die Zuerkennung des Triumphes an Germanicus, den dieser 16 n.Chr. feierte, spielte die Rückgewinnung der Adler eine wichtige Rolle; beim Saturntempel wurde aus diesem Grund ein Ehrenbogen errichtet (Tac. ann. 2,41,1); aus Anlass des Todes des Germanicus sollte auf Beschluss des Senats eine Monumentalinschrift auf einem Ehrenbogen im Circus Flaminius die Taten des Prinzen rühmen, darunter auch die Wiedergewinnung der Feldzeichen aus der Varusschlacht (gemäß der Inschrift auf der Tabula Siarensis Frg. 1, Z. 14). Und die berühmte, allerdings nicht sicher datierte Dupondius-Emission für Germanicus Caesar feiert diesen mit der Legende: SIGNIS RECEPT(is) – DEVICTIS GERM(anis), aber damit verlassen wir die literarische Überlieferung.

54 Vgl. bes. Flor. epit. 2,30,31.36.

Ursachen und Konsequenzen der Varusschlacht aus antiker Perspektive

Mit dieser durchaus eigenwilligen Schilderung der Varuskatastrophe durch Florus geraten Fragen nach den politischen Hintergründen, aber auch Folgen des Ereignisses ebenso in den Blick wie nach der Gesamtbewertung und der historischen Bedeutung der Schlacht in antiker Sicht. Antworten hierauf können wir nur von der auf uns gekommenen literarischen Überlieferung erhoffen.

Wie Florus, so betont auch schon Velleius Paterculus die Widerstände der Germanen gegen die römische Rechtsprechung, die Varus offenbar bewusst und mit Konsequenz durchzusetzen suchte (Vell. 2,118,1). Er würdigt den Arminius allerdings als einen Mann von vornehmer Abstammung, der persönlich tapfer und intelligent war. Zudem war er ein ständiger Begleiter auf einem früheren Feldzug Roms gewesen und nicht nur im Besitz des römischen Bürgerrechts, sondern sogar des Ritterranges; dennoch war er ein Verbrecher (Vell. 2,118,2). Übertroffen wird diese in Teilen durchaus positive Bewertung durch Velleius nur durch die bis heute nachwirkende Würdigung des Arminius durch Tacitus, die bereits eingangs zitiert wurde.[55] Varus wird dagegen zumindest tendenziell stärker negativ beurteilt, was angesichts der Tatsache, dass die Quin(c)tilii zur Zeit der Abfassung der Schrift des Velleius Paterculus um 30 n. Chr. am Kaiserhof des Tiberius in Ungnade gefallen waren,[56] nicht erstaunt.[57] Für die Zeit davor war es nicht gerade opportun, sich allzu kritisch über Varus zu äußern, war er doch von Augustus als dem obersten Verantwortlichen mit der Aufgabe der Pazifizierung und wohl auch langsamen Durchsetzung einer Provinzialisierung der *Germania magna* betraut worden. Die ›Schuld‹ an dem Debakel konnte also leicht auf den *princeps* fallen. Dementsprechend bemühte man zur Erklärung der Katastrophe

---

55 Vgl. oben S. 102 mit Anm. 19. – Bei Florus (Flor. epit. 2,30,32) und Cassius Dio (Cass. Dio 56,19,2) wird Arminius eher beiläufig als Anführer der aufständischen Germanen genannt; vgl. auch noch Frontin. strat. 2,9,4.

56 26 und 27 n. Chr. waren die Ehefrau des Varus, Claudia Pulchra, und ihr gemeinsamer Sohn, Quintilius Varus, der es zu großem Reichtum gebracht hatte, wegen diverser Vergehen verurteilt worden (Tac. ann. 4,52.66).

57 Zu Einzelheiten siehe Vell. 2,117,2–119,3; 120,5. Außer Sorglosigkeit *(socordia)* werden ihm als Charaktereigenschaften neben sanfter Gemütsart und ruhigem Wesen auch körperliche und geistige Unbeweglichkeit *(ingenio mitis, moribus quietus et corpore et animo immobilior)*, mehr Muße im Lagerleben als Erfahrung im Krieg *(otio magis castrorum quam bellicae adsuetus militiae)*, fehlende Fähigkeit eines Befehlshabers *(defectus consilio imperatoris)*, Trägheit *(marcor)* und fehlender Kampfesmut *(animus pugnandi)* sowie eine gewisse Geldgier *(pecuniae non contemptor)* vorgehalten, andererseits aber seine Bedeutung und sein guter Wille *(gravis et bonae voluntatis vir)* sowie sein Mut zur Selbsttötung – dem Beispiel von Vater und Großvater folgend – hervorgehoben. Wieweit die Urteile des Velleius berechtigt sind, braucht und kann hier nicht diskutiert werden. Es wäre dazu auch die weitere Tätigkeit des Varus, insbesondere sein Verhalten als Statthalter in Syrien, zu berücksichtigen.

vor allem ein blindes Schicksal und das Einwirken der Götter.[58] Bekanntlich wurde das von dem Markomannen Marbod nach Rom gesandte Haupt des Varus mit allen Ehren im Grabmal der Quinctilii beigesetzt.[59] Die militärische Katastrophe wurde demnach mehr als temporärer Rückschlag (wie manche früheren in der Geschichte Roms), denn als endgültige Niederlage und grundsätzliche Aufgabe aller Optionen auf Beherrschung und Kontrolle des Landes zwischen Rhein und Elbe angesehen. Die Zeitgenossen sahen offenbar in der Varusschlacht zunächst keinen grundsätzlichen Wendepunkt der römischen Germanienpolitik.[60] Diese Einschätzung änderte sich dann bei den Autoren der nachtiberischen Zeit. Tacitus glaubte diese Zäsur in der Abberufung des Germanicus vom germanischen Kriegsschauplatz Ende 16 n. Chr. zu erkennen.[61] In der Folgezeit wurde dieser Einschnitt mehr und mehr in das Jahr 9 n. Chr. zurückverlegt und mit der Varusschlacht verbunden; zugleich wurde die Schuld am Aufstand der Germanen und an der Katastrophe viel unmittelbarer dem Verhalten und militärischen Versagen des Varus zugeschrieben.[62]

58 Vgl. schon Vell. 2,117 ff. zur Rolle der glücksbringenden wie unheilvollen Fortuna; in gleichem Zusammenhang ist auch von der Missgunst der Fortuna (*iniquitas fortunae* – ebd. 2,119,2) die Rede; besonders betont wird ihr Walten von Velleius (Vell. 2,118,4) in der allgemeinen Schlussfolgerung und ›Moral‹: »Das Schicksal hatte die ganze Schärfe seines [d. h. des Varus] Verstandes verblendet: Die Dinge liegen ja so, dass meistens ein Gott die Pläne desjenigen, dessen Schicksal er ändern will, zerbricht, und das, was am meisten zu bejammern ist, bewirkt, dass das, was geschieht, scheinbar auch noch verdientermaßen geschehen ist und der Zufall zur Schuld wird.« – Vgl. ferner Manil. 1,898 ff.; Sen. epist. 47,10; Tac. ann. 1,55,3: Varus verfiel dem Schicksal (*fato*) und der machtvollen Gewalt (*vi*) des Arminius; Cass. Dio 56,24,2 (Verarbeitung der Niederlage durch Augustus).

59 Vell. 2,119,5. – Marbod hatte das Haupt des Varus von Arminius erhalten, der sich eine Koalition mit dem Suebenfürsten erhoffte. Nach Abberufung des Germanicus aus Germanien Ende 16 n. Chr. kam es zur großen Auseinandersetzung zwischen den um den Vorrang streitenden germanischen Anführern, bei der Marbod schließlich unterlag.

60 Auf die Frage nach der Varusschlacht als »Wendepunkt der Geschichte« wurde an anderer Stelle eingegangen, vgl. Wiegels 2007.

61 Vgl. bes. Tac. ann. 2,41,2 zum Jahr 17 n. Chr. anlässlich des Triumphes des Germanicus: »[…] da es untersagt worden war, den Krieg zu Ende zu führen, nahm man ihn als beendet an.« Im Übrigen belegt schon die Ausführlichkeit der Berichte des Tacitus über die Kriegszüge des Germanicus in Germanien dieses Anliegen. In dieser Einschätzung sind ihm nicht wenige moderne Autoren gefolgt, siehe etwa Lehmann 1989.

62 Flor. epit. 2,30,21 f. (zur Absicht des Augustus, Germanien zur Provinz zu machen); 2,30,29–32. – Dazu der Vorwurf von Ausschweifung und Willkür (*libido*), Stolz (*superbia*) und Grausamkeit (*saevitia*) in der Wahrnehmung durch die Germanen, welche sich durch die römische Gerichtspraxis grausamer behandelt wähnten als durch die römischen Waffen (ebd. 2,30,31 f.); vgl. dazu auch weiter oben mit Anm. 57 die Vorwürfe des Velleius Paterculus. Zusammen genommen deckt dieses schon fast die gesamte Palette persönlicher negativer Eigenschaften ab. – Suet. Aug. 23 und Cass. Dio 56,23 f. (zur Reaktion des Augustus in Rom und den getroffenen Maßnahmen). – Bei dieser Bewertung der Varusschlacht in der Geschichtsschreibung des 2. Jahrhunderts hat zweifellos mitgespielt, dass mittlerweile – d. h. seit etwa 84 n. Chr. unter Domitian – die formale Einrichtung der germanischen Provinzen erfolgt war und Rom sich somit von dem Schein der

Insbesondere lässt der Bericht des Cassius Dio über die Varusschlacht die veränderte historische Gewichtung des Ereignisses erkennen, zumal er die Feldzüge des Tiberius 10/11 n. Chr., die Velleius hervorhebt, und folgend des Germanicus, die Tacitus so detailliert beschreibt, nur beiläufig behandelt und letztere sogar lediglich in einem einzigen Satz zusammenfasst.[63] Es lohnt sich aber, den Beginn seines Berichtes über die Varusschlacht ausführlicher zu zitieren, da hier zusammenfassend eine Reihe von geklärten, aber auch ungeklärten und daher strittigen Aspekten zur Sprache kommt oder zumindest angedeutet wird (Cass. Dio 56,18):

»Die Römer hatten zwar einige Teile dieses Landes in ihrem Besitz, doch kein zusammenhängendes Territorium; deshalb findet man darüber auch nichts in der geschichtlichen Überlieferung. Ihre Truppen überwinterten dort, Städte wurden gegründet, und die Barbaren passten sich ihrer Lebensweise an, besuchten Märkte und trafen sich bei friedlichen Zusammenkünften. Allerdings hatten sie auch nicht die traditionellen Bräuche, ihre angestammte Wesensart und die auf ihrem Recht, Waffen zu tragen beruhende unabhängige Lebensweise vergessen. Solange sie also nur allmählich und auf behutsame Weise hierin umlernten, fiel ihnen die Veränderung ihrer Lebensweise nicht schwer, ja sie bemerkten den Wandel kaum. Als aber Quintilius Varus den Oberbefehl in Germanien übernahm und die Verhältnisse bei ihnen kraft seiner Amtsgewalt zu ordnen suchte, wollte er sie zu rasch umformen: Er erteilte ihnen generell Befehle, als ob sie in Knechtschaft lebten und trieb von ihnen wie von Untertanen Tribute ein. Da ertrugen sie dieses nicht länger. Die Anführer versuchten sich wieder der früheren Herrschaft zu bemächtigen, und das Volk wollte lieber den altgewohnten Zustand als fremde Despotie. Eine offene Empörung vermieden sie zwar, weil sie die große Zahl an Römern sowohl am Rhein als auch im Inneren ihres eigenen Landes sahen. Vielmehr empfingen sie Varus, als ob sie alle Befehle ausführen wollten, und lockten ihn so weiter vom Rhein weg in das Gebiet der Cherusker und zur Weser. Auch hier verhielten sie sich so friedlich und freundschaftlich, dass sie ihn zum Glauben verleiteten, sie würden auch ohne militärischen Zwang die Knechtschaft ertragen.«

Der Bericht betont die ›Schuld‹ des Varus an der Erhebung und folgend an der katastrophalen Niederlage, weil der Legat die Provinzialisierung Germaniens offenbar

---

Gewinnung einer bis zur Elbe reichenden Provinz *Germania* verabschiedet hatte. Die Territorien der Provinzen *Germania superior* und *inferior* befanden sich dabei zum großen Teil auf gallischem Boden (!) gemäß der caesarischen Scheidung von *Gallia* und *Germania*.

63 Cass. Dio 56,25,2 f. (zum Jahr 11 n. Chr.); 57,6,1 (zum Jahr 14 n. Chr. und der Meuterei der Truppen in Germanien); 57,18,1 (= Xiph. 134,27–32) (zu den Feldzügen 15–16 n. Chr.): »Germanicus drang auf seinem Feldzug gegen die Kelten [= Germanen] erfolgreich bis an den Ozean vor, errang über die Barbaren einen überwältigenden Sieg, ließ die Gebeine der unter Varus Gefallenen sammeln und bestatten und erlangte auch die [verlorenen] Feldzeichen wieder.« Der Satz reduziert die Feldzüge des Germanicus auf die wenigen Aspekte, welche nach Ansicht des Autors von Bedeutung waren.

allzu rigide vorantrieb. Als einer der Gründe wird auf die Einforderung von Tributen abgehoben, eine immer wieder genannte Ursache für Erhebungen.[64] Es ist gut möglich, dass Varus die Tribute besonders rücksichtslos eintrieb und bei seinem Vorgehen auf nachhaltige Rückendeckung durch Augustus bauen konnte, befand sich doch der römische Staat damals in einer ernsten finanziellen Krise.[65] Das Bestreben der Germanen, die als drückend empfundene Tributlast abzuschütteln, ist daher ebenso einsichtig wie die Ablehnung der oben erwähnten Praxis der Rechtsprechung durch die Römer.

Dio lässt uns aber im Unklaren darüber, was konkret Varus veranlasst hat, die gesamte niedergermanische Streitmacht nach Germanien bis zur Weser in Marsch zu setzen.[66] Man könnte an vorgeschobene Streitigkeiten zwischen Cheruskern und angrenzenden Stämmen der Sueben denken, in die Rom schlichtend und notfalls mit militärischen Mitteln eingreifen sollte. Zu erwägen ist auch, dass Varus mit Billigung Roms in Germanien Stärke demonstrieren wollte, um so in der Endphase des Pannonischen Krieges Marbod in Schach zu halten, damit sich dieser nicht mit den Illyrern verbündet.[67] Dieses sind allerdings nur mehr oder weniger plausible Vermutungen.

64 Auch der Aufstand der Pannonier und Dalmater 6–9 n. Chr. war nicht zuletzt durch die drückenden Steuerlasten bedingt (Cass. Dio 55,29,1; 56,16,3 mit der angeblichen Antwort des Führers des Aufstandes Bato an Tiberius am Ende des Krieges auf die Frage nach dem Grund für den Abfall und den jahrelangen Widerstand: »Ihr tragt die Schuld daran, denn ihr schickt doch zu euren Herden als Wächter nicht Hunde, sondern Wölfe«. Velleius (Vell. 2,110,1) dagegen will Rom entlasten und schreibt die Schuld »ganz Pannonien zu, das im Wohlleben eines lang andauernden Friedens übermütig geworden war und an Kraft gewonnen hatte.« Diesem Aufstand hätten sich Dalmatien und alle Stämme der Gegend angeschlossen. Dieses ist natürlich eine subjektive und einseitige Interpretation der Lage.

65 Zur Finanzkrise in Rom, die nicht zuletzt durch den kostspieligen pannonisch-dalmatischen Aufstand verschärft wurde, siehe Plin. nat. 7,149; Cass. Dio 55,31,4. Nach der Varuskatastrophe mussten die erlittenen Verluste kompensiert werden.

66 Auch die anderen Quellen schweigen diesbezüglich. – Selbstverständlich blieben Mannschaften zur Sicherung der Rheinfront in den dortigen Lagern zurück. Der Umfang derselben bleibt allerdings ebenso ungewiss wie die zu vermutende Gesamtzahl an Personen, welche in den Hinterhalt der Germanen *in saltu Teutoburgiensi* gerieten. Zweifellos sind manche modernen Schätzungen von über 20 000 Gefallenen zu hoch.

67 Rom sah in Unruhen im illyrischen Raum eine besondere Bedrohung für Italien. Nach Velleius Paterculus (Vell. 2,110,6) war die Furcht vor dem Krieg in Pannonien, der im Sommer 6 n. Chr. ausbrach und erst im Frühherbst 9 n. Chr. beendet werden konnte, so groß, »dass sie sogar den standhaften und durch die Erfahrung aus so gewaltigen Kriegen gefestigten Mut des Kaisers Augustus zum Wanken brachte und erschreckte« (s. a. Suet. Tib. 16 f. mit der Bewertung: »Es war der schwerste aller auswärtigen Kriege nach den punischen« und nach ihm Oros. 6,25; vgl. Tac. ann. 1,44,4: Befürchtung eines suebisch-markomannischen Angriffs auf Raetien). Daher auch die Konsequenz und die große Truppenmacht, mit denen Rom den dortigen Aufstand niederzuringen suchte (Vell. 2,110–112). Zu eben diesem Zeitpunkt hatte Rom in einer großen Zangenbewegung zur Zerschlagung des erstarkten Markomannenreiches unter Marbod angesetzt, ein Vorhaben, das wegen des Krieges auf dem Balkan abgebrochen werden musste (Vell. 2,108–110; vgl. Tac.

Bei Dio wird lediglich auf Ordnungsmaßnahmen des römischen Befehlshabers abgehoben.[68] Nichts dergleichen wird im Übrigen für die Jahre 7 und 8 n. Chr. berichtet, als wegen des Krieges in Pannonien zunächst an der Rheinfront sichernde Zurückhaltung geboten war.

Lassen sich somit die tieferen Gründe für den Abfall der Germanen zumindest im Grundsätzlichen plausibel erschließen, so bleiben die konkreten Anlässe auf Seiten der Cherusker unter Führung des Arminius und der spektakuläre militärische Erfolg in moderner Sicht zumindest erstaunlich. So viel ist jedenfalls den Quellen eindeutig zu entnehmen, dass von einer spontanen Volkserhebung der Germanen keine Rede sein kann, wohl aber von einer raschen Ausbreitung des Aufstandes unter der Führung und in Verantwortung der adligen Stammeseliten.[69] Dass sich Varus im Hinblick auf Arminius angesichts von dessen Stellung als römischer Bürger und sogar Ritter sowie militärischer Verbündeter in einem früheren Krieg[70] und persönlicher

ann. 2,46,1 aus der Sicht des Marbod). In Germanien hatte Tiberius, der hier seit 4 n. Chr. wieder das Kommando führte, offenbar die Lage bis in den Raum der Elbe befriedet. Ausführlich und mit schmückenden Episoden garniert berichtet hierüber der »Lobredner« des Tiberius und Teilnehmer an den Feldzügen Velleius Paterculus (Vell. 2,104–108); er bilanziert: »Nichts gab es mehr in Germanien zu besiegen außer den Markomannen« (Vell. 2,108,1). Weitaus knapper und nüchterner dagegen Cassius Dio (Cass. Dio 55,28,5). Tiberius rückte danach zuerst bis zur Weser, dann bis zur Elbe vor. Weiter heißt es: »Allerdings wurde irgendetwas Erwähnenswertes damals nicht erreicht«. Die Markomannen hatten sich zusammen mit den suebischen Quaden römischem Druck entzogen und waren aus dem Maingebiet nach Böhmen abgewandert (Strab. 7,1,4 [= 291 C]; Vell. 2,108,1; Suet. Aug. 21,1: Zurückdrängung der Germanen über die Elbe). Mit den Markomannen verbündet waren Semnonen und Langobarden, welche sich nach einer Niederlage gegen Tiberius 5 n. Chr. auf das östliche Ufer der Elbe zurückgezogen hatten (Vell. 2,106,2). Marbod ließ sich aber in kluger Einschätzung der Machtverhältnisse nicht in eine anti-römische Koalition einbinden, weder 6 n. Chr. mit den Illyrern noch 9 n. Chr. mit den aufständischen Germanen (Vell. 2,119,5: Hoffnung der Germanen auf ein Bündnis, indem sie Marbod das abgeschlagene Haupt des Varus übersandten, welches dieser aber nach Rom weiter schickte; s. o.).

68 Hierzu zählte auch die nicht von ungefähr kritisierte und auf Bitten der Germanen erfolgte Dislozierung zahlreicher Soldaten zur Sicherung bestimmter Plätze, zur Ergreifung von Räubern und zum Schutz von Lebensmittellieferungen.

69 Vell. 2,118,3; Cass. Dio 56,18,4; 19,3–5. – Dieses ist nicht zuletzt auch aus den folgenden Ereignissen zu schließen. Aber es kann keine Rede davon sein, dass sich »ganz Germanien« dem Aufstand anschloss.

70 Vell. 2,118,2: »Auf unserem früheren Feldzug war er ständiger Begleiter gewesen« (adsiduus militiae nostrae prioris comes), eine in der Forschung viel diskutierte Mitteilung. Wir schließen uns hier der Ansicht an, dass sich die Aussage höchstwahrscheinlich auf den Pannonischen Krieg bezieht, in welchem Arminius eine Hilfstruppe der Cherusker anführte. Neuerdings ist die Aussage, allerdings weniger überzeugend, auf Kriegszüge Roms im Osten unter dem Adoptivsohn des Augustus, C. Caesar, bezogen worden, vgl. Wolff 2005.

71 Außer Arminius wird »neben anderen« als zweiter Segimer genannt (Cass. Dio 56,19,2), Bruder des Segestes, des Schwiegervaters des Arminius, der sich später (15 n. Chr.) den Römern unterwarf und zusammen mit seinem Sohn Sesithacus begnadigt wurde; in Gallien wurde ihnen im Ubiergebiet eine Wohnstätte zugewiesen (Tac. ann. 1,71,1).

Vertrauter[71] trotz Warnungen täuschen ließ, ist nach übereinstimmender Auskunft aller Quellen unstrittig. Überzeugend ist auch die Ansicht, dass eine militärisch geschulte cheruskische Formation maßgeblich den Erfolg des germanischen Militärschlages ermöglicht hat.[72]

Die Erwähnung der Weser spielt für die Frage des Zieles des Varusheeres und folgend für die Festlegung des Ortes der Varusschlacht eine zentrale, wenngleich vielfach überschätzte Rolle.[73] Damit in Zusammenhang gebracht wird das so genannte »Sommerlager« des Varus, von dem aus er ins Verderben marschierte. Selbstverständlich kampierte der Kern der römischen Streitmacht in Lagern, in welchen aber und für wie lange Zeit, bleibt völlig offen.[74] Dementsprechend ist *das* Sommerlager bloße Spekulation. Dagegen ist den literarischen Berichten zuverlässig zu entnehmen, dass sich die militärische Katastrophe im Herbst ereignet haben muss. Der übergroße Tross aber, in welchem auch Frauen und Kinder mitzogen, hat schon immer die Forschung zur Annahme geführt, dass sich das Heer auf dem Rückmarsch in die Winterlager am Rhein befand oder denselben vorbereitete, als sich nach abgesprochenem Plan einige entfernt wohnende Stämme erhoben.[75] Noch auf dem Marsch dorthin wurde gemäß des Plans des Arminius das sich in befreundetem Gebiet wähnende römische Heer überfallen, nachdem die Germanen unter dem Vorwand, Hilfstruppen herbeizuholen, nicht zuletzt auch diese gegen den durch eine Enge sich lang und ohne Ordnung hinziehenden Verband der Römer in Stellung brachten (Cass. Dio 56,19,3–5; 20,5).

Letzte Unklarheiten lassen sich auch nicht über das Lager, welches das römische Heer nach dem ersten Überfall bezog, und über die sicherlich nicht allzu großen

---

72 Die fast beiläufige Mitteilung bei Tacitus (Tac. ann. 2,10,3) anlässlich des Streitgesprächs zwischen Flavus und seinem Bruder Arminius an der Weser, wonach Letzterer in seine Rede viele lateinische Wörter habe einfließen lassen, »hatte er doch im römischen Lager als Anführer seiner Landsleute gedient« *(Romanis in castris ductor popularium)*, ist seit Timpe 1970 geradezu zum Schlüssel für den Erfolg der Erhebung avanciert. Dieses sicherlich nicht ganz zu Unrecht, da bei Auslegung dieser Nachricht im Sinne der Führungsstellung des Arminius über eine kriegserfahrene Hilfstruppe der Cherusker deren Fähigkeiten und militärisches Potenzial sowie entsprechende strategische Kenntnisse und das Wissen um römische Kriegstaktiken einschließlich ihrer Verletzlichkeit verständlich werden. Insoweit kann als Auslöser des Aufstandes durchaus die Revolte einer cheruskischen Hilfstruppe angesehen werden, ungeachtet der Festlegung auf einen bestimmten Typus derselben etwa als fest und dauerhaft in die römische Armee eingegliederte Auxiliarformation.

73 Umstritten ist in der Forschung, ob das Heer des Varus »in Richtung auf die Weser« oder »zur Weser« gelockt wurde. Damit verbunden wird das Problem der Zugrichtung des Heeres in den Untergang. Da sich Varus im befriedeten Gebiet bei den an der Weser siedelnden Cheruskern befand, spricht dieses für die zweite Auslegung des entsprechenden griechischen Wortes πρός.

74 Nicht von ungefähr deutet Florus die Varusschlacht als Überfall der Germanen auf ein Lager des Varus; ihm ist die Forschung häufig gefolgt.

75 Über deren Identifizierung ist in der Forschung endlos und erfolglos gestritten worden; sie lässt sich aus den Quellen nicht erschließen; alle diesbezüglichen Hypothesen sind müßig.

Entfernungen, die das Heer auf den folgenden Tagesmärschen zurücklegte, beseitigen.[76] Berichtet wird allerdings, dass beim Abmarsch aus dem ersten Lager zahlreiche
Wagen und unnötige Gegenstände verbrannt wurden, welche den Weiterzug unnötig
behindert hätten (Cass. Dio 56,21,1), und dass der letzte Schlag, der den Selbsttod des Varus und die Kapitulation des römischen Heeres bedeutete, am vierten Tag
erfolgte.[77] Weitere Einzelheiten betreffen dramatische Situationen mit Schilderung
des Schicksals einiger namentlich genannter ranghoher Soldaten, worüber uns vor
allem Velleius Paterculus in Kenntnis setzt, nämlich das nach römischen Wertmaßstä-
ben entgegengesetzte Verhalten der beiden Lagerpräfekten L. Eggius und Ceionius,
von denen ersterer ein »leuchtendes«, Ceionius aber ein »schändliches« Beispiel gab,
als er nach dem Verlust des größten Teiles des Heeres zur Kapitulation riet.[78] Ähnlich unrühmlich verhielt sich Numonius Vala, Legat des Varus, der die Infanterie im
Stich ließ *(deseruit)*, indem er mit der Reiterei vom Schlachtfeld zu fliehen und den
Rhein (!) zu erreichen suchte, der aber als »Deserteur« *(desertor)* dennoch von der
Rache des Schicksals *(fortuna)* nicht verschont wurde und fiel (Vell. 2,119,4). Als
nach der Niederlage der Römer »die Barbaren alle Kastelle [in der *Germania magna*]
mit einer Ausnahme eroberten« und hierdurch aufgehalten, entgegen römischen
Befürchtungen, nicht den Rhein überschritten,[79] wird noch die Tapferkeit und Kriegs-
list des Lagerpräfekten bzw. *primipilaris* L. Caedicius rühmend erwähnt, der von
dem belagerten *Aliso* aus den Rückzug zu den Bastionen am Rhein schaffte.[80] Dass

76 Tacitus (Tac. ann. 1,61,1 f.) berichtet im Zusammenhang mit dem Aufsuchen der Kampfstätte
   durch Germanicus, dass die Römer, als sie die »traurigen, für den Anblick und die Erinnerung
   schmachvollen Stätten« betraten, zunächst das erste Lager des Varus identifizieren konnten,
   welches sich nach den Ausmaßen des Hauptquartiers *(principia)* noch als das Werk dreier Legionen erwies. »Dann erkannte man an dem halbzerstörten Wall und nur noch flachem Graben die
   Stelle, wo sich die bereits dezimierten Reste des Heeres niedergelassen hatten. Mitten auf dem
   Feld lagen bleichende Gebeine, zerstreut oder haufenweise, je nachdem sie von Flüchtenden
   oder von solchen, die Widerstand geleistet hatten, stammten.« Versuche, diese Version über die
   Lager mit dem Bericht des Cassius Dio zu harmonisieren, erscheinen eher gezwungen und führen
   schwerlich zu plausiblen Ergebnissen.
77 Die Überlieferung über den »vierten Tag« ist nicht eindeutig, wird aber von der Forschung weitgehend akzeptiert.
78 Das beispielhafte Verhalten des L. Eggius wird nicht näher beschrieben. Von einer weiteren »Hel-
   dentat« eines jungen Mannes aus alter Familie namens Caldus Caelius weiß noch Velleius Paterculus (Vell. 2,120,6) zu berichten, der sich in Ketten als Gefangener der Germanen selbst tötete.
79 Cass. Dio 56,22,2–4. – Mit Ergänzungen aus der Version des Zonaras (Zon. 10,37, p. 452,12–29
   Dind.).
80 Vell. 2,120,4; Frontin. strat. 4,7,8 – vgl. auch ebd. 3,15,4 zu Überlebenden aus der Varusschlacht.
   – Über die Identifizierung dieses *Aliso* wird bis heute erfolglos gestritten; die vielfach erwogene
   Gleichsetzung mit Haltern ist ebenso wenig zwingend wie überhaupt die Annahme seiner Lage an
   der Lippe. – Die Mitteilungen des Frontinus – vgl. neben dem zitierten noch ebd. 2,9,4: Arminius
   lässt Köpfe von getöteten Römern aufspießen und vor den Wall der Feinde bringen – beziehen
   sich vermutlich alle auf dieses Kastell, dessen Besatzung sich halten konnte.

sich die militärische Katastrophe nicht auch auf Gallien auswirkte, war schließlich dem umsichtigen Verhalten des Kommandanten und Legaten des obergermanischen Heeres, L. (Nonius) Asprenas, zu verdanken, der mit seinen beiden Legionen an den Niederrhein marschierte und die Lage auch im Hinblick auf wankelmütige Stämme Galliens stabilisieren konnte.[81]

Fazit

Brechen wir mit dieser Nachricht über eine zumindest vorläufige Stabilisierung der Lage für Rom an der Rheinfront den Überblick über einige wesentliche Aspekte der literarischen Überlieferung zur Varusschlacht ab. Die folgenden Kriegszüge des Tiberius und insbesondere des Germanicus, aber auch die komplexen römisch-germanischen Beziehungen insgesamt bis in die Zeit des Domitian, als Rom endgültig von einer *Germania* bis zur Elbe Abschied nahm, stehen hier nicht mehr zur Debatte. Selbstverständlich konnte an dieser Stelle die literarische Überlieferung nicht in allen ihren Einzelheiten und Facetten voll ausgelotet werden, und noch weniger konnte auf die zahlreichen Forschungskontroversen genauer eingegangen werden. Dennoch bleibt zu hoffen, dass mehr als ein flüchtiger Eindruck von der Vielfalt der literarischen Überlieferung, dem aus ihr erkennbaren weiten Problemhorizont, aber auch von den Grenzen, welche durch sie für uns gezogen sind, vermittelt werden konnte. Die Forschung bleibt im Fluss; neue Bausteine zur Rekonstruktion des historischen Gebäudes sind zweifellos in erster Linie von der Archäologie zu erwarten, mit der – ohne Aufgabe der eigenen methodischen Prämissen – im Gespräch zu bleiben, das Anliegen eines jeden ernsthaft betriebenen Bemühens um Annäherung an die Aufhellung geschichtlicher Tatbestände wie der Varusschlacht sein sollte und muss. Umgekehrt ist auch die Archäologie und sind zweifellos auch weitere Nachbardisziplinen diesem Anliegen verpflichtet. Hoffen wir auf fruchtbare Dialoge.

---

81 Cass. Dio 56,22,4; Vell. 2,120,3. – Allerdings bezieht sich Velleius in diesem Zusammenhang auch auf ungenannte Personen, welche meinten, Asprenas habe zwar die Lebenden gerettet, aber die Hinterlassenschaften der unter Varus Getöteten und das Erbe des vernichteten Heeres nach Gutdünken an sich gerissen. Über den Wahrheitsgehalt eines solchen Gerüchtes lässt sich nicht einmal spekulieren.

Glossar der Autoren
(mit den verwendeten Abkürzungen)

Aristot. meteor.: Aristoteles von Stageira, *Meteorologika*. – Griechischer Philosoph und universeller Gelehrter (384–322 v. Chr.), Verfasser u. a. physikalischer Schriften wie vier Bücher *Meteorologika*.

Aufidius Bassus (frühes 1. Jh. n. Chr.), *Libri belli Germanici* (verloren).

Caes. Gall.: C. Iulius Caesar, Commentarii de bello Gallico. – Die Schrift des Caesar (100–44 v. Chr.) über den Gallischen Krieg aus den Jahren 51/50 v. Chr. enthält die wichtigsten Informationen über die Lage an der Rheinfront in spätrepublikanischer Zeit.

Cassiod. chron.: Flavius Magnus Aurelius Cassiodorus, *Chronica*. – Senator (ca. 485 bis nach 575 n. Chr.), der u. a. eine chronologische Tabelle in Form von Jahreslisten von Adam bis 519 n. Chr. verfasste.

Cass. Dio: Cassius Dio Cocceianus, Römische Geschichte. – Cassius Dio stammt aus Nikaia in Bithynien; zweifacher Konsul, zuletzt 229 n. Chr. Sein Hauptwerk ist eine »Römische Geschichte« in 80 Büchern, von denen aber zahlreiche verloren sind. Späte Exzerpte aus byzantinischer Zeit wie des Xiphilinos (= Xiph.), aus dem 11. Jahrhundert, und des Zonaras (= Zon.), aus dem 12. Jahrhundert, bieten einen gewissen Ersatz. Das Werk ist von hohem Wert vor allem wegen der umfangreichen Verwendung älterer, teilweise zeitgenössischer Quellen.

Cic. fam.: M. Tullius Cicero, *Epistulae ad familiares*. H. Kasten (Hrsg.), Marcus Tullius Cicero an seine Freunde, lat.-dt. München: Heimeran ²1976 [Erstausg.: München 1959]. – Cicero (106–43 v. Chr.), bekannter Politiker, Redner und Philosoph.

Cons. ad Liviam: Consolatio ad Liviam. – ein zu Unrecht Ovid zugeschriebenes Gedicht auf den Tod des Drusus (nach 13 v. Chr.).

Diod.: Diodorus Siculus. – Griechischer Historiker (1. Jahrhundert v. Chr.) aus Agyrion in Sizilien; sein Werk ist stark von den benutzten Vorlagen abhängig.

Dion. Hal.: Dionysios Halicarnasseus. – Griechischer Lexikograph (2. Jahrhundert n. Chr.).

Dion. Per.: Dionysios Periegetes. – Griechischer Dichter (2. Jahrhundert n. Chr.), Verfasser einer *Periegesis tes oikumenes* (Beschreibung der bewohnten Welt) in Hexametern.

Eutr.: Eutropius, Breviarium ab urbe condita. – Unter Kaiser Valens (364–378 n. Chr.) ein einflussreicher Beamter, in dessen Auftrag er in zehn Büchern eine kurz gefasste Geschichte Roms von der Gründung an schrieb.

Flor. epit.: L. Annaeus Florus, Epitome bellorum omnium annorum DCC. – Eine stark mit rhetorischen Elementen versehene Geschichte der römischen Kriege bis Augustus, die er wohl im 2. Jahrhundert unter Kaiser Hadrian verfasste.

Frontin. strat.: S. Iulius Frontinus, Strategemata. – Dieses Werk umfasst vier Bücher mit Kriegslisten großer Feldherren. Frontinus (ca. 40–103 n. Chr.) stammte möglicherweise aus Südgallien und war dreimal Konsul, und zwar in den Jahren 73, 98 und 100 n. Chr; mit Domitian 83 n. Chr. am Chattenkrieg beteiligt; Verfasser mehrerer technischer Lehrbücher.

Liv.: T. Livius, Ab urbe condita. – Livius (59 v. Chr.–17 n. Chr.) war der bedeutendste Historiker der augusteischen Zeit. Sein großes Geschichtswerk »ab urbe condita«, die Geschichte Roms bis ins Jahr 9 v. Chr., umfasst 142 Bücher; Grundlage zahlreicher späterer Werke bis in die Spätantike; im Original nur mit großen Lücken überliefert, erhalten sind Auszüge *(epitomae)* und Inhaltsangaben *(periochae)* aus dem 4. Jahrhundert n. Chr.

Manil.: M. Manilius, Astronomica. – Römischer Astronom und Dichter. Die »Astronomica« in Gedichtform wurden wohl schon unter Augustus begonnen und dann dem Tiberius gewidmet.

Mela: Pomponius Mela, De choreographia. – Mela verfasste eine geographische Erdbeschreibung (ca. 43/44 n. Chr.).

Oros.: Paulus Orosius, Historia adversus paganos. – Spanischer Priester, der zu Beginn des 5. Jahrhunderts im Auftrag des Augustinus in apologetischer Absicht eine umfassende »Geschichte gegen die Heiden«, die erste christliche Weltgeschichte, schrieb. Wichtig wegen der Verwendung älterer Werke, u. a. Livius und andere verlorene Schriften.

Plin. nat.: C. Plinius Secundus maior, Naturalis historia. – Plinius der Ältere (23/24–79 n. Chr.), römischer Ritter im Militärdienst, Verwaltungsbeamter in verschiedenen Provinzen und zuletzt Präfekt der Flotte in *Misenum.* Als solcher erlebte er den Vesuvausbruch, bei dem er umkam. Verfasser einer naturwissenschaftlichen Enzyklopädie in 37 Büchern. Verloren sind unter anderem seine 20 Bücher über die germanischen Kriege, aus denen offenbar aber spätere Autoren geschöpft haben.

Plin. epist.: C. Plinius Caecilius Secundus minor. – Plinius der Jüngere (61/62–nach 112/113 n. Chr.), Neffe des älteren Plinius; Redner, Anwalt und Politiker; im Jahr 100 n. Chr. Konsul und später Statthalter in Bithynien. Die Briefsammlung in neun Büchern ist eine hervorragende Quelle für die trajanische Zeit.

Plut.: Plutarch. – Plutarchos von Chaironeia (kurz vor 50–ca. 120 n. Chr.), griechischer Universalgelehrter, insbesondere Philosoph und Biograph. Nachhaltige Berühmtheit erlangte er insbesondere mit seinen ›Parallelbiographien‹, in denen er herausragende Griechen und Römer miteinander verglich.

Quint. inst.: M. Fabius Quintilianus, Institutio oratoria. – Quintilian (ca. 35–gegen Ende des 1. Jahrhunderts n. Chr.) verfasste eine der bedeutendsten antiken Abhandlungen über die Redekunst.

R. Gest. div. Aug.: Augustus, Res gestae divi Augusti. – Inschriftlicher Taten- und Rechenschaftsbericht des Augustus; verfasst 14 n. Chr.

Sen. epist.: Seneca. L. Annaeus Seneca minor, Epistulae morales ad Lucilium. – Seneca der Jüngere (4 v. Chr.–65 n. Chr.). Außer Briefen Verfasser von philosophischen Abhandlungen, Tragödien und einer Satire; sein Werk ist allerdings nur unvollständig überliefert. Erzieher des jungen Nero und Konsul 55 n. Chr.; 65 n. Chr. im Zusammenhang mit der »Pisonischen Verschwörung« zum Selbsttod getrieben.

Strab.: Strabon von Amaseia (ca. 65/64 v. Chr.–nach 23 n. Chr.), Geograph und Historiker. Das Geschichtswerk ist praktisch vollständig verloren; 17 Bücher »Geographie« wurden wohl erst nach seinem Tod veröffentlicht.

Sueton: C. Suetonius Tranquillus (ca. 70–160 n. Chr.) war unter Kaiser Hadrian Kanzleivorsteher *(ab epistulis).* Sein Hauptwerk (»De vita Caesarum«) umfasst Biographien der Kaiser von Caesar bis Domitian, in denen Politik mit persönlichen Elementen wie Lebensgewohnheiten, Charakterzüge, aber auch Hofklatsch gemischt sind.

Suet. Aug.: Ders., Divus Augustus.

Suet. Cal.: Ders., Caligula.

Suet. Claud.: Ders., Divus Claudius.

Suet. Tib.: Ders., Divus Tiberius.

Suet. v. Plin.: Ders., De viris illustribus. – Sammelwerk verschiedener Biographien, u.a. mit einer Kurzbiographie des älteren Plinius; nur in Teilen erhalten.

Tacitus: P. Cornelius Tacitus (ca. 55–ca. 120 n.Chr.). Er stammte vermutlich aus Südgallien (eventuell *Forum Iulii*/Fréjus) und gelangte als erster seiner Familie *(homo novus)* in den römischen Senat. Offenbar besaß er gute Verbindungen. Sein Schwiegervater war Cn. Iulius Agricola, ein hochrangiger Mann senatorischen Standes, der ebenfalls aus Südgallien stammte. 88 n.Chr. wurde Tacitus in der Zeit Domitians Praetor, 97 n.Chr. unter Nerva Konsul, 112/113 n.Chr. unter Trajan für ein Jahr Statthalter *(proconsul)* in der Provinz *Asia*. Wichtige militärische Ämter hat er offenbar nicht übernommen. Tacitus gilt als der bedeutendste Historiker der Römischen Kaiserzeit. Dem Prinzipat, besonders der autokratischen Herrschaft eines Domitian, aber auch derjenigen des Tiberius stand er kritisch gegenüber und verfocht das Ideal senatorischer Freiheit, betrachtete den Prinzipat allerdings als Tatsache, hinter welche es kein Zurück zu den Zuständen der Republik gab.

Tac. Agr.: Ders., De vita Iulii Agricolae. Über das Leben des Iulius Agricola. – Verfasst 98 n.Chr.

Tac. ann.: Ders., Ab excessu divi Augusti. Annalen. – Römische Geschichte vom Tod des Augustus bis zum Tod Neros (14–68 n.Chr.); verfasst ca. 113–120 n.Chr.

Tac. Germ.: Ders., De origine et situ Germanorum. Germania. – Verfasst 98 n.Chr.

Tac. hist.: Ders., Historiarum libri. Historien. – Geschichte der Flavier ab 68 bis 96 n.Chr., nur die ersten Bücher sind erhalten; verfasst ca. 106–110 n.Chr.

Val. Max.: Valerius Maximus, Facta et dicta memorabilia. – Schriftsteller des 1. Jahrhunderts n.Chr.; das Werk erschien 31 n.Chr. nach dem Sturz des Seianus und ist dem Kaiser Tiberius gewidmet.

Vell.: Velleius Paterculus, Historiae Romanae. Römische Geschichte. – Velleius (20/19 v.Chr.– kurz nach 30 n.Chr.) war römischer Ritter und Soldat, später Senator unter Augustus und Tiberius; Reiterpräfekt und Legionslegat unter dem Befehlshaber Tiberius in Pannonien und Germanien. Seine 30 n.Chr. veröffentlichte »Römische Geschichte« liefert für die Jahre 4–12 n.Chr. einen Augenzeugenbericht, allerdings mit starker panegyrischer Überhöhung des Tiberius.

Xiph.: Xiphilinus; siehe bei Cass. Dio.

Zon.: Zonaras; siehe bei Cass. Dio.

Literaturverzeichnis

Primärquellen

Goetz/Welwei 1995: H.-W. Goetz/K.-W. Welwei (Hrsg.), Altes Germanien. Auszüge aus den antiken Quellen über die Germanen und ihre Beziehungen zum römischen Reich; Quellen der alten Geschichte bis zum Jahre 238 n. Chr., 2 Teilbde. Quellen Dt. Gesch. Mittelalter 1 a. Darmstadt: Wissenschaftliche Buchgesellschaft 1995.

Herrmann 1988–1991: J. Herrmann (Hrsg.), Griechische und lateinische Quellen zur Frühgeschichte Mitteleuropas bis zur Mitte des 1. Jahrtausends u. Z., 3 Teilbde. Schr. u. Quellen Alte Welt 37. Berlin: Akademie 1988–1991.

Peter 1967: H. Peter (Hrsg.), Historicorum Romanorum Reliquiae, 2 Teilbde. Stuttgart: Teubner 1967 [Erstausg.: Leipzig 1906–1914].

Sekundärliteratur

Avenarius 1956: G. Avenarius, Lukians Schrift zur Geschichtsschreibung. Meisenheim/Glan: Hain 1956.

Beck 1986: H. Beck (Hrsg.), Germanenprobleme in heutiger Sicht. RGA-Ergänzungsbd. 1. Berlin, New York: de Gruyter 1986.

Bickel 1935: E. Bickel, Der Sohn des Sigimers, der Befreier Germaniens, sein Römername Arminius und der Siegfriedmythos. Rhein. Mus. 84, 1935, 1–16.

Bickel 1949: Ders., Arminiusbiographie und Sagensigfrid. Bonn: Röhrscheid 1949.

Bleicken 1998: J. Bleicken, Augustus – eine Biographie. Berlin: Fest 1998.

Bringmann 2007: K. Bringmann, Augustus. Darmstadt: Wissenschaftliche Buchgesellschaft 2007.

Christ 1982: K. Christ, Zur augusteischen Germanienpolitik. In: Ders., Römische Geschichte und Wissenschaftsgeschichte 1. Römische Republik und augusteischer Principat. Darmstadt: Wissenschaftliche Buchgesellschaft 1982, 183–239 [Erstveröff.: Chiron 7, 1977, 149–205].

Deininger 2000: J. Deininger, Germaniam pacare. Zur neueren Diskussion über die Strategie des Augustus gegenüber Germanien. Chiron 30, 2000, 749–73.

Dreyer 2005: B. Dreyer, Der Fundplatz von Kalkriese und die antiken Berichte zur Varuskatastrophe und zum Heerzug des Caecina. Klio 87, 2005, 396–420.

Dreyer 2009: Ders., Arminius und der Untergang des Varus. Warum die Germanen keine Römer wurden. Stuttgart: Klett-Cotta 2009.

Flach 1998: D. Flach, Römische Geschichtsschreibung. Darmstadt: Wissenschaftliche Buchgesellschaft ³1998 [Erstausg.: Darmstadt 1985].

Giesebrecht 1837: A. Giesebrecht, Ueber den Ursprung der Siegfriedssage. Germania. Neues Jahrb. Berlin. Ges. Dt. Sprache u. Altkde. 2, 1837, 203–34.

Höfler 1961: O. Höfler, Siegfried, Arminius und die Symbolik; mit einem historischen Anhang über die Varusschlacht. Heidelberg: Winter 1961.

Hose 1994: M. Hose, Erneuerung der Vergangenheit. Die Historiker des Imperium Romanum von Florus bis Cassius Dio. Beitr. Altertumskde. 45. Stuttgart u. a.: Teubner 1994.

John 1963: W. John, Stichwort »P. Quinctilius Varus«. In: Pauly's Realencyclopädie der Classischen Altertumswissenschaft 24. Stuttgart: Druckenmüller 1963, 907–84.

Johne 2007: K.-P. Johne, Die Römer an der Elbe. Das Stromgebiet der Elbe im geographischen Weltbild und im politischen Bewusstsein der griechisch-römischen Antike. Berlin: Akademie 2007.

Kehne 1997: P. Kehne, Die Eroberung Galliens, die zeitweilige Unterwerfung Germaniens, die Grenzen des *Imperium Romanum* und seine Beziehungen zu den germanischen *gentes* im letzten Jahrzehnt der Forschung. Germania 75, 1997, 265–84.

Kienast 1999: D. Kienast, Augustus. Princeps und Monarch. Darmstadt: Wissenschaftliche Buchgesellschaft [3]1999 [Erstausg.: Darmstadt 1982].

Koepp 1940: F. Koepp, Varusschlacht und Aliso. Vorträge und Nachreden aus drei Jahrzehnten. Münster: Aschendorff 1940.

Kornemann 1922: E. Kornemann, P. Quinctilius Varus. Neue Jahrb. Klass. Altertum 25, 1922, 42–62.

Lebek 1989: W. D. Lebek, Die Mainzer Ehrungen für Germanicus, den älteren Drusus und Domitian (Tab. Siar. Frg. I, 26–34; Suet. Claud. 1,3). Zeitschr. Papyr. u. Epigr. 78, 1989, 45–82.

Lehmann 1989: G. A. Lehmann, Zum Zeitalter der römischen Okkupation Germaniens: neue Interpretationen und Quellenfunde. Boreas 12, 1989, 207–30.

Lehmann 1990: Ders., Zur historisch-literarischen Überlieferung der Varuskatastrophe. Boreas 13, 1990, 143–64.

Lehmann / Wiegels 2007: Ders. / R. Wiegels, (Hrsg.), Römische Präsenz und Herrschaft in Germanien der augusteischen Zeit. Der Fundplatz von Kalkriese im Kontext neuerer Forschungen und Ausgrabungsbefunde. Abhandl. Akad. Wiss. Göttingen Philol.-Hist. Kl. 3. F. 279. Göttingen: Vandenhoek & Ruprecht 2007.

Lund 1998: A. A. Lund, Die ersten Germanen. Ethnizität und Ethnogenese. Heidelberg: Winter 1998.

Märtin 2008: R.-D. Märtin, Die Varusschlacht – Rom und die Germanen. Frankfurt a. Main: Fischer 2008.

Manuwald 1990: B. Manuwald, Cassius Dio und Augustus. Philologische Untersuchungen zu den Büchern 45–56 des dionischen Geschichtswerks. Palingenesia 14. Wiesbaden: Steiner 1990.

Mehl 2001: A. Mehl, Römische Geschichtsschreibung: Grundlagen und Entwicklungen. Eine Einführung. Stuttgart u. a.: Kohlhammer 2001.

Meister 1990: K. Meister, Die griechische Geschichtsschreibung von den Anfängen bis zum Ende des Hellenismus. Stuttgart u. a.: Kohlhammer 1990.

Millar 1964: F. Millar, A Study of Cassius Dio. Oxford: Clarendon 1964.

Mommsen 1906: Th. Mommsen, Die Örtlichkeit der Varusschlacht. In: Ders., Gesammelte Schriften 4. Berlin: Weidmann 1906, 200–46 [Erstveröff.: Die Örtlichkeit der Varusschlacht. Vortrag gehalten am 15. Januar 1885 vor der Preussischen Akademie der Wissenschaften in Berlin. Berlin: Weidmannsche Buchhandlung 1885].

von Petrikovits 1966: H. von Petrikovits, Arminius. Bonner Jahrb. 166, 1966, 175–93.

Ploss 1966: F. Ploss, Siegfried-Sigurd, der Drachenkämpfer. Untersuchungen zur germanisch-deutschen Heldensage; zugleich ein Beitrag zur Entwicklungsgeschichte des alteuropäischen Erzählgutes. Bonner Jahrb. Beih. 17. Köln u. a.: Böhlau 1966.

Pohl 2000: W. Pohl, Die Germanen. München: Oldenbourg 2000.

Reddé / von Schnurbein 2008: M. Reddé / S. von Schnurbein (Hrsg.), Alésia et la bataille du Teutoburg. Un parallèle critique des sources. Beih. Francia 66. Ostfildern: Thorbecke 2008.

Schmitzer 2007: U. Schmitzer, Tatsachenbericht oder literarische Fiktion? Velleius Paterculus über die *clades Variana*. In: Lehmann / Wiegels 2007, 399–417.

Syme 1986: R. Syme, Quinctilius Varus. In: Ders., The Augustan Aristocracy. Oxford: Clarendon 1986, 313–28.

Timpe 1968: D. Timpe, Der Triumph des Germanicus. Untersuchungen zu den Feldzügen der Jahre 14–16 n. Chr. Antiquitas R. 1, Abhandl. Alte Gesch. 16. Bonn: Habelt 1968.

Timpe 1970: Ders., Arminius-Studien. Bibl. Klass. Altertumswiss. R. 2 N. F. 34. Heidelberg: Winter 1970.

Timpe 2006: Ders., Römisch-germanische Begegnung in der späten Republik und frühen Kaiserzeit. Voraussetzungen – Konfrontationen – Wirkungen. Gesammelte Studien. Beitr. Altertumskde. 233. München, Leipzig: Saur 2006.

Timpe 2007: Ders., Geschichtsschreibung und Prinzipatsopposition. In: Ders., Antike Geschichtsschreibung. Studien zur Historiographie. Darmstadt: Wissenschaftliche Buchgesellschaft 2007, 237–58.

Wells 1972: C. M. Wells, The German Policy of Augustus. An examination of the archaeological evidence. Oxford: Clarendon 1972.

Wells 2007: P. S. Wells, Die Schlacht im Teutoburger Wald. Düsseldorf: Artemis & Winkler ³2007 [Erstveröff.: The Battle That Stopped Rome. Emperor Augustus, Arminius, and the Slaughter of the Legions in the Teutoburg Forest. New York: Norton 2003].

Welwei 1986: K.-W. Welwei, Römische Weltherrschaftsideologie und augusteische Germanienpolitik. Gymnasium 93, 1986, 118–37.

van Wickevoort Crommelin 1995: B. R. van Wickevoort Crommelin, Quintili Vare, legiones redde! Die politische und ideologische Verarbeitung einer traumatischen Niederlage. In: G. Franzius (Hrsg.), Aspekte römisch-germanischer Beziehungen in der frühen Kaiserzeit. Quellen u. Schrifttum Kulturgesch. Wiehengebirgsraum 1. Espelkamp: Leidorf 1995, 1–43.

Wiegels 1999: R. Wiegels, Kalkriese und die literarische Überlieferung zur *clades Variana*. In: W. Schlüter / R. Wiegels (Hrsg.), Rom, Germanien und die Ausgrabungen von Kalkriese. Osnabrück: Rasch 1999, 637–74.

Wiegels 2007: Ders. (Hrsg.), Die Varusschlacht – Wendepunkt der Geschichte? Arch. Deutschland Sonderbd. Stuttgart: Theiss 2007.

Wiegels / Woesler 2003: Ders. / W. Woesler (Hrsg.), Arminius und die Varusschlacht. Geschichte – Mythos – Literatur. Paderborn: Schöningh ³2003 [Erstausg.: Paderborn 1995].

Wilkes 1972: J. Wilkes, Julio-Claudian Historians. Class. World 65, 1972, 177–203.

Wolff 2005: H. Wolff, Arminius und die Gründung der Provinz Germanien. In: A. Coşkun (Hrsg.), Roms auswärtige Freunde in der späten Republik und im frühen Prinzipat. Göttinger Forum Altertumswiss. Beih. 19. Göttingen: Ruprecht 2005, 225–52.

Wolters 1990: R. Wolters, Römische Eroberung und Herrschaftsorganisation in Gallien und Germanien. Zur Entstehung und Bedeutung der sogenannten Klientel-Randstaaten. Bochumer Hist. Stud. Alte Gesch. 8. Bochum: Brockmeyer 1990.

Wolters 1993: Ders., Varusschlachten – oder: Neues zur Örtlichkeit der Varusschlacht. Kunde N. F. 44, 1993, 167–83.

Wolters 2003: Ders., Hermeneutik des Hinterhalts. Die antiken Berichte zur Varuskatastrophe und der Fundplatz von Kalkriese. Klio 85, 2003, 131–70.

Wolters 2008: Ders., Die Schlacht im Teutoburger Wald. Arminius, Varus und das römische Germanien. München: Beck 2008.

Woodman 1988: A. J. Woodman, Rhetoric in Classical Historiography: 4 studies. London: Croom Helm 1988.

Nils Müller-Scheessel

Ereignis- versus Strukturgeschichte: zum Verhältnis von Archäologie und Geschichtswissenschaft am Beispiel der frühprinzipatszeitlichen Fundplätze Kalkriese und Waldgirmes

Zusammenfassung: Seit der Entdeckung der Fundplatzes von Kalkriese bei Bramsche in den 1980er Jahren hat die Diskussion um den Ort der Varusschlacht eine ganz neue Qualität gewonnen; war sie vorher vorwiegend eine Domäne der Historiker und Lokalforscher, scheinen nun auch die Archäologen endlich ein gewichtiges Wörtchen mitzureden haben. Im vorliegenden Beitrag werden die schriftlichen und archäologischen Quellen zur Varusschlacht gegenübergestellt und hinsichtlich ihrer Aussagekraft bewertet. Vor allem wird dabei die Frage gestellt, welche Konsequenzen eine archäologische Fixierung des Ortes für die hauptsächlich beteiligten Wissenschaften – also Archäologie und Geschichtswissenschaft – überhaupt hätte. Es zeigt sich, dass die Folgen weniger auf inhaltlicher, sondern vielmehr auf methodologischer Ebene angesiedelt sind: Für die Archäologie ergäben sich entscheidende Hilfestellungen für die Interpretation eines Schlachtfeldes und der dort danach durchgeführten Handlungen, während die Historiker die innere Quellenkritik verschärfen müssten. Mit Bezug auf den gleichzeitigen Fundplatz Lahnau-Waldgirmes, eine römische Stadtgründung, werden schließlich die Aussagemöglichkeiten der Quellen von Archäologie und Geschichtswissenschaft für die Ereignis- und Strukturgeschichte diskutiert. Während die Archäologie vor allem substanzielle Beiträge zur Strukturgeschichte leisten, dafür jedoch hinsichtlich der Ereignisgeschichte – im vorliegenden Fall der Varusschlacht – nur sehr eingeschränkte Aussagen liefern kann, sind die schriftlichen Quellen im Bereich der Ereignisgeschichte aussagekräftiger.

Einleitung

Es ist nicht ohne eine gewisse Ironie, dass andere Kulturwissenschaften – wozu im vorliegenden Zusammenhang beispielsweise die Ethnologie oder die Geschichtswissenschaft gezählt seien – mit einem gewissen Neid auf die Archäologie und ihre scheinbar so objektive Quellenbasis schauen. Häufig scheint bei den Nachbarwissenschaften die Vorstellung im Vordergrund zu stehen, dass es wunderbar sein muss, sich ausschließlich mit materieller Kultur beschäftigen zu können. Umgekehrt werden Schriftquellen seitens der Archäologie häufig unkritisch vereinnahmt, indem Textpassagen ohne die notwendige Quellenkritik aus ihrem Zusammenhang gerissen und auf die archäologischen Befunde übertragen werden. Hier offenbart sich ein fundamentales Missverständnis der Spezifität der jeweils anderen Quellengattung, das sich für eine gemeinsame Arbeit der Disziplinen fatal auswirken muss.

Eine Paradebeispiel für dieses Problem – hier die Zusammenarbeit von Archäologie und Geschichtswissenschaft betreffend – stellen der Fundort Kalkriese und die Interpretationen dar, die sich darum ranken. Der vorliegende Beitrag ist allerdings keineswegs als *cautionary tale* konzipiert, d. h. es sollen an dieser Stelle nicht besonders eklatante Beispiele gegenseitiger Fehldeutungen vorgeführt werden. Vielmehr wird es im Folgenden vornehmlich um den möglichen Gewinn gehen, der den Disziplinen aus einer wechselseitigen aufmerksamen Zusammenarbeit erwachsen könnte.

Schriftquellen

Das Potenzial der bisher bekannten antiken Schriftquellen zur Varusschlacht ist zweifellos ausgereizt.[1] Unsere Kenntnisse fußen im Wesentlichen auf drei Quellen, die allerdings ausschließlich die römische Sichtweise reflektieren: Es sind dies die Berichte von – in chronologischer Reihenfolge – Velleius Paterculus, Tacitus und Cassius Dio. Bei sorgfältiger Quellenkritik lassen sich diese und weitere bruchstückhafte Informationen zeitgenössischer Quellen durchaus zu einer mehr oder weniger widerspruchsfreien Rekonstruktion der Vorgeschichte der Schlacht und dieser selbst zusammensetzen. Danach hielt sich Varus im Spätsommer tief im von den Römern wohl bereits als Provinz eingestuften Germanien auf, um dort Verwaltungsaufgaben wahrzunehmen. Dabei fühlte er sich so sicher, dass er Hinweise auf Verrat in den Wind schlug und zudem mit einem umfangreichen Tross reiste, dem auch Frauen angehörten. Unter einem Vorwand wurde er mit seinen Legionen von dem bis dahin verbündeten Arminius in unwegsames Gelände gelockt. Dort wurde das lang gezogene römische Heer in einer viertägigen Schlacht durch Hinterhalte und Überfälle zermürbt und schließlich vernichtet. Varus gab sich den Freitod, indem er sich in sein Schwert stürzte.

Für eine Lokalisierung der Schlacht stellt Tacitus die ›genauesten‹ Informationen bereit, und zwar in mehrfacher Hinsicht: Zum einen liefert er mit »nicht weit vom Teutoburger Wald« eine annähernde Ortsangabe der Schlacht. Das Problem besteht allerdings darin, dass der Höhenzug, der mit »Teutoburger Wald« vermutlich gemeint war, nicht bekannt ist; die heutige Bezeichnung ist eine moderne Namensgebung, die im Rückgriff auf die Annalen des Tacitus erfolgte. Zum anderen berichtet Tacitus

---

1 Die Quellengrundlage ist verschiedentlich zusammengefasst und bewertet worden, z. B. Callies 1995; Wiegels 1999; Dreyer 2007; Lehmann 2007; Manuwald 2007; Schmitzer 2007; Wiegels 2008 b. Dazu und zur Vorgeschichte der Schlacht s. a. die ausgezeichnete Darstellung bei Wolters 2008, bes. 100 ff. – Zu den politischen Grundzügen römischer Germanienpolitik jetzt Wiegels 2009.

über die Varusschlacht quasi retrospektiv im Rahmen eines Berichts über den Besuch des Schlachtfeldes durch Germanicus, der zwischen 14 und 16 n. Chr. mehrere für beide Seiten verlustreiche Feldzüge nach Germanien durchführte. Indem Tacitus Germanicus den Weg des Varusheeres nachvollziehen lässt, erlaubt sein Bericht Rückschlüsse auf die von Varus' Legionen zurückgelegte Strecke. Ferner gibt er – aus archäologischer Perspektive interessant – Hinweise auf mögliche materielle Spuren des Schlachtgeschehens: Dies sind zwei Marschlager, die Varus während der Schlacht anlegen ließ, und das Schlachtfeld selbst, das nach Tacitus von den Germanen in einen heiligen Hain verwandelt worden war. Zudem berichtet er, dass Germanicus über den von seinen Legionären zusammengesuchten sterblichen Überresten ihrer Kameraden einen Grabhügel aufschütten ließ, der von den Germanen aber nach Abzug des Germanicus wieder zerstört worden sei.

Dies sind in aller Kürze die aus den Schriftquellen ableitbaren Informationen zur Varusschlacht. Es ist bekannt, dass wahrscheinlich ausführlichere Darstellungen des »Bellum Varianum« existiert haben, auf die sich beispielsweise Cassius Dio bezogen haben muss (Wolters 2008, 107). Eine Beschreibung der Ereignisse soll aus der Feder Plinius des Älteren stammen. Sollten jedoch nicht durch einen Glücksfund noch Abschriften dieser Texte auftauchen, werden die Schriftquellen wohl keine genaueren Aussagen zum Ort der Varusschlacht und zum Hergang des Kampfgeschehens zulassen.

Auch vor der Entdeckung der Fundstelle bei Kalkriese hat es nicht an Versuchen gemangelt, den Ort der Schlacht trotz – oder gerade wegen? – dieser dürren Informationen zu lokalisieren. Dabei kann man verschiedene Strategien unterscheiden, die sich allerdings nur teilweise auf die Schriftquellen stützen. Die naheliegendste Option besteht darin, die Beschreibung des Germanicus-Zuges durch Tacitus als Ausgangspunkt zu nehmen, um damit den Weg des Varusheeres zu bestimmen. Diese Bestimmung steht und fällt allerdings mit der Annahme des Standortes, von dem aus Germanicus zum Schlachtfeld aufbrach; entsprechend unterschiedlich gestalten sich die Umsetzungen dieser Idee (s. Wolters 2008, 155 ff. mit Abb. 15 zu einer Systematisierung nach H. von Petrikovits). Eine zweite Möglichkeit, die bereits von keinem geringerem als Theodor Mommsen genutzt wurde, um den Ort der Varusschlacht einzugrenzen, besteht in dem Aufspüren auffälliger Häufungen von Münzen der römischen Okkupationszeit. Mommsen gelangte damit zu dem Schluss, dass die Varusschlacht nahe Kalkriese zu suchen sei. Als dritte Verfahrensweise wurde auch das Vorhandensein scheinbar namengebender Ortsnamen als Beleg für eine Lokalisierung angeführt (so bereits der Humanist K. Peutinger [ebd. 151]). Natürlich kamen und kommen auch Kombinationen dieser drei Möglichkeiten vor. Mit den Entdeckungen des Fundplatzes von Kalkriese bei Bramsche im Osnabrücker Land bekam die Diskussion allerdings eine ganz neue Qualität.

Archäologische Quellen

Der Kalkrieser Berg ist einer der nördlichsten Ausläufer der Mittelgebirge (Abb. 1).
Da die Gegend nördlich der Kalkrieser-Niewedder Senke stark vermoort ist, ergibt
sich am nördlichen Hangfuß eine natürliche Engstelle, in deren Umfeld bereits im
19. Jahrhundert die ersten archäologisch relevanten Funde in Form von Münzhorten
gemacht wurden. Durch sie kam das Gebiet um den Kalkrieser Berg bereits früh als
möglicher Ort der Varusschlacht in Frage (s. o.). Funde römisch-militärischen Charakters erregten dann seit Mitte der 1980er Jahre die Aufmerksamkeit des Stadt- und
Kreisarchäologen von Osnabrück Wolfgang Schlüter. Seit 1988 wird kontinuierlich
rund um den Kalkrieser Berg geforscht, und zwar durch Ausgrabungen sowie großflächige Prospektionen und Begehungen. Letztere sind in ihrem Umfang außergewöhnlich.[2] Seit Anfang der 1990er Jahren wird der Fundort mit der Varusschlacht in
Verbindung gebracht.[3]

Im Zuge der umfangreichen Erforschung des Fundplatzes und seines Umfelds
kristallisierten sich insbesondere zwei Befundgruppen als relevant heraus. Zum einen
wurden auf dem riesigen Areal von 30 km² durch den Einsatz von Metalldetektoren
zahlreiche römische Militaria und Münzen geborgen, die sich entlang des Fußes des
Kalkrieser Berges konzentrierten (Harnecker/Moosbauer 2007; Harnecker 2008).
Aus ihrer linearen Anordnung wurde auf den Zug der römischen Armee geschlossen,
die sich am westlichen Ausgang der Engstelle in zwei Züge aufgespalten haben soll
(Schlüter/Wiegels 2000, 191 f.; sehr zurückhaltend Harnecker/Tolksdorf-Lienemann
2004, 120). Die Funde konzentrieren sich auf der Flur »Auf dem Oberesch« in besonderem Maße; von dort stammen beispielsweise die bekannte Gesichtsmaske, aber
auch zahlreiche Menschen- und Tierknochen. Bekannt wurde diese Fundstelle jedoch
vor allem durch den Nachweis eines Walles, der als Fortifikation der Germanen gegen
die Römer gedeutet wird.

Für die funktionale Ansprache des Fundplatzes am Kalkrieser Berg sind drei
Aspekte besonders relevant:

1. Fundspektrum: Rund um den Kalkrieser Berg sind – gemessen an dem Fundauf-
kommen im sonstigen Germanien – große Mengen an römischen Militaria geborgen
worden (zur Bewertung der Militaria Deschler-Erb 2007). Die meisten davon befinden sich in stark beschädigtem und fragmentiertem Zustand, so dass sie größtenteils
nur noch schwer zu identifizieren sind. Auffällig ist auch die Streuung dieser Militaria über ein sehr großes Areal von ca. 30 km². Neben den Militaria wurden auch
kleine und kleinste Objekte geborgen, die man eher dem zivilen Bereich – gemäß

---

2 Zur Prospektionsstrategie ausführlich Harnecker/Tolksdorf-Lienemann 2004, 18 ff.; Harnecker
   2008, 263 ff.
3 Berger u. a. 1991. – Zur Forschungsgeschichte des Fundplatzes und seiner wissenschaftlichen
   Rezeption s. Moosbauer 2008, 315 ff.

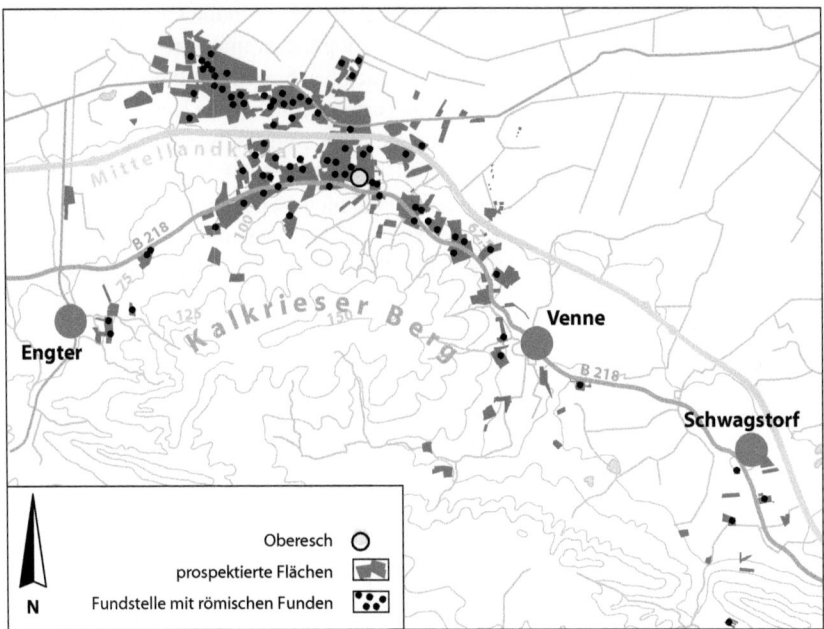

Abb. 1. Kalkriese und Umgebung mit Eintragung der prospektierten Flächen (Grafik: Varusschlacht im Osnabrücker Land GmbH. Museum und Park Kalkriese).

der Schlachtenhypothese also eher dem Tross – zuordnen würde (ebd. 77). Einer der Funde, eine mit Gräsern ausgestopfte Glocke, erlaubt – gemeinsam mit Isotopenuntersuchungen an Tierknochen – sogar die jahreszeitliche Eingrenzung des Kampfgeschehens auf die Monate August bzw. September (Paulus / Uerpmann 2007, 154).

2. Innerhalb der Flur »Auf dem Oberesch« wurde eine Reihe von ›Knochengruben‹ aufgedeckt, die vor allem menschliche Überreste, aber auch solche von Tieren enthalten haben (Uerpmann / Uerpmann 2007; Großkopf 2007 a; 2007 b; 2009). Bei den Knochen sind mehrere Beobachtungen bemerkenswert: Zum einen ist das Spektrum der in den Gruben verscharrten menschlichen Individuen – insofern es sich an den Knochen ablesen lässt – ausgesprochen einseitig; es handelt sich nach der anthropologischen Analyse fast ausschließlich um männliche adulte Individuen, mithin also um Männer im besten kampffähigen Alter. Zudem weisen einige der Schädel deutliche Hiebspuren auf. Zum anderen ist der Zustand und die Zusammensetzung der Knochen auffällig: Schädelknochen sind überproportional häufig vertreten, ansonsten handelt es sich vor allem um Langknochen. Zusammen mit den Verbissspuren an den Knochen muss man deshalb zu dem Ergebnis kommen, dass die Knochen der bestatteten Individuen bereits vollkommen aus dem anatomischen Verband gelöst waren und

mehrere Jahre an der Oberfläche gelegen hatten, bevor sie in die Gruben gelangten – nach Einschätzung der bearbeitenden Anthropologin aber nicht mehr als 10 Jahre. 3. Schließlich wurde »Auf dem Oberesch« die oben bereits erwähnte Wallstruktur nachgewiesen, die längs zum Hang verlief und offensichtlich in die Kampfhandlungen einbezogen worden war, da ein Teil der Funde unter dem Wallversturz aufgefunden wurde (Wilbers-Rost 2003; zuletzt 2007 a, 30 ff.; 2007 b; 2009, 76 ff. mit Abb. 10 f.). Auffällig ist allerdings, dass der 400 m lange Wall nicht den Isohypsen folgt, sondern eine mehrfach geschwungene Form besitzt. Der Wall wies mehrere Durchbrüche auf; Pfostenstellungen werden als Teil einer Befestigung bzw. Wallkrone sowie als Toranlage interpretiert.

Relation der Quellen

Selbst bei zurückhaltender Deutung drängt sich eine Interpretation der Funde rund um den Kalkrieser Berg als Niederschlag eines Kampfplatzes auf. Inwieweit es sich dabei jedoch tatsächlich um den Ort der Varusschlacht handelt, ist nach wie vor stark umstritten.[4] Im Folgenden sollen die wichtigsten Belege kurz aufgezählt und bezüglich des Verhältnisses von archäologischen und schriftlichen Quellen bewertet werden.

Selbst ohne Schriftquellen würde man die Fundstelle »Auf dem Oberesch« und die zugehörigen Funde – wie eben bereits betont – mit hoher Wahrscheinlichkeit einem Kampfgeschehen zuordnen, das sich unter römischer Beteiligung – eindeutig germanische Funde fehlen weitgehend (Burmeister 2009, 57 f.) – abseits der römischen Reichsgrenzen in spätaugusteisch-frühtiberischer Zeit abgespielt hat. Hier kommen erstmals die Schriftquellen ins Spiel, die übereinstimmend vor allem von zwei Ereignissen berichten, die dafür in Frage kommen: Einerseits die Varusschlacht 9 n. Chr. und andererseits die Germanicusfeldzüge 14–16 n. Chr., wobei insbesondere die Schlacht an den »Langen Brücken« 15 n. Chr. als römische ›Beinahe‹-Katastrophe mit starken Verlusten einherging. Nach den intensiven methodenkritischen Diskussionen der letzten Jahre und den Befunden von Waldgirmes scheinen die numismatischen Funde nicht geeignet, hier eine abschließende Entscheidung zu treffen.[5]

R. Wolters (2003) hat eindringlich darauf hingewiesen, dass sich die gesamte Situation am Kalkrieser Berg eher mit der Schlacht an den »Langen Brücken« als mit der Varusniederlage in Zusammenhang bringen lässt. Insbesondere zwei Aspekte sind

---

4 Die Literatur dazu ist fast schon uferlos, insbesondere wenn man noch die Beiträge von Heimatforschern einrechnet. Als zwei der sprachlich schärfsten wissenschaftlichen Kontrahenten seien hier lediglich beispielhaft Kehne 2003 und Berger 2004 genannt.

5 Selbst wenn sich noch frühtiberische Münzen fänden, würde dies nichts beweisen, da sich Germanicus mit seinen Truppen nach Tacitus auf dem Schlachtfeld längere Zeit aufgehalten hat.

dabei von Interesse: Erstens muss es sich bei der Kalkrieser Senke um eine wichtige Ost-West-Verbindung gehandelt haben, da südlich davon die Mittelgebirge eine Landsperre bilden und nördlich davon vermoorte Gebiete kaum Übergangsmöglichkeiten bieten. Dies passt besser mit Tacitus' Charakterisierung der »Langen Brücken« als mit der Varusschlacht überein, die sich nach den Schriftquellen fernab gangbarer Wege abgespielt haben soll. Damit zusammenhängend wird von den ›Kalkriesegegnern‹ auch gern die Beobachtung ins Feld geführt, dass das Gebiet um den Kalkrieser Berg keineswegs eine Wildnis dargestellt haben kann, sondern während der Zeit der Kampfhandlungen besiedelt war (vgl. Harnecker 2009).

Die Fragmentarität der Funde würde allerdings gut zu einem Szenario passen, wie es Tacitus für die Varusschlacht entwirft: Danach stellt die Schlacht lediglich den Anfangspunkt einer Kette von Handlungen dar, die sich aber alle unmittelbar auf den Schlachtencharakter des Ortes beziehen.[6] Auf die Schlacht folgte die Plünderung und Schändung der Toten durch die Germanen, die danach dort einen heiligen Hain anlegten. Mehrere Jahre später wurden die menschlichen Reste des Varusheeres auf Geheiß des Germanicus eingesammelt und in einem Tumulus bestattet. Dieser soll jedoch durch die Germanen nach Abzug der römischen Truppen wieder zerstört worden sein. Dass bei dieser vielfachen Umnutzung die meisten Objekte nur noch fragmentiert auf uns gekommen sind, dürfte nicht verwundern.[7]

Schließlich ist darauf hinzuweisen, dass unter den Funden auch solche zivilen Charakters sind. So finden sich unter den Kleinfunden u. a. Reste mindestens einer Kline (frdl. Mitt. St. Burmeister). Dies ist insofern relevant, als Varus von einem umfangreichen Tross begleitet wurde, dem auch Frauen angehörten. Wohl als Reaktion auf das Varusdesaster wurden derartige, die Bewegungsfreiheit des Heeres stark einschränkende zivilen Begleitzüge unter Tiberius ausdrücklich verboten (Dreyer 2007, 375). Dies würde gegen eine Identifikation von Kalkriese mit dem Ort der »Langen Brücken« sprechen, da das dortige Kampfgeschehen in tiberischer Zeit ganz im Zeichen eines militärischen Kampfeinsatzes stand. Allerdings berichtet Tacitus, dass der Tross des Varusheeres bereits am ersten Tag der Kämpfe verbrannt worden sei.

Der Inhalt der ›Knochengruben‹ lässt sich dagegen sehr gut in Übereinstimmung mit der Tacitusschilderung bringen; der Zustand der Knochen nach einer mehrjäh-

---

6 Auf die mehrfache Umwidmung des Platzes hat insbesondere von Carnap-Bornheim 1999 hingewiesen.

7 Angesichts der zahlreichen Quellenfilter ist ein Vergleich etwa mit dem neu entdeckten Schlachtfeld bei Northeim-Kalefeld, der allein auf die Quantität der Funde abzielt, irreführend (so etwa ein Kommentar in der Neuen Osnabrücker Zeitung vom 15.12.2008 [http://www.finanznachrich ten.de/nachrichten-2008-12/12637803-neue-oz-kommentar-zu-archaeologie-varus-schlacht-007. htm. 21.10.2009]:»Denn bei der jetzt gefundenen Stätte in Südniedersachsen gehen die Forscher von 1000 Römern aus. […] Und trotzdem fanden sich binnen kürzester Zeit auf winzigem Terrain Kampfspuren in Hülle und Fülle – ganz anders als in Kalkriese, wo doch ein ungleich größeres Heer vernichtet worden sein soll«).

rigen Exposition würde sehr gut mit einer Deponierung durch Germanicus' Truppen harmonieren. Den Umstand, dass auch einzelne Tierknochen in die Gruben gelangt sind, könnte man leicht mit dem desolaten Zustand des Schlachtplatzes erklären, der vermutlich nur noch sehr vereinzelt Knochen im Verbund aufwies (z. B. Fingerknochen dreier Hände, ein Schädel mit Unterkiefer [Großkopf 2007 b, 167]), wodurch Knochen von Mensch und Tier nur noch für das geübte Auge zu unterscheiden gewesen wären. Die Frage, ob die Knochen nun als »sorgfältig« (Wilbers-Rost 2007 a, 86) oder »effizient« (Wolters 2003, 165) niedergelegt zu gelten haben, erscheint angesichts der zu beseitigenden Knochenmassen, die einen pragmatischen Umgang mit ihnen verlangten, wenig relevant; auch die Tatsache, dass Tacitus die Anlage von Gruben nicht explizit erwähnt, wird man nicht als schwerwiegend ansehen. Allerdings spricht er einen Tumulus an, in dem die menschlichen Überreste der römischen Soldaten – wohl kaum alle Knochen, weil das eine Arbeit mehrerer Wochen, wenn nicht Monate gewesen wäre – durch Germanicus bzw. seine Truppen bestattet wurden. Zwar erwähnt Tacitus auch, dass dieser Tumulus durch die Germanen zerstört worden sei, aber es ist schwer vorstellbar, dass er rückstandslos durch sie und die folgenden Jahrhunderte vernichtet worden sein sollte.

Nach der Befundsituation ist der entlang des Hanges errichtete Wall eindeutig in die Kampfhandlungen einbezogen worden, da ein Teil des Fundmaterials unter dem verstürzten Wall lag. In den Schriftquellen ist allerdings von einem Wall nicht die Rede; zudem scheint die Anlage eines solchen nicht der germanischen Kampftaktik entsprochen zu haben. Ob er überhaupt eine fortifikatorische Funktion erfüllen sollte, bleibt angesichts der vorgelegten Befunde fraglich; viele Details scheinen aus militärtaktischer Sicht widersinnig. So ergibt sich das Problem, dass für den Durchgang durch die Senke auch ein Weg in einiger Entfernung vom Wall möglich gewesen wäre (Wilbers-Rost 2007 a, 79), für durchmarschierende römische Truppen also kein unmittelbarer Anlass bestanden hätte, ihn erstürmen zu wollen. Ferner ist seine Rekonstruktion durch die Ausgräberin S. Wilbers-Rost (zuletzt 2007 b, 9 ff.; 2007 a, 74 ff.; 2009, 76 ff.) von Ad-hoc-Erklärungen geprägt: Der geschwungene Wallverlauf wird als taktische Maßnahme gedeutet, um Angreifer in die Zange nehmen zu können. Dies setzt natürlich voraus, dass die Angreifer den Verteidigern den Gefallen machten, an einer einziehenden Stelle anzugreifen. Umgekehrt wären die Angreifer im Vorteil gewesen, wenn sie eine der vorspringenden Wallstücke von verschiedenen Seiten angegriffen hätten. Die Durchbrüche in der Mauer werden als Ausfalltore gedeutet, und die Gruben in diesen als Annäherungshindernisse für die Römer – nicht ausreichend berücksichtigend, dass sie für Germanen ebenso hinderlich gewesen wären. Genauso würde der durch die Entnahme von Rasensoden für die Aufschichtung des Walles aufgewühlte Boden zunächst eher den zurück weichenden Germanen als den Römern zum Verhängnis (Wilbers-Rost 2007 a, 76). Auch die Torkonstruktion ausgerechnet an der exponiertesten Stelle widerspricht allen taktischen Erwägungen, da es sich bei den Toren um die empfindlichsten und verletzlichsten Teile einer Fortifi-

Archäolo-gischer Befund	Schriftquellen	
	Übereinstimmung	Widerspruch
Fundplatz		keine Einöde, wichtiger Verbindungs-weg; keine römischen Marschlager in der Umgebung
Wall	Kampfgeschehen	keine Erwähnung eines Hinterhalts; Wall zu kurz, um dem römischen Heer ernsthaft gefährlich werden zu können, und militärtaktisch fragwürdig
Knochengruben	adulte Männer mit schweren Verletzungen; Knochen längere Zeit an Oberfläche gelegen	kein Tumulus; Knochen eher ver-scharrt
Funde	Hinweise auf Tross	

Tab. 1. Gegenüberstellung der archäologischen Befunde von der Fundstelle »Auf dem Oberesch« und der den Schriftquellen zu entnehmenden, potenziell archäologisch nach-weisbaren Informationen hinsichtlich ihrer Überstimmung.

kation handelt. Gänzlich fragwürdig werden die Folgerungen von Wilbers-Rost (in Harnecker/Tolksdorf-Lienemann 2004, 124), wenn sie aus der Erkenntnis, dass der Wall zu kurz für den vermutlich kilometerlangen Zug des römischen Heeres war, um diesem ernsthaft gefährlich werden zu können, folgert, dass das Heer des Varus möglicherweise wesentlich kleiner gewesen sei, als die römischen Quellen nahe legen (zur Kritik daran auch Wolters 2007, 140).

In Tabelle 1 sind die wichtigsten archäologischen Belege für ein Schlachtgeschehen aufgeführt und bewertet, inwiefern sie sich in Übereinstimmung mit den Schriftquel-len bringen lassen. Möglicherweise besteht das größte Problem bei der Überprüfung der Varusschlachtthese durch die Gegenüberstellung von schriftlichen und archäolo-gischen Quellen darin, dass die »Varusschlacht« ja weniger ein Ort als vielmehr ein viertägiges Ereignis war, das sich über eine Distanz von schätzungsweise 40–60 km abgespielt hat (Wolters 2007, 138). Nach den Schriftquellen dürften die archäolo-gischen Zeugnisse sehr unterschiedlich ausfallen, je nach dem, welchen Abschnitt der Varusschlacht man im Auge hat. Dies wird in den meisten Publikationen in der Weise reflektiert, dass man von Kalkriese als *einem* Ort der Varusschlacht spricht (Haßmann 2009, 163). Beispielsweise könnte man argumentieren, dass in Kalkriese ein früher Abschnitt der Varusschlacht dokumentiert sei, als der Tross noch das Heer begleitete, und dass der Tumulus dementsprechend weiter westlich zu suchen sei (so etwa Dreyer 2007, 395). Entsprechend müssten auch die Marschlager, die Varus während des Zuges anlegen ließ, westlich von Kalkriese liegen. Allerdings besteht die einhellige Meinung darin, dass die Kalkrieser Senke und das östlich davor liegende

Gebiet das strategisch günstigste Gelände für den germanischen Überfall dargestellt haben. Weiter westlich öffnet sich die Engter-Vörder Ebene, und die Guerillataktik der Germanen wäre wesentlich schwieriger durchzuführen gewesen. Ein römisches Heer am Beginn der Auseinandersetzungen hätte sich dort nur schwer zermürben lassen. Zudem wäre die Fundstreuung einer frühen Phase der Schlacht wohl kaum so dicht ausgefallen; schließlich würde man keine »Absatzbewegung« erwarten, wie sie sich in den zwei auseinander laufenden Fundkonzentrationen westlich des Kalkrieser Berges zu dokumentieren scheint (Schlüter 1999, 48).

Diskussion

Es ergibt sich folglich die Situation, dass zwischen den schriftlich überlieferten Quellen und den archäologischen massive Widersprüche manifest werden. Diese Frage werde ich unten wieder aufgreifen. Zunächst soll jedoch ein anderes Problem diskutiert werden: Bei der teilweise heftig geführten Debatte um den Ort der Varusschlacht, den Primat der Quellen und deren ›richtige‹ Interpretation ist nämlich die Frage weitgehend unberücksichtigt geblieben, was durch eine genaue Ortsbestimmung der Schlacht eigentlich gewonnen wäre. Aus althistorischer Sicht wurde dieses Problem erst jüngst von R. Wiegels (2008 a, 179) auf den Punkt gebracht: »Der Althistoriker wird allerdings ernsthaft zu fragen und diese Frage zu beantworten haben, in welcher Hinsicht die Fixierung des Schlachtfeldes an einem bestimmten Ort über das Faktum als solches und über eine möglich persönliche Sinnstiftung oder Vermarktungschance hinaus geschichtlichen Erkenntnisgewinn vermittelt oder vermitteln kann. Daß solches der Fall ist, davon bin ich allerdings überzeugt, es wäre aber des Näheren zu begründen.« Eine solche Begründung »des Althistorikers« muss notwendigerweise von innen heraus, also von den Historikern erfolgen. An dieser Stelle sollen lediglich gedanklich die Konsequenzen für die beteiligten Disziplinen, die Archäologie und die Geschichtswissenschaft, durchgespielt werden. Von den möglichen touristischen und ökonomischen Konsequenzen will ich hier wie Wiegels gänzlich absehen. Auch die Motive der Beteiligten, die etwa R. Wolters (2008, 150) vor allem in der Identitätsstiftung und »privatistischer Teilhabe« sieht, lasse ich im Folgenden unberücksichtigt.

Der Vergleich mit einem nahezu gleichzeitigen Fundplatz kann vielleicht helfen, die Auseinandersetzung in eine etwas andere Perspektive zu rücken. Eine entsprechende Funktion soll hier der Fundort Waldgirmes bei Wetzlar übernehmen. Dabei handelt es sich um eine umwehrte römische Anlage aus frühaugusteischer Zeit.[8] Sowohl die Befunde – das früheste römische Steingebäude östlich des Rheins in

---

8 Zum Fundplatz und seiner Entdeckungsgeschichte Becker u. a. 2003; Becker/Rasbach 2007; Becker 2007; Rasbach 2007.

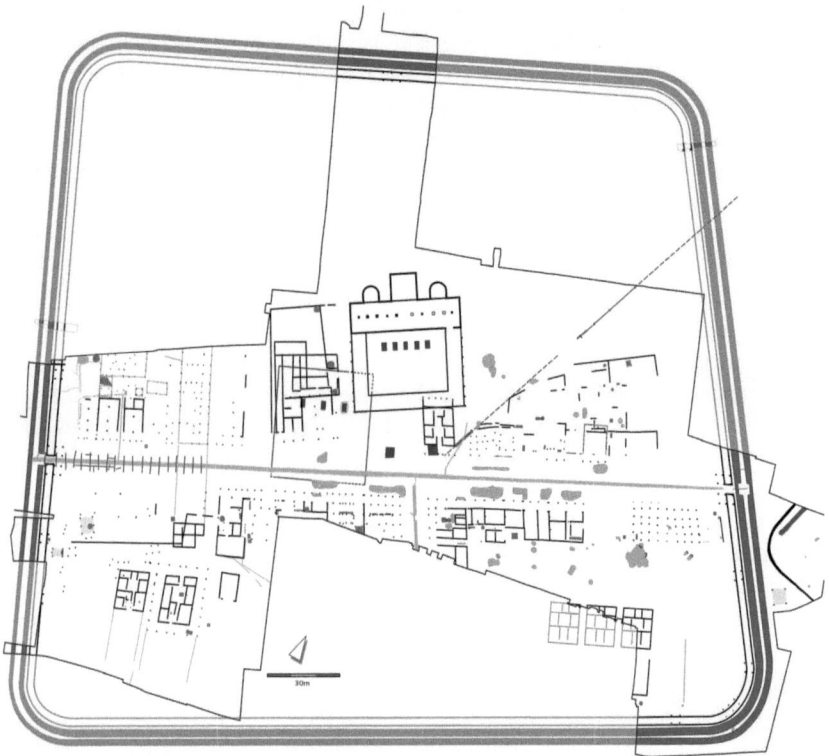

Abb. 2. Die römische Stadtgründung von Lahnau-Waldgirmes mit dem Forum im Zentrum (Grafik: H.-J. Köhler, Römisch-Germanische Kommission).

Form eines Forums sowie eine Bebauung mit hölzernen Portikushäusern – wie auch die Funde – insbesondere Reste einer vergoldeten bronzenen Reiterstatue – lassen kaum einen anderen Schluss zu, als den Fundplatz als zivile römische Stadtgründung anzusprechen. Anhand der zahlreichen Funde germanischer Keramik in Waldgirmes erhält man einen Einblick in das Ausmaß der Einbindung der einheimischen Bevölkerung in das alltägliche Leben der Siedlung. Dendrologische Daten zweier Brunnen datieren die Gründung in das Jahr 4 v. Chr. Das Münzspektrum entspricht relativ genau demjenigen der Fundplätze von Haltern und Kalkriese.[9]

---

9   Gerade in Hinsicht auf die Datierung der numismatisch gesehen gleichzeitigen Plätze Kalkriese und Haltern sind jüngste Grabungsergebnisse von Interesse, die ein Nutzungsende der Anlage von Waldgirmes erst nach der Zerstörung der Bronzestatue nahe legen (frdl. Mitt. G. Rasbach). Sofern man ihre Zerschlagung mit der Varusniederlage in Zusammenhang bringt, wäre dies ein

Durch diesen Fundort hat eine Notiz von Cassius Dio, dass die römische Administration »städtische Siedlungen« angelegt habe (Lehmann 1989, 223; ebd. noch als »mißverständliche Formulierung« bezeichnet), nachdrückliche Bestätigung erhalten. Es ist nicht ohne eine gewisse Ironie, dass es offensichtlich zunächst die fehlenden archäologischen Belege waren, die Historiker dazu verleitet haben, die Bekundungen zu den okkupationszeitlichen Städtegründungen als bloße Propaganda abzutun.[10]

Es dürfte klar sein, dass die Entdeckungen in Waldgirmes von eminenter historischer Bedeutung sind. Auch wenn der Name und der eigentliche Erbauer der Siedlung vorerst unbekannt bleiben, zeigt sie deutlich, wie ernst es dem römischen Staat mit der Provinzbildung Germaniens war. Auch die am Fundplatz Haltern aufgedeckten archäologischen Befunde erscheinen damit in einem anderen Licht: Das dortige römische Lager zeigt zahlreiche Hinweise auf eine Umorientierung zu einer zivilen Funktion (so bereits von Schnurbein 1981, 77 f.; 2002, 10 ff.). Augustus und seinen Beratern war offenbar bewusst, dass erst durch eine umfassende Erschließung Germaniens in Form von Städten und infrastrukturellen Maßnahmen eine vollständige Eingliederung in das Römische Reich hätte gelingen können.[11] Waldgirmes leistet somit einen wichtigen inhaltlichen Beitrag zur Strukturgeschichte der augusteischen Zeit, indem es die kurze Notiz Cassio Dios nicht nur bestätigt, sondern durch die dort entdeckten Funde und Befunde erst mit Leben füllt. Die Archäologie kann die vorhandenen Schriftquellen substanziell ergänzen; in diesem Fall kommt es also zu einer fruchtbaren Zusammenarbeit zwischen Archäologie und Geschichtswissenschaft.

Welchen Beitrag kann im Vergleich der Fundplatz von Kalkriese leisten? Unter der Prämisse, dass Kalkriese tatsächlich den Ort der Varusschlacht darstellt, erlaubt der Fundplatz eine Präzisierung jenes Weges, den Varus mit seinem Heer beschritten hat (Dreyer 2007) – historisch gesehen eine bescheidene Neuerkenntnis. Viel gravierender sind m. E. die Konsequenzen für die beteiligten Wissenschaften, d. h. Archäologie und Geschichtswissenschaft, in methodologischer Hinsicht.[12]

Für die Archäologie haben diese vor allem mit der Identifizierung des Fundplatzes als Ort einer Schlacht zu tun.[13] Auch international ist die Zahl der sicher als

---

weiterer Hinweis darauf, dass sich die Horizonte vor und nach 9 n. Chr. münzchronologisch nicht voneinander trennen lassen.

10 So ein Hinweis von R. Wolters während der Diskussion in Schleswig.
11 Zur Expansionspolitik des Augustus s. Eck 1998, 89 ff.; zu seiner Germanienstrategie s. a. Deininger 2000.
12 So auch Wolters 2003, 170 für die Geschichtswissenschaft. Zurückhaltend die Bewertung bei Moosbauer 2008, 317.
13 Entsprechend auch H. Haßmann 2009, 164: »Die herausragende Bedeutung Kalkrieses liegt in der Entdeckung eines überaus gut konservierten Schlachtfeldes, wie es an anderer Stelle noch nicht entdeckt wurde.«

Schlachtfelder identifizierten Plätze überschaubar.[14] Die geringe Anzahl rührt zweifellos von ihrem ephemeren Charakter her; in vielen Fällen sind Schlachtfelder nur indirekt über Massengräber oder -funde nachzuweisen. Für die Archäologie besteht die Herausforderung in dreierlei Hinsicht: Erstens in der Schwierigkeit, ein Schlachtfeld als solches überhaupt plausibel zu machen. Hier scheint in den letzten Jahren ein gewisser Paradigmenwechsel innerhalb der deutschen Archäologie eingesetzt zu haben, d. h. man ist eher bereit, ungewöhnliche Funde und Befunde als Hinweise auf ein Kampfgeschehen zu deuten und damit an die Öffentlichkeit zu treten.[15] Zweitens muss ein Ziel darin bestehen, den eigentlichen Ablauf der betreffenden Schlacht zu rekonstruieren. Und schließlich ist mit umfangreichen Plünderungen und anderen komplizierten taphonomischen Prozessen zu rechnen, die die Interpretation der archäologischen Zeugnisse bedeutend erschweren. In diesem Zusammenhang wäre eine eindeutige Identifizierung von Kalkriese mit dem Ort der Varusschlacht von einigem heuristischen Wert, weil wir durch die Schriftquellen über den eigentlichen Schlachtverlauf und die danach am Platz durchgeführten Handlungen recht genau informiert sind (s. o.).

Für die Interpretation der Schriftquellen hat eine Festlegung auf Kalkriese als Ort der historisch überlieferten Varusschlacht ebenfalls schwerwiegende Konsequenzen, berücksichtigt man die oben herausgearbeiteten Diskrepanzen zwischen dem schriftlich überlieferten Geschehen und den archäologisch nachweisbaren Befunden. Die Widersprüche lassen sich – will man an Kalkriese als dem bzw. einem Ort der Varusschlacht festhalten – nur auflösen, indem man den antiken Schriftstellern – allen voran Tacitus – entweder ungenaue Kenntnisse oder einen freizügigen Umgang mit seinen Primärquellen unterstellt. Im Endergebnis hätte man folglich zu einer sorgfältigen Neubewertung zu kommen, welche Passagen vertrauenswürdig sind und bei welchen man mit Ungenauigkeiten zu rechnen hat. Für R. Wolters (2003, 169) müssten dann »viele unserer Texte völlig neu gelesen werden«.

Tabelle 2 stellt den Versuch dar, die obige Diskussion in ein vereinfachendes Schema zu bringen. Danach ist Kalkriese primär für die Ereignisgeschichte relevant, zu der die Archäologie wenig, die Geschichtswissenschaft aber sehr viel beitragen kann. Ihre Zusammenarbeit ist entsprechend ungleichgewichtig, Konsequenzen hat sie vor allem für die jeweilige methodologische Basis beider Disziplinen.[16] Dagegen

---

14 Zusammenstellungen: Freeman / Pollard 2001; Archäologie der Schlachtfelder 2005; Scott u. a. 2007; Meller 2009. – Zu quellenkritischen Überlegungen zu Kalkriese als Schlachtfeld s. insbesondere Rost 2007; 2008; 2009.

15 Römisches Schlachtfeld bei Northeim-Kalefeld: Geschwinde / Lönne 2009; für ein angebliches bronzezeitliches Schlachtfeld: Jantzen u. a. 2008. »Schlachtfeldarchäologie« war das explizite Thema einer Tagung in Halle a. d. Saale: Meller 2009.

16 Ein weiterer wesentlicher Aspekt, der hier nicht berücksichtigt werden konnte, betrifft die kontroversen numismatischen Diskussionen, die sich aus der Zusammensetzung des Münzspektrums von Kalkriese hinsichtlich der Mechanismen von Münzverteilung und -umlauf ergeben haben (zu den

Beispiel	Archäologie	Geschichts-wissenschaft	Zusammen-arbeit
Ereignisgeschichte	Kalkriese	sehr schwach	stark	methodologisch
Strukturgeschichte	Waldgirmes	stärker	weniger stark	inhaltlich

Tab. 2. Stärken und Schwächen der Quellen von Archäologie und Geschichtswissenschaft in Hinsicht auf Ereignis- und Strukturgeschichte sowie die sich daraus ergebende Form der Zusammenarbeit zwischen den beiden Disziplinen.

besteht der Wert des Fundortes von Waldgirmes vor allem in seiner strukturgeschichtlichen Relevanz, zu der die Archäologie ungleich mehr beitragen kann, während die Geschichtswissenschaft in diesem Bereich schwächer als in dem ereignisgeschichtlichen ist. Beide Wissenschaften tragen einen substanziellen Teil zur Erkenntnis des in Frage stehenden geschichtlichen Prozesses bei.[17]

Die Diskussion um Kalkriese wirkt also in erster Linie quasi nach ›innen‹ und betrifft die methodologischen Grundlagen der jeweiligen Disziplin. Im Falle der Archäologie dreht sie sich vor allem um die Frage, wie sich ein Schlachtgeschehen archäologisch nachweisen lässt und wie die dort ausgeführten nachfolgenden Handlungen zu interpretieren sind. Für die Geschichtswissenschaft ist vornehmlich die innere Quellenkritik, d. h. die Frage nach der Qualität der in der Quelle enthaltenen Informationen (Arnold 2001; Eggert 2008, 110 ff.) berührt.

Wie gezeigt, ist die Festlegung auf Kalkriese als Ort der Varusschlacht durchaus mit weitreichenden Konsequenzen behaftet, insofern sollte sie mit Bedacht erfolgen, und man sollte daraus kein Dogma machen. Aus archäologischer Sicht ist der Fundplatz von Kalkriese gegenwärtig der einzige ernstzunehmende Kandidat, als Teil der Varusschlacht gezählt zu werden, dennoch sollten auch die Gegenargumente nicht gering eingeschätzt werden.

Die häufig verfolgte Strategie, jeweils undifferenziert aus den Schriftquellen das herauszupicken, was sich mit dem archäologischen Befund in Übereinstimmung – oder Widerspruch – bringen lässt, ist jedenfalls ein wissenschaftlich nicht gangbarer Weg, da diesem Vorgehen stets der Vorwurf der Beliebigkeit gemacht werden kann. Zudem droht ein Zirkelschluss, wenn der archäologische Kontext gleichzeitig einerseits als Untermauerung der Varusschlachtthese dienen und andererseits letztere über die Schriftquellen Hinweise auf die Interpretation der archäologischen Befunde liefern soll (Abb. 3). Notwendig scheint jetzt zunächst eine Vorlage und sorgfältige Analyse der Funde, deren Verteilung und die ihr zugrunde liegenden taphonomischen

---

Fundmünzen s. insbesondere Wiegels 2000 und die Besprechung von Chantraine 2002; außerdem Wigg-Wolf 2007 und kritisch Wolters 2007, 145 ff.).

17 Zum erkenntnistheoretischen Potenzial der Archäologien s. vor allem Eggert 2006.

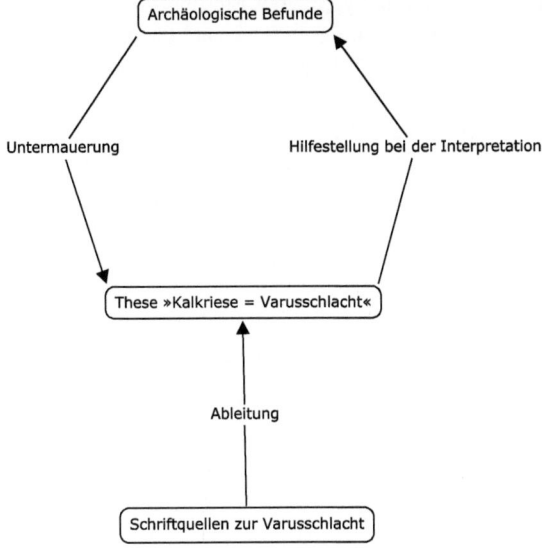

Abb. 3. Gefahr eines Zirkelschlusses, sofern die archäologischen Befunde die These von Kalkriese als Ort der Varusschlacht untermauern sollen und umgekehrt diese These wiederum für die Interpretation der Befunde genutzt wird.

Prozesse anhand verschiedener Modelle unabhängig von den Schriftquellen durchgespielt werden sollten. Erst danach sollte dann wieder im Rückgriff auf die schriftliche Überlieferung ein Abgleich erfolgen.

Genauso kann auch eine mögliche Neubewertung der Schriftquellen nicht anhand der archäologischen Funde, sondern muss unabhängig erfolgen. Die Klärung der Frage, wie diese unabhängige quellenkritische Prüfung aussehen könnte, wäre Sache der Historiker.[18]

Schluss

Auch wenn die Auseinandersetzungen um den Fundort Kalkriese und seine ›korrekte‹ Interpretation teilweise unangemessen heftig ausfallen, sind sie – zumindest soweit sie die Beziehung von Archäologie und Geschichtswissenschaft betreffen – zweifellos

18 Zur Arbeitsweise von Tacitus s. etwa Lehmann 2007; zu Cassius Dio in demselben Sammelband s. Manuwald 2007; ebd. Schmitzer 2007 zu Velleius Paterculus.

wichtig. Jenseits aller emotional geprägten Einschätzungen ist es m. E. insbesondere der methodologische Aspekt, der eine genaue Identifizierung des Fundplatzes wünschenswert erscheinen lässt.[19] Dagegen ist der wissenschaftliche Wert für die Erhellung des historischen Ereignisses »Varusschlacht«, seiner Vorbedingungen und Folgen eher gering einzuschätzen, da die Archäologie zur Ereignisgeschichte – außer dem Episodenhaften mit einer damit meist unmittelbar zusammenhängenden geringen räumlichen und zeitlichen Reichweite – nur relativ wenig beizutragen hat.[20] Wie das Beispiel Waldgirmes zeigt, liegt die eigentliche Stärke der Archäologie in ihrem Potenzial zur Klärung struktureller Prozesse. Dies bedeutet selbstverständlich keineswegs, dass sich die Archäologie allein auf strukturgeschichtliche Probleme konzentrieren sollte. Jedoch warnt der Vergleich davor, die wissenschaftliche Aufmerksamkeit zu sehr auf unproduktive Fragestellungen zu lenken.

Literaturverzeichnis

Archäologie der Schlachtfelder 2005: Archäologie der Schlachtfelder – Militaria aus Zerstörungshorizonten. Akten der 14. Internationalen Military Equipment Conference (2003), Wien, 27.–31. August 2003. Carnuntum Jahrbuch 2005, 11–240.

Arnold 2001: K. Arnold, Der wissenschaftliche Umgang mit Quellen. In: H.-J. Goertz (Hrsg.), Geschichte. Ein Grundkurs. Reinbek bei Hamburg: Rowohlt ²2001, 42–58.

Becker 2007: A. Becker, Lahnau-Waldgirmes. Eine römische Stadtgründung im Lahntal aus der Zeit um Christi Geburt. In: Lehmann/Wiegels 2007, 321–30.

Becker/Rasbach 2007: A. Becker/G. Rasbach, »Städte in Germanien«. Der Fundplatz Waldgirmes. In: Wiegels 2007, 102–16.

Becker u. a. 2003: Ders./G. Rasbach/S. Biegert, Die spätaugusteische Stadtgründung in Lahnau-Waldgirmes. Archäologische, architektonische und naturwissenschaftliche Untersuchungen. Germania 81, 2003, 1, 147–99.

Berger 2004: F. Berger, Aktuelle Varusschlachten. Num. Nachrbl. 53, 2004, 267–73.

Berger u. a. 1991: Ders./G. Franzius/W. Schlüter/S. Wilbers-Rost, Archäologische Quellen zur Varusschlacht? Die Untersuchungen in Kalkriese, Stadt Bramsche, sowie Venne und Schwagstorf, Gemeinde Ostercappeln. Ant. Welt 22, 1991, 221–34.

Burmeister 2009: St. Burmeister, Die Varusschlacht als Ereignis – Ereignis für wen? In: M. Fitzenreiter (Hrsg.), Das Ereignis: Geschichtsschreibung zwischen Vorfall und Befund. Internet-Beitr. Ägypt. u. Sudanarch. 10. London: www.ibaes.de, Golden House Publications 2009, 51–60.

---

19 Um den Wert des Unterschiedes zwischen schriftlichen und archäologischen Quellen zu erkennen, wie ihn M. K. H. Eggert in seinem Beitrag betont, muss ja zunächst geklärt sein, dass man tatsächlich auch über dasselbe spricht.

20 Zum archäologischen Beitrag der Bewertung der Varusschlacht und der Funde von Kalkriese als Ereignis von historischer Bedeutung siehe auch Burmeister 2009, 57 f.

Callies 1995: H. Callies, Bemerkungen zu Aussagen und Aussagehaltung antiker Quellen und neuerer Literatur zur Varusschlacht und ihrer Lokalisierung. In: Wiegels/Woesler 1995, 175–83.

von Carnap-Bornheim 1999: C. von Carnap-Bornheim, Archäologisch-historische Überlegungen zum Fundplatz Kalkrieser-Niewedder Senke in den Jahren zwischen 9 n. Chr. und 15 n. Chr. In: Schlüter/Wiegels 1999, 495–508.

Chantraine 2002: H. Chantraine, Varus oder Germanicus? Zu den Fundmünzen von Kalkriese. Thetis 9, 2002, 81–93.

Deininger 2000: J. Deininger, Germaniam pacare. Zur neueren Diskussion über die Strategie des Augustus gegenüber Germanien. Chiron 30, 2000, 749–73.

Deschler-Erb 2007: E. Deschler-Erb, Bemerkungen zu den Militaria von Kalkriese. In: Lehmann/Wiegels 2007, 75–88.

Dreyer 2007: B. Dreyer, Zum Verlauf der Varusniederlage. Die Einordnung der Ausgrabungen von Kalkriese. In: Lehmann/Wiegels 2007, 363–397.

Eck 1998: W. Eck, Augustus und seine Zeit. München: Beck 1998.

Eggert 2006: M. K. H. Eggert, Archäologie. Grundzüge einer Historischen Kulturwissenschaft. Tübingen, Basel: Francke 2006.

Eggert 2008: Ders., Prähistorische Archäologie: Konzepte und Methoden. Tübingen, Basel: Francke ³2008.

Freeman/Pollard 2001: P. W. M. Freeman/A. J. Pollard (Hrsg.), Fields of Conflict: Progress and Prospect in Battlefield Archaeology. Proceedings of a Conference held in the Department of Archaeology, University of Glasgow, April 2000. BAR Internat. Ser. 958. Oxford: Archaeopress 2001.

Geschwinde/Lönne 2009: M. Geschwinde/P. Lönne, Konfrontation am Harzhorn: die Entdeckung eines römischen Schlachtfeldes bei Kalefeld. Arch. Niedersachsen 12, 2009, 121–4.

Großkopf 2007a: B. Großkopf, Die menschlichen Überreste der Fundstelle Kalkriese-Oberesch. In: Lehmann/Wiegels 2007, 29–36.

Großkopf 2007b: Dies., Die menschlichen Überreste vom Oberesch in Kalkriese. In: Wilbers-Rost u. a. 2007, 157–78.

Großkopf 2009: Dies., Knochenarbeit: Anthropologische Analysen geben Aufschluss über Knochengruben aus Kalkriese. In: Varusschlacht 2009, 153–7.

Harnecker 2008: J. Harnecker, Kalkriese – Die Kleinfunde aus dem Untersuchungsgebiet. Prospektion – Sondierungen – Plangrabungen. In: Reddé/von Schnurbein 2008, 261–76.

Harnecker 2009: Ders., Kalkriese war kein germanischer Urwald. Was Siedlungsfunde über den Ort des Schlachtgeschehens verraten. In: Varusschlacht 2009, 89–91.

Harnecker/Moosbauer 2007: Ders./G. Moosbauer, Die Fundregion »Kalkrieser-Niewedder Senke« (Lkr. Osnabrück). Untersuchungen zu den militärischen Auseinandersetzungen. In: Lehmann/Wiegels 2007, 47–73.

Harnecker/Tolksdorf-Lienemann 2004: J. Harnecker/E. Tolksdorf-Lienemann, Kalkriese 2. Sondierungen in der Kalkrieser-Niewedder Senke: Archäologie und Bodenkunde. Röm.-Germ. Forsch. 62. Mainz: Zabern 2004.

Haßmann 2009: H. Haßmann, Kalkriese –[K-]eine Kontroverse. In: Varusschlacht 2009, 158–67.

Jantzen u. a. 2008: D. Jantzen/J. Piek/Th. Terberger, Gemetzel im Flusstal. Bronzezeitliches Schlachtfeld. Arch. Deutschland H. 6, 2008, 4.

Kehne 2003: P. Kehne, Vermarktung contra Wissenschaft. Kalkriese und der Versuch zur Vereinnahmung der Varusschlacht. Kunde N. F. 54, 2003, 93–112.

Lehmann 1989: G. A. Lehmann, Zum Zeitalter der römischen Okkupation Germaniens. Neue Interpretationen und Quellenfunde. Boreas 12, 1989, 207–30.

Lehmann 2007: Ders., Tacitus und die Dokumente – einige Überlegungen. In: Lehmann/Wiegels 2007, 419–30.

Lehmann/Wiegels 2007: Ders./R. Wiegels (Hrsg.), Römische Präsenz und Herrschaft im Germanien der augusteischen Zeit: der Fundplatz von Kalkriese im Kontext neuerer Forschungen und Ausgrabungsbefunde. Beiträge zu der Tagung des Fachs Alte Geschichte der Universität Osnabrück und der Kommission ›Imperium und Barbaricum‹ der Göttinger Akademie der Wissenschaften in Osnabrück vom 10. bis 12. Juni 2004. Abhandl. Akad. Wiss. Göttingen Philol.-Hist. Kl. 3. F. 279. Göttingen: Vandenhoeck & Ruprecht 2007.

Manuwald 2007: B. Manuwald, Politisches Ungeschick oder vorbestimmtes Verhängnis? Cassius Dios Bericht über die Varus-Schlacht. In: Lehmann/Wiegels 2007, 431–49.

Meller 2009: H. Meller (Hrsg.), Schlachtfeldarchäologie. Battlefield Archaeology. 1. Mitteldeutscher Archäologentag vom 09. bis 11. Oktober 2008 in Halle (Saale). Tagungen Landesmus. Vorgesch. Halle 2. Halle (Saale): Landesamt für Denkmalpflege und Archäologie Sachsen-Anhalt 2009.

Moosbauer 2008: G. Moosbauer, Der römische Kampfplatz bei Kalkriese. Das wissenschaftliche Projekt. In: Reddé/von Schnurbein 2008, 315–20.

Paulus/Uerpmann 2007: S. Paulus/H.-P. Uerpmann, Physikalisch-chemische Untersuchungen an Equidenzähnen aus Kalkriese zur Bestimmung von Knochenerhaltung und Jahreszeit der Schlacht. In: Wilbers-Rost u. a. 2007, 145–56.

Rasbach 2007: G. Rasbach, Das Fundmaterial von Waldgirmes – Ein Überblick. In: Lehmann/Wiegels 2007, 331–6.

Reddé/von Schnurbein 2008: M. Reddé/S. von Schnurbein (Hrsg.), Alésia et la bataille du Teutoburg: Un parallèle critique des sources. Beih. Francia 66. Ostfildern: Thorbecke 2008.

Rost 2007: A. Rost, Characteristics of Ancient Battlefields: Battle of Varus (9 AD). In: Scott u. a. 2007, 50–7.

Rost 2008: Ders., Quellenkritische Überlegungen zur archäologischen Untersuchung von Schlachtfeldern am Beispiel von Kalkriese. In: Reddé/von Schnurbein 2008, 303–13.

Rost 2009: Ders., Alesia, Kalkriese, Little Big Horn: das neue Forschungsgebiet der Schlachtfeldarchäologie. In: Varusschlacht 2009, 101–17.

Schlüter 1999: W. Schlüter, Zum Stand der archäologischen Erforschung der Kalkrieser-Niewedder Senke. In: Schlüter/Wiegels 1999, 13–60.

Schlüter/Wiegels 1999: Ders./R. Wiegels (Hrsg.), Rom, Germanien und die Ausgrabungen von Kalkriese. Internationaler Kongreß der Universität Osnabrück und des Landschaftsverbandes Osnabrücker Land e. V. vom 2. bis 5. September 1996. Osnabrücker Forsch. Alt. u. Antike-Rezeption 1. Osnabrück: Universitätsverlag Rasch 1999.

Schlüter/Wiegels 2000: Dies., Stichwort »Kalkriese«. In: H. Beck u. a. (Hrsg.), Reallexikon der Germanischen Altertumskunde 16. Berlin, New York: de Gruyter 2000, 180–99.

Schmitzer 2007: U. Schmitzer, Tatsachenbericht oder literarische Fiktion? Velleius Paterculus über die clades Variana. In: Lehmann/Wiegels 2007, 399–417.

von Schnurbein 1981: S. von Schnurbein, Untersuchungen zur Geschichte der römischen Militärlager an der Lippe. Ber. RGK 62, 1981, 5–101.

von Schnurbein 2002: Ders., Augustus in Germanien: neue archäologische Forschungen. Kroon-Voordracht 24. Amsterdam: Stichting Nederlands Museum voor Anthropologie en Praehistorie 2002.

Scott u. a. 2007: D. Scott/L. Babits/C. Haecker (Hrsg.), Fields of Conflict: Battlefield Archaeology from the Roman Empire to the Korean War 1. Searching for War in the Ancient and Early Modern World. Westport/Conn., London: Praeger Security International 2007.

Uerpmann/Uerpmann 2007: H.-P. Uerpmann/M. Uerpmann, Knochenfunde aus den Grabungen bis 2002 auf dem Oberesch in Kalkriese. In: Wilbers-Rost u. a. 2007, 108–44.

Varusschlacht 2009: Varusschlacht im Osnabrücker Land GmbH – Museum und Park Kalkriese (Hrsg.), Varusschlacht. Mainz: Zabern 2009.

Wiegels 1999: R. Wiegels, Kalkriese und die literarische Überlieferung zur clades Variana. In: Schlüter/Wiegels 1999, 637–74.

Wiegels 2000: Ders. (Hrsg.), Die Fundmünzen von Kalkriese und die frühkaiserzeitliche Münzprägung. Akten des wissenschaftlichen Symposions in Kalkriese, 15.–16. April 1999. Osnabrücker Forsch. Alt. u. Antike-Rezeption 3. Möhnesee: Bibliopolis 2000.

Wiegels 2007: Ders. (Hrsg.), Die Varusschlacht. Wendepunkt der Geschichte? Arch. Deutschland Sonderh. Plus. Stuttgart: Theiss 2007.

Wiegels 2008a: Ders., Der Streit um die Lokalisierung des Schlachtfeldes im Teutoburger Wald. In: Reddé/von Schnurbein 2008, 165–79.

Wiegels 2008b: Ders., Kalkriese – das Problem der Texte. In: Reddé/von Schnurbein 2008, 291–301.

Wiegels 2009: Ders., Aspekte römischer Germanienpolitik. Zum Verhältnis von Rom und Germanien im frühen Principat. In: Varusschlacht 2009, 12–31.

Wiegels/Woesler 1995: Ders./W. Woesler (Hrsg.), Arminius und die Varusschlacht. Geschichte – Mythos – Literatur. Paderborn u. a.: Schöningh 1995.

Wigg-Wolf 2007: D. Wigg-Wolf, Dating Kalkriese: the Numismatic Evidence. In: Lehmann/Wiegels 2007, 119–34.

Wilbers-Rost 2003: S. Wilbers-Rost, Der Hinterhalt gegen Varus. Zu Konstruktion und Funktion der germanischen Wallanlage auf dem »Oberesch« in Kalkriese. Kunde N. F. 54, 2003, 123–42.

Wilbers-Rost 2007a: Dies., Die archäologischen Befunde. In: Wilbers-Rost u. a. 2007, 1–107.

Wilbers-Rost 2007b: Dies., Die Ergebnisse der archäologischen Untersuchungen auf dem »Oberesch« in Kalkriese. In: Lehmann/Wiegels 2007, 9–28.

Wilbers-Rost 2009: Dies., Hinterhalt zwischen Berg und Moor. Ein archäologischer Zwischenbericht zur Varusschlacht in Kalkriese. In: Varusschlacht 2009, 71–87.

Wilbers-Rost u. a. 2007: Dies./H.-P. Uerpmann/M. Uerpmann/B. Großkopf/E. Tolksdorf-Lienemann, Kalkriese 3. Interdisziplinäre Untersuchungen auf dem Oberesch in Kalkriese. Archäologische Befunde und naturwissenschaftliche Begleituntersuchungen. Röm.-Germ. Forsch. 65. Mainz: Zabern 2007.

Wolters 2003: R. Wolters, Hermeneutik des Hinterhalts. Die antiken Berichte zur Varuskatastrophe und der Fundplatz von Kalkriese. Klio 85, 2003, 131–70.

Wolters 2007: Ders., Kalkriese und die Datierung okkupationszeitlicher Militäranlagen. In: Lehmann / Wiegels 2007, 135–60.

Wolters 2008: Ders., Die Schlacht im Teutoburger Wald. Arminius, Varus und das römische Germanien. München: Beck 2008.

STEFANIE DICK

Zur Sozialstruktur germanischer Gesellschaften auf der Grundlage der antiken Schriftquellen

Zusammenfassung: Im Zentrum der folgenden Ausführungen steht die Auseinandersetzung mit den Aussagemöglichkeiten der historischen Schriftquellen hinsichtlich der soziopolitischen Strukturen der germanischen Gesellschaft. Dabei sind zunächst einige in diesem Kontext bedeutende Elemente notwendiger Quellenkritik zu behandeln, ehe dann auf das Verhältnis zwischen historischem und archäologischem Quellenmaterial sowie die Möglichkeiten, diese aufeinander zu beziehen, eingegangen wird.

Für die Auseinandersetzung mit den so genannten ›Germanen‹ bietet die schriftliche Überlieferung eine vergleichsweise reiche Quellengrundlage. Von Caesar (100–44 v. Chr.) bis Ammianus Marcellinus (vor 333 bis nach 395 n. Chr.) wissen viele der antiken Autoren über die benachbarten Barbaren zu berichten; allen voran Tacitus (um 55 bis um 117/120 n. Chr.), der mit seiner »Germania« geradezu zum Kronzeugen germanischer Kultur, Sitten und Lebensgewohnheiten wurde. Inhaltlich sind diese Schriftzeugnisse zum Teil recht unterschiedlich.[1] Sie reichen von knappen Bemerkungen und Nachrichten wie z. B. bei Appian oder Strabon, über längere zusammenhängende und ereignisorientierte Ausführungen wie z. B. bei Velleius Paterculus, Cassius Dio oder Herodian bis hin zu der bereits erwähnten, in jeder Beziehung herausragenden monographischen Darstellung des Tacitus, die auch unter gattungsspezifischen Gesichtspunkten einzigartig ist (vgl. bes. Trüdinger 1918, 146–170; ferner Müller 1997, 413). Der historischen Forschung diente die taciteische »Germania« aufgrund ihrer Materialfülle zumeist als Leitüberlieferung (vgl. den umfassenden Forschungsbericht bei Lund 1991). Die zahlreichen, dort zusammengestellten Informationen über alle möglichen Bereiche germanischen Lebens – zu nennen wären hier etwa Wirtschaftsformen, Heerwesen, Glaube, Verfassung sowie Verwandtschaft und Familie – boten gewissermaßen den natürlichen Rahmen, in den die an anderer Stelle aufgefundenen Nachrichten einzupassen waren. Auf diese Weise entstand ein relativ kleinteiliges Bild von einer germanischen Gesellschaft und ihrer Sozialverfassung, welches jedoch nicht frei von inneren Widersprüchen war und sich in zentralen Punkten nicht mit den in neueren archäologischen Untersuchungen erzielten und

---

1 Vgl. die Quellenzusammenstellungen von Herrmann 1988–1992; Goetz/Welwei 1995; Goetz u. a. 2006/2007.

durch immer präzisere technische Möglichkeiten der Auswertung auch zunehmend differenzierteren Ergebnissen in Übereinstimmung bringen ließ.

Folgt man den Ausführungen der antiken Autoren, dann erscheint die germanische Gesellschaft als ein verhältnismäßig ausdifferenziertes Gebilde mit deutlich voneinander abgegrenzten Ständen und einem Königtum als hierarchischer Spitze. Die eindrucksvollen militärischen Erfolge etwa eines Arminius oder eines Marbod gegenüber dem hochentwickelten *Imperium Romanum* verliehen dieser Vorstellung zusätzliche Plausibilität, denn um ein Weltreich wie Rom in der Schlacht bezwingen zu können, bedurfte es zumindest bei oberflächlicher Betrachtung einer in ihrer Entwicklung fortgeschrittenen Gesellschaftsstruktur. Problematisch war und ist jedoch, dass diese im Wesentlichen auf die schriftliche Überlieferung gestützte Anschauung nicht zu den archäologischen Befunden passt. Zwar lässt das archäologische Material spätestens seit der Zeitenwende deutliche Anzeichen für einsetzende soziale Differenzierungsprozesse erkennen, wie sie z. B. an unterschiedlichen Haus- bzw. Gehöftgrößen oder an besonders reich ausgestatteten Gräbern ablesbar sind. Allerdings hatten diese sich insgesamt eher langsam vollziehenden Prozesse um die Zeitenwende gerade erst begonnen, sich zu entfalten, so dass weder der Erfolg des Arminius 9 n. Chr. noch die militärische Schlagkraft Marbods damit in einen kausalen Zusammenhang gebracht werden können. Überhaupt lässt sich die in den Schriftquellen beschriebene klare ständische Gliederung in dem Gebiet der einstigen *Germania* archäologisch nicht fassen (vgl. hierzu Burmeister in diesem Band), so dass Zweifel an dem gängigen Verständnis der schriftlichen Überlieferung angebracht erscheinen. Vor diesem Hintergrund erweist es sich als notwendig, die Schriftquellen erneut kritisch zu prüfen und sowohl auf ihren Aussagewert, vor allem aber auf ihre Aussagemöglichkeiten hin zu untersuchen. Dabei sind eine Reihe unterschiedlicher Aspekte und Problemlagen zu berücksichtigen, die im Folgenden kurz dargelegt und hinsichtlich ihrer zentralen Wirkungszusammenhänge erläutert werden.

Der Germanenbegriff in den Quellen

Von grundlegender Bedeutung ist in diesem Kontext zunächst die Frage nach dem in den antiken Quellen verwendeten Germanenbegriff (s. a. R. Steinacher in diesem Band). Es ist hinlänglich bekannt, dass der römische Germanenbegriff und die sich hiermit verbindenden Vorstellungen wesentlich auf die Darstellung Caesars in seinem »Bellum Gallicum« zurückgehen.[2] Als Germanen hatte Caesar die Bevölkerung jener Gebiete östlich des Rheins bezeichnet, die er bei seinen nordalpinen Eroberungen

---

2 Vgl. z. B. Dobesch 1995, 89; aber auch Lund 1998, 48 f. u. 86, der die Anschauung vertritt, dass Caesar die Germanen erfunden habe.

ausgespart hatte. Zur Rechtfertigung seiner Vorgehensweise schilderte er diese Germanen als wilde und gefährliche Gegner, vor denen die neu errichtete Provinz *Gallia* geschützt werden müsse. Für das Land zwischen Nord- bzw. Ostsee und Donau, welches diese neuen Feinde Roms bewohnten, etablierte sich die Bezeichnung *Germania*. Bedeutsam ist daran, dass die römische Vorstellung von den in Germanien lebenden Germanen fast zwangsläufig impliziert, dass es sich bei letzteren um *ein* Volk gehandelt habe, das in kleinere Verbände, d. h. Stämme bzw. *gentes*, untergliedert gewesen sei. Die Ausführungen des Tacitus, der in seiner »Germania« zunächst auf die allgemeinen Sitten und Gebräuche der Germanen insgesamt eingeht, ehe er dann im zweiten Teil seines Werkes auf einzelne Völker zu sprechen kommt, zeigen dies in aller Deutlichkeit, und auch die ältere Germanenforschung ist dieser Sicht im Wesentlichen gefolgt.[3]

Inzwischen hat sich freilich eine stärker differenzierende Perspektive durchgesetzt. So konnte herausgearbeitet werden, dass das seitens der Römer als *Germania* bezeichnete Gebiet zwar ein in vielerlei Hinsicht (wirtschaftlich, kulturell, sprachlich etc.) einheitlich konditionierter Raum war (Ament 2003, 46 f.), jedoch verfügten die dort lebenden Menschen nicht über ein großräumiges Zusammengehörigkeitsgefühl und bildeten mithin auch keinen zusammenhängenden Volkskörper mit gemeinsamen Institutionen. Es gibt keinerlei Zeugnisse dafür, dass sich die von den Römern als Germanen charakterisierten Menschen bzw. die den germanischen Völkern zugerechneten *gentes* jemals selbst so bezeichnet hätten, ebenso wenig existieren Zeugnisse für ein übergreifendes germanisches Gemeinschaftsbewusstsein (vgl. hierzu bes. Jarnut 2004, 109 f. und passim). Im Gegenteil – von Anfang an kämpften ›germanische‹ Einheiten an der Seite Roms gegen ihre vermeintlichen Volksgenossen (Waas 1971), ließen sich einzelne ›germanische‹ *gentes* gegeneinander in Stellung bringen. In gewisser Weise tragen die antiken Autoren diesem Befund sogar Rechnung, indem sie seit dem 4. Jahrhundert vermehrt die jeweiligen Stammesnamen nennen und weniger von *Germani*, sondern häufiger ganz konkret von *Alamanni, Franci, Juthungi* etc. sprechen (Pohl 2004 a, 170; 172; 177; 2004 b). Je länger die römisch-›germanischen‹ Kontakte währten, desto genauer wusste man auf Seiten Roms, mit wem man es jeweils zu tun hatte. Dennoch war die Vorstellung von *den* Germanen bis dahin in einem Maße etabliert, dass die damit verbundenen stereotypen Zuschreibungen, die vielfach auch Elemente der antiken Barbarentopik enthielten, weiterhin Wirkung zeigen konnten. Es ist also zu hinterfragen, inwiefern die jeweiligen Nachrichten über Germanen oder auch einzelne *gentes* durch solche tradierten Vorurteile, Stereotype und ethnographische Topoi geprägt bzw. eingefärbt worden sind.

---

3 Vgl. vor allem die Beiträge in Beck 1986 sowie den Forschungsüberblick bei Dick 2008, 11–25.

Das Fehlen germanischer Selbstzeugnisse

Von einigen Runenfragmenten abgesehen, die im Hinblick auf die Frage nach den sozialen Strukturen der in der *Germania* ansässigen *gentes* allerdings wenig aussagekräftig sind, existieren für die Zeit bis ins 2. bzw. 3. Jahrhundert keine germanischen Selbstzeugnisse (vgl. etwa Schwarz 1956, 9). Die gesamte schriftliche Überlieferung zu den Germanen geht auf römische bzw. griechische Autoren zurück und bietet nicht nur eine reine Außenperspektive, sondern darüber hinaus auch eine dezidiert römische Sicht auf die Verhältnisse im germanischsprachigen Barbaricum. Damit sind gleich zwei zentrale Aspekte angesprochen, die es bei der Interpretation jener Schriftzeugnisse zu berücksichtigen gilt: zum einen das Moment der Fremdwahrnehmung und die damit verbundenen Modalitäten, auf die nachfolgend noch ausführlicher eingegangen wird; zum anderen den einseitig römischen Blickwinkel, der eine grundsätzlich parteiische und vielfach auch interessengeleitete Darstellung bedingt.

Fremdwahrnehmung und Fremdverstehen

Grundsätzlich setzt jede Form der Auseinandersetzung mit dem Fremden eine klare gedankliche Differenzierung zwischen diesem und dem Eigenen voraus. Dabei vollzieht sich die Selbstidentifikation des Eigenen durch einen Abgrenzungsprozess von dem Fremden, das an den verabsolutierten Leitlinien der eigenen Kultur und Lebensweise gemessen wird. Im Ergebnis führt dieses Verfahren häufig zu einer moralischen Abwertung des Fremden, »wobei das als zivilisiert betrachtete Eigene und das im Vergleich dazu als unzivilisiert empfundene Andere einander konträr gegenüberstehen, jedoch stets aufeinander bezogen bleiben« (Dick 2008, 47 mit weiterer Literatur). Auch die Germanendarstellungen in den antiken Schriftquellen unterliegen diesen hier nur sehr grob umrissenen Mechanismen der Fremdwahrnehmung. Hinzu kommen ferner die Bedingungen des Fremdverstehens. Ein römischer Beobachter konnte die völlig andersartige kulturelle Realität der germanischsprachigen Barbaren nicht aus sich heraus erfassen, da er seinem eigenen kulturellen Bezugsrahmen verhaftet blieb. Dabei führt das in den Quellen vielfach auftretende Prinzip der *interpretatio Romana*, nach dem das Fremde mithilfe des Vergleichs an den vertrauten Strukturen der Umwelt gemessen, mit diesen verglichen und so letztlich erfassbar bzw. verständlich gemacht wird, zu einer »verzerrenden Verähnlichung« der fremden Gesellschaft und damit zumindest in Teilen zu einer Einebnung bestehender Unterschiede (vgl. Hettlage 1988, 207; ferner Dick 2008, 48 f.).

Im Hinblick auf das Verstehen von Fremdartigem ist das wichtigste Mittel zur Wahrnehmungsverarbeitung und auch zur Wahrnehmungsvermittlung der Vergleich, der neben der bereits erwähnten Möglichkeit zur Analogiebildung auch das Herausstellen von Unterschieden erlaubt. Dabei wird das Fremde in beiden Fällen nicht aus sich heraus verstanden, sondern an den persönlichen und kulturellen Maßstäben des Beobachters gemessen, gedeutet und beurteilt, so dass sich zwangsläufig Verzerrungen ergeben und mit einer mehrfachen Brechung der aus einer Fremdperspektive überlieferten Nachrichten zu rechnen ist (Dick 2005, 336 f.). Zudem ist eine im Wesentlichen auf dem Wege des Vergleichs erfolgende Wahrnehmungsverarbeitung und -vermittlung notwendigerweise auf das Vorhandensein vergleichbarer Elemente angewiesen. Gerade im Bereich soziokultureller Institutionen dürfte sich dieser Wirkmechanismus als problematisch erweisen, da mit hoher Wahrscheinlichkeit davon auszugehen ist, dass nur solche Verhältnisse beschrieben werden, die sich in irgendeiner Form auf die bekannten eigenen, in unserem Fall also auf die römischen beziehen lassen. Da, wo ein römisches Pendant zur Abgrenzung oder Analogiebildung fehlte und keine Vergleichsbildung möglich war, konnte das Fremde weder verstanden noch beschrieben und damit auch nicht weitervermittelt werden. Deshalb dürfte das von römischer Seite überlieferte Bild von den germanischsprachigen Barbaren in vielerlei Hinsicht unvollständig sein und letztlich wohl mehr über die »Mentalität der Bezugsgruppe« (Lund 1990, 28) als über die Germanen selbst aussagen.

Es ist also jeweils konkret danach zu fragen, in *welcher* Kontaktsituation ein römischer Beobachter *was* hat wahrnehmen können. Wie hat er das Gesehene oder Gehörte verstanden und nach den Prinzipien der Wahrnehmungsverarbeitung (Abgrenzung und / oder Analogiebildung) interpretiert? Und wie hat er diese Interpretation in Worte gefasst, d. h. in sein römisch geprägtes und an römischen Denkkategorien orientiertes Begriffssystem übersetzt, welches auf spezifisch römische Verhältnisse bezogen war und bei Römern auch entsprechend konkrete Assoziationen freisetzte?

Zu den Aussagemöglichkeiten der Schriftquellen

Angesichts dieser Zusammenhänge liegt es auf der Hand, dass das Ergebnis eines solchen Wahrnehmungsprozesses, der gewöhnlich weitgehend unreflektiert erfolgt und grundsätzlich bei allen unseren antiken Schriftquellen vorausgesetzt werden muss, von der kulturellen und gesellschaftlichen Realität der beobachteten und beschriebenen Germanen deutlich entfernt ist. Wenn zudem die Nachrichten aus diffusen, nicht näher zu bestimmenden Quellen herrühren, wie es etwa bei unserem vermeintlichen Kronzeugen Tacitus der Fall ist, der germanischen Boden selbst nie betreten und sich auch nicht (wenn überhaupt) längerfristig in den angrenzenden Provinzen aufgehalten hat (vgl. etwa Flach 1989, 57; Müller 1997, 413), dann nimmt die Zahl der Verarbeitungsschritte und damit auch der Brechungen und Verzerrungen zwangsläufig zu, so dass auch die Entfernung der so vermittelten Informationen zu den tatsächlichen Verhältnissen immer größer wird.

In Ermangelung germanischer Selbstzeugnisse bietet uns die schriftliche Überlieferung kein wirksames Korrektiv. Daher ist es notwendig, die Quellen gründlich dahingehend zu prüfen, wie der einzelne Autor zu seinen Kenntnissen gelangt ist, d. h. ob er selbst vor Ort war und sich ein persönliches Bild machen konnte (bei welchen Gelegenheiten?), ob er persönliche Kontakte hat knüpfen können oder ob er seine Informationen aus zweiter Hand (von wem genau?) oder gar nur vom reinen Hörensagen hatte. Auch wenn nicht alle dieser Fragen letztgültig beantwortet werden können, bieten sie doch immerhin eine Möglichkeit der Annäherung und der Priorisierung des überlieferten Materials. So sind beispielsweise die Nachrichten Caesars, der persönlich mit ›Germanen‹ verhandelt hat und durch keltische Dolmetscher – also durch einen gut unterrichteten Personenkreis – informiert wurde, bei aller gegebenen Tendenziösität des Werkes mitunter näher an den germanischen Verhältnissen als etwa die des Tacitus.

Ein weiterer Aspekt, der für die Interpretation und das Verständnis antiker Germanendarstellungen zentral ist, betrifft die Deutung der mit lateinischen und damit römisch geprägten Begriffen versehenen gesellschaftlichen und politischen Einrichtungen bzw. Verhältnisse bei den Germanen. Die überwältigende Mehrzahl der hier begegnenden, einer staatsrechtlichen Sphäre zugehörigen Begriffe wie *rex, princeps, magistratus, civitas* oder auch *senatus* – um nur einige, besonders häufig verwendete herauszugreifen – entstammen einer römisch geprägten Gedankenwelt und spiegeln vor allem die eigenen institutionellen Rahmenbedingungen wider. Am offensichtlichsten zeigt sich dies an dem Begriff *senatus*, der im Hinblick auf die Gegebenheiten bei den Germanen eindeutig anachronistisch wirkt. Aber auch bei *magistratus* und *civitas* sind die Erfahrungen mit der eigenen römischen soziopolitischen Organisation gut als Bezugsrahmen erkennbar. Ein in diesem Kontext ebenso typisches wie aussagekräftiges Beispiel bietet Caesar (Gall. 6,23,4–5), wenn er schreibt:

> »cum bellum civitas aut inlatum defendit aut infert, magistratus, qui ei bello praesint et vitae necisque habeant potestatem, deliguntur. in pace nullus est communis magistratus, sed principes regionum atque pagorum inter suos ius dicunt controversiasque minuunt«.

> »Wenn der Stamm einen Verteidigungs- oder Angriffskrieg führt, wählt er Führer, die in diesem Krieg Befehlshaber sein und Macht über Leben und Tod haben sollen. Im Frieden gibt es keine allgemeine Regierung, sondern die führenden Männer der einzelnen Teilgebiete und Gaue sprechen Recht unter den Ihren und legen Streitigkeiten bei.«

Magistratus meint aus römischer Sicht in erster Linie den gewählten Beamten, der in einem hierarchisch gegliederten Verwaltungsapparat eine bestimmte Funktion ausübt. Die Existenz solcher Verwaltungsstrukturen setzt dabei eine verhältnismäßig ausdifferenzierte Gesellschaft mit auf Dauer angelegten und leidlich stabilen Institutionen voraus. Dass Caesar bei den von ihm beschriebenen Germanen nicht auf derartig komplexe gesellschaftliche Verhältnisse abheben wollte, ist evident. Zum einen zeichnet er sie in anderen Zusammenhängen deutlich als primitive, halbnackte Wilde (vgl. etwa Caes. Gall. 6,21,1–5) und bedient damit traditionelle Barbarenvorstellungen ebenso wie literarische Fremdvölkertopoi. Zum anderen wird gleich in dem unmittelbar nachfolgenden Satz, wo Caesar berichtet, dass es bei den Germanen in Friedenszeiten keine allgemeine Regierung gegeben habe, deutlich, wie weit diese von einer ›zivilisierten‹ Gesellschaftsordnung entfernt waren. Anstelle einer übergeordneten Instanz waren in den einzelnen Gebieten nicht näher charakterisierte *principes*, nach römischem Verständnis Personen von besonderem Rang bzw. besonderer Autorität, für die Wahrung des Rechts und die Regelung von Streitigkeiten zuständig.

Die Verwendung der Bezeichnung *magistratus* ist dabei wohl vor allem auf die gedankliche Verbindung mit dem durch das Verb *deligere* zum Ausdruck gebrachten Wahlmoment bei der Bestellung des militärischen Anführers im Kriegsfall zurückzuführen, während mit *princeps* keine fest umrissene gesellschaftliche bzw. politische Position angesprochen ist, so dass an dieser Stelle einmal mehr die Fremdartigkeit der germanischen Gesellschaftsorganisation und der zivilisatorische wie kulturelle Unterschied zum *Imperium Romanum* betont wird.

Anhand der vorangegangenen Ausführungen dürfte deutlich geworden sein, dass und inwiefern die Aussagemöglichkeiten der antiken Schriftquellen bezüglich der soziopolitischen Strukturen bei den Germanen begrenzt sind. Da die germanischen Verhältnisse überwiegend in Form von Relationen vermittelt werden, muss für deren nähere Bestimmung, Konkretisierung und Deutung eigenständiges, d. h. nicht der im Vorfeld beschriebenen Form der Wahrnehmungsverarbeitung unterliegendes Vergleichsmaterial herangezogen werden.

Zum Verhältnis von historischen und archäologischen Quellen

Die archäologischen Zeugnisse stellen ein solches, als Korrektiv geeignetes Vergleichsmaterial dar. Dabei geht es nicht so sehr darum, archäologische Befunde 1 : 1 auf historische Quellen zu beziehen und diese dann als Beweis für deren Historizität anzuführen oder – anders herum – in der Schriftüberlieferung eindeutige Hinweise für die Erklärung archäologischer Befunde zu finden. Da nicht jedes Quellenmaterial für jede Frage Antworten bereit hält, ist es zunächst notwendig, nach möglichen gemeinsamen Bezugspunkten zu suchen, zu prüfen, welche Aussagen die betrachteten archäologischen und historischen Quellen jeweils zulassen, und die Fragen entsprechend zu formulieren.

Der archäologische Befund zeigt in der Regel gerade kein ›Fürstengrab‹, um an dieser Stelle eine alte Debatte als Beispiel heranzuziehen (vgl. hierzu Eggers 1949 / 1950; Gebühr 1974; 1998). Eine solche Bezeichnung ist bereits das Produkt einer Interpretation und hilft dem Historiker nicht weiter, da sie sich unreflektiert der historischen Quellensprache bedient. Die in den Schriftquellen aufscheinende ständische Gliederung der germanischen Gesellschaften wird auf diese Weise mithilfe archäologischen Quellenmaterials scheinbar bestätigt, ohne dass ein eigenständig archäologischer Befund zugrunde läge, der eine solcherart konkrete Aussage erlaubte. Demgegenüber verweist die auf denselben Grabungsergebnissen beruhende Feststellung, dass von einem bestimmten Zeitpunkt an auffällig reich mit Beigaben ausgestattete bzw. aufwändig errichtete Gräber auftreten, auf einen beginnenden Prozess sozialer Differenzierung. Ein Befund, der durch weitere Ergebnisse aus anderen Bereichen archäologischer Forschung untermauert werden kann, z. B. mittels der zunehmend differierenden Hausgrößen, welche Unterschiede bei der Anzahl des aufgestellten Viehs und damit auch der Besitzverhältnisse erkennen lassen.[4] Von dieser Basis aus lässt sich dann tatsächlich ein Bezug zu den Schriftquellen herstellen, insofern als dort, wo ein sozialer Differenzierungsprozess gerade erst eingesetzt hat, keine komplexe, ständisch gegliederte Gesellschaft angenommen werden kann.

Die Vorstellungen der römischen Autoren von der germanischen Gesellschaft waren offenbar tatsächlich in hohem Maße von den eigenen gesellschaftlichen Verhältnissen und Institutionen bestimmt. In Anbetracht dessen wird man mit noch größerer Berechtigung davon ausgehen dürfen, dass die taciteische Beschreibung der germanischen Gefolgschaft (Tac. Germ. 13,2–15,2) an der Praxis und den Mechanismen des römischen Klientelwesens orientiert ist (so Bazelmans 1991, 119; ferner Timpe 1998, 541). Für die Beurteilung der historischen Quellen ergibt sich aus dieser Feststellung, dass künftig vermehrt bislang eher wenig berücksichtigte oder gar, weil sie von den dominierenden Aussagen des Tacitus abweichen, als störend empfundene Nachrichten genauer in den Blick zu nehmen sind. Zudem eröffnen sich auf diese Weise neue Wege und Möglichkeiten, wie historisches und archäologisches Quellenmaterial aufeinander bezogen werden und sich gegenseitig erkenntnisfördernd ergänzen kann.

Literaturverzeichnis

Primärquellen

Caes. Gall.: C. Iulius Caesar, De bello Gallico – Der Gallische Krieg. Hrsg. von O. Schönberger. Düsseldorf: Artemis & Winkler 1999.
Tac. Germ.: P. Cornelius Tacitus, Germania. De origine et situ Germanorum liber. Übers., erl. und mit einem Nachw. hrsg. von M. Fuhrmann. Stuttgart: Reclam 1972.

---

4   Vgl. hierzu grundsätzlich Steuer 1982, 102–16; sowie Haarnagel 1979, 316–22 zur Feddersen Wierde.

Sekundärquellen

Ament 2003: H. Ament, Unterwegs zu höherer Zivilisation – Die Germanen. In: Frühe Völker Europas. Thraker, Illyrer, Kelten, Germanen, Etrusker, Italiker, Griechen. Darmstadt: Wissenschaftliche Buchgesellschaft 2003, 44–73 [Erstausg.: Leipzig, Mannheim 1997].

Bazelmans 1991: J. Bazelmans, Conceptualising Early German Political Structure: A Review of the Use of the Concept of Gefolgschaft. In: N. Roymans/F. Theuws (Hrsg.), Images of the Past. Studies on Ancient Societies in North-western Europe. Stud. Pre- en Protohist. 7. Amsterdam: Universiteit van Amsterdam 1991, 91–129.

Beck 1986: H. Beck (Hrsg.), Germanenprobleme in heutiger Sicht. RGA Ergänzungsbd. 1. Berlin, New York: de Gruyter 1986.

Dick 2005: St. Dick, *Langobardi per annos decem regem non habentes, sub ducibus fuerunt.* Formen und Entwicklung der Herrschaftsorganisation bei den Langobarden. Eine Skizze. In: W. Pohl/P. Erhart (Hrsg.), Die Langobarden. Herrschaft und Identität. Akad. Wiss. Denkschr. Phil.-Hist. Kl. 329 = Forsch. Gesch. Mittelalter 9. Wien: Österreichische Akademie der Wissenschaften 2005, 336–43.

Dick 2008: Dies., Der Mythos vom germanischen Königtum. Studien zur Herrschaftsorganisation bei den germanischsprachigen Barbaren bis zum Beginn der Völkerwanderungszeit. RGA Ergänzungsbd. 60. Berlin, New York: de Gruyter 2008.

Dobesch 1995: G. Dobesch, Das europäische Barbaricum und die Zone der Mediterrankultur. Ihre historische Wechselwirkung und das Geschichtsbild des Poseidonios. Tyche Suppl. 2. Wien: Holzhausen 1995.

Eggers 1949/1950: H.-J. Eggers, Lübsow, ein germanischer Fürstensitz der älteren Kaiserzeit. Prähist. Zeitschr. 24/25, 1949/1950, 58–111.

Flach 1989: D. Flach, Die Germania des Tacitus in ihrem literaturgeschichtlichen Zusammenhang. In: H. Jankuhn/D. Timpe (Hrsg.), Beiträge zum Verständnis der Germania des Tacitus 1. Abhandl. Akad. Wiss. Göttingen Phil.-Hist. Kl. F. 3, 175. Göttingen: Vandenhoek & Ruprecht 1989, 27–58.

Gebühr 1974: M. Gebühr, Zur Definition älterkaiserzeitlicher Fürstengräber vom Lübsow-Typ. Prähist. Zeitschr. 49, 1974, 82–128.

Gebühr 1998: Ders., Stichwort »Fürstengräber«. § 4. Römische Kaiserzeit. In: H. Beck u. a. (Hrsg.), Reallexikon der Germanischen Altertumskunde 10. Berlin, New York: de Gruyter 1998, 185–95.

Goetz u. a. 2006/2007: H.-W. Goetz/St. Patzold/K.-W. Welwei (Hrsg.), Die Germanen in der Völkerwanderung. Auszüge aus den antiken Quellen über die Germanen von der Mitte des 3. Jahrhunderts bis zum Jahre 453 n. Chr. Quellen Dt. Gesch. Mittelalter 1b,1–2. Darmstadt: Wissenschaftliche Buchgesellschaft 2006/2007.

Goetz/Welwei 1995: H.-W. Goetz/K.-W. Welwei (Hrsg.), Altes Germanien. Auszüge aus den antiken Quellen über die Germanen und ihre Beziehungen zum römischen Reich; Quellen der alten Geschichte bis zum Jahre 238 n. Chr. Quellen Dt. Gesch. Mittelalter 1a,1–2. Darmstadt: Wissenschaftliche Buchgesellschaft 1995.

Haarnagel 1979: W. Haarnagel, Die Grabung Feddersen Wierde. Methode, Hausbau, Siedlungs- und Wirtschaftsformen sowie Sozialstruktur. Feddersen Wierde 2. Wiesbaden: Steiner 1979.

Herrmann 1988–1992: J. Herrmann (Hrsg.), Griechische und lateinische Quellen zur Frühgeschichte Mitteleuropas bis zur Mitte des 1. Jahrtausends u. Z. Schr. u. Quellen Alte Welt 37, 1–4. Berlin: Akademie 1988–1992.

Hettlage 1988: R. Hettlage, Fremdheit und Fremdverstehen. Ansätze zu einer angewandten Hermeneutik. Archiv Kulturgesch. 70, 1988, 195–222.

Jarnut 2004: J. Jarnut, Germanisch. Plädoyer für die Abschaffung eines obsoleten Zentralbegriffes der Frühmittelalterforschung. In: W. Pohl (Hrsg.), Die Suche nach den Ursprüngen. Von der Bedeutung des frühen Mittelalters. Akad. Wiss. Denkschr. Phil.-Hist. Kl. 322 = Forsch. Gesch. Mittelalter 8. Wien: Österreichische Akademie der Wissenschaften 2004, 107–13.

Lund 1990: A. A. Lund, Zum Germanenbild der Römer. Eine Einführung in die antike Ethnographie. Heidelberg: Winter 1990.

Lund 1991: Ders., Kritischer Forschungsbericht zur »Germania« des Tacitus. In: H. Temporini / W. Haase (Hrsg.), Aufstieg und Niedergang der römischen Welt. Geschichte und Kultur Roms im Spiegel der neueren Forschung, 2. Principat, 33. Sprache und Literatur. Allgemeines zur Literatur des 2. Jahrhunderts und einzelne Autoren der trajanischen und frühhadrianischen Zeit, 3. Berlin, New York: de Gruyter 1991, 1989–2222.

Lund 1998: Ders., Die ersten Germanen. Ethnizität und Ethnogenese. Heidelberg: Winter 1998.

Müller 1997: K. E. Müller, Geschichte der antiken Ethnologie. Reinbek bei Hamburg: Rowohlt 1997.

Pohl 2004a: W. Pohl, Der Germanenbegriff vom 3. bis 8. Jahrhundert – Identifikationen und Abgrenzungen. In: H. Beck / D. Geuenich / H. Steuer / D. Hakelberg (Hrsg.), Zur Geschichte der Gleichung »germanisch – deutsch«. Sprache und Namen, Geschichte und Institutionen. RGA Ergänzungsbd. 34. Berlin, New York: de Gruyter 2004, 163–83.

Pohl 2004b: Ders., Vom Nutzen des Germanenbegriffes zwischen Antike und Mittelalter: eine forschungsgeschichtliche Perspektive. In: J. Jarnut / D. Hägermann / W. Haubrichs (Hrsg.), Akkulturation. Probleme der germanisch-romanischen Kultursynthese in Spätantike und frühem Mittelalter. RGA Ergänzungsbd. 41. Berlin, New York: de Gruyter 2004, 18–34.

Schwarz 1956: E. Schwarz, Germanische Stammeskunde. Heidelberg: Winter 1956.

Steuer 1982: H. Steuer, Frühgeschichtliche Sozialstrukturen in Mitteleuropa. Eine Analyse der Auswertungsmethoden des archäologischen Quellenmaterials. Abhandl. Akad. Wiss. Göttingen Phil.-Hist. Kl. 3, 128. Göttingen: Vandenhoek & Ruprecht 1982.

Timpe 1998: D. Timpe, Stichwort »Gefolgschaft«. § 2. Historisches. In: H. Beck u. a. (Hrsg.), Reallexikon der Germanischen Altertumskunde 10. Berlin, New York: de Gruyter 1998, 537–46.

Trüdinger 1918: K. Trüdinger, Studien zur Geschichte der griechisch-römischen Ethnographie. Basel: Birkhäuser 1918.

Waas 1971: M. Waas, Germanen im römischen Dienst (im 4. Jh. n. Chr.). Bonn: Habelt 1971 [Erstausg.: Bonn 1965].

STEFAN BURMEISTER

Archäologie und Geschichtswissenschaft: Sozialstruktur germanischer Gesellschaften anhand archäologischer Quellen

Zusammenfassung: Die antiken Schriftquellen skizzieren das Bild einer germanischen Gesell-schaft, an deren Spitze eine adlige Elite, Fürsten und Könige standen. Wir erfahren von Füh-rungspersönlichkeiten, die mehrere 10 000 Krieger befehligten und dem Römischen Reich ein ernst zu nehmender Gegner waren. Doch was wüssten wir, wenn wir die historischen Schriftquellen vollständig ausblendeten und die Sozialstruktur germanischer Gesellschaften ausschließlich anhand der archäologisch erschlossenen Sachquellen rekonstruierten? Siedlungs-strukturen und vor allem die Grabfunde zeigen das deutliche Bild einer sozial differenzierten Gesellschaft. Auch wenn soziale Unterschiede klar herauszuarbeiten sind, bleibt für die Archä-ologie jedoch das grundlegende Problem, dass sie die zu den mit einer sozial herausgehobenen Position verbundenen rechtlichen Qualifikationen kaum erschließen kann. Im vorliegenden Beitrag sollen die Möglichkeiten, aber auch die Grenzen der Archäologie aufgezeigt werden, soziale Differenzen zu rekonstruieren. Abschließend wird der Punkt bestimmt, ab dem eine Bezugnahme auf andere Wissenschaften notwendig ist, um zu weitergehenden Erkenntnissen zu gelangen.

Bevor ich an das archäologische Material herantrete, möchte ich kurz die Ausgangs-position umreißen, wie sie von der Geschichtswissenschaft in Bezug auf die Sozi-alstrukturen der germanischen Gesellschaften skizziert wird. Ich nenne nur einige Eckdaten: Der germanische Führer Ariovist greift mit seiner Gefolgschaft in den Gallischen Krieg Caesars ein und wird zu einem seiner mächtigsten Gegenspieler. Die römischen Quellen bezeichnen ihn als König der Germanen (Caes. Gall. 1,31) bzw. als König der Sueben (Plin. nat. 2,67). Er soll weit über 100 000 Soldaten befehligt haben (Caes. Gall. 1,31). Einige Jahrzehnte später konnte der germanische Gefolg-schaftsführer Marbod den Königstitel erringen, nachdem er markomannische und suebische Verbände nach Böhmen geführt hatte. Um 5 n. Chr. kontrollierte er mehrere Stämme und soll über eine Streitmacht von 70 000 Fußsoldaten und 4 000 Reitern verfügt haben (Vell. 2,109). Dieses erste im Ansatz zentralistisch struktu-rierte germanische Reich wurde von den Römern ebenfalls als erhebliche Bedrohung empfunden.

Auch wenn insbesondere Caesars Bericht über den Gallischen Krieg als Pro-pagandaschrift in erster Linie auf eine innenpolitische Wirkung bei der römischen Leserschaft abzielte und die von ihm überlieferten Zahlen deshalb gemeinhin als zu hoch angesetzt gelten – ohne dass man hier einen Korrekturfaktor angeben könnte –, suggerieren sie dennoch eine erhebliche Komplexität germanischer Herrschaft. Entsprechend vermitteln römische Schriften, allen voran die »Germania« des Tacitus, das Bild einer differenzierten germanischen Sozialverfassung (Tac. Germ.; s. Lund 1988, 35 f. mit den Textnachweisen). Im Wesentlichen haben wir es demnach mit einer ständischen Gesellschaft zu tun, die je nach Differenzierungsgrad fünf Stände – Könige, Fürsten, Freigeborene, Freigelassene und Sklaven – oder drei – Adel, Freie und Unfreie – kannte. Es ist jedoch offensichtlich, dass das fünfgliedrige Ständewesen, wie es uns Tacitus überliefert, den Aufbau der römischen Gesellschaft widerspiegelt (ebd. 36).

Es fehlte nicht an Versuchen, diese durch die Schriftquellen vorgegebene Sozialstruktur auch im archäologischen Befund nachzuweisen. So hat Helga Dörges für das Gräberfeld von Häven eine dreigliedrig gestaffelte Gemeinschaft ermittelt. Zum Zeitpunkt ihrer Untersuchung waren vom Bestattungsplatz in Häven insgesamt neun Gräber – allesamt Körpergräber – bekannt; später wurden dann noch weitere vier Gräber aufgedeckt. Die reichsten Gräber gehören zur Gruppe der ›Fürstengräber‹ der jüngeren Römischen Kaiserzeit. Dörges sah in ihnen die Vornehmen des Geschlechts bzw. die Sippenvorsteher, in den einfach ausgestatteten Gräbern die *liberi*, also die Freien und in einem beigabenlosen, etwas abseits gelegenen Männergrab einen – unfreien – Knecht. Von den neun Gräbern verteilen sich vier Individuen auf die oberste und vier auf die mittlere Gruppe, die Gruppe der mittellosen Knechte ist nur in einem Fall belegt (Dörges 1960, 242 f.).

Anhand epigenetischer Merkmale ließen sich zwischen fast allen dieser Individuen verwandtschaftliche Beziehungen nachweisen. So waren zwei der ›Vornehmen‹ – ein Mann und eine Frau – mit dem vermeintlichen Knecht genetisch verwandt. Nun wird man einwenden können, dass ein ›Fürst‹ mit einer Magd einen Sohn zeugen kann, dem dann aufgrund dieser unstandesgemäßen Liaison der Status eines Knechts zugewiesen wird. Der Anthropologe Herbert Ullrich (1968) sieht jedoch andere Ursachen für die besondere ›Stellung‹ des beigabenlosen Mannes. Der beigabenlose Mann litt unter Knochenschwund, was wohl letztendlich auch zu seinem Tode führte. Der Mann wird während des langwierigen Krankheitsverlaufes unter starken Schmerzen gelitten haben und äußerlich sehr verunstaltet gewesen sein. Es ist zweifelhaft, dass er unter diesen Vorzeichen die Arbeiten eines Knechtes verrichten konnte oder ein Leistungsträger innerhalb der Gruppe war. Vermutlich war seine Krankheit auch dafür verantwortlich, dass dieser Mann abseits der Gruppe bestattet wurde.[1]

Dieses Beispiel zeigt eines auf: Das den schriftlichen Quellen entlehnte Ständemodell wird scheinbar durch die archäologischen Quellen bestätigt. Eine Kontrolle durch

---

1   In der späteren Veröffentlichung ihrer 1960 vorgelegten Dissertation hat Helga – inzwischen – Schach-Dörges (1970, 136–40) ihre ursprünglich vorgetragene soziale Deutung der Gräber von Häven in dieser Form nicht mehr aufrecht erhalten. Sie hält fest: Häven »ist der Bestattungsplatz einer Hofgemeinschaft von Freien und ihrem zugehörigen Gesinde. Spekulation bleibt die Deutung des Befundes« (ebd. 138).

die Physische Anthropologie entzieht dieser ›Bestätigung‹ jedoch die Grundlage. Sie widerlegt selbstverständlich das Ständemodell nicht, denn über die bestattende Bevölkerung von Häven wissen wir zunächst nur das, was die inzwischen 13 Gräber zu erkennen geben. Wie repräsentativ diese Friedhofsgemeinschaft für die Lebendbevölkerung – oder gar andere germanische Bestattungsgemeinschaften – ist, können wir kaum einschätzen. Was bleibt, ist die Feststellung, dass das Ständemodell sich hier weder zurückweisen noch bestätigen lässt. Werten wir die unterschiedliche materielle Ausstattung als Ausdruck von Rangabstufungen, so müssen wir jedoch festhalten, dass es innerhalb einer Verwandtschaftsgruppe unterschiedliche Ränge gab.

›Fürstengräber‹ – unscharfe Abbilder sozialer Differenz

Welchen Beitrag kann die Archäologie nun zur weiteren Kenntnis der Sozialstruktur germanischer Gesellschaften leisten? Anhand ausgewählter Quellen sollen kurz ihre Möglichkeiten umrissen werden.

Der gegenwärtige Forschungsstand zu Fragen der Sozialstruktur wird maßgeblich durch die Grabfunde bestimmt. Diese stellen die Masse der Funde und sind in nahezu allen Fundregionen vertreten. Das Augenmerk liegt hierbei vor allem auf den so genannten ›Fürstengräbern‹, jenen Gräbern also, die der sozialen Elite zugerechnet werden.

In seiner Studie über die Gräber von Lübsow im heutigen Polen wies Hans Jürgen Eggers (1949 / 1950) auf die besondere Stellung der reichen Gräber dieses Fundplatzes hin und prägte den Begriff des »Fürstengrabes vom Typ Lübsow«. Mit diesem sozialtypologisch gedeuteten Grabtyp werden die Gräber der sozialen Elite der älteren Römischen Kaiserzeit definiert. Sie haben eine weite Verbreitung, wobei auch nicht zu übersehen ist, dass große Teile des germanischen Siedlungsraumes bislang ohne entsprechende Fundbelege sind. Auch die Tatsache, dass in bestimmten Regionen in den ›Lübsow‹-Gräbern vornehmlich Männer, in anderen hingegen Frauen bestattet sind, verweist auf die Regionalität spezifischer Grabsitten.

Eine Reihe von Merkmalen wird als kennzeichnend für die ›Lübsow‹-Gräber angesehen: 1. Römischer Import im Grab; 2. weitere besondere Beigaben bzw. allgemein Beigabenreichtum; 3. Waffenlosigkeit; 4. Körperbestattung; 5. aufwändiger Grabbau; 6. Lage der Gräber abseits der großen Friedhöfe. Für jedes dieser Kriterien ließe sich zeigen, dass sie weder verbindlich bei ›Lübsow‹-Gräbern auftreten noch sich auf diese Gruppe beschränken (Gebühr 1974, 86–95). Das bedeutet, dass diese Gräber keine in sich geschlossene Gruppe bilden, sie sich somit auch nicht klar vom großen Feld der normalen Bestattungen abgrenzen lassen.

Michael Gebühr (ebd. 119–27) hat mit anderen Kriterien versucht, die ›Oberschichtgräber‹ schärfer abzugrenzen. Den in eine Grabausstattung investierten Wert sieht er als Indikator der sozialen Position des Bestatteten. Diesen Wert versucht er über die Beigabenqualität und die Beigabenquantität zu ermitteln;[2] zugrunde legt er folgende Merkmale: 1. Beigabe von Gold; 2. Beigabe von Silber; 3. Römischer Import; 4. mehr als zehn Beigaben im Grab. In Anwendung dieser Kriterien zeichnet sich im Ergebnis eine ›Oberschicht‹ im Grabbrauch deutlicher, d. h. als homogenere Gruppe ab. Für sein Untersuchungsgebiet, die Insel Fünen, lässt sich demnach ein Verhältnis von ›Oberschicht‹ zu einfacher Bevölkerung von 1 : 10 ermitteln; beschränkt man sich auf die reichsten Gräber liegt das Verhältnis sogar bei 1 : 50. Allein aufgrund dieses Zahlenverhältnisses möchte Gebühr weniger an ›Fürsten‹ als an Großbauern denken, die etwa einer dörflichen Gemeinschaft vorstanden (ebd. 127; so auch Gebühr 2009 mit weiteren quellenkritischen Argumenten).

Werfen wir noch einen Blick auf die jüngere Römische Kaiserzeit. Die ›Fürstengräber‹ stehen nicht in lokaler Tradition der vorangehenden Phase; sie zeigen eine räumlich deutlich begrenztere Fundverbreitung, konzentrieren sich vor allem in zwei Regionen: auf der dänischen Insel Seeland sowie in Sachsen-Anhalt und Thüringen. Auch innerhalb der jüngeren Römischen Kaiserzeit datieren die ›Fürstengräber‹ in einen engen Zeithorizont. Die Gräber auf Seeland, die sich um das ›Zentrum‹ von Himlingøje gruppieren, haben ihren chronologischen Schwerpunkt in der ersten Hälfte des 3. Jahrhunderts (Lund Hansen 1995, 195–98); die so genannte Haßleben-Leuna-Gruppe in Sachsen-Anhalt und Thüringen beschränkt sich zeitlich weitgehend auf die zweite Hälfte des 3. Jahrhunderts (Bemmann 2001, 72). Das lässt vermuten, dass die Ausbildung dieser Elitegräber einer besonderen historischen Situation geschuldet ist.[3]

---

2 Einer ähnlichen Verfahrenslogik folgt Hedeager 1980, 48–51.

3 Für Dänemark: Lund Hansen 1995, 429 ff. bes. 434; abweichend hierzu Erdrich 2009; für die Haßleben-Leuna-Gruppe: maßgeblich Werner 1973; jüngst Burmeister 2009a; 2009b, 398 ff. – Becker (2009, 365) weist zu Recht auf die typologische Inhomogenität der Grabausstattungen der Haßleben-Leuna-Gräber hin, die gegen eine Datierung dieser Gräbergruppe in einem engen zeitlichen Kontext mit dem Limesfall spricht. Während Werner den Grabreichtum dieser Gruppe vor allem auf die Aktivitäten der regionalen Eliten in Zusammenhang mit den Auseinandersetzungen des Gallischen Sonderreiches zurückführte – und damit in der Tat auf einen nur wenige Jahre umfassenden Zeithorizont abhebt –, möchte ich die Gräber in den weiteren Zusammenhang der Überfälle auf das Römische Reich im 3. Jahrhundert stellen. Auch wenn nach Konsolidierung der Römischen Grenze mit dem Prinzipat Diocletians (284–305 n. Chr.) die germanischen Eliten ein wesentliches Aktionsfeld, auf dem sie zu Ansehen, Ruhm und Rang gelangen konnten, einbüßten sowie eine Säule des Prestigegüterzuflusses wegbrach, ist davon auszugehen, dass etliche der Reichtümer in den folgenden Jahren erst in den Boden gelangten; die beobachtbare typologische Vielfalt ist auch vor dem Hintergrund der historischen Ereignisse durchaus zu erwarten. – Ein grundlegender Einwand erhebt sich aus anderer Richtung. Vor allem röntgendiagnostische Untersuchungen an Leichenbrandfunden zeigen, dass auch in den zeitgenössischen Brandgräbern mit einem deutlich höheren Anteil an Edelmetallfunden zu rechnen ist als bisher angenommen (Becker u. a. 2003; Leineweber 2007). Es ist davon auszugehen, dass einige der Brandbestattungen dem Reichtum der Körperbestattungen nicht nachstanden. Löst sich über die Quellenkritik die bislang augenscheinliche Diskrepanz zwischen den beiden Bestattungsarten auf, so müssen

Wenden wir den Blick zur Haßleben-Leuna-Gruppe, müssen wir zunächst feststellen, dass keiner der Fundplätze ›Oberschichtgräber‹ aufweist, die sich über mehr als zwei Generationen erstrecken. Eine Kartierung der Fundorte mit ›Fürstengräbern‹ zeigt, dass etwa alle 20 km ein ›Fürst‹ saß. Die sich in den Gräbern abzeichnende ›Oberschicht‹ war somit ein kleinräumiges Phänomen (Bemmann 2001, 73).

Es gibt eine Reihe von Versuchen, die Gräber dieser Gruppe anhand ihrer Beigabenausstattung in eine hierarchische Rangfolge zu bringen (Schlüter 1970; Bemman 2001, 67). Grundlegend ist hier die seinerzeit innovative Studie von Wolfgang Schlüter (1970). Anders als bei Gebühr basiert die Gruppierung Schlüters auf einer Kombinationstabelle, die die Gräber anhand ihrer Beigabenausstattung sortiert. Die so sortierten Grabausstattungen werden in Gruppen unterteilt, die spezifische, letztlich sozial zu deutende Ausstattungsgruppen bilden. Die zentrale Unterscheidung wird anhand der Beigabe von Gegenständen aus Edelmetall sowie Importgeschirr getroffen. Diese Beigaben kennzeichnen demzufolge die Elitegräber. Schlüter untergliedert diese weiter in Gräber mit Beigaben aus Gold bzw. Silber. Und auch die einfach ausgestatteten Gräber werden anhand ihrer Beigabenausstattung weiter unterteilt: Gräber mit Beigaben aus Eisen oder Bronze; Gräber ohne Beigaben aus Metall; beigabenlose Gräber (ebd. 119). Selbstverständlich können alle Gräber Beigaben der untergeordneten Kategorien enthalten. So lässt sich – anhand des methodischen Prinzips eines Abzählreims – eine Gräberklassifikation erzeugen, die in sich weitgehend geschlossene Gruppen abbildet. Insgesamt ermittelt Schlüter so fünf verschiedene Ausstattungsgruppen.

Eine Reihe von Beigabenarten, aber auch bestimmte Grabbauparameter lassen sich vor allem mit der obersten, goldführenden Gräbergruppe in Verbindung bringen. Doch hier zeigt sich, was bereits Gebühr anschaulich aufgezeigt hat: Umso mehr Kriterien zugrundegelegt werden, umso mehr lösen sich die Gruppen auf. So waren etwa die reichsten Gräber überdurchschnittlich tief angelegt; doch gibt es auch flachere Gräber in dieser Gruppe bzw. Gräber anderer Gruppen, die ebenso überdurchschnittlich tief eingegraben waren (ebd. 123 Tab. 3). In Verbindung mit den diskreten Distinktionskriterien »Gold«, »Silber«, »andere Metalle« korrelieren weitere Kriterien nur eingeschränkt: Sie weisen bestenfalls auf eine tendenzielle Korrelation. Beobachtungen hingegen, dass sich die Goldmünzen auf die oberste Gruppe, Silber- und andere Münzen sich auf die zweite Gruppe beschränken (ebd. 120), Goldringe sich klar von Ringen aus Silber und Bronze abgrenzen lassen (ebd. 138) wie überhaupt das Vorkommen von Goldobjekten sich auf eine abgegrenzte Gruppe beschränkt (ebd. 139), laufen

wir auch von einer Kontinuität reicher Bestattungen über den eigentlichen Horizont der Haßleben-Leuna-Gräber hinaus ausgehen (Becker 2009, 363 f.). Mit dem engen Horizont der zweiten Hälfte des 3. Jahrhunderts wäre somit allenfalls die Sitte der Körperbestattung verbunden, nicht jedoch der besondere Ausstattungsreichtum der so genannten Haßleben-Leuna-Gräber. Da sich die Brandgräber diesbezüglich jedoch bislang einer genauen qualitativen und quantitativen Ansprache ihrer Ausstattungen entziehen, verbleibt dieser Einwand im Hypothetischen.

Gefahr, einer zirkulären Argumentation aufzusitzen, da ja das Merkmal »Gold« als gruppenbildend gesetzt wurde und somit *per definitionem* eine abgegrenzte Gruppe erzeugt. Dennoch ist der Beobachtung nachzugehen, dass augenscheinlich Personen, deren Bestattungen der obersten Ausstattungsgruppe angehören, Münzen oder Ringe aus Gold und nicht etwa aus Silber ins Grab bekamen – was sich nicht zwingend aus den Klassifikationskriterien ergibt, da sie durchaus andere Objekte aus Silber in ihrer Grabausstattung hatten. Da die zweite Ausstattungsgruppe, jene also, die sich über »Silber« definiert, vornehmlich die Bestattungen von Frauen repräsentiert (ebd. 122 Tab. 2), kann die Unterscheidung der beiden oberen Ausstattungsgruppen auch geschlechtsspezifisch determiniert sein.[4]

Schlüter sieht in den jeweiligen Ausstattungsgruppen der Haßleben-Leuna-Gruppe das Abbild einer sozialen Differenzierung (ebd. 140 f.), enthält sich aber einer näheren sozialen Deutung. Doch was repräsentiert eine Kombinationstabelle, wie sie von Schlüter vorgelegt wurde? Der der Kombinationstabelle vorausgehende Sortieralgorithmus legt die gemeinsame Vergesellschaftung – im vorliegenden Fall – von Beigabenarten in einem Grab zugrunde. Das führt in der Regel zu dem Ergebnis, dass sich am oberen Ende der Ordination die reichhaltig ausgestatteten Inventare befinden, am unteren Ende jene, die sich durch Beigabenarmut auszeichnen. Beigabenlose Inventare fallen aufgrund fehlender Vergesellschaftungen grundsätzlich aus dem Raster. Die Spannweite zwischen den Extremen von Beigabenreichtum und Beigabenarmut wird gut abgebildet, dazwischen spannt sich in der Regel ein Kontinuum stetig zunehmender bzw. – je nach Blickrichtung – abnehmender Beigabenvielfalt. Da sich Gruppen nur abzeichnen, wenn sie durch sich gegenseitig ausschließende Beigabenvergesellschaftungen charakterisiert sind, können grundsätzlich gänzlich unterschiedliche Faktoren wie Chronologie, Geschlecht oder Rang zu solchen Gruppenbildungen führen. Solange es Schnittmengen zwischen den Gruppen in der Beigabenausstattung gibt – und das ist eigentlich immer der Fall –, werden diese Gruppen in der Kombinationstabelle gemäß ihrer gemeinsamen Vergesellschaftungen wieder zusammengezogen. In der Praxis lässt dieses Verfahren deshalb meist keine klaren Gruppenbildungen erkennen. Die aus der Tabelle extrahierten abgegrenzten Gruppen basieren notwendigerweise auf Vorannahmen und Setzungen des Bearbeiters; somit laufen sie Gefahr, mehr Konstrukt als Rekonstruktion zu sein.[5]

Dennoch möchte man die deutlich unterschiedlichen Ausstattungsniveaus durchaus als Widerhall einer sozial differenzierten Ranghierarchie werten und die augen-

---

4 Es ist jedoch nicht so, dass Gold und Silber generell geschlechtsspezifisch zu deuten sind, da sich in der obersten Gruppe auch einige mit Goldobjekten ausgestattete Frauen befinden.

5 Zur weiteren Diskussion siehe an einem anderen Fallbeispiel Burmeister 2000, 112–25, mit einem alternativen Ansatz ebd. 128–39. – Wie sehr sich auch Schlüter von seinen Vorannahmen leiten ließ, zeigt, dass er drei Gräber aufgrund ihrer spezifischen Beigabenausstattung seiner obersten Ausstattungsgruppe zuordnete, obwohl sie seine engeren Definitionskriterien nicht erfüllten (Schlüter 1970, 119).

scheinlichen Muster in der Beigabenausstattung und beim Grabbau als Ausdruck sozial determinierter Praktiken. Ein klares Bild dieser Hierarchie bleibt jedoch aus. Erschwerend kommt hinzu, dass nach der gängigen Annahme die Beigaben aus dem persönlichen Besitz des Toten stammen; die Verfügung etwa über römische Import-güter zeichnet demnach seinen besonderen Status gegenüber jenen Personen aus, die keinen Import im Grab haben. Funde wie jene von Neupotz und Hagenbach (Barbarenschatz 2006), aber auch Siedlungsfunde (Becker 2003) zeigen, dass nur ein Bruchteil der Importe – und das auch nur selektiv – in die Gräber gelangte. Und so lässt die Verteilung der römischen Terra Sigillata-Gefäße auf der Feddersen Wierde – eine Siedlung in einer bislang ›Fürstengrab‹ freien Region – an eine allgemeine Verfügbarkeit dieser Statusgüter auch abseits der dörflichen Elite denken (Erdrich 2001, 120). Der Bestattungsbrauch spiegelt uns hier offenbar ein Bild, das wir nicht ohne Weiteres auf die Lebendbevölkerung zurückprojizieren können.

›Insignien‹ als Statusanzeiger – Aporien archäologischer Interpretation

Man mag die archäologisch ermittelten Gruppen als historische Realität ansehen oder eben diese bezweifeln, eine sichere Antwort, ob und, wenn ja, welche sozialen Gruppen durch die einzelnen Gruppen repräsentiert werden, vermag die Archäolo-gie nicht zu geben. Die Verbindung der Gruppen mit spezifischen gesellschaftlichen Ranggruppen verharrt im Stadium der Hypothese, da eine unabhängige archäolo-gische Kontrolle nicht gegeben ist. Hierbei handelt es sich ausdrücklich um eine methodische Unzulänglichkeit der Archäologie, der hier mit ihren Möglichkeiten eine klare Grenze gezogen ist; aus der Unmöglichkeit, klare soziologische Aussagen zu treffen, ist jedoch nicht der Schluss zu ziehen, dass es abgegrenzte Gruppen bei den Germanen nicht gegeben habe.

Eine notwendige Voraussetzung der Ermittlung diskreter sozialer Gruppen ist, dass es gelingt, Merkmale herauszuarbeiten, die eine spezifische Gruppe *verbindlich* kenn-zeichnen und dieser exklusiv vorbehalten sind. Schlüter etwa wählte eine Reihe von Definitionskriterien zur Bestimmung seiner Gruppen (s. o.), andere Autoren wählten alternative.[6] Es ist eine Bedingung *sine qua non* wissenschaftlicher Aussagen, dass sie begründet und überprüfbar sind. Und hier mangelt es – bleiben wir Archäologie-immanent – an der Überprüfbarkeit. Bei aller Plausibilität, die man einzelnen Krite-rien abgewinnen mag, handelt es sich in allen Fällen um axiomatische Setzungen der Bearbeiter; die ›ermittelten‹ Gruppen sind somit weniger das Ergebnis einer unab-

---

6 Siehe z. B. für die Haßleben-Leuna-Gruppe: Bemmann 2001, 69; für das Untere Odergebiet: Schuster 2003, 254 f.; für Seeland: Lund Hansen 1995, 375 ff.; Ethelberg 2000, 151 ff. 165 Abb. 133. – Die Schnitte zwischen den jeweiligen Gruppen ließen sich – ebenfalls begründet – auch anhand anderer Kriterien ziehen. Die Gruppen wären dann jeweils anders zusammengesetzt.

hängigen Analyse als vielmehr Produkt auf Vorannahmen oder Ad-hoc-Schlüssen basierender Setzungen. Allein aus den Beigabeninventaren lassen sich folglich keine sozial begründeten Gruppen oder Insignien als Zeichen einer rechtlich definierten sozialen Position *sicher* ableiten.[7]

Nur in seltenen Fällen können an der Nahtstelle zur Historie einzelne Beigaben als rechtlich verbindliche Indikatoren eines spezifischen Status erkannt werden.[8] In einem einflussreichen Artikel hatte Joachim Werner (1980) goldene Kolbenarmringe als Standeszeichen einer *stirps regia* gedeutet. Er schrieb: »Durch die ausnahmslose Zuweisung der goldenen Handgelenkringe vom Typ des Childerich-Ringes an Männer und Knaben führender Geschlechter sowohl des 3. wie des 5. Jahrhunderts muß man die Träger dieser Ringe mit den *principes* und *reges* der schriftlichen Überlieferung verbinden« (ebd. 23). Die Grabinventare mit jenen Goldringen gehören jeweils zu den reichsten ihrer Zeit. Es gilt als allgemein anerkannt, dass dieser Reichtum, wie oben bereits angemerkt, die soziale Elite der germanischen Gesellschaften auszeichnet. Unsere Kenntnisse über die Germanen bezüglich Reichtumsgewinnung und -verteilung einerseits sowie Abstammung andererseits sind bestenfalls als vage zu bezeichnen, wie auch unser Wissen über die Verbindung von Reichtum und Abstammung. Es bedarf deshalb keiner weiteren Begründung, dass die Aussage, *ausnahmslos* Männer und Knaben der *führenden Geschlechter* hätten Kolbenarmringe getragen, so sehr sie auch im Konsens mit der gängigen Lehrmeinung steht, mehr Behauptung als Beobachtung ist – Reichtum und hohe Abstammung müssen nicht zwingend korrelieren.[9]

Aus der Feststellung, dass diese Ringe ausschließlich von Angehörigen der führenden Geschlechter getragen worden seien, leitete Werner die weitere Aussage ab, diese Ringe zeichneten die *principes* und *reges* aus, über die antike Autoren bei den Germanen berichtet haben. Da Childerich, der durch seinen Siegelring identifiziert und als König ausgewiesen wird (s. dazu den Beitrag von M. K. H. Eggert), einen Kolbenarmring trug, liegt hier in einem klaren Fall eine Verbindung zwischen einem solchen Armring und der königlichen Position vor. Das Grab des Omharus[10] ist dem sicherlich – wenn auch nicht so klar bezeugt – noch an die Seite zu stellen. Doch rechtfertigen diese beiden Gräber, den Befund auf alle anderen Gräber mit Kolbenarmring zu übertragen?

Einen weiteren argumentativen Schlüssel liefern drei Kindergräber, die ebenfalls einen solchen Armring enthielten. Mit Statusbeigaben ausgestattete Kindergräber gelten als Hinweis auf dynastische Züge der ›Oberschicht‹, da die Kinder in ihrem

---

7 Letztlich zielen hier alle Versuche auf die Rekonstruktion der Bedeutung von Symbolen ab. Die spezifische Semiotik von Symbolen setzt diesen Bemühungen jedoch kaum überwindbare Grenzen. Auf die methodischen Probleme, die sich für die Archäologie ergeben, wurde bereits umfassend hingewiesen (Burmeister 2009 c).

8 Siehe z. B. jetzt Quast 2010.

9 Bereits früher kritisch: Steuer 1982, 248.

10 Oder »Omaharus«, wie Schmauder 1998, 67 darlegt.

jungen Leben nicht die Möglichkeit gehabt haben dürften, selbst die gesellschaftlichen Erfolge zu erringen, um den herausgehoben Status zu erwerben (Steuer 2006, 225); ihr Status wurde ihnen demzufolge aufgrund ihrer familiären Zugehörigkeit zugeschrieben. So folgerte auch Werner (1980, 4), dass ein bestimmter Personenkreis bereits im Kindesalter Anrecht auf so einen Goldarmring gehabt hätte.

Ein letztes Argument sei hier noch angeführt. Werner stellte fest, dass alle der fraglichen Goldarmringe nicht ohne Beschädigung hätten abgestreift werden können (ebd. 2; 6; 14; 23; 39). Die Ringe wurden folglich auf Dauer getragen und waren Teil der Persönlichkeit. Damit unterscheiden sie sich von den goldenen, ebenfalls ›elitären‹ Schlangenkopfarmringen, die ohne Weiteres an- und abziehbar waren. Letztere deutete er als militärische Auszeichnungen für verdiente Krieger – es wurde bislang auch keiner dieser Armringe in einem Kindergrab gefunden (ebd. 24 ff. 38 f.). Diese Beobachtung stützt sicherlich die Hypothese, die Kolbenarmringe seien Insignien einer auf Abstammung begründeten elitären Gruppe. Aufgrund neuerer Untersuchungen lässt sich diese Unterscheidung jedoch nicht mehr aufrechterhalten. Eine Status markierende Unterscheidung zwischen den fraglichen Kolbenarmringen und Schlangenkopfarmringen lässt sich nicht begründen, und das Fehlen goldener Ringe bei den Ranggruppen unterhalb der obersten Führungsschicht in den skandinavischen Kriegsbeuteopfern spricht dagegen, dass Gefolgschaftskrieger derart ausgezeichnet wurden (von Carnap-Bornheim / Ilkjær 1996, 365).

Aufgrund des goldenen Handgelenkringes – »als einem Signum königlichen Geblüts« – sah Werner (1980, 23) Childerich in einer langen germanischen Tradition, die zumindest bis ins 3. Jahrhundert zurückreicht. Ausgehend von den goldplattierten Kolbenarmringen aus dem so genannten Kriegsbeuteopferfund von Illerup des 3. Jahrhunderts deuten Claus von Carnap-Bornheim und Jørgen Ilkjær (1996, 479) diesen Ringtyp als militärisches Rangabzeichen. Der militärische Kontext des Fundes ist offenkundig, und die ermittelten Ausstattungsklassen der Krieger lassen sich als militärische Ranggruppen begründen. Die Kolbenarmringe zeichneten demnach die oberste Ranggruppe aus. Von Carnap-Bornheim (1999, 58 f.) sieht in den durch diese Armringe ausgezeichneten militärischen Eliten germanische Gefolgschaftsführer – und bei diesen handelte es sich »zweifellos« um *principes* oder *reges*. Wie sich mit zahlreichen Zitaten belegen ließe, ist diese Deutung weitgehend Konsens im Fach.

Lässt sich also mit den Kolbenarmringen eine Tradition germanischen Königtums spätestens vom 3. bis ins 5. Jahrhundert aufzeigen? Einen Gegenentwurf formuliert Philipp von Rummel (2007). Er stellt die Kolbenarmringe in die römische Tradition der *dona militaria*. Es handele sich ihm zufolge um Belohnungen für militärische Tapferkeit und um Ehrengeschenke (ebd. 366 ff.). Er greift die von Werner getroffene Unterscheidung der Abziehbarkeit der Ringe nicht auf, sondern überträgt die Deutung der militärischen Auszeichnung auch auf die Gruppe der Kolbenarmringe. Im Widerspruch hierzu stehen die Kindergräber und die von ihm selbst angeführten Frauengräber mit Kolbenarmringen (ebd. 365). Von Rummel argumentiert aus Sicht des 5. Jahrhunderts und bezieht sich auf die Gräber, die eindeutig in römischem Kontext stehen; das 3. Jahrhundert mit den Funden weit abseits des Römischen Reiches klammert er hierbei aus. Zudem ist es ihm für seine weitere Argumentation ein Anliegen, die ›germanische‹ Tradition der Kolbenarmringe in Frage zu stellen (ebd. 362 ff.). Für uns ist es unerheblich, ob es sich hierbei um eine germanische Tradition handelte oder nicht. Die ältesten Belege für das Tragen von Kolbenarmringen stammen aus dem sarmatischen Raum, in den die Germanen nachweislich Kontakte hatten bzw. aus dem sie wahrscheinlich auch andere Kulturgüter wie etwa die Ringknaufschwerter übernommen haben. Die ältesten Funde ›germanischer‹ Kolbenarmringe stehen nicht in direktem Zusammenhang mit dem römischen Militär, wenngleich die Praxis der *dona militaria* den Germanen sicherlich bekannt gewesen sein dürfte und möglicherweise hier auch ihre Nachahmungen gefunden hat.

Ausgehend von den Funden aus den so genannten Kriegsbeuteopfern lässt sich zumindest festhalten, dass die Träger von Kolbenarmringen im 3. Jahrhundert in kriegerische Aktivitäten involviert waren – und ein kriegerischer Habitus ist ebenfalls den Männergräbern des 5. Jahrhunderts zu eigen. Dass der Kolbenarmring mit von Rummel den verdienten Krieger auszeichnete, möchte man allerdings zurückweisen; vor allem die Kindergräber scheinen dem deutlich zu widersprechen. Nun wird man in den Kindergräbern sicherlich keine militärischen Führer vermuten, doch hier ist die Sachlage eine andere. Die Ausstattung der Kinder kann den familiären Status repräsentieren, wie Werner vermutete, und durchaus auch einen ideellen Vorgriff auf jenen Status widerspiegeln, den der Junge wohl erreicht hätte, wenn er nicht zu früh verstorben wäre. Neben dem Kolbenarmring hatte etwa der Junge aus Zakrzów (Sackrau), Grab 3 einen römischen Offiziersgürtel im Grab (Werner 1980, 20 f.). Gürtel dieser Art werden in der Regel als Mitbringsel aus römischen Militärdiensten gedeutet. Dieser Gürtel mag den Weg aufzeigen, der für den Jungen vorgezeichnet war – die militärische Führerschaft inklusive.

Doch ist ein militärischer Führer notwendigerweise auch ein politischer Führer, wie wir ihn, den antiken Autoren folgend, gerne mit *princeps* und *rex* umschreiben? Der Archäologie steht hier nur das Reichtumsargument zur Verfügung, das jedoch in dieser Frage keine wirkliche Antwort liefert (s. o.). Die meisten Autoren haben keinen Zweifel an der Verbindung bestimmter Elitengräber mit den schriftlich bezeugten gesellschaftlichen Institutionen des *princeps* oder *rex*. Wie der interpretatorische Sprung von einer reichtumsakkumulierten Grabausstattung zu einer rechtlichen Institution erfolgen kann, ist bislang jedoch jenseits des Postulats nicht begründet worden. Etwas mehr systematischer Zweifel würde der weiteren Diskussion sicherlich gut tun.[11]

---

11 So erachtet etwa von Carnap-Bornheim (2006, 112) die theoretische Diskussion um die germanischen ›Fürstengräber‹ als abgeschlossen, allein bei der Vorlage des archäologischen Basismaterials sieht er noch Defizite.

Annäherungen an die germanischen Eliten

Heiko Steuer (1982, 28; 51–4; 494) hatte bereits betont, dass die Archäologie anhand der Grabfunde nicht die rechtliche Qualifikation der Bestatteten ermitteln kann. Das eingangs erwähnte Beispiel von Häven zeigt diese Problematik deutlich auf. Was sich klarer abzeichnet, sind die Bedeutungsunterschiede in der Grabausstattung, die als Rangunterschiede interpretiert werden. Unklar bleibt jedoch, ob Reichtumsunterschiede im Grabinventar der ›Oberschichtgräber‹ auch Rangdifferenzen innerhalb der ›Oberschicht‹ widerspiegeln oder ob diese nicht eher Ausdruck individueller Umstände sind, also im persönlichen Bereich des Bestatteten liegen. Für die Sozialverfassung wäre diese kaum zu beantwortende Frage von zentraler Bedeutung. Kehren wir zur Haßleben-Leuna-Gruppe zurück: War in dem in Gommern räumlich exzentrisch gelegenen, mit Abstand reichsten Grab der Gruppe (Bemmann 2001) eine Person bestattet, die im Vergleich zu den anderen ›Fürsten‹ einfach nur erfolgreicher agierte und deshalb mehr Reichtum akquirierte oder stand dieser Tote vielleicht doch den anderen ›Fürsten‹ vor? Im jeweiligen Fall hätten wir eine Gesellschaft unterschiedlicher hierarchischer Tiefe und Komplexität. Die Archäologie weiß hierauf keine Antwort.

Ein charakteristisches Moment der ›Fürstengräber‹ der Römischen Kaiserzeit ist, dass kaum eine lokale Kontinuität besteht. Es handelt sich am jeweiligen Ort in der Regel um einzelne Bestattungen, manchmal um nur eine kleine Gruppe von Gräbern; selten lassen sich mehr als ein oder zwei Generationen fassen. Das Phänomen ist somit temporär, längere Generationenfolgen, die auf dynastische Herrschaften schließen lassen, sind die Ausnahme. Georg Kossack (1974, 16 ff.) hat in seinem wegweisenden Prunkgrab-Artikel die örtliche Singularität als charakteristisches Merkmal von Prunkgräbern ausgewiesen. Zeichnet sich in diesen Grablegen der persönliche Erfolg eines herausragend charismatischen Führers ab, der vielleicht auch erst durch besondere äußere, historische Umstände ermöglicht wurde? Sind die ›Fürstengräber‹ im Sinne Kossacks Grabanlagen einer ›Oberschicht‹ mit Statusunsicherheit, die durch ostentativen Grabluxus ihre herausragende Stellung zu legitimieren trachteten? Oder fassen wir in diesen Gräbern ausschnitthaft eine ›Oberschicht‹, die nicht ortsgebunden war? Das zugrundezulegende Gesellschaftsmodell wäre jeweils ein gänzlich anderes.

Germanische Herrschaftstraditionen sind im archäologischen Befund kaum erkennbar, doch es gibt Ausnahmen. Hier möchte ich vor allem die Gräber aus Hagenow in Mecklenburg anführen. Auf einer Fläche von etwa 1 200 m^2 wurden insgesamt 18 z. T. sehr reiche Gräber geborgen, die größtenteils zur Gruppe der ›Lübsow‹-Gräber gehören und ins erste und zweite Jahrhundert n. Chr. datieren. Die Belegung des Gräberfeldes beginnt in tiberisch/claudischer Zeit und endet im Zeithorizont der Markomannenkriege; die Bestattungen wurden folglich in den Jahren etwa zwischen 40 und 180 n. Chr. angelegt. Die Belegungszeit von rund 140 Jahren umfasst rechnerisch etwa fünf bis sechs Generationen. Auf dem Friedhof wurden auch zwei Kinder bestattet, die beide die Kriterien der ›Lübsow‹-Gräber erfüllen. Das Grab eines 4–5-jährigen Kindes datiert pauschal ins 2. Jahrhundert und enthielt u. a. die stark zerschmolzenen Reste eines Glasgefäßes, die Reste wahrscheinlich einer Silberfibel sowie ein römisches Miniaturschwert. Das zweite Kindergrab mit einer ausgesprochen reichen Fibelgarnitur datiert ins dritte Viertel des 2. Jahrhunderts, an das Ende der Belegung des Friedhofes (Voß 2009). Da reich ausgestattete Kindergräber als Ausdruck erblicher Herrschaftsrechte gewertet werden, hätten wir in Hagenow aufgrund der mehrere Generationen überspannenden Kontinuität und eben der beiden Kindergräber einen Hinweis auf eine ausgebildete Dynastie. Es passt auch gut ins Bild, dass die Kindergräber aus dem fortgeschrittenen Stadium der Friedhofsbelegung stammen.

Den vereinzelten Hinweisen auf dynastische Momente germanischer ›Oberschichten‹ ist ein wichtiger Befund hinzuzufügen. Verlassen wir dafür die Sphäre der Gräber und wenden uns den Siedlungen zu. Die germanischen Siedlungen bleiben in Fragen der Sozialstruktur eine Antwort weitgehend schuldig.[12] Eine absolute Sonderstellung nimmt deshalb die in der Nordseeküstenmarsch gelegene Feddersen Wierde ein (Haarnagel 1979). Aufgrund bester Erhaltungsbedingungen und einer vielschichtigen Stratigraphie lässt sich die rund 500-jährige Siedlungsentwicklung in Zeitscheiben zerlegen und quasi im Zeitraffer nachvollziehen. Aufgrund fehlender Vergleichsbefunde ist es jedoch momentan nicht einschätzbar, ob die bislang einzigartigen Strukturen auf der Feddersen Wierde auch historisch eine Sonderstellung einnehmen oder ob die Befunde nicht doch allgemein übertragbar sind.

Bereits in einem frühen Stadium der Siedlungsentwicklung hoben sich einige Hofanlagen aufgrund ihrer Größe heraus. Aus einem dieser Gehöfte ging der bekannte ›Herrenhof‹ hervor, der seine Sonderstellung über drei Jahrhunderte behauptete. Dieses Gehöft zeichnet sich mit seinen Hallenbauten durch eine abweichende Architektur sowie durch seine größere ökonomische Potenz aus – die ökonomische Potenz gemessen an Stallungskapazitäten für Vieh, Anzahl und Größe von Getreidespeichern sowie handwerklichen Aktivitäten. Diese kontinuierliche Vorrangstellung mag am Anfang auf größeres ökonomisches Geschick zurückgegangen sein, es ist aber kaum anzunehmen, dass über die lange Zeit eine wirtschaftliche Vorrangstellung sich nicht auch auf das soziale und politische Gefüge der Siedlungsgemeinschaft ausgewirkt hat. Nach rund 150-jähriger Siedlungsdauer tritt mit den Hallenbauten des ›Herrenhofes‹ ein neuer Haustyp in der Siedlung auf. Das Wohnhallenhaus in Siedlungshorizont 3 sowie dann das eigentliche Hallenhaus, das dem Wohnhallenhaus ab Siedlungshorizont 4 an die Seite gestellt ist, brachten grundlegende Veränderungen des Wohnens und Wirtschaftens mit sich – oder setzten diese voraus. Wenn in einem

---

12 Siehe jedoch den Tagungsband zum »Werner Haarnagel Gedächtnis Kolloquium zum 100. Geburtstag« (SKN 2010).

engen Siedlungsverband, wie ihn die Feddersen Wierde darstellte, die Bewohner eines Hofes derart eklatant aus dem traditionellen Habitus ausscheren konnten, muss das soziale Gefüge innerhalb der Siedlung in eine erhebliche Schieflage geraten sein (Burmeister/Wendowski-Schünemann 2010).

Ohne die archäologischen Befunde transzendierende Informationen ist die wirtschaftliche Stellung der ›Herrenhof‹-Bewohner zwar nicht mit ihrer rechtlichen Position innerhalb der Dorfgemeinschaft gleichzusetzen, die von der gesamten sonstigen dörflichen Architektur abweichenden Hallenbauten müssen jedoch als besonderes Merkmal der herausragenden Bedeutung des ›Herrenhofes‹ in der Siedlung angesehen werden. Vor allem das Hallenhaus, das augenscheinlich primär weder zum Wohnen noch für wirtschaftliche Zwecke genutzt wurde, verweist auf besondere soziale Funktionen dieses Komplexes.[13] Die lange und kontinuierliche Bindung der Hallenbauten an den ›Herrenhof‹ sprechen für eine Vererbbarkeit jener sozialen Rollen, die mit den Bauten einhergingen. Schon wegen der Beständigkeit der Architektur ist kaum davon auszugehen, dass die sozialen Funktionen, die hier zum Ausdruck kommen, primär an wirtschaftliche Prosperität gekoppelt waren, denn auch andere Wirtschaftseinheiten der Feddersen Wierde waren dem ›Herrenhof‹ wirtschaftlich durchaus ebenbürtig (ebd.). Man kann sicherlich davon ausgehen, dass durch aufwändige Architektur, wie sie die Hallenbauten zweifelsohne darstellen, repräsentierte ›Herrschaft‹ familiär vererbt war und nicht ohne Weiteres auf andere Höfe übergehen konnte.

Um das Bild der germanischen Eliten weiter auszumalen, ließe sich noch ergänzen, dass sie offensichtlich in ein weit verzweigtes Netzwerk eingebunden waren. Anhand typologischer Charakteristika und fertigungstechnischer Merkmale vor allem bei exklusiven Objekten lassen sich vielfach weiträumige Kontakte der ›Oberschicht‹ untereinander nachweisen. Dass die germanischen Eliten untereinander in persönlichem Kontakt standen, wird auch durch die überregional sehr einheitlichen Repräsentationsformen ihres herausgehobenen Status deutlich. Die Eliten der *Germania magna* bis weit in den skandinavischen Raum folgten einem offenbar allgemein anerkannten Zeichensystem gemeinsamer Statussymbole. Hier ist durchaus von einem gemeinsamen Habitus zu sprechen, der die ›Oberschicht‹ überregional enger zusammenrücken ließ und eine größere Distanz zur sonstigen lokalen Bevölkerung schuf. Diese Situation scheint in der jüngeren Römischen Kaiserzeit noch deutlicher ausgeprägt als in der Zeit davor. Die Grabausstattungen zeigen auch, wie die germanische Elite römischen Lebensstil nachahmte. Offensichtlich gelang ihr der Spagat, sich einerseits von der normalen Bevölkerung über römischen Luxus abzugrenzen, aber andererseits auch die Verbindung zu ihrer Gemeinschaft über germanische Traditionen aufrechtzuerhalten.

---

13 Es sei hier nur angemerkt, dass die ›Hallen‹ der Feddersen Wierde architektonisch einen Vorgriff auf die mittelalterlichen Hallen des Adels und Königs darstellen (s. Herschend 1993; 1999).

Archäologische und geschichtswissenschaftliche Deutungen: Passstellen und Friktionen

Ich möchte an dieser Stelle die Möglichkeiten der Archäologie, Aussagen zu den germanischen Sozialstrukturen zu treffen, kurz resümieren. Das eingangs anhand schriftlicher Quellen skizzierte Szenario finden wir im archäologischen Befund nicht wieder:

- auf zentralistisch geführte Verbände und Reiche mit einer Verfügungsgewalt über mehrere 10 000 Soldaten gibt es keine Hinweise (Hoeper / Steuer 1999; Steuer 1997);
- die germanische Elite, die in den reichen Gräbern durchscheint, ist ein kleinräumiges Phänomen; ihr Verfügungsgebiet dehnt sich selten über mehr als 500 km² aus;
- dynastische Herrschaftsfolgen können nur vereinzelt im Grabbrauch und im Siedlungswesen plausibel gemacht werden;
- germanische ›Fürstengräber‹ sind lokal nur eine kurzfristige Erscheinung;
- in jenen Regionen, in denen sich eine Konzentration an ›Fürstengräbern‹ feststellen lässt, ist das gesamte Phänomen auf einen eher kurzen Zeitraum beschränkt. Deshalb lässt sich vermuten, dass die Anlage dieser Gräber eine spezifische historische Situation widerspiegelt;
- die Eliten waren offensichtlich in ein Netzwerk überregionaler Beziehungen eingebunden.

Die Deutung archäologisch erschlossener Sachverhalte jenseits von Typologie, Chronologie und Verbreitung ist notwendigerweise mit Modellen und Vorstellungen durchsetzt, die zunächst nicht aus der Archäologie kommen. Das ist auch bei der hier gegebenen Skizze germanischer Sozialstruktur der Fall, basiert diese doch zentral z. B. auf Annahmen über die Verbindung von materiellem Reichtum, wie er sich in der Grabausstattung widerspiegelt, Sozialprestige und letztlich gesellschaftlicher Macht. Ich möchte dieses gezeichnete Bild dennoch – nicht ganz richtig, da, wie gesagt, auch hier bereits Modelle anderer Wissenschaften eingeflossen sind – als archäologisch bezeichnen, ist es doch zustande gekommen ohne explizite Kenntnis oder Bezugnahme auf historische, also schriftliche Quellen. Vieles von dem, was oben dargelegt wurde, ist brüchig und bedarf einer Absicherung. Doch insgesamt resultiert aus den Überlegungen ein Bild, das in seinen einzelnen Facetten ohne die Archäologie nicht hätte entstehen können.

Das Ergebnis lässt sich selbstverständlich vervollständigen, denn schon mit oberflächlicher Kenntnis der schriftlichen Quellen bemerkt man, was fehlt:

- eine Gliederung der germanischen Sozialstruktur über die Unterscheidung von reich – arm, Elite – Nicht-Elite hinaus;
- die rechtliche Qualifikation sozialer Gruppen;
- Art und Beschaffenheit der Sozialverfassung, etwa im Sinne der so genannten Vorrangordnung, wie sie Reinhard Wenskus (1961, 314 ff. 339 ff.) herausgearbeitet hat;

- die ökonomische Basis der Macht;
- das germanische Gefolgschaftswesen, das möglicherweise die Triebfeder bei der Ausbildung und Etablierung von Herrschaft war (Steuer 2003; Burmeister 2009 a; 2009 b);
- das Zusammenspiel von spezifischen historischen Ereignissen und gesellschaftlichen Strukturen, wie es sich in der Interaktion von Römern und Germanen abzeichnet (z. B. Burmeister 2009 a; 2009 b).

Die Liste ließe sich problemlos erweitern. Antworten sind nur zusammen mit der Geschichtswissenschaft zu geben. Hierbei wäre zu untersuchen, wie weit die jeweiligen von der Geschichtswissenschaft und der Archäologie entwickelten Bilder kongruent sind, sich anpassen lassen oder sich gar widersprechen. Gerade das eingangs gegebene Beispiel von Häven zeigt, dass scheinbare Übereinstimmungen letztlich auf falschen Voraussetzungen basieren können. Die neueren, seitens der Geschichtswissenschaft vorgebrachten quellenkritischen Bedenken an den römischen Klassifikationen germanischer Herrschaftsinstitute untermauern die Zweifel, die aus den schriftlichen Quellen erschlossene ›Sozialverfassung‹ auf den archäologischen Befund zu übertragen.

Die konkreten Probleme, die sich bei einer solchen Übertragung ergeben, seien kurz am Beispiel des *rex*-Begriffes dargelegt. Stefanie Dick (2004; 2008; 2009) kommt in ihrer Untersuchung der Grundlagen des germanischen Königtums zu dem Schluss, dass der Verwendung des *rex*-Begriffs etwa bei Tacitus keine monarchische Institution in der germanischen Gesellschaft zugrunde liegt. Bei den *reges* wird es sich ursprünglich um germanische Anführer gehandelt haben, die von den Römern als Vertreter ihrer Gruppe angesehen wurden und über die sie ihre außenpolitischen Beziehungen mit den Germanen gestalteten. Es entsprach der römischen Praxis, ihnen den Titel »*rex atque amicus*« zu verleihen. Da die ›offiziellen‹ römisch-germanischen Kontakte meist über militärische Auseinandersetzungen erfolgten, dürften die Verhandlungspartner auf der germanischen Seite auch die Heerführer gewesen sein. Ein eigenständiges germanisches Königtum als Rechtsinstitution lässt sich nicht belegen. Es ist allerdings möglich, dass sich durch den ursprünglich importierten *rex*-Titel und die damit verbundene privilegierte Stellung zu Rom im Laufe der Zeit die politischen Strukturen in den germanischen Gesellschaften zugunsten jener mit diesem Titel ausgezeichneten Personen – und deren Familien – verschoben. Ebenso vage bestimmt ist letztlich auch der Begriff *princeps*, der allenfalls eine herausgehobene Stellung innerhalb der Gesellschaft bezeichnet, dem jedoch keine rechtliche Bedeutung im engeren Sinne beizumessen ist und der auch keine Rückschlüsse auf die Natur germanischer Anführerschaft erlaubt (Dick 2004, 514).

Wenn Joachim Werner (1973, 4) erwog, dass die goldreichen ›Fürstengräber‹ der Haßleben-Leuna-Gruppe mit den *reges*, *regales* und *reguli* zu verknüpfen seien, wie sie durch die antiken Schriftquellen für die Alamannen ab dem ausgehenden 3. Jahrhundert überliefert sind, dann mag er in einem – vielleicht so von ihm nicht

intendierten – Sinne Recht gehabt haben: Diese Gräber können jene Personengruppe
– oder deren unmittelbaren Familienangehörige – repräsentieren, die in den Wir-
ren des 3. Jahrhunderts in direktem militärischen oder politischen Kontakt mit dem
Römischen Reich standen. Da die politische und militärische Ebene in diesen Beziehungen meist zusammenfiel, werden sie Heerführer und politische Führer in einer
Person gewesen sein. Im Sinne von Stefanie Dick wären die Eliten der Haßleben-
Leuna-Gruppe dann *reges* nach römischer Bezeichnung gewesen. Das würde auch die
besondere Stellung dieser Gruppe in ihrem historischen Kontext erklären. Könige im
institutionellen Sinne waren diese Personen dann jedoch nicht.

　　Bereits frühere Stellungnahmen von Historikern machen deutlich, dass sich textliche Evidenzen nicht einfach auf den archäologischen Befund übertragen lassen,
sondern eine komplexere – und kritischere – Lesart erfordern. Aufgrund der starken
Unterschiede im Ständewesen der Stämme riet etwa Walter Schlesinger (1974, 17)
ab, reiche Grabausstattungen von vornherein mit dem Adel zu identifizieren. Wie er
prägnant festhielt: »Die schärfste rechtliche Grenze verläuft überall zwischen Freiheit
und Unfreiheit« (ebd. 16); eine reiche Grabausstattung würde eher das persönliche
Ansehen einer Person kennzeichnen und weniger den Status »Adel« (ebd. 18). In
die gleiche Richtung argumentierte Reinhard Wenskus (1975, 91 f.). Er zweifelte an,
dass die germanischen Gesellschaften in der Römischen Kaiserzeit stark geschich-
tet gewesen waren, weswegen ihn die kontinuierlichen Übergänge, die Archäologen
bei den Gliederungen ihrer Sozialgruppen immer wieder feststellen, nicht verwun-
derten. Doch das eigentliche Problem der Archäologie stellt sich hier für ihn bereits
zu einem früheren Zeitpunkt der Analyse. Um der Gefahr falscher Identifizierungen
zu entgehen, werden Termini zeitgenössischer Quellen zur Benennung archäologisch
erschlossener Sachverhalte vermieden, scheinbar neutrale Begriffe wie »Oberschicht«
– der auch in diesem Beitrag häufiger verwendet wird – verlagern das Problem jedoch
nur. Wie alle Begriffe entstammt auch der Terminus »Oberschicht« einem spezifischen kulturellen und sozialen Kontext. Da gerade dieser Begriff eine geschichtete
Gesellschaft impliziert, wird die Analyse des Archäologen bereits sprachlich vorstruk-
turiert in Bahnen gelenkt, die den gesellschaftlichen Bedingungen der untersuchten
Gesellschaften möglicherweise nicht entsprechen.

Schluss: Wege der Erkenntnis

Versuche, eine mehrgliedrige Gesellschaft mit differenzierten Status-, Rang- und
Rechtspositionen aus den antiken Quellen herauszulesen und diese auf die archäologisch erschlossenen Befunde zu übertragen,[14] müssen aus mehreren Gründen schei-

---

14 Dem hier bereits mehrfach erwähnten Beispiel von Häven sei noch das von Per Ethelberg (2000,
　　165 Abb. 133) entworfene Modell an die Seite gestellt. Die Gräber der jüngeren Römischen Kai-

tern. So verkennen diese Ansätze, dass die antiken Überlieferungen nach gegenwärtigem Diskussionsstand in der Geschichtswissenschaft in diesem Punkt die Chimäre einer *interpretatio Romana* produzieren, die nicht als interpretatorisches Leitbild für die Archäologie taugt.

Ein weiterer Grund für die problembehaftete Parallelisierung schriftlicher und archäologischer Überlieferung liegt in den jeweiligen Quellen selbst. Auf einer vordergründigen Ebene hat die textbasierte Überlieferung über das Medium Schrift einen mittelbaren Bezug zum Dargestellten – die sachliche Richtigkeit des Dargestellten spielt hier zunächst keine Rolle –, wohingegen die materiellen Hinterlassenschaften der archäologischen Überlieferung einen unmittelbaren Bezug zum kulturellen Verhalten aufweisen, das sie hervorgebracht hat. Diese Unmittelbarkeit als besondere Qualität anzusehen, die eine Interpretation leichter macht und uns damit der Vergangenheit näher bringt, als dies etwa die Schriftquellen könnten, wäre jedoch kaum sinnvoll. Auf der uns hier interessierenden Ebene der Sozialinterpretation hilft diese Unterscheidung nicht weiter, denn sowohl bei den schriftlichen als auch den archäologischen Quellen sind es letztlich Symbole, die es zu interpretieren gilt. In den Texten ist es das verschriftlichte Wort, das eine Aussage transportiert; in unserem Fall z. B. »rex«, das der Lese- und Sprachkundige mit Bedeutung versehen kann und dem sich über dieses Wort die Institution ›König‹ als Sachverhalt und Sinnzusammenhang erschließt. Ebenso könnte ein Kolbenarmring – wie heute landläufig die Krone – das Königtum symbolisch repräsentieren. Auch hier würde sich dem mit diesem Symbol vertrauten Betrachter die Institution ›König‹ erschließen, und er könnte den Ring und seinen Träger in einen entsprechenden Sinnzusammenhang stellen. Die Mittelbarkeit der symbolischen Repräsentation und die Arbitrarität der Verbindung von Symbolzeichen und Symbolbedeutung sind in beiden Fällen gleich gelagert. Weder das Wort »rex« noch der Kolbenarmring sind König bzw. Institution, beide stellen diese allein per kultureller Konvention dar. An diesem einfachen – und konstruierten – Beispiel sollte deutlich sein, dass beide Zeichen symbolisch das Gleiche repräsentieren mögen, die große Herausforderung jedoch darin besteht, die Interpretationen hier zur Deckung zu bringen.

Möglicherweise liefern die Schriftquellen eine insgesamt dichtere Überlieferung, die über weitere Kontextinformationen den Begriff »rex« mit Inhalt füllen lässt, so dass wir hier einiges zur Institution ›König‹ erfahren. Die archäologischen Quellen können hingegen keine Informationen zu dieser Institution liefern, wir erhalten bestenfalls Informationen zu den Personen, die die Kolbenarmringe trugen. Dass durch diese Fundgruppe möglicherweise die Institution ›König‹ repräsentiert wird,

---

serzeit Seelands gruppiert Ethelberg anhand ausgewählter Beigaben in sechs »Statusklassen« und parallelisiert diese mit der taciteischen Überlieferung. Auf diese Weise unterscheidet er die Gräber von *reges* (Könige), *duces* (Heerführer), *principes* (Fürsten), *comites* (Gefolgsmänner), *ingenui* (Freie) und *liberti / servi* (Freigelassene / Sklaven).

ist jedoch allein anhand der archäologischen Überlieferung nicht decodierbar – weswegen Heiko Steuer bereits klargestellt hat, dass die rechtliche Qualifikation einer Person anhand ihrer Grabausstattung nicht ermittelbar ist (s. o.). Die sprachlich und materiell überlieferten Zeichensysteme lassen sich kaum begründet zusammenführen, allein aus dem Grund, dass die jeweils spezifischen Quellen in ihren Aussagen meist keine Passstellen anbieten.[15] Es kann folglich nicht das Ziel sein, die unterschiedlichen Überlieferungsstränge im konkreten Fall zur Deckung zu bringen.

Insgesamt sollte deutlich geworden sein, dass jenseits der formenkundlichen und chronologischen Ordnung für den Archäologen ein zunächst »getrenntes Marschieren« kein gangbarer Erkenntnisweg ist. Gerade die terminologischen Beispiele von »*rex*« und »Oberschicht« zeigen, dass bereits zu einem frühen Zeitpunkt der Modellbildung die Archäologie die Auseinandersetzung mit der Geschichtswissenschaft suchen muss. Aufgrund der fachspezifischen Quellen und den durch diese zu erschließenden Informationen haben Geschichtswissenschaft und Archäologie jeweils einen gänzlich eigenen Zugang zur Vergangenheit. Die Türen, durch die sie hindurchgehen, sind nicht dieselben; dennoch können sie durch ihren jeweiligen Zugang in *einen* Raum gelangen. Ob sie sich dort allerdings treffen, hängt davon ab, ob sie und wie sie sich frühzeitig über ihren Weg und das gemeinsame Ziel austauschen.

Literaturverzeichnis

Primärquellen

Caes. Gall.: C. Iulius Caesar, De bello Gallico. – Der Gallische Krieg. Hrsg. von O. Schönberger. Düsseldorf: Artemis & Winkler [2]1999.

Plin. nat.: C. Plinius Secundus maior, Naturalis historia. – C. Plinius Secundus d. Ä., Naturkunde 2. Kosmologie. Hrsg. u. übers. von R. König, in Zusammenarb. mit J. Hopp u. W. Glöckner. München u. a.: Artemis & Winkler [2]1997.

Tac. Germ.: P. Cornelius Tacitus, Germania. De origine et situ Germanorum liber. Übers., erl. und mit einem Nachw. hrsg. von M. Fuhrmann. Stuttgart: Reclam 1972.

Vell.: C. Velleius Paterculus, Historia Romana. – Römische Geschichte. Übers. u. hrsg. von M. Giebel. Stuttgart: Reclam 1989.

---

15 Siehe hierzu den auf Detlev Ellmers zurückgehenden Begriff der »Kontaktquelle« bei Wenskus 1979, 654. Letztlich muss der Fall, dass eine archäologisch überlieferte Sachgruppe eine Parallele in der schriftlichen oder ikonographischen Überlieferung findet, als Ausnahme angesehen werden. Das Problem der Parallelisierung stellt sich bereits bei scheinbar offenkundigen ›Parallelen‹ wie der fraglichen Gleichsetzung von schriftlich überlieferter ›Streitaxt‹ *francisca* und archäologisch definierter Franziska (vgl. Dahmlos / Hübener 1995); zu »Franziska« und »Sax« siehe auch den Beitrag von S. Brather.

Sekundärquellen

Barbarenschatz 2006: Historisches Museum der Pfalz Speyer (Hrsg.), Der Barbarenschatz. Geraubt und im Rhein versunken. Begleitbuch zur Ausstellung. Stuttgart: Theiss 2006.

Becker 2003: M. Becker, Klasse und Masse – Überlegungen zu römischem Sachgut im germanischen Milieu. Germania 81, 2003, 277–88.

Becker 2009: Ders., Germanische Eliten der späten Römischen Kaiserzeit. In: Burmeister/Derks 2009, 358–69.

Becker u. a. 2003: Ders./H. Breuer/R. Schafberg, Diagnostik an Brandgräbern der Römischen Kaiserzeit. Jahresschr. Mitteldt. Vorgesch. 86, 2003, 133–65.

Bemmann 2001: J. Bemmann, Zum Totenritual im 3. Jahrhundert n. Chr. In: S. Fröhlich (Hrsg.), Gold für die Ewigkeit – Das germanische Fürstengrab von Gommern. Halle (Saale): Landesamt für Archäologie Sachsen-Anhalt – Landesmuseum für Vorgeschichte 2001, 58–73.

Burmeister 2000: St. Burmeister, Geschlecht, Alter und Herrschaft in der Späthallstattzeit Württembergs. Tübinger Schr. Ur- u. Frühgesch. Arch. 4. Münster, New York: Waxmann 2000.

Burmeister 2009 a: Ders., Fighting Wars, Gaining Status: on the Rise of Germanic Elites. In: D. Sayer/H. Williams (Hrsg.), Mortuary Practices and Social Identities in the Middle Ages. Essays in Burial Archaeology in Honour of Heinrich Härke. Exeter: University of Exeter Press 2009, 46–63.

Burmeister 2009 b: Ders., Aufstieg germanischer Kriegsherren. Germanisches Kriegswesen und römische Militärpolitik. In: Burmeister/Derks 2009, 392–402.

Burmeister 2009 c: Ders., »Codierungen/Decodierungen«. Semiotik und die archäologische Untersuchung von Statussymbolen und Prestigegütern. In: B. Hildebrandt/C. Veit (Hrsg.), Der Wert der Dinge – Güter im Prestigediskurs. Münchner Stud. Alte Welt 6. München: Utz 2009, 73–102.

Burmeister/Derks 2009: Ders./H. Derks (Red.), Konflikt. 2000 Jahre Varusschlacht. Stuttgart: Theiss 2009.

Burmeister/Wendowski-Schünemann 2010: Ders./A. Wendowski-Schünemann, Haarnagel und der ›Herrenhof‹ der Feddersen Wierde. Anmerkungen zu einem sozialtopographischen Konzept. In: SKN 2010, 35–52.

von Carnap-Bornheim 1999: C. von Carnap-Bornheim, Kaiserzeitliche germanische Traditionen im Fundgut des Grabes des »Chef militaire« in Vermand und im Childerich-Grab in Tournai. In: Th. Fischer/G. Precht/J. Tejral (Hrsg.), Germanen beiderseits des spätantiken Limes. Spisy Arch. Ústavu AV ČR Brno 14. Köln, Brno: Archäologisches Institut der Universität zu Köln, Archäologisches Institut der Akademie der Wissenschaften der Tschechischen Republik Brno 1999, 47–61.

von Carnap-Bornheim 2006: Ders., Zwischen Anpassung und Widerstand? Überlegungen zu Fürstengräbern der römischen Kaiserzeit im Barbaricum. In: Ders./D. Krausse/A. Wesse (Hrsg.), Herrschaft – Tod – Bestattung. Zu den vor- und frühgeschichtlichen Prunkgräbern als archäologisch-historische Quelle. Universitätsforsch. Prähist. Arch. 139. Bonn: Habelt 2006, 111–26.

von Carnap-Bornheim/Ilkjær 1996: Ders./J. Ilkjær, Illerup Ådal 5. Die Prachtrüstungen,
    Textbd. Jutland Arch. Soc. Publ. 25, 5. Højbjerg: Jysk Arkæologisk Selskab 1996.

Dahmlos/Hübener 1995: U. Dahmlos/W. Hübener, Stichwort »Franziska«. In: H. Beck u. a.
    (Hrsg.), Reallexikon der Germanischen Altertumskunde 9. Berlin, New York: de
    Gruyter 1995, 470–6.

Dick 2004: St. Dick, Zu den Grundlagen des so genannten germanischen Königtums. In: D.
    Hägermann/W. Haubrichs/J. Jarnut (Hrsg.), Akkulturation. Probleme einer germa-
    nisch-romanischen Kultursynthese in Spätantike und frühem Mittelalter. RGA Ergän-
    zungsbd. 41. Berlin, New York: de Gruyter 2004, 510–27.

Dick 2008: Dies., Der Mythos vom germanischen Königtum. Studien zur Herrschaftsorganisa-
    tion bei den germanischsprachigen Barbaren bis zum Beginn der Völkerwanderungs-
    zeit. RGA Ergänzungsbd. 60. Berlin, New York: de Gruyter 2008.

Dick 2009: Dies., Germanische Eliten in den antiken Schriftquellen. In: Burmeister/Derks
    2009, 320–5.

Dörges 1960: H. Dörges, Die spätrömische Kaiserzeit und die Völkerwanderungszeit in Meck-
    lenburg. Leipzig: Ungedr. Diss. Univ. Leipzig 1960.

Eggers 1949/1950: H. J. Eggers, Lübsow, ein germanischer Fürstensitz der älteren Kaiserzeit.
    Prähist. Zeitschr. 34/35, 1949/1950 [1953], 58–111.

Erdrich 2001: M. Erdrich, Rom und die Barbaren. Das Verhältnis zwischen dem Imperium
    Romanum und den germanischen Stämmen vor seiner Nordwestgrenze von der späten
    römischen Republik bis zum Gallischen Sonderreich. Röm.-Germ. Forsch. 58. Mainz:
    Zabern 2001.

Erdrich 2009: Ders., Konfrontation, Kooperation, Ignoranz? Rom und der Norden Europas nach
    den Markomannenkriegen. In: Burmeister/Derks 2009, 162–69.

Ethelberg 2000: P. Ethelberg u. a., Skovgårde. Ein Bestattungsplatz mit reichen Frauengräbern
    des 3. Jhs. n. Chr. auf Seeland. Nordiske Fortidsminder Ser. B 19. Kopenhagen: Kon-
    gelige Nordiske Oldskriftselskab 2000.

Gebühr 1974: M. Gebühr, Zur Definition älterkaiserzeitlicher Fürstengräber vom Lübsow-Typ.
    Prähist. Zeitschr. 49, 1974, 82–128.

Gebühr 2009: Dies., Reiche Bauern oder Fürsten? Germanische Eliten in der älteren Römischen
    Kaiserzeit. In: Burmeister/Derks 2009, 342–51.

Haarnagel 1979: W. Haarnagel, Die Grabung Feddersen Wierde. Methode, Hausbau, Sied-
    lungs- und Wirtschaftsformen sowie Sozialstruktur. Feddersen Wierde 2. Wiesbaden:
    Steiner 1979.

Hedeager 1980: L. Hedeager, Besiedlung, soziale Struktur und politische Organisation in der
    älteren und jüngeren römischen Kaiserzeit Ostdänemarks. Prähist. Zeitschr. 55, 1980,
    38–109.

Herschend 1993: F. Herschend, The Origin of the Hall in Southern Scandinavia. Tor 25, 1993,
    175–99.

Herschend 1999: Ders., Stichwort »Halle«. In: H. Beck u. a. (Hrsg.), Reallexikon der Germa-
    nischen Altertumskunde 13. Berlin, New York: de Gruyter 1999, 414–25.

Hoeper/Steuer 1999: M. Hoeper/H. Steuer, Zu germanischen »Heeresverbänden« bzw. »Heer-
    lagern« im Spiegel der Archäologie. In: W. Schlüter/R. Wiegels (Hrsg.), Rom, Germa-
    nien und die Ausgrabungen von Kalkriese. Kulturregion Osnabrück 10 = Osnabrücker
    Forsch. Altertum u. Antike-Rezeption 1. Osnabrück: Rasch 1999, 467–93.

Kossack 1974: G. Kossack, Prunkgräber. Bemerkungen zu Eigenschaften und Aussagewert. In: G. Kossack / G. Ulbert (Hrsg.), Studien zur vor- und frühgeschichtlichen Archäologie. Festschrift für Joachim Werner zum 65. Geburtstag, 1. Allgemeines, Vorgeschichte, Römerzeit. Münchner Beitr. Vor- u. Frühgesch. Ergänzungsbd. 1, 1. München: Beck 1974, 3–33.

Leineweber 2007: R. Leineweber, Neue Sicht auf alte Gräber. Brandbestattung und Gräber-feldanalyse. In: St. Burmeister / H. Derks / J. von Richthofen (Hrsg.), 42. Festschrift für Michael Gebühr. Internat. Arch. Stud. Honoraria 25. Rahden / Westf.: Leidorf 2007, 39–46.

Lund 1988: A. A. Lund, Germania. Heidelberg: Winter 1988.

Lund Hansen 1995: U. Lund Hansen u. a., Himlingøje – Seeland – Europa. Ein Gräberfeld der jüngeren römischen Kaiserzeit auf Seeland, seine Bedeutung und internationalen Beziehungen. Nordiske Fortidsminder Ser. B 13. Kopenhagen: Kongelige Nordiske Oldskriftselskab 1995.

Quast 2010: D. Quast, Ein spätantikes Zepter aus dem Childerichgrab. Arch. Korrbl. 40, 2010, 285–96.

von Rummel 2007: Ph. von Rummel, Habitus barbarus. Kleidung und Repräsentation spätan-tiker Eliten im 4. und 5. Jahrhundert. RGA Ergänzungsbd. 55. Berlin, New York: de Gruyter 2007.

Schach-Dörges 1970: H. Schach-Dörges, Die Bodenfunde des 3. bis 6. Jahrhunderts nach Chr. zwischen unterer Elbe und Oder. Offa-Bücher 23. Neumünster: Wachholtz 1970.

Schlesinger 1974: W. Schlesinger, Archäologie des Mittelalters in der Sicht des Historikers. Zeitschr. Arch. Mittelalter 2, 1974, 7–31.

Schlüter 1970: W. Schlüter, Versuch einer sozialen Differenzierung der jungkaiserzeitlichen Körpergräbergruppe von Haßleben-Leuna anhand einer Analyse der Grabfunde. Neue Ausgr. u. Forsch. Niedersachsen 6, 1970, 117–45.

Schmauder 1998: M. Schmauder, Die Oberschichtgräber und Verwahrfunde Südosteuropas und das Childerichgrab von Tournai. Anmerkungen zu den spätantiken Randkulturen. Acta Praehist. et Arch. 30, 1998, 55–68.

Schuster 2003: J. Schuster, Hof und Grab – die jüngerkaiserzeitlichen Eliten vor und nach dem Tode. Slovenská Arch. 51, 2, 2003, 247–318.

SKN 2010: Herrenhöfe und die Hierarchie der Macht im Raum südlich und östlich der Nord-see von der vorrömischen Eisenzeit bis zum frühen Mittelalter und zur Wikinger-zeit. Siedlungs- u. Küstenforsch. Südl. Nordseegebiet 33. Rahden / Westf.: Leidorf 2010.

Steuer 1982: H. Steuer, Frühgeschichtliche Sozialstrukturen in Mitteleuropa. Eine Analyse der Auswertungsmethoden des archäologischen Quellenmaterials. Abhandl. Akad. Wiss. Göttingen Phil.-Hist. Kl. F. 3, 128. Göttingen: Vandenhoek & Ruprecht 1982.

Steuer 1997: Ders., Germanische Heerlager des 4. / 5. Jahrhunderts in Südwestdeutschland (?). In: A. Nørgård Jørgensen / B. L. Clausen (Hrsg.), Military Aspects of Scandinavian Society in a European Perspective, AD 1–1300. Stud. Arch. & Hist. 2. Kopenhagen: National Museum 1997, 113–22.

Steuer 2003: Ders., Kriegerbanden und Heerkönige – Krieg als Auslöser der Entwicklung zum Stamm und Staat im ersten Jahrtausend n. Chr. in Mitteleuropa. Überlegungen zu einem theoretischen Modell. In: W. Heizmann / A. van Nahl (Hrsg.), Runica – Germanica – Mediaevalia. RGA Ergänzungsbd. 37. Berlin, New York: de Gruyter 2003, 824–53.

Steuer 2006: Ders., Schlußbemerkung: Prunkgräber in der Diskussion. In: C. von Carnap-Born-heim/D. Krausse/A. Wesse (Hrsg.), Herrschaft – Tod – Bestattung. Zu den vor- und frühgeschichtlichen Prunkgräbern als archäologisch-historische Quelle. Universitäts-forsch. Prähist. Arch. 139. Bonn: Habelt 2006, 223–30.

Ullrich 1968: H. Ullrich, Anthropologische Untersuchung der 1967 aus dem Gräberfeld von Häven, Kreis Sternberg, geborgenen menschlichen Skelettreste. Jahrb. Bodendenkmal-pfl. Mecklenburg 1968, 283–306.

Voß 2009: H.-U. Voß, Eine frühe Dynastie in Mecklenburg. Fürstengräber der älteren Römischen Kaiserzeit von Hagenow. In: Burmeister/Derks 2009, 352–5.

Wenskus 1961: R. Wenskus, Stammesbildung und Verfassung. Das Werden der frühmittelalter-lichen gentes. Köln, Graz: Böhlau 1961.

Wenskus 1975: Ders., Zusammenfassung. In: Protokoll über die Arbeitstagung v. 8.–11. Okt. 1974 auf der Insel Reichenau, Nr. 191. Thema:»Gemeinsame Forschungsprobleme der Archäologie und der Geschichtswissenschaft in archäologischer Sicht I«. Konstanz: Konstanzer Arbeitskreis für mittelalterliche Geschichte e. V. 1975, 85–93.

Wenskus 1979: R. Wenskus, Randbemerkungen zum Verhältnis von Historie und Archäolo-gie, insbesondere mittelalterlicher Geschichte und Mittelalterarchäologie. In: H. Jan-kuhn/R. Wenskus (Hrsg.), Geschichtswissenschaft und Archäologie: Untersuchungen zur Siedlungs-, Wirtschafts- und Kirchengeschichte. Vorträge u. Forsch. 22. Sigmarin-gen: Thorbecke 1979, 637–57.

Werner 1973: J. Werner, Bemerkungen zur mitteldeutschen Skelettgräbergruppe Haßleben-Leuna. Zur Herkunft der *ingentia auxilia Germanorum* des gallischen Sonderreiches in den Jahren 259–274 n. Chr. In: H. Beumann (Hrsg.), Festschrift für Walter Schle-singer 1. Mitteldt. Forsch. 74, 1. Köln, Wien: Böhlau 1973, 1–30.

Werner 1980: Ders., Der goldene Armring des Frankenkönigs Childerich und die germanischen Handgelenksringe der jüngeren Kaiserzeit. Frühmittelalterl. Stud. 14, 1980, 1–41.

ROLAND STEINACHER

Wiener Anmerkungen zu ethnischen Bezeichnungen als Kategorien der römischen und europäischen Geschichte[1]

Zusammenfassung: Aus der schriftlichen Überlieferung der antiken Ethnographie kennen wir ethnische Bezeichnungen oder Gentilnamen, deren Bedeutungen und Bedeutungskontinuitäten oft nur schwer zu fassen sind. In den Peripherieräumen des Imperiums agierten *gentes* bzw. ἔθνη. Die römische und griechische Literatur bietet diesbezüglich aber keine unmittelbaren Aussagen hinsichtlich sozialer Realitäten oder der Bedeutung ethnischer Identitäten für diese Gruppierungen. Vielmehr wurde in solchen Texten eine Welt unter Verwendung tradierter Topoi nach ethnischen Kategorien beschrieben und geordnet. Nachdem barbarische Kriegereliten im Laufe des 5. und 6. Jahrhunderts auch innerhalb der Reichsgrenzen Provinzen zu *regna* formten, entstanden literarische Herkunftsgeschichten, die den *gentes* einen altehrwürdigen Ursprung gaben und dadurch gemeinsame Herkunftsvorstellungen verfestigten wie einen Anschein von Ebenbürtigkeit gegenüber der traditionsreichen römischen Aristokratie liefern sollten.

Die antike Ethnographie als dominierende historische Wahrnehmungsebene

Wie wurde Ethnizität in den kaiserzeitlichen, spätantiken und frühmittelalterlichen Quellen verstanden? Gentile Namen, die im 5. und 6. Jahrhundert zur Kennzeichnung nichtrömischer Gruppen dienten, sind jenen zumindest sprachlich ähnlich, die erstmals in der kaiserzeitlichen Ethnographie bis etwa 150 u. Z. verwendet wurden. Beispiele solcher Namen sind Goten und Gauten, Vinniler und Vandalen; bei Angeln und Sachsen, Langobarden und Hasdingen liegt sogar eine Namensgleichheit vor. Wie und in welcher Weise eine Beziehung zwischen den so bezeichneten *gentes* über die Jahrhunderte bestanden haben mag, ist aber großteils ungeklärt. Annahmen und Postulate sind diesbezüglich Gegenstand intensiver Diskussionen in Geschichtswissenschaft, Archäologie und Frühgeschichte (Pohl 2000; 2002).

---

1 Stefan Burmeister und Nils Müller-Scheeßel sei für die Einladung und ihre Beharrlichkeit in Richtung einer Drucklegung gedankt. Das FWF-Projekt 19403 »Geschichte der Vandalen«, durchgeführt am Institut für Mittelalterforschung der Österreichischen Akademie der Wissenschaften in Wien, ermöglichte die Arbeit an diesem Text. Die Abkürzungen antiker lateinischer Autoren richten sich nach Thesaurus 1990. Die Abkürzungen und Ausgaben der *Monumenta Germaniae Historica* (MGH): http://bsbdmgh.bsb.lrz-muenchen.de/dmgh_new/.

Die uns bekannten Gentilnamen stammen in fast allen Fällen aus den Werken griechischer oder römischer Ethnographen und Historiker wie Ptolemaios, Strabon, Plinius oder Tacitus. Die Quellen für ihre Aussagen über die ethnischen Verhältnisse außerhalb des Römerreichs sind uns meist nicht bekannt oder als Verweise innerhalb literarischer Traditionen seit Herodot zu verorten. In vielen Fällen werden utopische oder phantastische Elemente verwendet, um den Rand der Welt zu beschreiben (Bichler 1995; 2007; Bichler/Rollinger 2000). Es ist nicht auszuschließen, dass diese römischen und griechischen Autoren Ethnonyme einführten, die im Laufe von Jahrhunderten eine Eigendynamik entwickelten und von sich formierenden Gruppen dann als Selbstbezeichnung aufgegriffen wurden. Die uns überlieferten ethnischen Bezeichnungen sind sich in vielen Fällen lautlich ähnlich, über die Lokalisierung und die gegenseitigen Bezüge der betroffenen Gesellschaften erscheinen aber im Laufe der Jahrhunderte höchst unterschiedliche Aussagen. Drei Ebenen historischen Gebrauchs sind hierbei zu unterscheiden: erstens die Benutzung ethnischer Labels in der antiken Ethnographie für die Peripherie des Imperiums mit den genannten ungenauen geographischen Verortungen;[2] zweitens das seit dem 3. Jahrhundert einsetzende Erscheinen neuer Bezeichnungen wie Franken, Alamannen und später Bajuwaren sowie die Verwendung dieser Ethnonyme auf Reichsboden oder an den römischen Grenzen; schließlich drittens die Rezeptionsgeschichte dieser Ethnonyme vom Mittelalter bis ins 19. Jahrhundert mit ihren vielseitigen geistes- und wissenschaftsgeschichtlichen Implikationen bis in unsere Gegenwart.[3]

Selbstaussagen barbarischer Individuen fehlen weitgehend. Walter Pohl (2002, 42) sprach in solchen Zusammenhängen von einer »römischen Brille«, die wir nicht einfach abnehmen können. Das bedeutet, dass die Quellenaussagen zu den Gruppen, die mit ethnischen Bezeichnungen belegt wurden, praktisch ausschließlich römische bzw. griechische literarische oder epigraphische sind. Eine der wenigen Ausnahmen stellen die Grabsteine römischer Soldaten barbarischer Herkunft dar. Beispiele wären etwa die Grabsteine des herulischen *auxilium (numerus Erulorum seniorum)*, die Teil der *auxilia Palatina* in Italien waren. Die Truppe lag nahe dem militärischen Zentrum Concordia in Venetien. Mehrere Inschriften von Epitaphen sind bekannt, die Individuen dieser Einheit nennen, die sich dann entweder als Mitglied des *numerus Erulorum* oder eben als Heruler bezeichnen. Der *numerus Erulorum* war eine leichte

---

2 Gleichzeitig sind Völkernamen innerhalb der Reichsgrenzen in Gebrauch, wie zu zeigen sein wird; ethnische Bezeichnungen sind also keineswegs auf die barbarische Peripherie beschränkt und damit kein exklusiv ›barbarisches‹ Phänomen, das im Gegensatz zu einem lediglich staatsrechtlich definierten ›römischen‹ stünde, wie das vor allem die deutsche Forschung lange gesehen hat.

3 Jüngst detailliert untersucht am Vandalen- und Lugiernamen (Haider 2008). Für die vielseitigen Brechungen und Rezeptionen des Vandalennamens bis in die Neuzeit vgl. Steinacher 2004; 2005; Donecker/Steinacher 2009.

Infanterietruppe, die für ihre Qualitäten im Kampf etwa bei Ammianus Marcellinus lobend erwähnt wurde.[4]

Ethnizität war für die antike Historiographie erst dann ein bemerkenswertes Thema, als Gesellschaften im Gesichtskreis des Imperiums erschienen oder sich auf römischem Boden befanden. Völkernamen kennen wir für alle Peripherieräume des Imperiums und für römische Provinzen. Die spätrömische Welt bot mit ihrer dichten Städtelandschaft gute Voraussetzungen für einen Diskurs der Differenz, der Identität oder des Anderen. Heiko Steuer hat darauf hingewiesen, dass das außerrömische Barbaricum erstens verhältnismäßig dünn besiedelt war, zweitens dort stets Güter- und Nahrungsmittelknappheit herrschte und drittens Siedlungsdichte und -strukturen von der La-Tène-Zeit bis ins hohe Mittelalter oftmals erstaunlich wenig variierten. Genau diese Güterknappheit ist einer der Hauptgründe für die Attraktivität, die das Reich als Zentrum auf seine Peripherie ausübte (Steuer 1979; Dick 2008, 159–202).

Rom als Gestalter seiner Peripherie

Durch Föderatenverträge, die Anwerbung von Soldaten und den Handel mit Gewerbe- und Luxusgütern versuchte man von römischer Seite auf friedlichem Weg eine Form von Hegemonie zu erreichen, die militärisch mit den augusteischen Offensiven nicht herzustellen gewesen war. Das Imperium stellte einen stabilen wirtschaftlichen und politischen Raum dar, dessen Außenwirkung lange stark genug war, um das seit Cäsar und Tacitus als *Germania* bezeichnete mitteleuropäische Barbaricum einzubeziehen.[5] Ein solches System hatte sich jahrhundertelang mehr oder weniger bewährt. Die Folgen waren weitreichend für die europäische Geschichte. Die zunehmenden Möglichkeiten, in römischem Dienst oder im Kampf gegen die Römer Prestige zu gewinnen, führten zu einem starken Sog auf barbarische Gesellschaften. Wie die Grabfunde nahe legen, war der Erwerb von Prestigegütern aus römischer Produktion oder nach römischem Vorbild für die barbarischen Eliten erstrebenswert. Wenn die Barbaren erst den Reichtum der Römer kennen gelernt hätten, so Prokop im 6. Jahrhundert, so könnte man sie kaum mehr von der Straße nach Konstantinopel abhalten. Langsam entstanden spezialisierte Kriegereliten, soziale Unterschiede und innere Konflikte wuchsen. Stämme zerfielen, neue Einheiten bildeten sich. Am Rhein entwickelten sich seit Ende des 3. Jahrhunderts die neuen Verbände der Franken und Alamannen, im Osten und nördlich der unteren Donau die Goten. Um diese Zusammenhänge zu untersuchen, darf man nicht nur die barbarische und die römische Gesellschaft für sich betrachten, sondern muss sie auch

---

4   Not. dign. occ. 5,162; 7,13. – Vgl. zu den Inschriften Hoffmann 1970, 77–9; 88–91; 156–8; 272 mit Index; Rappaport 1912, 1152 f.; Amm. Marcell. 20,1,3; 20,4,2; 27,1,6; 27,8,7. – Vgl. Steinacher im Dr. a.

5   »Mitteleuropäisches Barbaricum« ist eine Prägung S. von Schnurbeins und M. Erdrichs (1992).

als gemeinsames System analysieren, letztlich ein Modell von Zentrum und Peripherie anwenden (Wolfram 1990, 78–85; Pohl 2002, 13–30). Gesellschaftsstrukturen änderten sich unter dem Einfluss römischer Politik stetig. Barbarische, gentile Identitäten, zumindest jene, von denen wir römischerseits unterrichtet werden, konnten überhaupt nur in Auseinandersetzung mit römischen Strukturen entstehen. Das imperiale System der Römer erforderte detailliertes Wissen über die Verhältnisse unter den Barbaren zwecks machtpolitischer Kontrolle der Peripherie des Imperiums (Pohl 1997 b; 1998).

In den dichten Städtelandschaften innerhalb des Römischen Reiches können wir ebenso eine große ethnische Pluralität feststellen wie in den weniger urbanisierten Provinzen und Grenzregionen. Als Theodosius I. den Gotenkönig Athanarich nach Konstantinopel einlud, soll letzterer aus dem Staunen nicht mehr herausgekommen sein. Athanarich soll in Bezug auf die großen und prachtvollen Gebäude und Straßen gemeint haben, nun sehe er, was er oft mit ungläubigen Ohren vernommen habe. Staunend herumblickend betrachtete er die vielen Schiffe, die prachtvollen Wälle und die Menschen *(populi)* verschiedenster Herkunft *(diversarum gentium)*, die wie Wasserströme unterschiedlichen Ursprungs in einem Becken zusammenflossen. Als er dann noch die Soldaten des Kaisers sah, soll der Barbarenkönig ausgerufen haben, der Kaiser sei wahrlich ein Gott auf Erden und wer gegen ihn die Hand erhebe, mache sich an seinem eigenen Blut schuldig. Auch wenn diese Episode erst bei Jordanes im 6. Jahrhundert überliefert ist, zeigt sie einerseits, wie attraktiv eine römische Großstadt für Soldaten von der Peripherie war, und andererseits, wie selbstverständlich verschiedenste Gruppen in einer Metropole wie Konstantinopel verkehrten.[6]

Zur Vielfalt der Identitäten innerhalb des Römischen Reiches wird unten zurückzukommen sein. Im Folgenden möchte ich einige Schlaglichter auf die Zusammensetzung der Gruppen von der Peripherie werfen. Den *gentes*, wie z. B. den aus der kaiserzeitlichen ethnographischen Literatur bekannten Vandalen und Alanen, dürften sich auf allen Etappen der Migration zwischen der pannonischen Tiefebene und Afrika auch römische Deserteure, entflohene Sklaven, Abenteurer und Menschen angeschlossen haben, die sich als nun ›germanische‹ Krieger mehr Chancen erhofften als in ihrer vorherigen sozialen Umgebung (Merrills / Miles 2010, 27–54; Berndt 2007). Im Reich des Goten Ermanarich lebten außer den Ostrogoten Finnen, Anten, Heruler, Alanen, Hunnen, Sarmaten, Esten und wahrscheinlich auch Slawen. Die gotischterwingische Aristokratie bestand aus Taifalen, Sarmaten, kleinasiatischen Minder-

---

6   Iord. Get. 142–4: »Qui [Athanarich] omnino libenter adquiescens regia urbe ingressus est miransque: ›en‹, inquid, ›cerno, quod saepe incredulus audiebam‹, famam videlicet tantae urbis; et huc illuc oculos volvens nunc situm urbis commeatuque navium, nunc moenia clara prospectans miratur, populosque diversarum gentium quasi fonte in uno e diversis partibus scaturriente unda, sic quoque milite ordinato aspiciens: ›deus‹, inquit, ›sine dubio terrenus est imperator et quisquis adversus eum manu moverit, ipse sui sanguinis reus existit‹.« – Zos. 4,34,4–6; vgl. Wolfram 2005, 117–9; 2001, 83.

heiten, ehemaligen römischen Provinzialen, dako-carpischen Gruppen und verschiedensten Iraniern. Gerade die Bayern wären ein Paradebeispiel für eine für spätantike Verhältnisse geradezu junge Identität. Erst bei Jordanes und Venantius Fortunatus im 6. Jahrhundert wird ihr Name erwähnt. Eine germanische Sprache sprechende Gruppen, Zuwanderer nach Rätien, germanisch (sprachige)-romanische Provinzialen, naristische, skirische, herulische, donausuebische und alamannische Elemente sowie Thüringer und Langobarden formierten sich zu den Bayern. Es gab vor allem im inneralpinen Bereich Romanen, die der bayrischen Rechtsgemeinschaft angehörten. Vom achten Jahrhundert an kennen die Quellen auch ›slawische‹ Bayern.[7]

Ethnische Identitäten in den römischen Provinzen

Ein Desiderat der Forschung bleibt die Bedeutung lokaler ethnischer Identität in den römischen Provinzen.[8] Man muss gar nicht die auffälligen, unten noch anzusprechenden, Beispiele der Isaurier, Bessier oder Thraker, also sozusagen die ›inneren Barbaren‹, im Römerreich bemühen, um diesem Phänomen näher zu kommen. Eine römische Identität als politisches Bekenntnis zum Reich und eine lokale ethnische Identität schlossen einander keineswegs aus. Sie konnten ganz zwanglos miteinander verbunden werden. Fritz Mithof (im Dr.) hat in diesem Zusammenhang auf einen Sarkophag aus Palmyra aus dem zweiten Viertel des 3. Jahrhunderts hingewiesen und ihn als Beispiel »ethnisch-kultureller Polyvalenz« gedeutet. Auf dem Deckel ist der Verstorbene, der zur Führungsschicht der Stadt gehörte und vom Karawanenhandel gelebt haben dürfte, in parthischer Kleidung dargestellt, auf der Frontseite des Sarkophagkastens dagegen vollzieht derselbe Mann den römischen Opferritus, wobei er eine Toga trägt. »Zugleich weisen ihn diverse Insignien als Inhaber eines palmyrenischen Priesteramtes aus. Hier fließen also syrisch-palmyrenische, römische und parthische Bildelemente zusammen. Ethnizität war somit, wie bei allen Vielvölkerreichen, auch im Imperium Romanum eine komplexe und vielschichtige Kategorie.«[9] Udo Hartmann (2009) analysierte die Verse des 13. Sibyllinischen Orakels aus der Zeit um 260 u. Z. In diesem griechischen Text operierte der Autor, der als »syrischer Diaspora-Jude« identifiziert wird, mit seinen beiden Identitäten als Syrer jüdischen Glaubens und Römer. In einem solchen Fall ist die Identitätskonstruktion also noch komplexer: Eine regionale, eine jüdische und eine römische Identität spielen mit- und nebeneinander.[10]

---

7 Ermanarich und Terwingen: Wolfram 1990, 22; Bayern: Wolfram 1987, 322; romanische und ›slawische‹ Bayern: Wolfram 1985, 97–151, hier 137–40 und 145–8.

8 Vgl. dazu Sommer 2010 mit den dortigen Literaturangaben.

9 Ich danke Fritz Mithof für die Zurverfügungstellung seines Manuskripts.

10 Generell zu den Sibyllinischen Orakeln s. Hahn 1998, 90–112; zum Judentum in der spätrömischen Welt Demandt 2007, 514–23.

Kaiserzeitliche griechische Quellen kennen den Begriff »Ethnos« als Synonym für das lateinische »*provincia*«. »*Provincia*« bezeichnete in der Kaiserzeit meist neben dem eigentlichen Gebiet einer Provinz die magistratischen Kompetenzen und Rechte, war somit auch ein juristischer und kein alleinig territorialer Begriff, wie man gemeinhin anzunehmen geneigt ist. Die parallele Verwendung von Ethnos mag die territoriale Bedeutung betonen, indem sie eventuell an die Identität der in einer Provinz lebenden Menschen erinnert. Dies ist aber noch keineswegs geklärt und verstanden.[11]

Jedenfalls weist auch ein solches terminologisches Detail darauf hin, dass noch viel an unseren Vorstellungen von sich gegenüber stehenden und scheinbar klar definierbaren Gruppen in der Antike und dem frühen Mittelalter zu arbeiten ist.[12] Ein kleiner Bauer an der unteren Donau unterschied sich wohl nur durch seinen Beruf vom skythischen ›Goten‹ auf der anderen Seite des Flusses. Der Gote wurde zu irgendeinem Zeitpunkt ein mehr oder weniger professionell agierender Krieger, und die folgenden Identitätsdiskurse finden sich in unseren Quellen. Wie der Bauer am südlichen Donauufer darüber dachte, wer er denn sei, und welche Sprache er gesprochen haben mag, wird nie gänzlich zu klären sein. Es bestanden ähnliche Strukturen innerhalb und außerhalb der Reichsgrenzen. Die Grenze zwischen Römern und Barbaren war nicht zwingend eine territoriale oder der militärisch definierte Limes.

In einer Stadt lebten die Menschen nach den römischen Gesetzen. Aus dem frühen 5. Jahrhundert mangelt es nicht an Zeugnissen, die davon berichten, dass Sklaven, aber auch römische Bürger zu den Barbaren übergelaufen oder solche geworden seien. In einer als Querolus betitelten Komödie aus dieser Zeit ist von Räubern an der Loire die Rede, die in den Wäldern *iure gentium* leben, also »unabhängig von staatlichem Recht«, wie Alexander Demandt dies übersetzt hat. Das bedeutete eine Dichotomie der möglichen Gesellschaftsorganisationen zwischen einer an der römischen Zentralverwaltung orientierten Bevölkerung und jenen, die vielleicht sogar enge Verwandte Ersterer waren, sich aber nach eigenen Vorstellungen organisierten. Die Bagauden gehörten in einen solchen Kontext.[13]

Des Weiteren gab es, wie schon angesprochen, lokale Identitäten in den Provinzen. Das beginnt mit den Städtenamen, die ethnische Labels tragen wie etwa *Augusta Vindelicorum*, die Stadt *Augusta* der *Vindelici*. Die »drei Gallien«, *Gallia Belgica*, *Lugdunensis* und *Aquitania* hatten etwa sechzig *civitates*. *Lugdunum Convenarum*

---

11 Steinacher im Dr. b; Mandell 1984, 229 mit Anm. 30 f.; Beispiele für die Anwendung des Terminus »Ethnos« für »*provincia*«: P. Oxy 64. 4435 2; Appian, Dio Chrysostomus, Herodian und mehrere andere Papyri aus der Regierungszeit Hadrians. Die Belege konzentrieren sich also auf das 2. und 3. Jahrhundert. Liddell/Scott 1968, 480: »2. c.: at Rome, = *provinciae*, App. *BC* 2.13; Hdn. 1.2.1, *PStrassb*. 22.19 (iii A.D.), D.C. 36.41, etc.: so in sg., *province*, ὁ τυραννήσας τοῦ ἔθνους D.Chr.43.11; ὁ ἡγούμενος τοῦ ἔθνους the governor of the province, *POxy*. 1020.5 (iii A.D.).«

12 Vgl. zur problematischen Begrifflichkeit des ›Romanischen‹ Fehr 2003 mit dekonstruktivistischen Ansätzen und Bierbrauer 2003 mit einer klaren Position.

13 Querolus 1, 2; vgl. dazu Demandt 2007, 370; Drinkwater 1992, 209, 215.

war der Zentralort der *Convenae*. Das antike Soissons war das *Augusta* der *Suessiones (Augusta Suessionum)*. Die lokalen Zentren trugen in aller Regel einen Namen, der an die keltischen Organisationsformen vor der Einrichtung römischer Provinzen erinnerte. Oder war es die Einrichtung der römischen Provinzen, die lokale Identitäten in ein benennbares Muster bringen wollte (Steinacher im Dr. b; Gros 2008, 65 mit weiteren Beispielen aus den *Galliae*)?

Nun zu den ›inneren Barbaren‹, die es im Römischen Reich immer gegeben hatte. Deren Beziehungen zur römischen Zentralgewalt ähneln in Vielem jenen der Barbaren aus dem Norden, Süden oder Osten. Das bedeutet, dass auffallend häufig militärische Rekrutierungen etwa unter den kleinasiatischen Isauriern oder den balkanischen Thrakern überliefert sind und gleichzeitig römische Heere sie immer wieder unterwerfen und befrieden mussten.[14] Die Bevölkerung zwischen dem Haimosgebirge und der unteren Donau im Norden des Balkans wurde als Thrakier oder *Moesicae gentes* angesprochen. Cassius Dio erwähnt noch, die *Getae* seien zu dem Zeitpunkt ebenfalls als Moesier bezeichnet worden, als sie sich den Römern unterworfen hätten.[15] Eine thrakische Untergruppe waren die *Bessoi* (Βεσσοί), deren Sprache von der ländlichen Bevölkerung bis in die Spätantike gesprochen wurde. Die Ethnonyme Thraker und *Bessoi* wurden von byzantinischen Autoren im frühen 7. Jahrhundert ganz selbstverständlich angewandt, und so konnten die Kaiser Leo I., Justin II. und Tiberius I. als geborene Thraker bezeichnet werden. *Bessoi* wurde gleichbedeutend mit Thrakern verwendet (Wiesner 1963; Miteva 1980; Steinacher im Dr. b).[16] Eine barbarische Identität wird dadurch zwar auch nicht klarer definierbar, aber sie ist jedenfalls nicht auf die Gebiete jenseits der römischen Grenzen zu reduzieren und steht nicht selten in einem Zusammenhang zum militärischen Bereich, zumindest in der Wahrnehmung der antiken Autoren.

Der Erdkreis ist Rom untertan

Kaum eine *gens* an den Grenzen des Imperiums war nicht im Laufe der Jahrhunderte friedlich oder kriegerisch mit Rom konfrontiert. In der Vorstellung der römischen Autoren, Politiker und Militärs beherrschte Rom die Welt. Alles war durch Verträge und andere Formen militärischer und politischer Bindung an das Zentrum geregelt, andernfalls musste man Krieg führen, um die Peripherie wieder unter Kontrolle zu bekommen. Die Welt *(orbis terrarum)* und Rom *(orbis romanus)* sollten eins sein.

---

14 Für die Isaurier in Kleinasien: Feld 2008.

15 Plin. nat. 3,149; 4,3; Cass. Dio 51,22,6.

16 Die *Bessoi* erscheinen zuerst bei Herodot 7,111; Tac. ann. 3,38; 4,46–8 berichtet von Aufständen der Bessier in den Jahren 21 und 68 unserer Zeit; Iord. Get. 75 meint über die Donau, sie werde in der Sprache der Bessier »Hister« genannt.

Die abhängigen und durch *foedera* an Rom gebundenen Klientelstaaten oder *gentes* wurden als Teil des Reiches gesehen, wie Alexander Demandt (2007, 321; 323 Anm. 189) betont hat. Denkt man diese römische Sicht konsequent zu Ende, lässt sich die Frage stellen, wie topisch die spätantiken Texte, die die ins Reich eindringenden Barbaren anprangern, sein könnten. Die betreffenden barbarischen Verbände schuldeten militärischen Dienst im Bedarfsfall und befanden sich in einer hierarchisch definierten Stellung zu den Reichsbehörden. Für die Regelung der Beziehungen zwischen Rom und barbarischen Gruppen gab es insgesamt eine ganze Reihe von Rechtsformen; nur eine davon war der *foedus*, der zwischen Rom und einer *gens* oder einem Staatsgebilde geschlossene Vertrag. In einem solchen war etwa die Verpflichtung der Rekrutenstellung für die römische Armee enthalten. Als Gegenüber benötigten die Römer barbarische Gruppen mit klar definierten und benennbaren Führungsstrukturen. Römische (Ehren-)Titel trugen über Jahrhunderte erheblich zu einer stärkeren Hierarchisierung barbarischer Gesellschaften bei. Eine von Rom mitgestaltete gesellschaftliche Führungsposition war in einem von Nahrungs- und Güterknappheit gekennzeichneten Barbaricum höchst attraktiv, ging es doch nicht nur um Prestigegewinn, sondern auch um römische Subsidien in nicht unbeträchtlicher Höhe. Römischerseits war eine bestimmte Rechtsstellung barbarischer Partner – und sei es nur im terminologischen Schein – von hoher Relevanz. Daneben konnte natürlich der Triumph über als solche titulierte *reges* oder das Gewinnen so bezeichneter Anführer als Partner und Verbündete in viel höherem Maße als politischer Erfolg ausgewiesen werden. Gentile Verbände wurden ins römische System hereingenommen *(recepti in legis)* und mussten eine tatsächliche oder formelle Unterwerfung vollziehen, eine *deditio*.[17]

Barbarische Rekruten und sogar Einheiten mit ethnischen Bezeichnungen, wie der bereits erwähnte *numerus Erulorum*, waren darüber hinaus geläufige Erscheinungen in der römischen Welt. Im Laufe der Spätantike nahm die Zahl von Soldaten aus der barbarischen Peripherie in der römischen Armee stetig zu. Parallel dazu gelang es einzelnen Aufsteigern wie Stilicho oder Rikimer im späten 5. und 6. Jahrhundert bemerkenswerte Machtstellungen zu erreichen. Aufgrund seiner guten Dienste durfte Stilicho 384 die Nichte und Pflegetochter des Kaisers, Serena, heiraten. Ein Mann barbarischer Herkunft, ein Militär, wurde ins geheiligte Kaiserhaus eingelassen. Solches wäre ein Jahrhundert zuvor noch undenkbar gewesen. Nach Theodosius' Tod im Jahr 395 wurde Stilicho außerdem Vormund und Reichsverweser für dessen damals elfjährigen Sohn Honorius, dem nach der bestehenden Verwaltungsteilung das römische Westreich zufiel. Auch Theodosius' Tochter Galla Placidia stand unter seiner Obhut. Kaiser Honorius heiratete später in Stilichos Familie ein.[18] Neben die bestehenden Eliten der senatorischen Oberschicht und der seit dem 4. Jahrhundert

---

17 Chrysos 1989; Dick 2008, 43–104; 208–13; Heather 1997; Modéran 2008; Schwarcz/Steuer 1995; Wirth 1997.

18 Zos. 5,4,1; 12,1; 28,1–3; weitere Quellen: Martindale u. a. 1980, 1111 f. *(Aemilia Materna Thermantia)*; 720 *(Maria 1)*.

sich formierenden und bald staatstragenden Kirche, trat eine dritte Gruppe: Die Militärs, die sich in manchen Fällen ethnisch definierten, in anderen nicht. Waren es also nicht viel mehr Soldaten von einer eigentlich römischen Peripherie, vielleicht mit rauen Sitten und anmaßend in ihren Forderungen, die sich im Laufe des 5. Jahrhunderts einen immer größeren Einfluss in der römischen Gesellschaft zu sichern wussten? Es ist jedenfalls auffällig, dass nach dem 4. Jahrhundert zunehmend eine traditionelle Terminologie von römischem Sieg und imperialer Dominanz über *de facto* ganz andere realpolitische Verhältnisse gelegt wurde. So erscheint etwa in den zwischen Geiserich in Afrika und der Regierung in Ravenna geschlossenen Verträgen die traditionelle Terminologie von *foedus* und *deditio*, was realpolitisch nach 439 schwer vorstellbar erscheint.

Das Barbaricum war aus römischer Sicht bei Weitem nicht nur ein ›germanisches‹, wie es vielfach – gegen den Quellenbefund – verstanden wird: Arabische, skythische, hunnische, iranische und berberische *gentes* standen in einem sehr ähnlichen Verhältnis zu Rom wie jene an Rhein und Donau. Die armenischen und georgischen *regna* unterschieden sich in vielen Grundelementen kaum von denen im lateinischen Westen. Nur fehlen bislang einschlägige, vergleichende Untersuchungen. Wenn *gentes* im 5. Jahrhundert Provinzen zu *regna* formten, konnten Barbaren schnell sehr römisch werden. So nahmen, um mit Wolf Liebeschuetz (2003) zu sprechen, die Vandalen nach der Mitte des 5. Jahrhunderts den Berbern gegenüber eine römische Position ein. Sie waren damit beschäftigt, andere Barbaren, die im Gegensatz zu ihnen außerhalb der Reichsstrukturen standen, in das spätrömische System einzubinden bzw. sie von den Grenzen fernzuhalten.[19] Im ehemaligen römischen Reichsgebiet sesshaft gewordene spätantike und auch frühmittelalterliche Akteure, man denke nur an die merowingische wie karolingische Konfrontation mit den Slawen, sahen sich neuen Barbaren gegenüber.

Goten, Vandalen, Burgunder, Franken und Sueben etablierten im 5. und 6. Jahrhundert neue politische Lösungen auf dem Boden römischer Provinzen. Dabei stehen Phänomene der Kontinuität römischer Verwaltung, Sprache und Kultur neben neuen sozialen und politischen Organisationsformen. Tendenziell wurden die ethnischen Label in der Forschung zu ernst genommen. Der hochkomplexe Wandel etwa der römischen gallischen Provinzen zum mittelalterlichen Frankreich lässt sich keineswegs auf die Unterwerfung und Entmachtung der Römer oder Romanen durch neue germanische Herren reduzieren. Ähnliches gilt für das Entstehen der Bajuwaren, Spanien und die Westgoten, Italien und seine Verwaltung durch den *patricius* Theoderich oder Nordafrika mit seinen vandalischen *reges*.[20]

---

19 Liebeschuetz 2003, 56: »It looks as if the Moors were building up *gentes* and turning *gentes* into *regna* just as the Germanic peoples had been doing before, and during their march through the empire.«

20 Manuel Koch wird demnächst seine Paderborner Dissertation zum westgotischen Spanien vorlegen. Der Autor arbeitet an einer neuen Geschichte der Vandalen, Walter Pohl an einer langobar-

Kelten, Skythen, Goten, aber keine Germanen. Die Problematik der Großbegriffe

Erst im Laufe der Römischen Kaiserzeit traten neben die alten griechischen ethnographischen Kategorien der Skythen und der Kelten andere Oberbegriffe. Der Germanen- und der Suebenname hatten dabei lediglich ein kurzes ›Gastspiel‹. Bereits im 3. Jahrhundert wurde diese Kategorie Cäsars retrospektiv und meist in Anspielung auf Tacitus oder eben Cäsar selbst gebraucht. Streng genommen ist der Germanenname eine kurzlebige und offenbar wenig brauchbare ethnographische Kategorie bei Tacitus und Cäsar gewesen. Die griechische Literatur verwendete den Germanenbegriff kaum. In den lateinischen Quellen kann man nach dem 3. Jahrhundert beobachten, wie *Germani* entweder auf Franken und Alamannen angewandt oder begrifflich an eine gelehrte Tradition angeknüpft wurde. Der geographische Terminus *Germania* spielte eine Rolle in kirchlichen Kontexten des karolingischen Europa als Analogie zu einer *Gallia*, einer *Burgundia* oder einer *Italia*, blieb aber sehr unspezifisch. Erst im ausgehenden 15. Jahrhundert begann mit der Verbreitung der »Germania« des Tacitus die identitätsstiftende und danach politisch wie wissenschaftlich so relevante Aufladung dieser Kategorie.[21] »Der Germanenbegriff, so stellt sich heraus, war zu allen Zeiten (schon seit Cäsar) widersprüchlich und missverständlich. Das liegt nicht zuletzt daran, dass sein affektiver Gehalt – die Konnotation von Tapferkeit, Wildheit, Ursprünglichkeit, Stolz, Einfachheit, Heidentum usw. – immer ausgeprägter war als sein deskriptiver Wert. Für seine Wiederaneignung und Neudeutung schuf das hervorragende Voraussetzungen, nicht aber für seine zweifelsfreie Definition und Abgrenzung« (Pohl 2004, 177).

Im Laufe des 3. und 4. Jahrhunderts erschienen am Rhein die Franken und Alamannen, hinter ihnen, sozusagen in einer zweiten Linie, die Sachsen und Burgunder. An der unteren Donau wurden die *gentes Gothicae* verortet. Zu diesen gotischen Völkern zählten Autoren wie Ammianus Marcellinus und Prokop nicht nur Goten, sondern auch Alanen, Gepiden, Skiren, Rugier, Heruler wie auch Vandalen. Erst die moderne Forschung seit dem 18. Jahrhundert kategorisierte – aufbauend auf den Ergebnissen der entstehenden Sprachwissenschaft – ›ostgermanische‹ Völker und schuf einen Germanenbegriff, der allumfassend sein wollte. Was das so genannte ›Ostgermanische‹ betrifft, wurde dadurch aber negiert, dass Sarmaten, Bastarnen, Carpen, Alanen, Hunnen und eben Goten, Rugier, Heruler und Vandalen in den betreffenden Zeiten durchaus mit- und nebeneinander als Barbaren im Römerreich und an dessen Grenzen agierten. ›Ostgermanisch‹ suggeriert die Vorstellung einer

---

dischen und Helmut Reimitz in Princeton an einer fränkischen. Alle genannten Arbeiten haben den Hintergrund, genannte Problematik differenzierter aufzuarbeiten.

21 Heubner 1989; Pohl 2004 a; 2004 b; Steinacher 2009; im Dr. b. – Die humanistische, protonationale Neuschaffung des Germanenbegrifffs: Goffart 2005.

›germanischen‹ Einheit, wo keine war und die der Spätantike fremd gewesen wäre (Pohl 2004, 180).[22]

Die Aufgabe der römischen Ethnographie war die gelehrte und in der Folge machtpolitische Erfassung der Peripherie der Mittelmeerwelt. Bei den Versuchen, die ἔθνη bzw. die *gentes* zu typologisieren, wurde mehr Augenmerk auf eine bestimmte Lebensweise oder auf geographische Räume gelegt, also beispielsweise eher zwischen Reiternomaden und Ackerbauern als zwischen Skythen und Kelten unterschieden (Geary 1988, 107–9; Pohl 2002, 15). Die ›gotischen Völker‹ etwa waren nach den Vorstellungen von Historiographen wie Cassiodor, Jordanes und Prokop Skythen, niemals Germanen. »Dieses Schicksal teilten sie bei Cassiodor und Jordanes mit den Franken und den für die germanische Altertumskunde so bedeutsamen Skandinaviern« (Jarnut 2004, 108).

Ethnizität und Gentilität waren den antiken Beobachtern wichtige Kategorien. Bei Aristoteles leben die Griechen in der πόλις, während die Barbaren im Unterschied dazu in ἔθνη organisiert sein sollen (Aristot. pol. 1261a; 1276a; Pohl 2009, 436; 2006). Griechen und Römer waren zuerst Angehörige ihrer πόλις, ihrer *civitas* oder der *res publica*. Die Menschen außerhalb dieser geordneten und bekannten Welt versuchten griechische und römische Beobachter in griechisch gesagt: ethnische, lateinisch gesagt: gentile Gruppen zu gliedern. Walter Pohl (2006) hat den Vergleich gewagt, dass, ebenso wie die antike, sich auch die moderne Ethnographie mit Völkern am Rand der ›zivilisierten‹ Welt beschäftigt. Ethnische Zuweisungen wurden und werden häufiger an jenen Menschen vorgenommen, die außerhalb eines nach der eigenen Sichtweise definierbaren politischen Gebildes leben und sich damit auf ihre Ethnizität reduzieren lassen.

Die »germanische Welt« war, wie Patrick Geary formulierte, die größte und nachhaltigste Leistung römischer politischer und militärischer Schöpferkraft.[23] Die ausdauernden Aktivitäten römischer Soldaten, Sklavenhändler und Kaufleute, die in deren Augen chaotischen Strukturen im Barbaricum in einen geordneten politischen, sozialen und ökonomischen Rahmen zu bringen, den sie verstehen und auch kontrollieren konnten, hatten nachhaltigen Erfolg (Pohl 2002, 25–7). Die Unterscheidung in das Volk nach der Verfassung (»people by constitution«), *populus*, und das Volk nach der Abstammung (»people by descent«), *gens*, ist, wie Patrick Geary gezeigt hat, eine wichtige Kategorie beim Verständnis der Quellen. Rom hatte den Schritt von der *gens* zum verfassten Volk, dem *populus*, dessen Identität sich in gemeinsamer politischer Kultur manifestierte, schon lange getan, als es in intensive Berührung mit Gruppen kam, die auf Reichsboden Ethnizität als politischen Mechanismus einsetzten.

---

22 Die Vandalen und Goten als Skythen: Steinacher 2008, 254 f.

23 Geary 1988, vi: »The Germanic world was perhaps the greatest and most enduring creation of Roman political and military genius. That this offspring came in time to replace its creator should not obscure the fact that it owed its very existence to Roman initiative.«

Die literarischen Herkunftsgeschichten einer spätantiken römischen Soldatenelite und ihre Nachwirkungen

Die spätrömische Welt sprach in einer Weise über Ethnizität, die ethnographische – oft auf Herodot beruhende – Topoi und zeitgenössische Informationen, Vorurteile, Stereotype und Werturteile in oft schwer differenzierbarer Weise vermengte. So bildete sich eine Sicht der Welt, in der *gentes* die Ordnungskategorie außerhalb von Stadt und Militär wurden. Die Welt war in Familien, in Völkerfamilien gliederbar. Diese Sichtweise ist von unserer modernen nicht allzu weit entfernt (Pohl 2006).

Auf Reichsboden, etwa am Hofe Theoderichs in Ravenna oder im Umfeld langobardischer Großer entstanden ab dem 6. Jahrhundert Herkunftsgeschichten mit einer skandinavischen, skythischen, trojanischen oder pannonischen Ursprungssage (Geary 1999, 108; Wolfram 1993, 31–6). In der Vorstellung der römischen Ethnographen kamen aus dem kalten Norden unüberschaubar viele Völker, und die Vorstellungen der klassischen Ethnographie wurden nie ganz abgelegt, wie sehr auch beobachtete Ereignisse dagegen sprechen mochten. Im Gegenteil, eine Herkunftserzählung, die einem klassischen Topos zuordenbar war, war präzise das, was die neuen ›barbarischen‹ und soldatischen Eliten im spätrömischen Kontext sich wünschten. Man wollte schließlich auch Würde, Alter und Ursprung haben in der Begegnung mit einer römischen Aristokratie mit langen, ehrwürdigen Ahnenlisten. Was wäre da besser geeignet, als das vorhandene Wissen aufzugreifen und sich hier seinen Platz zu konstruieren.

Dass ›Barbaren‹ aus dem Norden als Soldaten im Römischen Reich geschätzt wurden, hat viele Gründe. Einer ist reine Literatur. Die antiken Autoren neigten dazu, ethnographische Stereotype anzuwenden, was bis heute zur Folge hat, dass solche auch in der modernen Forschung nicht ausreichend differenziert werden. Der Militärschriftsteller Publius Flavius Vegetius Renatus widmete im ausgehenden 4. Jahrhundert in seiner *Epitoma rei militaris* ein Kapitel der Rekrutierung von Soldaten. Darin geht er auch auf geographische und klimatische Implikationen ein. Vor dem Hintergrund einer zu seiner Lebenszeit schon mehr als ein Jahrtausend alten ethnographischen Literatur empfiehlt Vegetius die Rekrutierung von Menschen aus dem Norden. Alle Völker, die der Sonne ausgesetzt seien, seien zwar intelligent, hätten aber weniger Blut und daher auch größere Angst vor Wunden (»Omnes nationes, quae vicinae sunt soli […] amplius quidem sapere, sed minus habere sanguinis dicunt«). Die Völker des Nordens *(septentrionales populi)* dagegen seien nicht so klug, würden aber über einen Überschuss an Blut verfügen und daher sehr kriegstüchtig sein (»sunt ad bella promptissimi«). Rekruten *(tirones)* sollte man daher im Idealfall aus den gemäßigten Klimazonen holen, denn diese Leute seien bereit, ihr Blut zu vergießen, weil sie eben genug in ihren Adern hätten. Gleichzeitig seien sie nicht gänzlich dumm, was ja von Vorteil für die Disziplin im Militär war und ist.[24]

---

24 Veg. mil. 1,2. Müller 1997, 237–9 interpretiert die gemäßigte Zone als Italien. Sicherlich meinte

Die Bilder von den Kämpfern aus dem Norden hatten aber noch eine weitere Grundlage im römischen historischen Bewusstsein. Die *Cimbri* oder im Griechischen *Kimbroi* (Κίμβροι) waren ein ganz besonderer Fall. Geschichtsschreiber stilisierten diese Barbaren zu einer immensen Bedrohung aus dem Norden. Hier ging es vor allem darum, die römischen Niederlagen des späten 2. Jahrhunderts v. u. Z. zu erklären. Als Cäsar zwischen Kelten und Skythen aus politischen und taktischen Erwägungen eine dritte Großgruppe konstruierte, musste er diese *Cimbri* zu seinen neu postulierten Germanen rechnen, um die ihnen zugeschriebene besondere Gefährlichkeit zu belegen. Dabei konnte er sich auf die erst kurz zuvor erschienenen Schriften des Poseidonius von Apameia (etwa 135–51 v. u. Z.) stützen, der sich mit der Klassifizierung der *Cimbri* nicht sicher gewesen war. In augusteischer Zeit war es dann Teil der staatlichen Propaganda, eine Gesandtschaft der *Cimbri* zu konstruieren, die an den Hof des göttlichen Augustus gekommen sein und um Verzeihung für die von ihren Vorfahren vor Jahrhunderten verübten Gräueltaten gebeten haben soll. Die Macht des neuen Systems konnte somit nicht nur als geographisch, sondern auch als historisch weit reichend gezeichnet werden. Römische Niederlagen der Vergangenheit ließen sich durch die neue politische Ordnung aufheben. Zur gleichen Zeit, also im ersten Jahrhundert unserer Zeit, weiß Strabon von römischen Marineaktivitäten bis ins Heimatgebiet der *Kimbroi* zu berichten. Mit dem Gebiet der Kimbern wurde der hohe Norden bezeichnet, wo diese gefährlichen Barbaren wohnten.[25]

Hier liegt wiederum eine aristotelische Vorstellung zugrunde, die von Poseidonios übernommen worden war. Die ethnographischen Schriften des Poseidonios sind uns zwar nur indirekt bei Diodor, Strabo und Athenaios überliefert, die Forschung ist sich allerdings über seinen Einfluss auf die römische Literatur und hier zuerst auf Cäsar und dessen Germanenbegriff einig. Das Grundmodell entspricht ganz jenem aus Vegetius bekannten: Die Völker des Südens seien gewandter, die des Nordens wegen ihres Überschusses an Blut wilder und besser im Kampf.

Auf solchen Bildern aufbauend, konstruierten nun im 6. Jahrhundert und bis in karolingische Zeit Autoren wie Jordanes / Cassiodor, Prokop oder Paulus Diaconus, die für oder über meist schon auf Reichsboden lebende Kriegereliten außerrömischer Provenienz schrieben, die Herkunft der Goten, Heruler oder Langobarden aus Skandinavien. Gute, erfolgreiche Kämpfer mussten aus dem Norden kommen, woher auch sonst. Die Wanderungsgeschichten, die etwa die Goten aus Skandinavien kommen ließen, erfüllten genauso wie die Verknüpfung mit alten und der römischen Tradition bekannten Völkernamen – im Falle der Goten die oben schon erwähnten Geten – den Zweck, eine neue Elite mit einer alten Geschichte und einer benennbaren Herkunft

---

Vegetius mit den *temperatioribus plagis* den Idealfall der Mitte aus der Sicht der römischen Eliten. Es bleibt aber die Betonung der kriegerischen Qualitäten der Nordvölker.

25 Aristot. pol. 1327b; Strabon, Geographica 7,2,1–2; Demandt 2007, 313; Grünewald 2000; Dobesch 1995, 59–71; Timpe 1994; Krüger u. a. 1979, 40–2; 232–54; die Gesandtschaft der Kimbern an den Hof des Augustus: R. Gest. div. Aug. 26; Wolfram 1995, 28 f.

zu versehen. Die literarische Qualität dieser Bilder war so groß, dass sie bis in die jüngste Vergangenheit von der Forschung relativ ernst genommen wurden (Goffart 1988; 2006, 56–118; Wood 2008). Dabei erwähnten die römischen Historiographen den über Jahrhunderte grundlegenden römischen Einfluss auf die Gebiete außerhalb der Grenzen und die Existenz von Kontaktzonen zwischen römischer Staatlichkeit – und hier vor allem dem Militärapparat – und barbarischen Gruppen nicht oder nur indirekt.

Goten und Langobarden bekamen so in intellektueller Schwerstarbeit am ostgotischen Hof Mitte des 6. Jahrhunderts bzw. später in karolingischer Zeit einen skandinavischen, die Franken hingegen – wie die Römer – einen trojanischen und die Burgunder sogar einen römischen Ursprung. Jordanes nennt Skandinavien »officina gentium aut certe velut vagina nationum«, eine »Völkerwerkstatt oder Gebärerin von Stämmen«.[26] Paulus Diaconus verortet den Ursprung der Langobarden ebenfalls in dieser Völkerwerkstatt. Und weiter weiß er zu berichten, dass viele Völker dort ihren Ursprung haben: »Est insula qui dicitur Scadanan […] in partibus aquilonis, ubi multae gentes habitant«.[27]

Prestige beruht auf Alter und berühmten Vorfahren, wie schwierig diese auch zu konstruieren sind. Dies gilt für die römische und die barbarischen wie auch für die meisten anderen menschlichen Gesellschaften. Konstantin der Große etwa ließ seinen Vater aus einfachen Verhältnissen zu einem Flavier machen, einem Nachfahren der Kaiserfamilie des ersten Jahrhunderts, der ersten Familie Europas sozusagen. Seit Konstantin nahmen barbarische Befehlshaber häufig den Geschlechternamen des Kaisers an. So waren Merobaudes, Stilicho, Rikimer und Aspar *Flavii* (Demandt 2007, 261–4; 269).[28] Kaum ist Theoderich, der Gotenkönig, 484 römischer Bürger geworden, nennt er sich *Flavius Theodericus rex*. Schon Odoaker hatte FL(AVIUS) OD(OV)AC(ar) auf seine Münzen schlagen lassen (Steinacher 2006). Genauso wenig wie nun aber Konstantin, Odoaker oder Theoderich von Titus oder Domitian abstammten, hatte die gotische *origo* mit Skandinavien zu tun oder waren die Franken wirklich Abkömmlinge der Trojaner oder eines Seeungeheuers (Anton 2000; Graus 1989; Pohl 2004a; Wood 1995).[29] »Eine *origo gentis* ist intentional: Sie nützt die Mittel der Ethnographie, um ethnische Identitäten zu schaffen. So haben Caesar und noch mehr Tacitus die Germanen gemacht« (Wolfram 2003, 175).

Die ältere deutsche Forschung hat die *gentes* der Völkerwanderung weit zurück in eine ›indogermanische‹ Bronzezeit verfolgen wollen und die Herkunftssagen zu ernst genommen. Ins Reich eintretende Barbaren suchten sich eine Identität zu geben.

---

26 Iord. Get. 25; Übersetzung Wolfram 2001, 14.
27 Paulus Diaconus, Origo Gentis Langobardorum 1; ähnlich in der Historia Langobardorum 1,1; vgl. Pohl 2004a, 174 mit Anm. 50.
28 Allgemein zum Heermeisteramt vgl. Demandt 1970.
29 Zum Flaviernamen vgl. Wolfram 1967; 2001, 277; 286; fränkische Ursprungssagen: Fredegar, Chronicae 3,9.

Dabei konnte man die den Römern bekannten alten und dadurch prestigeträchtigen Namen verwenden (Steinacher 2006, 311 f.). Der Geograph von Ravenna definierte um 700 Skandinavien in solchen Traditionen schreibend ohne weiteres als altes Skythien *(Antiqua Scithia)* und bezog sich dabei auf die Herkunft der skythischen Goten, Gepiden und Dänen. Diese Kategorisierung findet sich drei Jahrhunderte später bei Adam von Bremen, der die Ostsee *mare Scythicum* nennt. Alle Völker an den Küsten dieses Meeres sieht er als Skythen, folglich auch die Slawen. Helmold von Bosau und Otto von Freising übernahmen diese Sicht der Dinge.[30] Was für diese mittelalterlichen Autoren skythisch war, machte erst die Forschung des 19. und 20. Jahrhunderts zu ›germanisch‹. Man glaubte es besser zu wissen als die Quellen. Historische Forschung sollte aber zuerst die Quellen ernst nehmen und nahe an deren Kategorien bleiben.

Was von der Spätantike und den Barbaren blieb

Wie dürfen wir aber nun die Bedeutung ethnischer Identitäten in den poströmischen Regna einschätzen? In den historiographischen Texten erscheinen häufig ethnische Labels, um die Regna und ihre Machteliten zu bezeichnen. Die Quellen nennen ein *regnum Francorum, Gothi, seniores Gothorum,* eine *gens Langobardorum,* einen *rex Vandalorum et Alanorum* und so fort. Die ethnische Benennung sorgte für Unterscheidbarkeit. Sobald es offiziell wird, verschwimmen diese Unterscheidungen aber. So bezeichnete sich etwa Theoderich niemals als *rex Gothorum,* sondern als *Flavius rex.* Theoderich hatte ein von Byzanz legitimiertes Amt inne und verwaltete eigentlich Italien, er war nicht nur ein Gotenkönig. In den Gesetzen verwandten die langobardischen Könige *rex gentis Langobardorum,* nicht aber in ihren Urkunden. Die gentile Identität war jedenfalls nur ein Faktor im Ordnungssystem spätantiker und frühmittelalterlicher Gesellschaften im westlichen, lateinischen Europa. Eine vorwiegend nichtgentile, nicht ethnisch definierte Provinzbevölkerung, eine spätantike politische Organisation und Infrastruktur wie die besondere Rolle der Kirche sind ebenfalls zu berücksichtigen (Pohl 2009, 442–6).

Einige auf Reichsboden agierende *gentes,* etwa die Westgoten in Spanien und die Franken in Gallien, wurden durch ihr Bekenntnis zur katholischen Religion und zum römischen Recht eine Vorbedingung für die europäischen Nationen des Mittelalters. Manche Identitätsentwürfe wie der burgundische blieben Projektionsflächen und wurden im weiteren Verlauf der europäischen Geschichte immer wieder als solche benutzt (Breuer 2008; Wood 1990; Zingg 2008). Nachhaltige politische Herrschaft auf Basis einer zuerst ethnisch definierten Führungsgruppe gelang nur katholisch gewordenen

---

30 Ravennatis anonymi cosmographia 1,8; Adam von Bremen, Gesta 2,18 f.; vgl. Göckenjan 1995; Staab 1998.

Königen, die über lateinische Schriftlichkeit und eine zumindest teilweise vorhandene spätrömische Bürokratie verfügten. Sachsen, Slawen und Alamannen wurden erst durch die fränkischen Expansionen der merowingischen und karolingischen Zeit in das postimperiale System des entstehenden Europa gebracht. Zuvor spielten sie eine ähnliche Rolle als barbarische Peripherie wie zuvor die Franken selbst gegenüber dem Römischen Reich (Brather 2001, 51–83; Curta 2001; Koder 1995; Weiss 1988). Tschechen und Polen formten entsprechend später in einem ähnlichen Zeithorizont wie die Dänen christlich-europäische Königreiche.

Hunnen, Awaren, Bulgaren und zuerst auch Ungarn versuchten einen anderen Weg zu gehen. Die hunnische Machtbasis an Donau und Theiß wurde in den letzten Jahrzehnten des 4. Jahrhunderts Teil der komplexen Bezüge barbarischer Peripherie und des römischen Zentrums. Herwig Wolfram hat diese Strukturen als »hunnische Alternative« beschrieben. Sie bestand darin, durch geballtes militärisches Potenzial in der Nähe der Reichsgrenzen und dazu noch an einem neuralgischen Punkt, von dem aus der Osten wie der Westen gleichermaßen schnell zu erreichen und zu bedrohen waren, Druck auszuüben und römische Zahlungen abzupressen. In den folgenden Jahrhunderten wurden die Awaren eine Konkurrenz für das fränkische Reich, und die Bulgaren entwickelten sich auf dem Balkan, wenn man so sagen darf, zu den ›Hunnen‹ der Byzantiner, gefährlich nahe der Hauptstadt. Diese Steppenreiche, diese »hunnische Alternative«, funktionierten aber meist nur über einen Zeitraum von zwei oder drei Generationen.[31] Eine »europäische«, mittelalterliche Identität erreichten nur Bulgaren und Ungarn, nachdem sie Christen geworden waren und ihre Khane Könige bzw. Zaren (Pohl 1988, 12–4; Curta 2005; Dujčev 1983; Browning 1991a; 1991b, 332–4; 338; Bak 1997). Karolingische Schreiber nannten die Ungarn in Kenntnis ihrer autoritativen Quellen Skythen oder Hunnen. Der Großbegriff »Skythen« hatte vor der frühen Neuzeit ein wesentlich bedeutenderes Fortleben als der Germanen-begriff (Pohl 1987).

Ausblick

Eine der grundlegenden Fragen des in Wien durchgeführten Projekts »Ethnische Identitäten im frühmittelalterlichen Europa« zielte auf ein anderes und moderneres Verständnis der Kategorien *gens* und *populus*. *Populus* war, wie ja mit Patrick Geary oben gezeigt, ein Begriff für die Rechtsgemeinschaft der römischen Bürger. Im Laufe der Spätantike und des frühen Mittelalters verschob er sich zusehends hin zum Sinn eines übergentilen, in der christlichen Kirche organisierten Gottesvolkes. Seit der Spätantike wurden *gentes* und ἔθνη in einer christlichen und exegetischen Verwen-dung Bezeichnungen für außerhalb des christlichen *populus* stehende Heiden. Schwer

---

31 Wolfram 1990, 123: »Hunnische Alternative« ist der Titel des fünften Kapitels.

zu verstehen bleibt dabei, warum in einem christlichen Europa trotzdem ein so hohes
Maß an Identifikation mit gentiler Identität fortbestand und diese bis ins 18. und
19. Jahrhundert eine derart enorme Dynamik entfaltete, dass selbst die modernen
Nationen noch diesen Kategorien verhaftet blieben (Geary 2001, 65–7; Pohl 2002,
22 f.; 2006; Pohl/Heydemann in Vorb.). Walter Pohl hat diese Phänomene mit dem
gleichzeitigen biblischen Aufruf an die *gentes* zum Bekenntnis und zum Heil erklärt
und vermutet, dass diese Dynamik dem Erfolg des Begriffes zugrunde liegt:

»Die Diskussionen um die Rolle der Gentes in der Heilsgeschichte trugen jedenfalls
dazu bei, den Begriff providentiell aufzuladen. Einerseits war er seit der Spätantike
mit ›Heiden‹ und damit negativ konnotiert. Andererseits behielt er seine positive
Identifikationsfunktion. Es ist bemerkenswert, dass im Frühmittelalter ausgerechnet
jener Begriff ethnische Identität beschreibt, der zugleich die Alterität der Heiden und
Barbaren bezeichnet. Das Christentum bewirkte also bis zu einem gewissen Grad
eine Transformation der ethnischen Begrifflichkeit. Zum Unterschied von den Theo-
gonien oder den Vorstellungen von Auserwähltheit vieler nichtchristlicher Völker
entsprach aus christlicher Sicht auch die Vielheit der Völker dem göttlichen Heils-
plan, solange sie letztlich in Christus aufgehoben werden konnte. Diese Dynamik
war es wohl, die den Erfolg der ethnisch begründeten Königreiche erklärt und sich
bis zur modernen Nation als Gegenstand einer Ersatzreligion steigern ließ« (Pohl
2009, 448).

Eine Ordnung der bekannten Welt in *gentes* konnte mit biblischen Mustern und unter
stetigem Rückgriff auf die antiken ethnographischen Traditionen als zu gestaltender
Horizont für die christliche Mission aufgebaut werden und die mittelalterliche Intel-
lektualität mitprägen. Die Wiener Arbeit wird in den nächsten Jahren in diese Richtung fortgeführt. Ziel ist es dabei, neue und bisher wenig beachtete Hintergründe
eines ethnischen Diskurses im mittelalterlichen theologischen Schrifttum zu erkennen. Die seit dem 15. und 16. Jahrhundert stetig vollzogene Trennung theologischer
und geschichtswissenschaftlicher Ansätze hat neue Verständnishorizonte geschaffen,
dafür aber andere blockiert. In einem solchen Vorgehen, das ganz neue Quellengattungen berücksichtigt, liegt das Potenzial, unser Verständnis weit reichender Aspekte
der europäischen Geschichte erheblich zu erweitern.

Literaturverzeichnis

Primärquellen

Adam von Bremen, Gesta: Gesta Hammaburgensis ecclesiae pontificium. Hrsg. von B. Schmeidler. MGH SSrG. Hannover: Hahn ³1917 [Neu übertr. W. Trillmich, Bischofsgeschichte der Hamburger Kirche. Ausgewählte Quellen Dt. Gesch. Mittelalter 11. Darmstadt: Wissenschaftliche Buchgesellschaft 1961].

Amm.: Ammianus Marcellinus, Rervm gestarvm libri qvi svpersvnt. Hrsg. von W. Seyfarth. Bibliotheca scriptorvm Graecorvm et Romanorvm Tevbneriana. Leipzig: Teubner 1978.

Aristot. pol.: Aristoteles, Politica. Übers. und mit erklärenden Anm. vers. von E. Rolfes. Phil. Bibl. 7. Hamburg: Meiner ⁴1981.

Cass. Dio: Cassius Dio, Ῥωμαϊκὴ Ἱστορία. Römische Geschichte. Übers. von O. Veh, 5 Bde. Düsseldorf: Artemis & Winkler 2007.

Fredegar, Chronicae: Fredegar, Chronicae cum continuationibus. Hrsg. von B. Krusch. MGH SS rer. Merov. 2. Hannover: Hahn 1888 [Neuausgabe übertr. von A. Kusternig, Die vier Bücher des sogenannten Fredegar. Ausgewählte Quellen Dt. Gesch. Mittelalter 4a. Darmstadt: Wissenschaftliche Buchgesellschaft 1982, 3–325].

Herodot: Herodot, Ἱστορίαι. Historien. Hrsg. und übers. von J. Feix. Bibliothek der Alten Welt. Düsseldorf: Artemis & Winkler 2004/2006.

Iord. Get.: Iordanes, De origine actibusque Getarum. Hrsg. von Th. Mommsen. MGH, Auct. Ant. 5. Berlin: Mohr 1882.

Not. dign. occ.: Notitia dignitatum occidentis. Notitia dignitatum. Accedunt notitia urbis Constantinopolitanae et laterculi provinciarum. Hrsg. von O. Seeck. Berlin: Weidmann 1876.

Paulus Diaconus, Historia Langobardorum. Hrsg. von G. Waitz. MGH SS rer. Lang. Hannover: Hahn 1878.

Paulus Diaconus, Origo Gentis Langobardorum. Hrsg. von G. Waitz. MGH SS rer. Lang. Hannover: Hahn 1878.

P. Oxy: The Oxyrhynchus papyri. Hrsg. von Egypt Exploration Society 64, 2, 1997, 67–9.

Plin. nat.: Gaius Plinius maior, Naturalis historia. Naturkunde. Hrsg. und übers. von R. König in Zusammenarbeit mit J. Hopp und W. Glöckner. München: Artemis 1973–1996.

Querolus: Querolus sive Aulularia, Incerti Auctoris Comoedia una cum Indice Verborum. Hrsg. von G. Ranstrand. Göteborgs Högskolas årsskr. 57, 1. Göteborg: Wettergren & Kerber 1951.

Ravennatis anonymi cosmographia: Ravennatis Anonymi Cosmographia et Guidonis Geographica. Hrsg. von J. Schnetz. Itineraria Romana 2. Leipzig: Teubner 1940.

R. Gest. div. Aug.: Res gestae divi Augusti. Meine Taten. Hrsg. von E. Weber. Düsseldorf: Artemis & Winkler 2004.

Strabon, Geographika: Strabo, Geographica. Übers. und Anm. von A. Forbiger. Wiesbaden: Marix 2007.

Tac. ann.: Publius Cornelius Tacitus, Annales ab excessu Divi Augusti. Roms Geschichte seit Augustus Tod. Übers., Einleit. und Anm. von W. Sontheimer. Stuttgart: Reclam 1964/1967.

Thesaurus 1990: Thesaurus linguae Latinae. Index librorum scriptorum inscriptionum ex quibus exempla afferuntur. Editio altera. München: Teubner ⁵1990 [Neubearb. der 1. Aufl. von 1904].

Veg. mil.: Publius Flavius Vegetius, Epitoma rei militaris. Abriß des Militärwesens. Hrsg. und übers. von F. L. Müller. Stuttgart: Steiner 1997.

Zos.: Zosimos, Ἱστορία νέα. Neue Geschichte. Übers. und eingeleitet von O. Veh, durchgesehen und erläutert von St. Rebenich. Stuttgart: Hiersemann 1990.

Sekundärquellen

Anton 2000: H.-H. Anton, Troja-Herkunft, *origo gentis* und frühe Verfasstheit der Franken in der gallisch-fränkischen Tradition des 5.–8. Jahrhunderts. Mitt. Inst. Österr. Geschichtsforsch. 108, 2000, 1–30.

Bak 1997: J. M. Bak, Stichwort »Ungarn«. In: Lexikon des Mittelalters 8. München: LexMA-Verlag 1997, 1223–34.

Berndt 2007: G. M. Berndt, Konflikt und Anpassung. Studien zu Migration und Ethnogenese der Vandalen. Hist. Stud. 489. Husum: Matthiesen 2007.

Bichler 1995: R. Bichler, Von der Insel der Seligen zu Platons Staat. Geschichte der antiken Utopie 1. Alltag u. Kultur Alt. 3. Wien, Köln: Böhlau 1995.

Bichler 2007: Ders., Historiographie – Ethnographie – Utopie. Gesammelte Schriften 1. Studien zu Herodots Kunst der Historie. Philippika 18, 1. Wiesbaden: Harrassowitz 2007.

Bichler/Rollinger 2000: Ders./R. Rollinger, Herodot. Eine Einführung. Studienb. Antike 3. Hildesheim: Olms 2000.

Bierbrauer 2003: V. Bierbrauer, Stichwort »Romanen«. In: H. Beck u. a. (Hrsg.), Reallexikon der Germanischen Altertumskunde 25. Berlin, New York: de Gruyter 2003, 210–42.

Brather 2001: S. Brather, Archäologie der westlichen Slawen. Siedlung, Wirtschaft und Gesellschaft im früh- und hochmittelalterlichen Ostmitteleuropa. RGA Ergänzungsbd. 30. Berlin, New York: de Gruyter 2001.

Breuer 2008: J. Breuer, Burgund vom Rhein aus gesehen. In: Gallé 2008, 355–78.

Browning 1991 a: R. Browning, Stichwort »Bulgaria«. In: The Oxford Dictionary of Byzantium 1. New York u. a.: Oxford University Press 1991, 332–4.

Browning 1991 b: Ders., Stichwort »Bulgars, Turkic«. In: The Oxford Dictionary of Byzantium 1. New York u. a.: Oxford University Press 1991, 338.

Chrysos 1989: E. K. Chrysos, Legal Concepts and Patterns for the Barbarians' Settlement on Roman Soil. In: E. Chrysos/A. Schwarcz (Hrsg.), Das Reich und die Barbaren. Veröff. Inst. Österr. Geschichtsforsch. 29. Wien, Köln: Böhlau 1989, 13–24.

Curta 2001: F. Curta, The Making of the Slavs. History and Archaeology of the Lower Danube Region c. 500–700. Cambridge Stud. Medieval Life and Thought Ser. 4, 52. Cambridge, New York: Cambridge University Press 2001.

Curta 2005, Ders., Stichwort »Bulgars, people«. In: International Encyclopaedia for the Middle Ages-Online. A Supplement to LexMA-Online. Turnhout: Brepols 2005 [Brepolis Medieval Encyclopaedias <http://www.brepolis.net>].

Demandt 1970: A. Demandt, Magister militum. In: Pauly's Realencyclopädie der Classischen Altertumswissenschaft Suppl. 12. Stuttgart: Druckenmüller 1970, 553–790.

Demandt 2007: Ders., Die Spätantike. Römische Geschichte von Diocletian bis Justinian 284–565 n. Chr. Handb. Altertumswiss. Abt. 3, 6. München: Beck ²2007.

Dick 2008: St. Dick, Der Mythos vom »germanischen« Königtum. Studien zur Herrschaftsorganisation bei den germanischsprachigen Barbaren bis zum Beginn der Völkerwanderungszeit. RGA Ergänzungsbd. 60. Berlin, New York: de Gruyter 2008.

Dobesch 1995: G. Dobesch, Das europäische ›Barbaricum‹ und die Zone der Mediterrankultur. Ihre historischen Wechselwirkungen und das Geschichtsbild des Poseidonios. Tyche Suppl. 2. Wien: Holzhausen 1995.

Donecker / Steinacher 2009: St. Donecker / R. Steinacher, Der König der Schweden, Goten und Vandalen. Identität und Geschichtsbilder des 16.–18. Jahrhunderts. In: H. Reimitz / B. Zeller (Hrsg.), Vergangenheit und Vergegenwärtigung. Forsch. Gesch. Mittelalter 14. Wien: Österreichische Akademie der Wissenschaften 2009, 169–203.

Drinkwater 1992: J. F. Drinkwater, The Bacaudae of Fifth-Century Gaul. In: J. F. Drinkwater / H. Elton (Hrsg.), Fifth-Century Gaul: A Crisis of Identity? Cambridge: Cambridge University Press 1992, 208–18.

Dujčev 1983: I. Dujčev, Stichwort »Bulgarien«. In: Lexikon des Mittelalters 2. München: Artemis 1983, 914–28.

Fehr 2003: H. Fehr, Stichwort »Romanisch-Germanische Sprachgrenze«. In: H. Beck u. a. (Hrsg.), Reallexikon der Germanischen Altertumskunde 25. Berlin, New York: de Gruyter 2003, 304–10.

Feld 2008: K. Feld, Barbarische Bürger. Die Isaurier und das Römische Reich. Millennium-Studien zu Kultur und Geschichte des ersten Jahrtausends n. Chr. 8. Berlin, New York: de Gruyter 2005.

Gallé 2008: V. Gallé (Hrsg.), Die Burgunder. Ethnogenese und Assimilation eines Volkes. Dokumentation des 6. wissenschaftlichen Symposiums veranstaltet von der Nibelungenliedgesellschaft Worms e.V. und der Stadt Worms vom 21. bis 24. September 2006. Schriftenr. Nibelungenliedges. Worms 5. Worms: Worms Verlag 2008.

Geary 1988: P. J. Geary, Before France and Germany: The Creation and Transformation of the Merovingian World. New York: Oxford University Press 1988.

Geary 1999: Ders., Barbarians and Ethnicity. In: G. W. Bowersock / P. R. Larmont Brown / O. Grabar (Hrsg.), Late Antiquity. A Guide to the Postclassical World. Cambridge / Mass., London: Belknap Press of Harvard University Press 1999, 107–29.

Geary 2001: Ders., The Myth of Nations. The Medieval Origins of Europe. Princeton: Princeton University Press 2001.

Göckenjan 1995: H. Göckenjan, Stichwort »Skythen, Skythien«. In: Lexikon des Mittelalters 7. München: LexMA-Verlag 1995, 1999–2000.

Goffart 1988: W. A. Goffart, The Narrators of Barbarian History (A. D. 550–800). Jordanes, Gregory of Tours, Bede, and Paul the Deacon. Princeton: Princeton University Press 1988.

Goffart 2005: Ders., Jordanes's Getica and the Disputed Authenticity of Gothic Origins from Scandinavia. Speculum 80, 2, 2005, 379–98.

Goffart 2006: Ders., Barbarian Tides. The Migration Age and the Later Roman Empire. Philadelphia: University of Pennsylvania Press 2006.

Graus 1989: F. Graus, Troja und die trojanische Herkunftssage im Mittelalter. In: W. Erzgräber (Hrsg.), Kontinuität und Transformation der Antike im Mittelalter. Veröff. Mediävistenverband 1. Sigmaringen: Thorbecke 1989, 25–43.

Gros 2008: P. Gros, City and Territorial Organisation. In: J.-J. Aillagon (Hrsg.), Rome and the Barbarians. The Birth of a New World. Mailand: Skira 2008, 63–6.

Grünewald 2000: Th. Grünewald, Stichwort »Kimbern«. In: H. Beck u. a. (Hrsg.), Reallexikon der Germanischen Altertumskunde 17. Berlin, New York: de Gruyter 2000,
493–500.

Hahn 1998: F. Hahn, Frühjüdische und urchristliche Apokalyptik. Bibl.-Theol. Stud. 36. Neu-
kirchen-Vluyn: Neukirchener Verlag 1998.

Haider 2008: P. W. Haider,»Vandalen« in Polen: Kulturkontakt, Kulturtransfer und Ethnoge-
nese zwischen ca. 100 v. und 200 n. Chr. In: G. Berndt/R. Steinacher (Hrsg.), Das
Reich der Vandalen und seine (Vor-) geschichten. Österr. Akad. Wiss. Denkschr. Phil.-
Hist. Kl. 366 = Forsch. Gesch. Mittelalter 13. Wien: Österreichische Akademie der
Wissenschaften 2008, 15–42.

Hartmann 2009: U. Hartmann, Orientalisches Selbstbewusstsein im 13. Sibyllinischen Orakel.
In: M. Blömer/M. Facella/E. Winter (Hrsg.), Lokale Identität im Römischen Nahen
Osten. Kontexte und Perspektiven. Oriens et Occidens 18. Stuttgart: Steiner 2009,
75–98.

Heather 1997: P. J. Heather, *Foedera* and *foederati* of the fourth century. In: Pohl 1997 a, 57–74.

Heubner 1989: H. Heubner, Die Überlieferung der Germania des Tacitus. In: D. Timpe/H. Jankuhn
(Hrsg.), Beiträge zum Verständnis der Germania des Tacitus 1. Abhandl. Akad. Wiss.
Göttingen Phil.-Hist. Kl. F. 3, 175. Göttingen: Vandenhoek & Ruprecht 1989, 16–27.

Hoffmann 1970: D. Hoffmann, Das spätrömische Bewegungsheer und die Notitia Dignitatum 2.
Epigr. Stud. 7, 2. Düsseldorf: Rheinland-Verlag 1970.

Jarnut 2004: J. Jarnut, Germanisch. Plädoyer für die Abschaffung eines obsoleten Zentralbegriffes der Frühmittelalterforschung. In: W. Pohl (Hrsg.), Die Suche nach den Ursprüngen. Von der Bedeutung des frühen Mittelalters. Akad. Wiss. Denkschr. Phil.-Hist.
Kl. 322 = Forsch. Gesch. Mittelalter 8. Wien: Österreichische Akademie der Wissenschaften 2004, 107–13.

Koder 1995: J. Koder, Stichwort »Sklavinien«. In: Lexikon des Mittelalters 7. München:
LexMA-Verlag 1995, 1988.

Krüger u. a. 1979: Die Germanen. Geschichte und Kultur der germanischen Stämme in Mitteleuropa 1. Von den Anfängen bis zum 2. Jahrhundert unserer Zeitrechnung. Veröff.
Zentralinst. Alte Gesch. u. Arch. Akad. Wiss. DDR 4, 1. Berlin: Akademie 1979.

Liebeschuetz 2003: J. H. W. G. Liebeschuetz, Gens into Regnum: The Vandals. In: H. W.
Goetz/J. Jarnut/W. Pohl (Hrsg.), Regna and Gentes. The Relationship between Late
Antique and Early Medieval Peoples and Kingdoms in the Transformation of the
Roman World. Transformation Roman World 13. Boston, Leiden: Brill 2003, 55–83.

Liddell/Scott 1968: H. G. Liddell/R. Scott, A Greek-English Lexicon. Oxford: Clarendon
⁹1968 [Erstausg.: Oxford 1940].

Mandell 1984: S. Mandell, Who Paid the Temple Tax When the Jews Were under Roman Rule?
Harvard Theol. Review 77, 2, 1984, 223–32.

Merrills/Miles 2010: A. H. Merrills/R. Miles, The Vandals. Oxford: Wiley-Blackwell 2010.

Miteva 1980: N. Miteva, On the Ethno-Cultural Aspect of the Thracians in Late Antiquity.
Thracia 5, 1980, 255–64.

Mithof im Dr.: F. Mithof, Zur Neustiftung von Identität unter imperialer Herrschaft. Die Provin-
zen des Römischen Reiches als ethnische Entitäten. In: W. Pohl/C. Gantner/R. Payne
(Hrsg.), Visions of Community. Ethnicity, Religion and Power in the Early Medieval
West, Byzantium and the Islamic World. Im Druck.

Modéran 2008: Y. Modéran, Die kontrollierte Einwanderung von Barbarengruppen in das Römische Reich (*Dedictii, Tributarii, Laeti, Gentiles* und *Foederati*). In: Kunst- und Ausstellungshalle der Bundesrepublik Deutschland GmbH (Hrsg.), Rom und die Barbaren. Europa zur Zeit der Völkerwanderung. München: Hirmer 2008, 146–9.

Müller 1997: F. L. Müller (Hrsg. und Übers.), Publius Flavius Vegetius, Epitoma rei militaris. Abriß des Militärwesens. Stuttgart: Steiner 1997.

Martindale u. a. 1980: J. Martindale/H. M. Jones/J. Morris, The Prosopography of the Later Roman Empire, 2. A. D. 395–527. Cambridge: Cambridge University Press 1980.

Pohl 1987: W. Pohl, Das awarische Khaganat und die anderen Gentes im Karpatenbecken (6.–8. Jh.). In: B. Hänsel (Hrsg.), Die Völker Südosteuropas im 6. bis 8. Jahrhundert. Südosteuropa-Jahrb. 17. München: Selbstverlag der Südosteuropa-Gesellschaft 1987, 41–52.

Pohl 1988: Ders., Die Awaren. Ein Steppenvolk in Mitteleuropa, 567–822 n. Chr. München: Beck 1988.

Pohl 1997a: Ders. (Hrsg.), Kingdoms of the Empire. The Integration of Barbarians in Late Antiquity. Transformation Roman World 1. Leiden u. a.: Brill 1997.

Pohl 1997b: Ders., Introduction: The Empire and the Integration of Barbarians. In: Pohl 1997a, 1–12.

Pohl 1998: Ders., Telling the Difference. Signs of Ethnic Identity. In: W. Pohl/H. Reimitz (Hrsg.), Strategies of Distinction. The Construction of Ethnic Communities 300–800. Transformation Roman World 2. Leiden u. a.: Brill 1998, 17–69.

Pohl 2000: Ders., Die Germanen. Enzyklopädie Dt. Gesch. 57. München: Oldenbourg 2000.

Pohl 2002: Ders., Die Völkerwanderung. Eroberung und Integration. Stuttgart: Kohlhammer 2002.

Pohl 2004a: Ders., Der Germanenbegriff vom 3. bis 8. Jahrhundert – Identifikationen und Abgrenzungen. In: H. Beck/D. Geuenich/H. Steuer/D. Hakelberg (Hrsg.), Zur Geschichte der Gleichung »germanisch – deutsch«. RGA Ergänzungsbd. 34. Berlin, New York: de Gruyter 2004, 163–83.

Pohl 2004b: Ders., Vom Nutzen des Germanenbegriffes zwischen Antike und Mittelalter: eine forschungsgeschichtliche Perspektive. In: D. Hägermann/W. Haubrichs/J. Jarnut (Hrsg.), Akkulturation. Probleme einer germanisch-romanischen Kultursynthese in Spätantike und frühem Mittelalter. RGA Ergänzungsbd. 41 Berlin, New York: de Gruyter 2004, 18–34.

Pohl 2006: Ders., Varietà etnica nell'Europa meticcia dell'alto Medioevo. In: G. Cracco/J. Le Goff/H. Keller/G. Ortalli (Hrsg.), Europa in costruzione. La forza delle identità, la ricerca di unità (secoli IX–XIII). Bologna: Il mulino 2006, 55–72.

Pohl 2009: Ders., *Regnum* und *gens*. In: W. Pohl/V. Wieser (Hrsg.), Der frühmittelalterliche Staat – Europäische Perspektiven. Österr. Akad. Wiss. Denkschr. Phil.-Hist. Kl. 386 = Forsch. Gesch. Mittelalter 16. Wien: Österreichische Akademie der Wissenschaften 2009, 435–50.

Pohl/Heydemann in Vorb.: Ders./G. Heydemann (Hrsg.), Strategies of identification – Early medieval perspectives. Cultural Encounters in Late Antiquity and the Middle Ages. Turnhout: Brepols in Vorbereitung.

Schwarcz/Steuer 1995: A. Schwarcz/H. Steuer, Stichwort »foederati«. In: H. Beck u. a. (Hrsg.), Reallexikon der Germanischen Altertumskunde 9. Berlin, New York: de Gruyter 1995, 290–301.

Rappaport 1898: B. Rappaport, Stichwort »Heruli«. In: Pauly's Realencyclopädie der Classischen Altertumswissenschaft 8, 1. Stuttgart: Druckenmüller 1912, 1150–67.

von Schnurbein/Erdrich 1992: S. von Schnurbein/M. Erdrich, Das Projekt: Römische Funde im Mitteleuropäischen Barbaricum, dargestellt am Beispiel Niedersachsen. Ber. RGK 73, 1992, 5–27.

Sommer 2010: M. Sommer, Rez. »L. Revell, Roman Imperialism and Local Identities. Cambridge 2008«. H-Soz-u-Kult, 22.02.2010, http://hsozkult.geschichte.hu-berlin.de/rezensionen/2010-1-134.

Staab 1998: F. Staab, Stichwort »Geograph von Ravenna«. In: H. Beck u. a. (Hrsg.), Reallexikon der Germanischen Altertumskunde 11. Berlin, New York: de Gruyter 1998, 102–9.

Steinacher 2004: R. Steinacher, Wenden, Slawen, Vandalen. Eine frühmittelalterliche pseudologische Gleichsetzung und ihre Nachwirkungen. In: W. Pohl (Hrsg.), Die Suche nach den Ursprüngen. Von der Bedeutung des frühen Mittelalters. Forsch. Gesch. Mittelalter 8. Wien: Österreichische Akademie der Wissenschaften 2004, 329–53.

Steinacher 2005: Ders., Vandalen im frühneuzeitlichen Ostseeraum. Beobachtungen zur Rezeption antiker ethnischer Identitäten im 16. und 17. Jahrhundert. In: K. Strobel (Hrsg.), Die Geschichte der Antike aktuell: Methoden, Ergebnisse und Rezeption. Altertumswiss. Stud. Klagenfurt 2. Klagenfurt: Hermagoras 2005, 279–98.

Steinacher 2006: Ders., Rex oder Räuberhauptmann. Ethnische und politische Identität im 5. und 6. Jahrhundert am Beispiel von Vandalen und Herulern. In: B. Burtscher-Bechter/P. W. Haider/B. Mertz-Baumgartner/R. Rollinger (Hrsg.), Grenzen und Entgrenzungen. Der mediterrane Raum. Saarbrücker Beitr. Vergleichende Literatur- u. Kulturwiss. 36. Würzburg: Königshausen & Neumann 2006, 309–30.

Steinacher 2008: Ders., Gruppen und Identitäten. Gedanken zur Bezeichnung ›vandalisch‹. In: G. Berndt/R. Steinacher (Hrsg.), Das Reich der Vandalen und seine (Vor-)geschichten. Österr. Akad. Wiss. Denkschr. Phil.-Hist. Kl. 366 = Forsch. Gesch. Mittelalter 13. Wien: Österreichische Akademie der Wissenschaften 2008, 243–60.

Steinacher 2009: Ders., Gebrauchsweisen! Der römische Germanen- und Germanienbegriff. In: St. Burmeister/H. Derks (Red.), Konflikt. 2000 Jahre Varusschlacht. Stuttgart: Theiss 2009, 78–82.

Steinacher im Dr. a: Ders., The Heruls. Fragments of a History. In: F. Curta (Hrsg.), The Neglected Barbarians. Im Druck.

Steinacher im Dr. b: Ders., Rome and Its Created Northerners: *Germani* or Celts, Goths or Scyths, *Suevi* and *Alamanni*? In: M. Kulikowski/Ph. von Rummel (Hrsg.), Friends, Enemies, Neighbors. Romans and Alamanni in Late Antique Germany. Im Druck.

Steuer 1979: H. Steuer, Frühgeschichtliche Sozialstrukturen in Mitteleuropa. Zur Analyse der Auswertungsmethoden des archäologischen Quellenmaterials. In: H. Jankuhn/R. Wenskus (Hrsg.), Geschichtswissenschaft und Archäologie. Untersuchungen zur Siedlungs-, Wirtschafts- und Kirchengeschichte. Konstanzer Arbeitskreis für Mittelalterliche Geschichte. Vorträge u. Forsch. 22. Sigmaringen: Thorbecke 1979, 595–633.

Timpe 1994: D. Timpe, Kimberntradition und Kimbernmythos. In: P. Scardigli/B. Scardigli (Hrsg.), Germani in Italia. Monografie scientifiche. Consiglio Nazionale delle Ricerche. Serie scienze umane e sociali. Rom: Consiglio Nazionale delle Ricerche 1994, 23–60.

Weiss 1988: G. Weiss (Bearb.), Das Ethnikon Sklabenoi, Sklaboi in den griechischen Quellen bis 1025. Glossar Frühmittelalterl. Gesch. Östl. Europa Beih. 5. Stuttgart: Steiner 1988.

Wiesner 1963: J. Wiesner, Die Thraker. Studien zu einem versunkenen Volk des Balkanraumes. Stuttgart: Kohlhammer 1963.

Wirth 1997: G. Wirth, Rome and Its Germanic Partners in the Fourth Century. In: Pohl 1997a, 13–56.

Wolfram 1967: H. Wolfram, Intitulatio 1. Lateinische Königs- und Fürstentitel bis zum Ende des 8. Jahrhunderts. Mitt. Inst. Österr. Geschichtsforsch. Ergänzungsbd. 21. Wien, Köln: Böhlau 1967, 57–62.

Wolfram 1985: Ders., Ethnogenesen im frühmittelalterlichen Donau- und Ostalpenraum (6. bis 10. Jahrhundert). In: H. Beumann/W. Schröder (Hrsg.), Frühmittelalterliche Ethnogenese im Alpenraum. Nationes. Hist. u. Philol. Untersuchungen Entstehung Europäische Nationen Mittelalter 5. Sigmaringen: Thorbecke 1985.

Wolfram 1987: Ders., Die Geburt Mitteleuropas. Geschichte Österreichs vor seiner Entstehung, 378–907. Berlin: Siedler 1987.

Wolfram 1990: Ders., Das Reich und die Germanen. Zwischen Antike und Mittelalter. Berlin: Siedler 1990.

Wolfram 1993: Ders., Origo et religio. Ethnische Traditionen und Literatur in frühmittelalterlichen Quellen. In: W. Hartmann (Hrsg.), Mittelalter. Annäherungen an eine fremde Zeit. Schriftenr. Univ. Regensburg N. F. 19. Regensburg: Universitäts-Verlag 1993, 27–39.

Wolfram 1995: Ders., Die Germanen. München: Beck 1995.

Wolfram 2001: Ders., Die Goten. Von den Anfängen bis zur Mitte des sechsten Jahrhunderts. Entwurf einer historischen Ethnographie. München: Beck [4]2001.

Wolfram 2003: Ders., Stichwort »Origo gentis«. § 1. Allgemeines. In: H. Beck u. a. (Hrsg.), Reallexikon der Germanischen Altertumskunde 22. Berlin, New York: de Gruyter 2003, 174–8.

Wolfram 2005: Ders., Gotische Studien. Volk und Herrschaft im frühen Mittelalter. München: Beck 2005.

Wood 1990: I. N. Wood, Ethnicity and the Ethnogenesis of the Burgundians. In: H. Wolfram/W. Pohl (Hrsg.), Typen der Ethnogenese unter besonderer Berücksichtigung der Bayern 1. Österr. Akad. Wiss. Denkschr. Phil.-Hist. Kl. 201 = Veröff. Komm. Frühmittelalterforsch. 12. Wien: Österreichische Akademie der Wissenschaften 1990, 53–69.

Wood 1995: Ders., Defining the Franks: Frankish Origins in Early Medieval Historiography. In: S. Forde/L. Johnson/A. V. Murray (Hrsg.), Concepts of National Identity in the Middle Ages. Leeds Texts and Monogr. N. S. 14. Leeds: School of English, University of Leeds 1995, 47–57.

Wood 2008: Ders., Barbarians, Historians, and the Construction of National Identities. Journal Late Ant. 1, 2008, 61–81.

Zingg 2008: R. Zingg, Motive der burgundischen Herkunftsmythen in spätantik-frühmittelalterlichen Quellen. In: Gallé 2008, 285–324.

SEBASTIAN BRATHER

Archäologische Kulturen und historische Interpretation(en)

Zusammenfassung: Nachdem im späten 19. Jahrhundert die Fundamente archäologischer Chronologien gelegt worden waren, etablierte sich im frühen 20. Jahrhundert die ›Kultur‹ als Raumkonzept. Zu ›archäologischen Kulturen‹ werden seitdem Funde und Befunde in Raum *und* Zeit zusammengefasst, auch wenn die räumliche Perspektive dieses Modells dominiert. Die dabei berücksichtigten, pragmatisch ausgewählten Merkmale bilden kein statisches Ensemble, sondern geographisch und chronologisch differenzierte Kombinationen. Kulturdefinitionen beruhen bereits auf Formenkreisen, mit denen Einzelmerkmale in ihrem Vorkommen beschrieben werden. Diese können einerseits mit Vorstellungen prähistorischer Gesellschaften zusammenhängen und andererseits unbewusste Elemente des sozialen Lebens gewesen sein, die erst in der retrospektiven Betrachtung zu erkennen sind. Beides ist von zentraler Bedeutung für historische Erkenntnis und die Rekonstruktion sozialer Strukturen. Ob ›archäologische Kulturen‹ oder ähnliche Klassifikationen der Forschung als indirekte Reflexion von Identitäten interpretiert werden dürfen, lässt sich nur im jeweiligen Einzelfall und unter Berücksichtigung der historischen Umstände abwägen. Ähnlichkeiten und Übereinstimmungen im Fundmaterial reflektieren prinzipiell Kommunikation, ohne bereits weitere Zusammenhänge erkennen zu lassen. Die Gegenüberstellung vermeintlich homogener ›archäologischer Kulturen‹ wird den zu analysierenden, äußerst komplexen Verflechtungen von Gesellschaften nicht gerecht. Die Untersuchung muss daher unterhalb dieser definierten Regionalgruppen ansetzen und eine Vielzahl von Ursachen voraussetzen. Neuere Richtungen (wie die prozessuale und die postprozessuale Archäologie) verzichten deshalb oft auf ›Kultur‹ als Leitkategorie und Untersuchungsrahmen.

›Archäologische Kulturen‹ werden vor allem für prähistorische Verhältnisse beschrieben. Sie stellen ein Konstrukt der modernen Forschung dar, das bestimmte und damit ausgewählte Merkmale der Sachkultur heranzieht. Je nach Fragestellung können daher die Abgrenzungen unterschiedlich ausfallen. Für das frühe Mittelalter rückt die Archäologie statt umfassender ›Kulturen‹ lediglich Typen von Kleidungsbestandteilen in den Mittelpunkt, um räumliche Verbreitungen zu ermitteln und diese ›ethnisch‹ zu interpretieren. Dies ist nicht zufällig, sondern dürfte seinen Grund darin haben, dass scheinbar homogene Gruppierungen in jüngeren Zeiten immer schwieriger zu ermitteln sind. Gruppen und Typen lassen räumliche Beziehungen und Kommunikation im weiteren Sinne erkennen. Ob es sich dabei um eher alltägliche, wirtschaftlich dominierte Austauschprozesse oder bewusste, identitätsrelevante Abgrenzungen handelte und ob beides möglicherweise in einem Zusammenhang stand, ist schwierig zu beurteilen (Brather 2004; Bierbrauer 2005; Siegmund 2000). Hier bedarf es sorgfältiger

Abwägung und Kontextualisierung im Vergleich mit schriftlichen Quellen, um nicht zu vorschnellen Schlüssen zu gelangen. Zeitgenössische Texte ermöglichen in der Gegenüberstellung mit der Sachkultur eine wesentliche zusätzliche Perspektive, auch wenn sie nicht selten zum Prokrustesbett archäologischer Interpretationen geworden sind; dafür ist jedoch lediglich ein unzureichendes methodologisches Bewusstsein verantwortlich.

›Archäologische Kulturen‹ als wissenschaftliche Klassifikation

›Archäologische Kulturen‹ stellen ein zentrales Ordnungsmittel der Prähistorischen Archäologie dar. Sie dienen der grundlegenden Orientierung in Raum und Zeit. Dabei werden einerseits die geographische Verbreitung kultureller Merkmale und ihrer Kombinationen erfasst sowie kulturell verschieden geprägte Regionen verglichen. In zeitlicher Perspektive werden andererseits Veränderungen und Kontinuitäten beobachtet. Chronologie-Schemata und Phasengliederungen sind ein probates Mittel der Verdeutlichung von Veränderungen, während die räumliche Dimension durch Karten dargestellt wird.

Von Gustaf Kossinnas simplem Schema – dem bloßen Vergleich von Typenverbreitungskarten – und seiner ebenso einfachen Interpretation – »scharf umgrenzte archäologische Kulturprovinzen decken sich zu allen Zeiten mit ganz bestimmten Völkern oder Völkerstämmen« (Kossinna 1911, 3) – hat sich die Archäologie methodisch längst gelöst. Mit Vere Gordon Childe wurde seit Mitte der 1920er Jahre die »regelhafte Assoziation« unterschiedlicher Elemente zum maßgeblichen Kriterium; diese sollten außerdem aus unterschiedlichen »Lebensbereichen« stammen, um ein umfassendes Bild abzugeben (Childe 1929). In den 1960er Jahren entwickelte David Clarke sein »polythetisches Kulturmodell« (Clarke 1968, 246 Abb. 53), das in der Forschungspraxis allerdings wenig Berücksichtigung gefunden hat. Es rückt einen wichtigen Aspekt in den Mittelpunkt, der bei Childe implizit angelegt, aber methodologisch nicht ausgeformt war: Die ›regelhaften‹ Kombinationen kultureller Merkmale bleiben abstrakt, wenn sie als eineindeutig verstanden werden. In allen untersuchten Fällen zeichnen sich unterschiedliche Häufigkeiten in geographischer Verbreitung und zeitlicher Reihung ab. Clarkes Modell berücksichtigt also die vorkommenden Lücken und machte Childes Kulturkonzept praxistauglich.

Ungeachtet aller Vergleiche mit ethnologischen und historischen Beobachtungen muss das Modell versagen, wenn damit ein holistischer Anspruch verbunden wird. Denn ›archäologische Kulturen‹ folgen einem partitiven (oder sektoralen) Kulturbegriff (Abb. 1; Gotter 2000) und bilden allein die materielle Seite von Kultur ab (1), die sich in Bodenfunden widerspiegelt (2). Darüber hinaus bewirken Bodenmilieu (3) und Entdeckung (4) weitere gravierende Reduktionen, bevor die wissenschaftliche

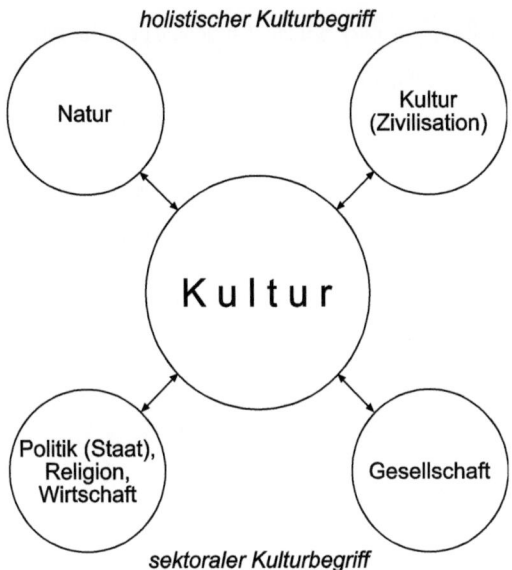

Abb. 1. Schematische Darstellung zur Abgrenzung des Begriffs ›Kultur‹. Da ›Kultur‹ im Allgemeinen weitgehend negativ definiert wird, kann eine Gegenüberstellung mit den antinomischen Begriffen die systematische Übersicht erleichtern. Es lassen sich ein holistischer Kulturbegriff und ein sektoraler Kulturbegriff unterscheiden. Im ersteren Fall wird die ›Kultur‹ als Ganzes der ›Natur‹ oder einer anderen (partitiven) ›Kultur‹ gegenüberge-stellt – der Regelfall in der Archäologie. Die sektorale Abgrenzung unterscheidet ›Kultur‹ als Teilbereich von der Politik (bzw. dem Staat), der Religion, der Wirtschaft oder stellt sie – wie die neuere Kulturgeschichte – der ›Gesellschaft‹ gegenüber (nach Gotter 2000, 375–84).

Interpretation ansetzen kann (5; Sommer 1991, 63 Abb. 4). Damit bestimmt primär die Quellenüberlieferung die zu erreichende Ordnung, die für prähistorische Perioden deshalb unterschiedlich ausfällt (Tab. 1; Abb. 2).

Auf elementare Widersprüche oder Probleme archäologischer Kulturdefiniti-onen ist außerdem aufmerksam zu machen. 1. ›Kulturen‹ erscheinen infolge ihrer hauptsächlich geographischen Beschreibung meist statisch, obwohl archäologische Chronologien einen raschen Wandel belegen. Und sie erscheinen räumlich homo-gen, obwohl die polythetische Definition ihre innere Heterogenität erkennen lässt (Abb. 3). 2. Je mehr Merkmale berücksichtigt werden, desto stärker erscheint eine ›archäologische Kultur‹ als nach innen homogen und nach außen scharf abgegrenzt, umso kleiner wird aber auch der beschriebene geographische Raum. Und umgekehrt: Je größer der berücksichtigte Raum, desto unschärfer wird die kulturelle Abgren-

Epochen bzw. Perioden	primäre Grundlage der kulturellen Klassifikation
Paläolithikum und Mesolithikum	Steinartefakte
Neolithikum	Stilmerkmale der Keramik
Frühbronzezeit	Bestattungsformen
Mittelbronzezeit	Metallgegenstände, Kleidungsbestandteile
Jungbronzezeit	Stilmerkmale der Keramik

Tab. 1. Wesentliche Kriterien zur Abgrenzung ›archäologischer Kulturen‹ in verschiedenen prähistorischen Epochen (nach Wotzka 2000, 68).

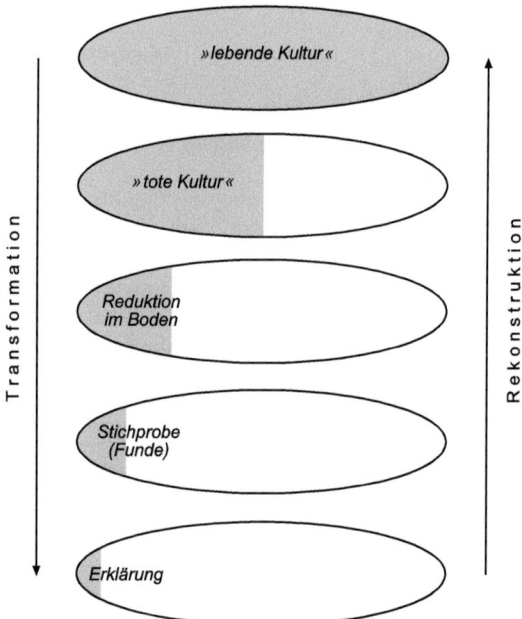

Abb. 2. Reduktion einer ›lebenden Kultur‹ bis auf die archäologischen Funde. *Die* Kultur einer Gesellschaft ist nur zu einem Teil auch materiell zu fassen, und dieser Teil gelangt nur unvollständig in den Boden und wird durch verschiedene Prozesse weiter dezimiert. Nur ein Bruchteil der einst vorhandenen Gegenstände ist der Archäologie schließlich zugänglich, doch aus den gewonnenen Stichproben sollen komplexe vergangene Gesellschaften rekonstruiert werden. Dies kann nur in mehr oder weniger deutlichen Umrissen gelingen, denn schließlich entziehen sich auch manche Aspekte einer Stichprobe einer Erklärung (nach Brather 2004, 331 Abb. 45).

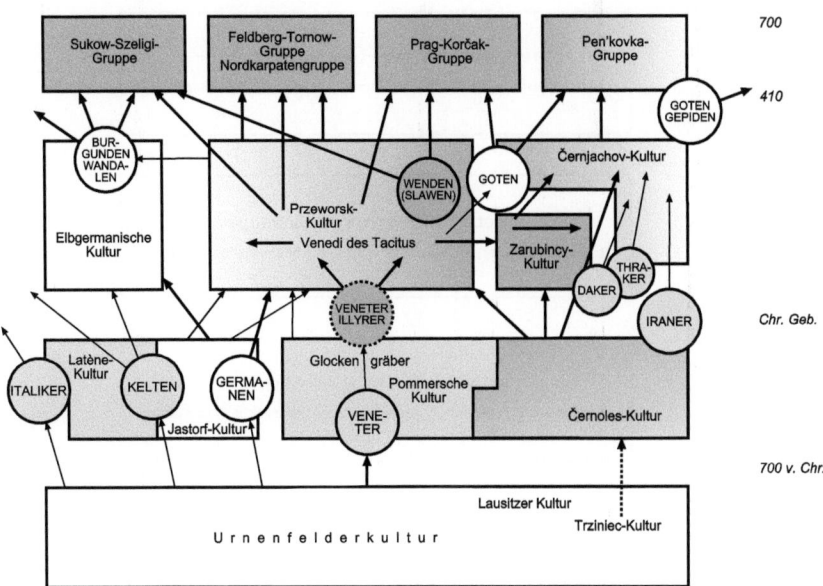

Abb. 3. Schematisierte Beziehungen zwischen ›archäologischen Kulturen‹ im östlichen Mitteleuropa zwischen jüngerer Bronzezeit und frühem Mittelalter. Kreise symbolisieren historisch bezeugte Gruppen, Rechtecke stellen ›archäologische Kulturen‹ dar. Die Vielzahl an Verflechtungen (Pfeile) macht es unmöglich, *die* entscheidende kulturelle ›Tradition‹ zu verfolgen. ›Kulturen‹ und ihre Phasen können die dynamischen Veränderungen beschreiben, diese aber nicht erklären (nach Brather 2004, 543 Abb. 87).

zung, weil mit der geographischen Ausdehnung die kulturellen Unterschiede zunehmen.

Damit wird offensichtlich, dass ›archäologische Kulturen‹ zunächst pragmatisch begründete Klassifikationen (oder Konstrukte) zur wissenschaftlichen Ordnung und Verständigung darstellen (Wotzka 2000, 68; ders. 1993; Brather 2001). Sie sind damit vom Gang der Forschung abhängig und werden deshalb mitunter revidiert oder präzisiert. In erster Linie werden mit dieser Klassifikation also *nicht* ursprüngliche Zusammenhänge ›entdeckt‹ oder beschrieben, sondern Untersuchungseinheiten definiert. Was sich dahinter möglicherweise verbirgt, bedarf sorgfältiger Untersuchung und kann nicht vorausgesetzt werden.

Methodologisch ergibt sich daraus die Notwendigkeit, verschiedene Interpretationsebenen zu unterscheiden (Abb. 4). ›Archäologische Kulturen‹ stellen wie Chronologiesysteme antiquarische Ordnungen dar, sind in ihrer Kombination von Formenkreisen aber zugleich mehr als das. Sie interpretieren bereits in erheblichem Maße,

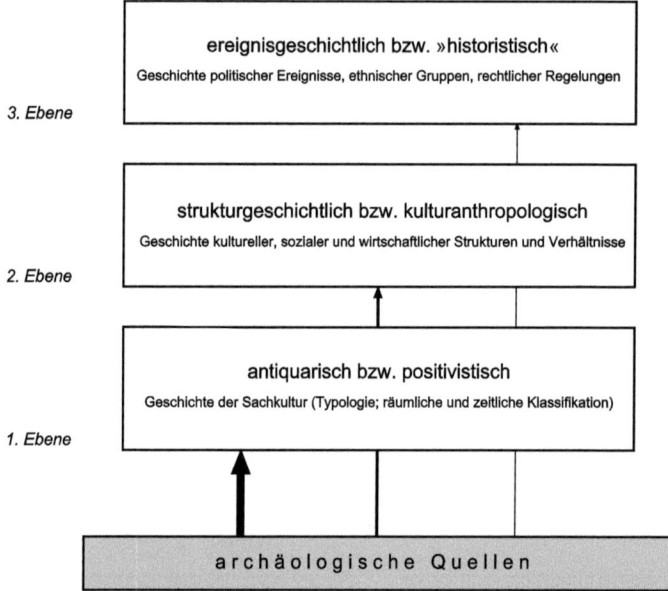

Abb. 4. Verschiedene Ebenen der Interpretation archäologischer Quellen. Grundlage jeder weiteren Untersuchung ist die zeitliche und räumliche Klassifikation des Fundmaterials (1). Daran schließt sich die Untersuchung längerfristiger, struktureller Zustände und Veränderungen an, die sich auch kulturanthropologischer Modelle und Vergleiche bedient (2). Die Ermittlung kurzfristiger politischer und ethnischer Veränderungen, von Ereignissen und der Rolle von Individuen entfernt sich am weitesten von den archäologischen Quellen (3). Die Unterscheidung dieser drei Ebenen ist idealtypisch (nach Brather 2004, 522 Abb. 85).

wenn allein Merkmalskombinationen als eine ›Kultur‹ definierend betrachtet werden. Deshalb bedeutet ihre Einbeziehung in historische Erklärungen bereits die Interpretation einer Interpretation. Gleiches gilt für die Modelle – und nicht Realitäten – anderer Disziplinen wie Sprachgruppen der Linguistik, ›Rassen‹ der Anthropologie und schließlich ethnische Gruppen der Ethnologie und Geschichtswissenschaft.

Betrachtet man neuere Strömungen der Archäologie, dann zeigt sich eine zurückgehende Bedeutung des Konzepts ›archäologischer Kulturen‹ (Tab. 2). Dafür gibt es zwei Ursachen. Zum einen sind die methodischen Probleme offensichtlich geworden, die das Modell mit sich bringt – zu leicht wird es als Widerspiegelung homogener Bevölkerungen und historischer Subjekte missverstanden. Zum anderen hat sich das wissenschaftliche Interesse verschoben. Im Mittelpunkt stehen zunehmend komplexe Verhältnisse von Wirtschaft, Gesellschaft und Kultur als Bedeutungssys-

Paradigma	Leitvorstellung	Kultur	Veränderungen
Evolutionismus	Evolution	universale Kultur-stadien	durch Naturgesetze
Diffusionismus	*ex oriente lux*	Merkmalspakete	durch Diffusion
Kulturge-schichte	Verstehen von Kulturen	kombinierte Kul-turmerkmale	durch Diffusion und Migration
Prozessuale Archäologie	Erklären von Systemen	systemische Adaptation an die Umwelt	durch Adaptation
Neomarxismus	Produktionsverhält-nisse	Gesellschaftsfor-mationen	durch Widersprüche in der Produktionsweise
Post-prozessuale Archäologie	Symbole	Bedeutungen	durch soziale Kon-flikte

Tab. 2. ›Kultur‹ in verschiedenen theoretischen Konzepten der Prähistorischen Archäologie. Während in den ersten drei Richtungen (oben) ›Kultur‹ eine zentrale Rolle spielte, ist der Begriff in jüngeren Strömungen nach 1945 (unten) zweitrangig geworden (vereinfacht nach Wotzka 2000, 70 Abb. 9).

tem, die mit anderen Modellen zu analysieren sind als die geographische Nachbarschaft.

Formenkreise und strukturelle Zusammenhänge

Nichtsdestotrotz sind ›archäologische Kulturen‹ keine bloßen wissenschaftlichen Erfindungen. Sie repräsentieren einst vorhandene kulturelle Zusammenhänge. Was sich genau dahinter verbirgt, ist dagegen weniger klar und bedarf eingehender Untersuchung. Denn ›archäologische Kulturen‹ sind bereits höhere Formen der Ordnung und Abstraktion. Ihnen liegen Formenkreise unterschiedlicher Einzelmerkmale zugrunde, die typologisch, chronologisch und räumlich beschrieben werden. Je nachdem *welche* (Einzelelemente von Keramik, Kleidung, Bestattung, Hausbau, Siedlung, Wirtschaftsweise) und *wie viele* Merkmale zur Definition einer ›Kultur‹ herangezogen werden, fallen die geographischen Abgrenzungen unterschiedlich aus.

Verbreitung und Veränderung *einzelner* Merkmale lassen deshalb noch keine Rückschlüsse auf die Entwicklung von ›Kulturen‹ zu. Die beachtliche innere Differenzierung von ›Kulturen‹ bereitet einem Akkulturationskonzept erhebliche Schwierigkeiten, das Beeinflussungen auf der Basis ursprünglich distinkter und beziehungsloser ›Kulturen‹ zu ermitteln sucht und letztlich von einer Vorstellung ausgeht, ›Kulturen‹ würden wie Billardkugeln aneinanderstoßen. Diese Art von ›Kulturen‹ hat es vermutlich – von Ausnahmen abgesehen – nicht gegeben, sondern wird allenfalls (re)konstruiert. ›Archäologische Kulturen‹ dehnen sich deshalb auch nicht aus, beeinflussen benachbarte ›Kulturen‹ oder werden von diesen dominiert, wie man des Öfteren lesen kann. Sie stellen nämlich keine historischen Subjekte dar. Eine solche Betrachtung setzte voraus, dass man es mit ebenso abgegrenzten Gesellschaften zu tun hätte, was methodologisch erst das Ergebnis der Untersuchung sein darf und nicht deren Voraussetzung sein kann.

Setzt man bei Formenkreisen an, lassen sich Verbreitungen von Merkmalen erkennen und interpretieren. Übereinstimmungen und Ähnlichkeiten können als Reflexion von Kommunikation angesehen werden. Sie belegen Kontakte und Austausch innerhalb der festgestellten Verbreitungsgebiete. Ob sich die Verbindungen darüber hinaus auf soziale Netzwerke oder kulturelle Bedeutungen erstreckten, lässt sich nur dann feststellen, wenn Erhaltungs- (z. B. Feuchtbodenmilieu) und Überlieferungsbedingungen (z. B. Grabbeigaben) dies zulassen. Die Verbreitung von Merkmalen und Typen ist auf verschiedene Ursachen zurückzuführen (Müller-Karpe 1975, 74–81), die jedoch stets Kommunikation und Austausch voraussetzen (Tab. 3).

Die nicht vollständige Aufzählung macht deutlich, dass regionale Verbreitungen durch unterschiedliche Ursachen hervorgerufen werden können. Dabei handelt es sich einerseits um Zusammenhänge, die den Zeitgenossen *nicht* bewusst waren. Mit der Beschreibung dieser »unbewußten Elemente des sozialen Lebens« (Lévi-Strauss 1977, 38) werden Bereiche erschlossen, die über den Erfahrungshorizont prähistorischer Gesellschaften hinausgehen und erst in der historischen Retrospektive sichtbar werden und Bedeutung erlangen. Diese strukturellen Zusammenhänge sind oft technisch oder wirtschaftlich bedingt. Andererseits werden Beziehungen erfasst, die mit Vorstellungen der Beteiligten zu tun haben. Formen der Bestattung und der Opferung oder Götterverehrung beispielsweise setzen geistige Konzepte voraus, mit denen die Welt symbolisch geordnet wurde und mit denen man ihr einen Sinn verlieh. Dies sind Bereiche, in denen sich über die Beschreibung von Sachkultur hinausgelangen lässt und kulturelle Bedeutungen in Umrissen erfasst werden können. Gelegentlich hängen beispielsweise ökonomische Beziehungen und kulturelle Grenzziehungen zusammen, wenn etwa wirtschaftlicher Austausch durch kulturelle Normen geregelt und beschränkt (bis hin zu Heiratsbeziehungen) oder wenn er erweitert wird.

Beschreibung regionaler Unterschiede	mögliche Ursachen
1. *Produktionskreise*: Erzeugnisse aus derselben Gussform, aus derselben Werkstatt bzw. mit gleichen oder ähnlichen Herstellungsmerkmalen	Herstellung, Distribution
2. *Kleidungskreise*: Kleidungsbestandteile ähnlicher Form und in ähnlicher funktionaler bzw. schmückender Anbringung	Habitus, Mode
3. *Bewaffnungskreise*: Waffen in ähnlicher Form und in ähnlicher Kombination bzw. funktionalem Gebrauch	Kampf, Kriegsführung
4. *Stilkreise*: ähnliche Verzierungen mit schmückender oder symbolischer Funktion auf gleichen oder unterschiedlichen Gegenständen	Mode, Religion
5. *Technikkreise*: ähnliche Techniken zur Herstellung von Gegenständen (Metallverarbeitung) bzw. deren Verzierung (Keramik)	*Know-how*
6. *Siedlungskreise*: ähnliche Formen von Hausbau und Gehöften, von Siedlungen, Befestigungen und der Landschaftsgliederung	Landwirtschaft, Religion
7. *Sepulkralkreise*: ähnliche Formen der Behandlung des Leichnams, der Art und Form der Bestattung sowie der Grabbeigaben	Religion, Repräsentation
8. *Symbol- bzw. Kultkreise*: ähnliche Formen von Symbolen, von Heiligtümern, Opferplätzen und Deponierungen von Gegenständen	Religion

Tab. 3. Unterscheidung von Formenkreisen und ihre möglichen Ursachen (nach Müller-Karpe 1975, 74–81).

Identitätsgruppen und Selbstverständnis

Aus kulturwissenschaftlicher Perspektive sind *Bedeutungen* das zentrale Element von Kultur(en). Daher bezieht eine *cognitive archaeology* ihr Thema, indem sie nach Vorstellungswelten fragt. Gleichzeitig liegt darin ein heuristisches Dilemma, wenn aus der Sachkultur z. B. auf Symbole und ihre Bedeutungen geschlossen werden soll, denn die Zusammenhänge zwischen beidem sind historisch spezifisch und nicht universal. Das traditionelle Konzept ›archäologischer Kulturen‹ löst sich allmählich auf, denn auch in Anthropologie, Ethnologie, Soziologie und Geschichtswissenschaft ist der Kulturbegriff unscharf geworden. Statt regionaler und inhaltlicher Abgrenzungen lässt sich damit eher ein wissenschaftliches Forschungsfeld beschreiben. In der begrifflichen Unschärfe liegt gewiss ein Vorteil, um den Forschungsgegenstand zu umreißen, aber analytisch ist damit nur schwer umzugehen (Gotter 2000). Homogen waren ›Kulturen‹ jedenfalls nie. Das beruht nicht nur auf ihrem klassifikatorischen Charakter und ihrer polythetischen Struktur, sondern auch auf stetigen Einflüssen und Veränderungen. Deshalb vereinfacht jede Definition erheblich. Noch weiter vereinfachen Karten mit eingefärbten, scharf umrandeten Flächen, die verschiedene ›Kulturen‹ nebeneinander zeigen und sie wie Bälle aufeinanderprallen lassen. Für die Prähistorische Archäologie hat Wotzka auf die methodischen Probleme und die Verführungen hingewiesen, ›archäologische Kulturen‹ zu Akteuren werden zu lassen (Wotzka 2000). Umso bedauerlicher ist, dass etwa die populären Bücher von Ernst Probst (1991; 1996) die gesamte Urgeschichte als bloßes geographisches Nebeneinander und reine zeitliche Abfolge ›archäologischer Kulturen‹ beschreiben,[1] statt (auch) Siedlung, Wirtschaft und Gesellschaft als Leitthemen zu behandeln oder langfristige Entwicklungen zu thematisieren.

Für die Frühgeschichtliche Archäologie kommt ein weiterer Aspekt hinzu. Es liegt – inhaltlich und methodologisch – auf den ersten Blick nahe, nach Zusammenhängen der regionalen ›Kulturen‹ mit Namen zu suchen, die in Schriftquellen für bestimmte Bevölkerungen oder Kriegergruppen verwendet wurden. Meist sind aber – wie in der Prähistorie – die ›Kulturen‹ großräumig (Wotzka 1997) und damit weniger zahlreich als die Namen, so dass mehrere ›Völker‹ in einer ›archäologischen Kultur‹ untergebracht werden (müssen). Das gilt für die eisenzeitliche Welt der Kelten (Latène-Kulturen) ebenso wie für die Germanen der Römischen Kaiserzeit (etwa Przeworsk-, Wielbark-, Černjachov-Sîntana-de-Mureš-Kultur; Tab. 4; vgl. Bierbrauer 1994) oder die frühmittelalterlichen Slawen (Prag-Korčak-Kultur, Sukower Gruppe). Das deutet darauf hin, dass mit den ›Kulturen‹ weniger ethnische Gruppen im Sinne von Regionalbevölkerungen als vielmehr größere, kulturell ›verwandte‹ Räume beschrieben, abgegrenzt und unterschieden werden. Nicht das Selbstverständnis wird erfasst, sondern Lebensweise und Habitus, den Bevölkerungen von Großregionen miteinander teilten. Das Selbstverständnis von Bevölkerungen ist zudem räumlich beschränkt, setzt es doch intensive Kommunikation voraus; nur Eliten orientieren sich überregional, wie u. a. die Prunkgräber des 5. Jahrhunderts zeigen mögen (Wieczorek / Périn 2001).

Mit dem Frühen Mittelalter ändert sich der methodische Ansatz, jedenfalls der am häufigsten gebrauchte. In den Mittelpunkt rücken Kleidungsbestandteile (bei Frauen) und Waffen (bei Männern), um Abgrenzungen zu erreichen. Dafür gibt es wohl zwei Ursachen. Zum einen sind homogene Gruppierungen in jüngeren Zeiten immer schwieriger zu ermitteln, weil immer mehr Material zur Verfügung steht – und

---

1 Als »verdiente Forscher« werden nur jene Archäologen genannt, die eine regionale archäologische Kultur(gruppe) definiert und abgegrenzt haben. Sämtliche anderen Forschungsansätze werden marginalisiert!

Przeworsk-Kultur (1. Jh. v. Chr.–5. Jh. n. Chr.)	Černjachov-Sîntana-de-Mureš-Kultur (3.–5. Jh.)	Saltovo-Majaki-Kultur (8.–10. Jh.)
Wandalen, Lugier, Silingen, Burgunder	*Visigoten, Ostrogoten,* Gepiden, Daker, Sarmaten, ›Slawen‹	*Alanen, Bulgaren,* Chazaren, Ostslawen

Tab. 4. ›Archäologische Kulturen‹, die in der Literatur jeweils mit verschiedenen ethnischen Gruppen in Verbindung gebracht werden. *Hervorgehoben* sind die als dominant angesehenen ›Ethnien‹. Im Fall der Černjachov-Sîntana-de-Mureš-Kultur sind Slawen in Anführungszeichen gesetzt, weil sie in Schriftquellen dieser Zeit noch nicht erwähnt, sondern nur durch Kontinuitätsannahmen postuliert werden (nach Brather 2004, 532 Tab. 20).

weil die Schriftquellen ergänzend hinzutreten. Zum anderen hat sich seit Hans Zeiß das ›Trachtmodell‹ durchgesetzt, das Kleidungsbestandteile als derart personengebunden ansieht, dass andere Faktoren als persönliche Mobilität der Besitzer nicht mehr berücksichtigt werden (Fehr 2001). Besonders apodiktisch hat diese Ansicht Alexander Koch vertreten: »Keine Fränkin wird ostgotische, thüringische oder langobardische Bügelfibeln getragen haben, sofern sie nicht durch besondere Umstände dazu gezwungen wurde« (Koch 1998, 536 f.; Abb. 5). Man kann aber kaum Austausch in verschiedener Form (Imitation, Handel, Geschenk, Beute) als Ursache ausschließen (Werner 1970; Steuer 1992). Bereits die Herstellung in – z. B. herrschaftlich gebundenen – Werkstätten kann regionale Verbreitungsmuster hervorrufen (Steuer 1990; Jentgens 2001), wodurch *soziale Abhängigkeiten* innerhalb von Gesellschaften thematisiert sind.

Nichtsdestotrotz liegt in der Hinwendung zu Einzelmerkmalen eine Chance, subjektiven Zuschreibungen der Zeitgenossen näherzukommen. Ethnische Gruppen benutzen zur Abgrenzung *ausgewählte* Symbole, um ›eindeutige‹ Zuordnungen zu erreichen. Die verwendeten Zeichen können beliebig sein – jedenfalls in dem Sinne, dass alles zum Zeichen werden kann, wenn es denn den gewünschten Zweck zu erreichen verspricht. Es kommt dabei auf die jeweilige historische und kulturelle Situation an, denn das bestehende Verhältnis zu ›den Anderen‹ entscheidet über geeignete Merkmale. In diesem Kontext gilt es, auf die ›richtigen‹, d. h. plausiblen und wirksamen Zeichen der Abgrenzung zu setzen.

Eine Durchsicht der wenigen einschlägigen Textpassagen ergibt ein kohärentes Bild. Die genannten ethnischen Symbole erscheinen eindeutig, erweisen sich bei näherem Hinsehen aber als trügerisch. Dies beginnt bereits beim Haarknoten, den Tacitus als Kennzeichen der Sueben beschreibt, aber sogleich einschränkend anmerkt, deren Prestige habe zur umgehenden und verbreiteten Nachahmung bei den Nach-

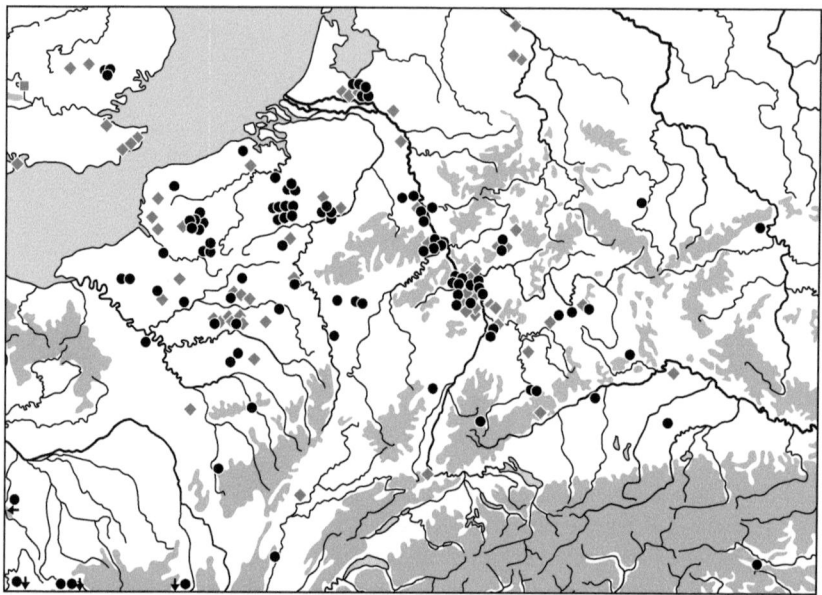

Abb. 5. Verbreitung ›fränkischer‹ Bügelfibeln des 6. Jahrhunderts. Das diffuse Verbreitungsbild besitzt einen Schwerpunkt zwischen Seine und Rhein, ohne klare Grenzen aufzuweisen. ● Fünfknopffibeln mit gleichbreitem bis leicht trapezoidem Fuß und halbrunder gegitterter Kopfplatte; ◆ Bügelfibeln vom Typ Hahnheim (nach Koch 1998, 574 f. Abb. 20 f.).

barn geführt.[2] Aus einem ethnischen war somit rasch ein soziales Unterscheidungsmerkmal geworden; es trennte nicht benachbarte Gruppen, sondern Oben und Unten in den Gesellschaften und konnte den erfolgreichen Krieger symbolisieren. Bei der Franziska der Franken (Abb. 6) und dem Sax der Sachsen, die Isidor von Sevilla[3] bzw. Widukind von Corvey[4] als charakteristisch nennen, ist die zeitliche Distanz der Beobachter offensichtlich und damit das Urteil unsicher. Die genannten Waffen waren außerdem, wie die Archäologie zeigen kann, weiträumig verbreitet und sind primär auf die zeitgenössische Kampfesweise bzw. Statusrepräsentation zu beziehen.

2 Tacitus, Germania 38, 2–3: »Insigne gentis obliquare crinem nodoque substringere: sic Suebi
   a ceteris Germanis, sic Sueborum ingenui a servis separantur. In aliis gentibus […] quod saepe
   accidit, imitatione […] horrentem capillum retro sequuntur ac saepe in ipso vertice religant.«
3 Isidor von Sevilla, Etymologiae sive origines XVIII 6, 9: »Secures signa sunt quae ante consules
   ferebantur; quas Hispani ab usu Francorum per derivationem Franciscas vocant.«
4 Widukind von Corvey, Res gestae saxonicae I 7: »Cultelli enim nostra lingua ›sahs‹ dicuntur,
   ideoque Saxones nuncupatos, quia cultellis tantam multitudinem fudissent.«

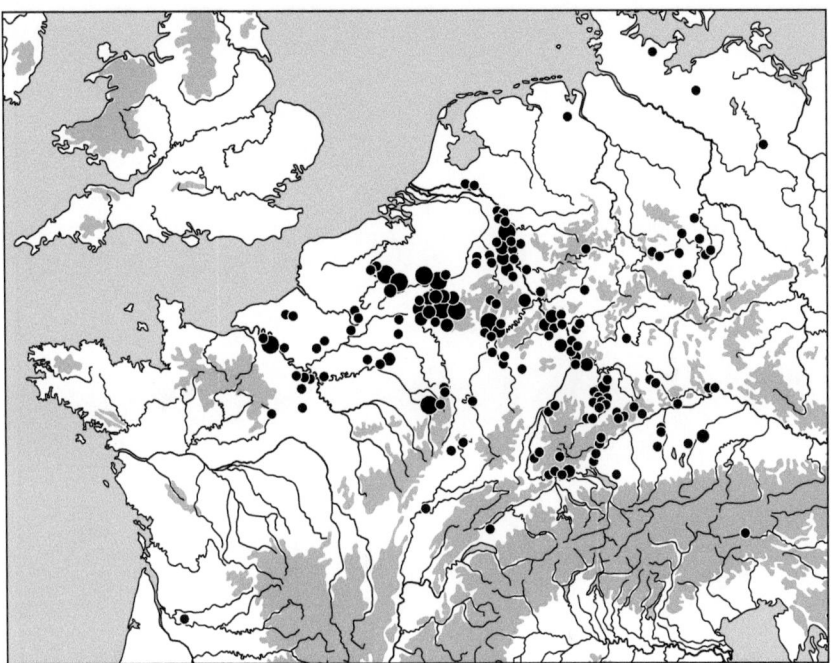

Abb. 6. Verbreitung der so genannten Franziska. Äxte waren in der frühen Merowinger-
zeit eine verbreitete Waffe. Ein großes Symbol bezeichnet Fundorte mit mehr als neun
Exemplaren, ein mittelgroßes Symbol drei bis neun und ein kleines Symbol ein bis zwei
Exemplare (nach Hübener 1977, Karte 2).

In letzter Zeit sind zwei weitere Ansätze vorgeschlagen worden, ethnische Gruppen in der Sachkultur zu unterscheiden. Dazu gehören erstens die romanischen und
germanischen ›Kulturmodelle‹, die Volker Bierbrauer (1996) definiert hat. Sie gleichen Frauke Steins ›Totenritualen‹ (Stein 1994), stellen also die Grabausstattung in
den Mittelpunkt: beigabenlose ›romanische‹ Bestattungen einerseits und beigaben-
führende ›germanische‹ Gräber andererseits. Die Kritik an diesem Modell setzt auf
zwei Ebenen an. Zum einen werden in einer komplexen Begegnungssituation zwei
völlig distinkte Gruppen vorausgesetzt und Akkulturationsprozesse in eine spätere
Phase verwiesen, zum anderen wird eine konkurrierende soziale Interpretation – ›arm‹
kontra ›reich‹ ausgestattete Gräber bzw. divergierende Formen sozialer Repräsentation – ausgeblendet. Beides lässt sich bei der Interpretation berücksichtigen, wenn
man stattdessen kulturelle Neuentwicklungen und veränderte Repräsentationsformen
an der Peripherie des sich auflösenden Imperiums während einer Umbruchzeit in
Rechnung stellt.

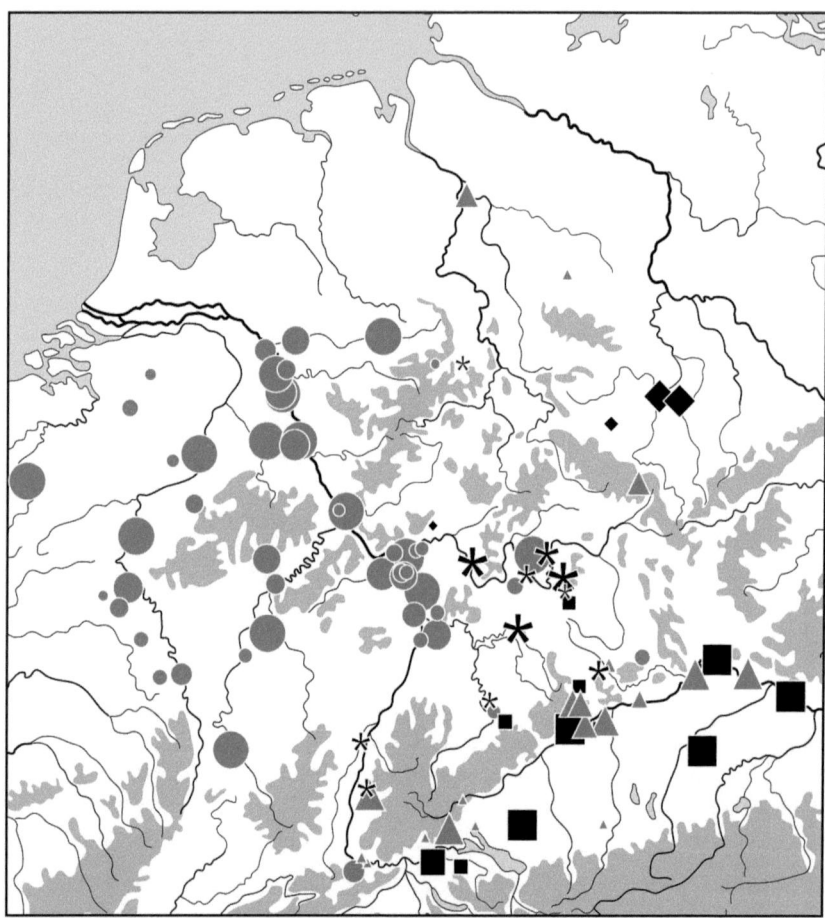

Abb. 7a. Regionale Gruppen der Gefäßbeigabe (Glasgefäße, Drehscheibenkeramik und handgefertigte Keramik) in Gräbern des 6. Jahrhunderts, die keine einfache Unterscheidung von Alamannen und Franken erlauben und von Gruppen der Waffenbeigabe abweichen (vgl. Abb. 6b). Die Größe der Signatur gibt an, wie ›typisch‹ das jeweilige Gräberfeld für Siegmunds Gruppe ist. ● »West«; ▲ »Süd«; ◆ »Ost«; ■ »Bayern«; ★ »Modell Mainregion« (etwas vereinfacht nach Siegmund 2000, 169 Abb. 63).

Zweitens hat Frank Siegmund, im Bewusstsein der Unzulänglichkeit vorliegender Ansätze, einen weiteren Zugang vorgeschlagen. Nicht individuelle Bestattungen, sondern komplette Gräberfelder werden untersucht, indem die relativen Häufigkeiten von Gefäß- und Waffenbeigaben die Grundlage des Vergleichs bilden (Siegmund 2000).

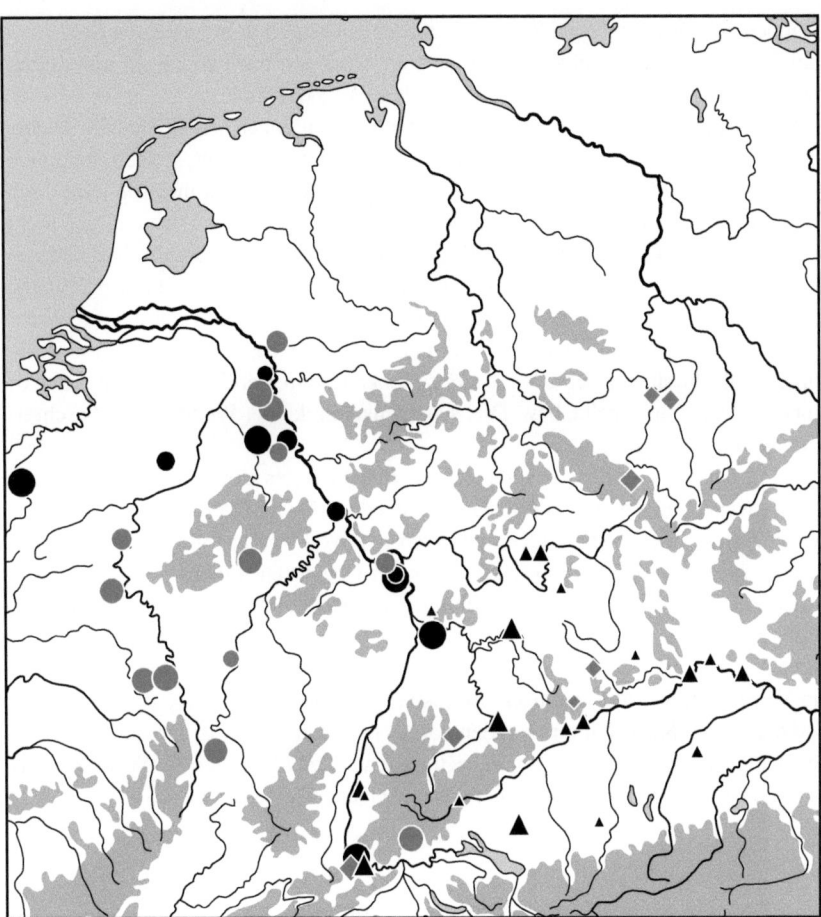

Abb. 7b. Regionale Gruppen der Waffenausstattung (Sax, Spatha, Lanze, Schild, Axt) in Männergräbern des 6. Jahrhunderts, die keine einfache Unterscheidung zwischen Alamannen und Franken erlauben und von Gruppen der Gefäßbeigabe abweichen (vgl. Abb. 6a). Die Größe der Signatur gibt an, wie ›typisch‹ das jeweilige Gräberfeld für Siegmunds Gruppe ist. ● »Ostfrankreich«; ● »Belgien-Niederlande-Niederrhein«; ▲ »Süddeutschland«; ◆ »Thüringen« (etwas vereinfacht nach Siegmund 2000, 196 Abb. 86).

Die dabei ermittelten, ebenfalls als ›Kulturmodelle‹ bezeichneten Gruppierungen sind auf einer strukturellen Ebene angesiedelt. Sie erscheinen weniger homogen als von Siegmund in seiner zusammenfassenden Interpretation dargestellt, denn vor der abschließenden Reduktion auf zwei Gruppen sind je nach Merkmal vier bis sechs

Gruppen zu erkennen (Abb. 7). Ob sie mit einem räumlich begründeten Selbstverständnis der Zeitgenossen zu verbinden sind, wäre erst noch zu zeigen und drängt sich als Erklärung zunächst nicht auf (Brather/Wotzka 2006).

In allen Fällen steht die Auswertung der Grabausstattungen im Mittelpunkt. Anders als bei Childe zieht man also nicht die gesamte Sachkultur heran, sondern nur *einen* ›Lebensbereich‹. Damit wird allein die Art, wie Gesellschaften ihre *Toten* im Grab ausstatteten, zum Kriterium der Abgrenzung. Sollte es jedoch bei den Gräbern nicht primär um Aspekte von sozialer Repräsentation innerhalb einer Gesellschaft und von deren religiösen Vorstellungen gegangen sein? Bestattungen waren Übergangsrituale, worauf häufig hingewiesen wird; aber es ging um den Übergang in eine andere ›Welt‹, nicht um die Abgrenzung zu benachbarten diesseitigen Gruppen. Ob sich diese Übergangsrituale durch unterschiedliche *Häufigkeiten* bestimmter Grabbeigaben (seien es Glasgefäße, handgemachte bzw. Drehscheibenkeramik oder Waffentypen) beschreiben lassen, scheint fraglich.

Es gibt also begründete Zweifel, ob sich die heterogen zusammengesetzten, sich ständig wandelnden *gentes* der Spätantike und des frühen Mittelalters an Kleidungsbestandteilen, Grabausstattungen und deren relativen Häufigkeiten klar unterscheiden lassen. Zwar sind die Verbreitungen dieser Gegenstände nicht zufällig, sondern waren Resultate zielgerichteter Handlungen von Herstellung über Gebrauch bis zur Grabausstattung. Aber daran, dass sie *hauptsächlich* der regionalen Abgrenzung dienten, wird man zweifeln können. Zu unscharf sind oft die Abgrenzungen, zu groß die Verbreitungen, zu dynamisch die historischen Veränderungen, zu flexibel das Verhältnis von (Sach-)Kultur und Identität. Es bedarf konkreter Argumente und wohl unabhängiger Informationen, um in bestimmten Fällen Merkmale der Sachkultur als Zeichen bewusster Unterscheidung plausibel erscheinen zu lassen.

›Kulturen‹ und Interpretationen

›Kulturen‹ sind Modelle der Archäologie, mit denen, wie erwähnt, eine räumliche und auch eine zeitliche Ordnung der Sachkultur erreicht werden soll. Als Hilfsmittel der Forschung sind sie keine einstigen Realitäten, obwohl sie diese beschreiben. Ihre Definition hängt im Einzelnen sowohl von den verfügbaren Quellen als auch von der wissenschaftlichen Fragestellung ab. Hier liegt der Ausgangspunkt, von dem aus ›archäologische Kulturen‹ interpretiert werden können. Allgemein lässt sich festhalten, dass die erfassten kulturellen Ähnlichkeiten und Gemeinsamkeiten von Merkmalen und Typen Kommunikation belegen, in geographischer Hinsicht also Kommunikationsräume in bestimmten Zeiten beschreiben. Wenig Austausch spiegelt dann reduzierte oder unterbrochene Kommunikation wider – nicht zwangsläufig, aber möglicherweise Abgrenzung. Darüber hinaus kommt es auf den Einzelfall an, was an

Befund bzw. Klassifikation	Wirtschaft und Kultur	Gesellschaft und Politik	Bevölkerungen und Ethnien
›archäologische Kultur‹	Kommunikationsräume, Differenzierung zwischen verschiedenen kulturellen, wirtschaftlichen und sozialen Verhältnissen	Herrschaftsraum, Sprachraum, Rechtsverhältnisse	›Stammesgebiet‹
kulturelle Kontinuität und kultureller Wandel	ungleichzeitige Entwicklungen, Kontinuitätslinien *und* Brüche	Sprachentwicklung und -ausdifferenzierung, Herrschaftsentwicklung	ethnische Kontinuität und Ethnogenese
›fremde‹ bzw. importierte Objekte oder Merkmale	Austausch, ›Fremdgüter‹, Kommunikation, kulturelle Vielfalt, Akkulturation	Herrschaftsverlagerung, Stützpunkte	Wanderung von Personen und ethnisch ›Fremde‹
Interpretationsfelder	Verhältnisse, Beziehungen und Rahmenbedingungen	politische, rechtliche, sprachliche Entwicklungen	ethnische Gruppen und Identitäten

Tab. 5. Gegenüberstellung verschiedener Ansätze bzw. Möglichkeiten, räumlich und zeitlich eingeordnete archäologische Quellen zu interpretieren. Welche Interpretationen im Einzelfall am wahrscheinlichsten sind, lässt sich nur dann feststellen, wenn Schriftquellen, Vergleiche oder die Gesamtbeurteilung der historischen Situation *zusätzlichen* Aufschluss geben. Je dunkler das Raster, desto verlässlicher erscheinen die Aussagemöglichkeiten der Archäologie (nach Brather 2004, 567 Tab. 22).

weitergehenden Aussagen möglich ist. Zusatzinformationen, Differenzierungen und Kontextualisierungen können dabei weiterhelfen (Tab. 5).

1. Wirtschaftlich dominierter Austausch dürfte in vielen Fällen eine hinreichende Erklärung darstellen. Dessen Reichweite und Intensität bewirkten unmittelbar regionale Verbreitungen von Merkmalen, die den Beteiligten nicht bewusst gewesen sein müssen, jedenfalls nicht in vollem Umfang. Darauf weist die oft beträchtliche Ausdehnung miteinander in Austausch stehender Regionen hin, von der jeweils die Nachbarn Kenntnis hatten, aber nicht die an Anfang und Ende etwa von Handelsrouten Lebenden.
2. Ähnliche Verbreitungen mehrerer kultureller Merkmale müssen, auch wenn sie geographisch und zeitlich ähnlich erscheinen, nicht auf einen kulturellen Zusammenhang zwischen ihnen hindeuten (etwa zwischen Fibeltypen und Bestattungsformen). Um diesen zu postulieren, bedarf es weiterer Argumente als der blo-

ßen Akkumulation von Einzelmerkmalen, will man nicht der Gefahr erliegen, in essentialistischer Weise ›Kulturen‹ sozusagen als aufeinander prallende Kugeln zu verstehen. Homogenitätserwartungen lässt sich mit Clarkes polythetischem Kulturkonzept wirksam begegnen.

3. Identitätsrelevante Abgrenzungen werden meistens nicht durch *grundlegende* kulturelle Unterschiede markiert. Es sind feine Unterschiede innerhalb eines kulturell ähnlichen Milieus, die über Zugehörigkeit und Ausschluss entscheiden. Die Situationsabhängigkeit führt dazu, dass gegenüber verschiedenen Gruppen auch verschiedene Kennzeichen benutzt werden. Gruppenidentitäten sollten deshalb nicht an ein umfassendes Merkmalsbündel geknüpft, sondern an auffälligen Details untersucht werden.

4. Kulturell und nichtfunktional bedingte Besonderheiten sind kaum *per se* exklusiv. Sie müssen nicht auf äußere Abgrenzung zielen, sondern können ebenso auf Integration angelegt sein. Wenn bestimmte Hauskonstruktionen (Pfostenbau), Hausformen (wie Wohnstallhäuser südlich der Nordsee) oder der jeweilige Umgang mit dem Vieh (Rinderställe) ein kulturelles Selbstverständnis vermuten lassen, so richtete es sich zunächst nach innen und bedeutete noch keine bewusste Grenzziehung zu weit entfernten Nachbarn.

5. Die archäologisch zu beschreibenden kulturellen Differenzen sind meist weiträumig, was in der ›Natur‹ der vorhandenen Quellen liegt. Ethnische Gruppen waren und sind nach allen historischen und ethnologischen Untersuchungen räumlich begrenzter, dabei flexibel und veränderlich. Bezeichnungen wie »Kelten«, »Germanen« und »Slawen« charakterisier(t)en deshalb weitreichende, den Zeitgenossen wohl bewusste Kulturräume und nicht ein ethnisches Selbstverständnis. Dieses stützte sich auf ausgewählte und passende Symbole, nicht auf ein ganzes Set kultureller Merkmale.

Wenn ›archäologische Kulturen‹ klassifikatorisch bedingt sind und die gesamte Lebenswelt umfassend beschrieben wird, dann können sie nicht unmittelbar als konsistente historische Verhältnisse oder gar als Reflexion vergangener Identitäten interpretiert werden. Ihre Erklärungskraft betrifft wie erwähnt strukturelle Zusammenhänge von Kommunikation und Austausch. Statt vermeintlich kulturell homogen geprägte Regionen einander gegenüberzustellen, sollten die wechselseitigen Verflechtungen analysiert werden, indem man beiderseitige Gemeinsamkeiten ebenso wie innere Differenzierung anhand möglichst zahlreicher Charakteristika hervorhebt und auf diese Weise ein facettenreiches Bild zeichnet. Es gilt daher, entsprechende Fragestellungen an das Material zu richten und quellenadäquate Antworten zu finden. Das methodologisch begründete Vorgehen darf sich die Archäologie nicht von Historikern und ihren Schriftquellen diktieren lassen, sondern sie muss ihre Funde und Befunde als Quellen eigener Art mit einer selbstständigen Perspektive auf die Vergangenheit verstehen. Erst die umfassende und kombinierte Auswertung aller Quellen vermag zu einer befriedigenden, aber auch differenzierten Rekonstruktion zu führen. Aus dieser Perspektive erscheint es dann besonders aufschlussreich, dass die auf einer politischen Ebene agierenden ethnischen Verbände in ihrer kulturellen Lebenswelt so schwer zu fassen sind; aus der Interpretation dieses Spannungsverhältnisses erfahren wir mehr über historische Realitäten als aus dem Versuch, aus den Texten bekannte ethnische Gruppen auch kulturell ›eindeutig‹ abzugrenzen. Könnte nicht gerade die kulturelle Ähnlichkeit ethnisch-politische Abgrenzungen und Identitätsbildungen gefördert haben?

Literaturverzeichnis

Bierbrauer 1994: V. Bierbrauer, Archäologie und Geschichte der Goten vom 1.–7. Jahrhundert. Versuch einer Bilanz. Frühmittelalterl. Stud. 28, 1994, 51–171.

Bierbrauer 1996: Ders., Romanen im fränkischen Siedelgebiet. In: Die Franken. Wegbereiter Europas. Mainz: Zabern 1996, 110–20.

Bierbrauer 2005: Ders., Archäologie der Langobarden in Italien. Ethnische Interpretation und Stand der Forschung. In: W. Pohl / P. Erhard (Hrsg.), Die Langobarden. Herrschaft und Identität. Forsch. Gesch. Mittelalter 9 = Österr. Akad. Wiss., Denkschr. Phil.-Hist. Kl. 326. Wien: Österreichische Akademie der Wissenschaften 2005, 21–66.

Brather 2001: S. Brather, Stichwort »Kulturgruppe und Kulturkreis«. In: H. Beck u. a. (Hrsg.), Reallexikon der Germanischen Altertumskunde 17. Berlin, New York: de Gruyter 2001, 442–52.

Brather 2004: Ders., Ethnische Interpretationen in der frühgeschichtlichen Archäologie. Geschichte, Grundlagen und Alternativen. RGA Ergänzungsbd. 42. Berlin, New York: de Gruyter 2004.

Brather / Wotzka 2006: Ders. / H.-P. Wotzka, Alemannen und Franken? Bestattungsmodi, ethnische Identitäten und wirtschaftliche Verhältnisse zur Merowingerzeit. In: St. Burmeister / N. Müller-Scheeßel (Hrsg.), Soziale Gruppen, kulturelle Grenzen. Die Interpretation sozialer Identitäten in der Prähistorischen Archäologie. Tübinger Arch. Taschenb. 5. Münster u. a.: Waxmann 2006, 139–224.

Childe 1929: V. G. Childe, The Danube in Prehistory. Oxford: Clarendon Press 1929.

Clarke 1968: D. L. Clarke, Analytical Archaeology. London: Methuen 1968.

Fehr 2001: H. Fehr, Hans Zeiß, Joachim Werner und die archäologischen Forschungen zur Merowingerzeit. In: H. Steuer (Hrsg.), Eine hervorragend nationale Wissenschaft. Deutsche Prähistoriker zwischen 1900 und 1995. RGA Ergänzungsbd. 29. Berlin, New York: de Gruyter 2001, 311–415.

Gotter 2000: U. Gotter, »Akkulturation« als Methodenproblem der historischen Wissenschaften. In: W. Eßbach (Hrsg.), Wir, ihr, sie. Identität und Alterität in Theorie und Methode. Identitäten u. Alteritäten 2. Würzburg: Ergon 2000, 373–406.

Hübener 1977: W. Hübener, Waffenformen und Bewaffnungstypen der frühen Merowingerzeit. Fundber. Baden-Württemberg 3, 1977, 510–27.

Jentgens 2001: G. Jentgens, Die Alamannen. Methoden und Begriffe der ethnischen Deutung archäologischer Funde und Befunde. Freiburger Beitr. Arch. u. Gesch. 1. Jt. 4. Rahden / Westf.: Leidorf 2001.

Koch 1998: A. Koch, Bügelfibeln der Merowingerzeit im westlichen Frankenreich. Monogr. RGZM 41. Bonn: Habelt 1998.

Kossinna 1911: G. Kossinna, Die Herkunft der Germanen. Zur Methode der Siedlungsarchäologie. Mannus-Bibl. 6. Würzburg: Kabitzsch 1911.

Lévi-Strauss 1977: C. Lévi-Strauss, Strukturale Anthropologie 1. Frankfurt a. Main: Suhrkamp 1977.

Müller-Karpe 1975: H. Müller-Karpe, Einführung in die Vorgeschichte. München: Beck 1975.

Probst 1991: E. Probst, Deutschland in der Steinzeit. Jäger, Fischer und Bauern zwischen Nordseeküste und Alpenraum. München: Bertelsmann 1991.

Probst 1996: Ders., Deutschland in der Bronzezeit. Bauern, Bronzegießer und Burgherren zwischen Nordsee und Alpen. München: Bertelsmann 1996.

Siegmund 2000: F. Siegmund, Alemannen und Franken. RGA Ergänzungsbd. 23. Berlin, New York: de Gruyter 2000.

Sommer 1991: U. Sommer, Zur Entstehung archäologischer Fundvergesellschaftungen. Versuch einer archäologischen Taphonomie. In: Studien zur Siedlungsarchäologie 1. Universitätsforsch. Prähist. Arch. 6. Bonn: Habelt 1991, 51–193.

Stein 1994: F. Stein, Frühmittelalterliche Bevölkerungsverhältnisse im Saar-Mosel-Raum. Voraussetzungen der Ausbildung der deutsch-französischen Sprachgrenze? In: W. Haubrichs/R. Schneider (Hrsg.), Grenzen und Grenzregionen. Veröff. Komm. Saarländ. Landesgesch. u. Volksforsch. 22. Saarbrücken: Saarbrücker Druckerei und Verlag 1993 [1994], 69–98.

Steuer 1990: H. Steuer, Höhensiedlungen des 4. und 5. Jahrhunderts in Südwestdeutschland. In: H. U. Nuber/K. Schmid/H. Steuer/Th. Zotz (Hrsg.), Archäologie und Geschichte. Freiburger Forsch. 1. Jt. Südwestdeutschland 1. Sigmaringen: Thorbecke 1990, 139–205.

Steuer 1992: Ders., »Objektwanderung« als Quelle der Kommunikation. Die Möglichkeiten der Archäologie. In: H. Hundsbichler (Red.), Kommunikation und Alltag in Spätmittelalter und früher Neuzeit. Veröff. Inst. Realienkde. Mittelalter u. Frühe Neuzeit 15 = Österr. Akad. Wiss., Phil.-Hist. Kl., Sitzungsber. 596. Wien: Österreichische Akademie der Wissenschaften 1992, 401–40.

Werner 1970: J. Werner, Zur Verbreitung frühgeschichtlicher Metallarbeiten (Werkstatt, Wanderhandwerk, Handel, Familienverbindung). Ant. Arkiv 38, 1970, 65–81.

Wieczorek/Périn 2001: A. Wieczorek/P. Périn (Hrsg.), Das Gold der Barbarenfürsten. Schätze aus Prunkgräbern des 5. Jahrhunderts n. Chr. zwischen Kaukasus und Gallien. Stuttgart: Theiss 2001.

Wotzka 1993: H.-P. Wotzka, Zum traditionellen Kulturbegriff in der Archäologie. Paideuma 39, 1993, 25–44.

Wotzka 1997: Ders., Maßstabsprobleme bei der ethnischen Deutung neolithischer »Kulturen«. Altertum 43, 1997, 163–76.

Wotzka 2000: Ders., »Kultur« in der deutschsprachigen Urgeschichtsforschung. In: S. Fröhlich (Hrsg.), Kultur. Ein interdisziplinäres Kolloquium zur Begrifflichkeit. Halle/Saale: Landesamt für Archäologie 2000, 55–80.

REINHARD BERNBECK

Arbeitsteilung beim Erzählen von Geschichte?
Zum Verhältnis von Archäologie und Philologie
in Studien Altvorderasiens[1]

Zusammenfassung: Mein Beitrag erörtert die disziplinäre Spaltung in den Vorderasiatischen Altertumswissenschaften, wo Text- und Materialwissenschaften sich nach anfänglicher Etablierung als einheitliches universitäres Fach voneinander lösten. Ich sehe in diesem Prozess zumindest teilweise das Resultat des Wunsches danach, die Einheitlichkeit von Vergangenheitsbildern durch Arbeitsteilung zu vergrößern. Meine These ist, dass der Hang zur Spezialisierung in den Wissenschaften über den Alten Orient (und parallelen Feldern wie der Klassischen Archäologie, Altphilologie und Alten Geschichte) seinen Ursprung nicht allein darin hat, dass Methoden und Hintergrundwissen exponentiell zunehmen und nicht mehr für Einzelne in vernünftiger Zeit erlernbar sind. Vielmehr sind zwei weitere Faktoren bei der Separierung von Aspekten des Altertums in getrennte Fächer im Spiele. Der erste ist eine apriorische Bevorzugung bestimmter Quellengattungen (Texte) vor anderen, der zweite das Bedürfnis nach Vereinfachung der Vergangenheit. Beide sind in komplexer Weise miteinander verschränkt. Dies lässt sich durch einen Ausflug in die Geschichte der altorientalischen Wissenschaften klar machen. Dabei beziehe ich mich weitgehend auf den Werdegang dieser Wissenschaften im deutschsprachigen Raum. Parallelen in Frankreich, Großbritannien und den Vereinigten Staaten sind jedoch gegeben.

Am 3. August 1637 traf eine Gesandtschaft aus dem fernen Westen am Hof des persischen Schah Safi in Isfahan ein. Die drei Reisenden waren im Auftrage des Herzogs Friedrich III. von Holstein-Gottorf unterwegs. Unter ihnen befand sich Adam Olearius, der Verfasser eines gründlichen, von scharfen Beobachtungen und recht genauen Skizzen geprägten Reiseberichtes. Dieses Buch gehört zu den ältesten Werken über das alte Persien von kulturgeschichtlicher und altertumswissenschaftlicher Relevanz. Olearius' Reise hatte ökonomische Gründe: Man versuchte, das von Friedrich III. neugegründete Friedrichstadt in eine Überland-Seidenstraße nach Ostasien einzubinden; doch gab die Reise Olearius auch Gelegenheit, sich als Geograph zu betätigen und genaue Karten des Flusses Wolga anzufertigen. Derselbe Olearius, später Biblio-

---

1 Ich danke Stefan Burmeister und Nils Müller-Scheeßel für die freundliche Einladung nach Schleswig sowie den kritischen Stimmen, die mich nach meinem Vortrag auf Unstimmigkeiten aufmerksam machten. Susan Pollock und Svend Hansen haben den vorliegenden Text hilfreich kommentiert. Stefan Hauser unterzog historische Teile einer eingehenden Kritik und verwies mich auf weiterführende Literatur.

thekar und Leiter des Kuriositätenkabinetts des Herzogs, war auch an der Planung des heute im Lomonossow-Museum in Moskau befindlichen »Gottorfer Globus« beteiligt, dessen Nachbau seit 2005 wieder prominent im Schlossgarten Gottorf gezeigt wird. Schloss Gottorf ist als Tagungsort des hier publizierten Kolloquiums mithin ein geeigneter Ort, sich über die größeren Zusammenhänge von anscheinend unterschiedlichen Wissenssparten, in unserem Fall Geschichte und Archäologie, zu verständigen. Der vor mehr als 450 Jahren hier lebende, höchst vielseitige Wissenschaftler Olearius brauchte sich hierfür noch keinen Anstrengungen zu unterziehen. Er war Geograph, Ethnograph, Historiker, Landvermesser, Astronom und Ökonom in einem. Heutzutage hingegen ist die fächerübergreifende Kommunikation so problematisch, dass »Interdisziplinarität« oder »Transdisziplinarität« als ideologische Stützen für die Erstellung von Synthesen herhalten müssen, ja dass ganze Konferenzen dafür organisiert werden. Das aristotelische Diktum, dass das Ganze mehr als die Summe seiner Teile ist, wird dabei schon als interpretatorische Möglichkeit ausgeschieden.

Die Ursprünge der Wissenschaften über den Alten Orient

Die Erforschung des Alten Orients hat lang zurückliegende Wurzeln. Schon der neubabylonische König Nabonid grub im 6. Jahrhundert v. u. Z. in den Fundamenten mesopotamischer Tempel nach älteren Weihegaben, um diese dann, angereichert durch seine eigenen, wieder im Erdreich zu versenken. Helena, die Mutter Konstantins (des »Großen«), suchte im 4. Jahrhundert u. Z. das ›Heilige Land‹ auf, um nach Stätten des Wirkens Jesu zu forschen. Sie und ihr Sohn ließen alte Kirchen renovieren und neue bauen, wie etwa die Grabeskirche in Jerusalem (Hunt 1984). In der Folgezeit wurden Kenntnisse über die Vergangenheit Westasiens hauptsächlich von arabischen und persischen Wissenschaftlern systematisiert; diese waren Universalgelehrte, die heute fälschlicherweise als »Geographen«, wie etwa al-Muqadassi (Miquel 1963), oder »Historiker«, wie al-Tabari (Nöldeke 1879), bezeichnet werden. Im späten 13. Jahrhundert schließlich betrat mit Marco Polo auch wieder ein europäischer, seriös an Fremdkulturen interessierter Forscher die Bühne. Er wurde gefolgt von Forschungsreisenden wie dem schon genannten Adam Olearius, Engelbert Kaempfer (Haberland 1993) und im späten 18. Jahrhundert Carsten Niebuhr (Wiesehöfer / Conermann 2002). Für diese Reisenden war das Interesse am Altertum noch nicht entkoppelt von einem generellen Interesse an Land, Leuten, Geographie, Natur und Politik. Altertum als eine gesonderte, sich selbst genügende Kategorie war noch kein klares Konzept, ja noch nicht einmal ›Geschichte‹ wurde notwendig als eine spezifische Sparte des Erfassens der Vergangenheit aufgefasst. Die Aufsplitterung des Interesses am Orient in verschiedene Sparten ist letztlich kolonialistischen Projekten geschuldet. Prototypisch hierfür war Napoleons Zug nach Ägypten, wobei nicht mehr eine einzelne Person, sondern eine ganze Gruppe spezialisierter Wissenschaftler mitgenommen wurden (Osterhammel 1998, 157–64; Reid 2003). Im 19. Jahrhundert, mit der Etablierung der Klassischen Archäologie als Universitätsfach, erreichte die Altertumskunde besonders in Deutschland weite Bevölkerungsschichten (Butler 1935; Arenhövel / Schreiber 1979). Vergleichsweise schwach war das Interesse hingegen am Alten Orient ausgebildet. Einerseits ist dies der »deutschen Wahlverwandtschaft« zum antiken Griechenland zuzuschreiben, imaginiert zum Teil als direkte Abstammung. Genauso wichtig ist aber auch der im Vergleich zu England und Frankreich erst spät aufkommende deutsche Imperialismus, der territoriale Besitztümer im Bereich Vorderasiens nicht einschloss (Marchand 1996, 188–90).

Insgesamt war Vergangenheit zu diesen Zeiten keineswegs »a foreign country«, wie Lowenthal (1985), ganz im heutigen Zeitgeist stehend, formulierte, sondern vielfältige Ressource und Inspiration für die Gegenwart, ob in der Philosophie, der politischen Ökonomie, den Künsten oder der Theologie. Eine erste große Spaltung der Wissenschaften in Natur- und Geisteswissenschaften erfolgte Mitte des 19. Jahrhunderts mit den ›Erfolgen‹ der positivistisch angelegten Naturwissenschaften und der gleichzeitigen scharfen Kritik an der Metaphysik. Wilhelm Dilthey (1981 [1910]) akzeptierte zwar das Ende der Metaphysik, widersetzte sich jedoch gleichzeitig dem Siegeszug der Naturwissenschaften, indem er die verstehenden von den erklärenden Wissenschaften trennte, wobei er sich auf Schleiermachers Hermeneutik als Quelle berief. Altertumswissenschaften waren tief in der Sphäre des Verstehens verankert, wobei der Versuch des Nacherlebens fremden Erlebens als Schlüssel zur Selbsterkenntnis angesehen wurde: »Der Mensch erkennt sich nur in der Geschichte, nie durch Introspektion« (W. Dilthey, zitiert nach Giuliani 2003, 11 Anm. 3).

Innerhalb der klassischen Altertumswissenschaften wiederum sollte es nicht lange dauern, bis sich die Philologien (Altlatein und Altgriechisch) von der Archäologie endgültig absonderten. Im Jahre 1850 unternahm Eduard Gerhard (1850, 203–5; s. dazu auch Donohue 2005, 3–14) in seinen bekannten 16 Thesen zur »monumentalen Philologie« den Versuch, Altphilologie und Archäologie zusammenzuhalten. Er, wie auch seine Kollegen Jahn und später Wilamowitz, propagierten eine integrierte Objekt- und Textwissenschaft, die einzig einen adäquaten Zugang zum Altertum geben könne, wobei eine Vernachlässigung der Objektseite seit den Arbeiten Winckelmanns konstatiert wurde.[2] Dennoch war gerade dieser Wunsch nach Integration eher Anzeichen für die zunehmende, unaufhaltsam erscheinende Ausdifferenzierung von Sprach- und Materialwissenschaften.

---

2 Für eine gründlichere Auseinandersetzung mit diesem Thema s. Stähli 2001; Hauser 2005 a; 2005 b.

Der Alte Orient als Legitimationshintergrund

Säkulares, akademisch-historisches Interesse am Orient war im ganzen 19. Jahrhundert in Deutschland recht selten, trotz der frühen Bemühungen solcher Orientalisten wie Josef von Hammer-Purgstall (1774–1856) und Friedrich Rückert (1788–1866). Eine Abgrenzung von der Bibel, die im Okzident den Ursprung der religiösen Identität, der Kunst und Musik, aber auch der textkritischen Methoden ausmachte, war fast unmöglich. Einige suchten, die Bibel durch wissenschaftliche Forschungen als ›wahr‹ zu bestätigen, während andere, besonders in der Zeit der Wende zum 20. Jahrhundert, die Bibel als einen Abklatsch altorientalischer Hochkultur zu verunglimpfen suchten, wobei der stark zunehmende Antisemitismus Pate stand. Eine distanzierte, von Polemiken freie Forschung gab es zumindest in Deutschland zu Zeiten, die im »Babel-Bibel-Streit« endeten (s. u.), kaum.

Die zahlreichen Forschungsaufenthalte in Palästina weisen auf das zunehmende Interesse am biblischen Raum hin. Im frühen 19. Jahrhundert bereisten Ulrich J. Seetzen (1767–1811) und Johann Ludwig Burckhardt (1784–1817), beide als Orientalen verkleidet, das Gebiet des heutigen Palästina, wobei Burckhardt für den Westen Petra entdeckte (s. Kruse 2004; Gesenius 2005). Im Jahre 1838 folgte der amerikanische Theologe Edward Robinson (1856), der vor allem durch seine Untersuchungen in Jerusalem bekannt wurde, und sein Landsmann W. F. Lynch, der 1848 den Jordan-Fluss und das Tote Meer auf der – seiner Meinung nach erfolgreichen – Suche nach Sodom und Gomorrha erkundete (Lynch 1977 [1849]),[3] nachdem Molyneaux und Costigan an derselben Aufgabe mangels genügender Vorbereitung gescheitert waren und sie mit ihrem Leben bezahlt hatten. Zu dieser Zeit war die Beschäftigung mit dem alten Vorderasien mithin noch großenteils bestimmt vom Drang, den eigenen Glauben durch Fakten zu bestätigen. Von Robinson abgesehen, war kaum einer dieser Forscher akademisch tätig.

Etwa zur selben Zeit nahm das Interesse am alten Mesopotamien, der Region östlich der biblischen Länder, großen Aufschwung, nachdem Henry Rawlinson im Jahre 1835 die dreisprachige Bisotun-Inschrift kopiert und übersetzt hatte. Nur kurz danach begann Paul Emile Botta Ausgrabungen in Ninive und Khorsabad, die zu weiteren Keilschriftfunden führten. Spektakuläre Entdeckungen, vor allem die 1849 und in darauffolgenden Jahren gefundene ›Bibliothek‹[4] des neuassyrischen Königs Assurbanipal, erhöhten das Interesse am Alten Orient nochmals schlagartig. Denn Texte wie das Weltschöpfungsepos *Enuma Eliš* und das Gilgamesch-Epos lieferten Parallelen zur Bibel, die die Imagination der westlichen Welt anstachelten. Die Inspiration, den Alten Orient zu erforschen, wurde vor allem in Deutschland von Anfang an von der

---

3 Für diese Naivität wurde er schon im 19. Jahrhundert von akademischen Kollegen scharf kritisiert (White 1898, 9).

4 Es handelt sich dabei nicht um einen geschlossenen Fundkomplex von Tontafeln.

Suche nach Textzeugnissen und deren Interpretation angetrieben. So nimmt es auch nicht wunder, dass der erste Lehrstuhl für Altorientalische Philologie schon 1875 in Berlin eingerichtet wurde. Dieser deckte bald auch die Archäologie mit ab, denn in den Wissenschaften über den Alten Orient wurde bis ins frühe 20. Jahrhundert hinein universitätsgebundene philologische und archäologische Forschung noch in Personalunion betrieben (Renger 2006). Friedrich Delitzsch, einer der besser bekannten deutschen Assyriologen dieser Zeit, war Professor an der Friedrich Wilhelm-Universität Berlin[5] und gleichzeitig Direktor der 1899 gegründeten Vorderasiatischen Abteilung der kaiserlichen Museen. Er war es, der durch einige spektakuläre Vorträge vor Prominenten, u. a. Kaiser Wilhelm II., in den Jahren 1902 bis 1904 die Eigenständigkeit des Alten Testaments durch den Vergleich mit assyrischen Quellen zu verneinen suchte (Johanning 1988; Arnold/Weisberg 2002). Dies entfachte einen scharfen öffentlichen Streit, die sog. »Babel-Bibel-Kontroverse«, die im zunehmend antisemitischen und nationalistischen Klima Deutschlands der Vorderasiatischen Altertumskunde sowohl prominenten Rang im öffentlichen Diskurs als auch eine fatale politische Einfärbung gab, die ganz im Zuge der Zeit lag.

Delitzsch hatte die Direktorenstelle am Museum nicht ohne Bedenken seitens der Museumsverwaltung erhalten, da man befürchtete, dass er sich nur um die Schriftfunde kümmern werde, was in der Tat geschah (Crüsemann 2000, 139 f. 152–64).[6] Nach einem weiteren Philologen als Direktor, Otto Weber, übernahm im Jahre 1928 Walter Andrae die Leitung, der zwar von der Ausbildung her ebenfalls kein Archäologe, sondern primär Architekt war,[7] der sich aber aufgrund seiner langjährigen Ausgrabungstätigkeit in Mesopotamien für unbeschriftete Funde ebenso wie für beschriftete interessierte.

---

5 Die Friedrich Wilhelm-Universität wurde nach dem Zweiten Weltkrieg in Humboldt-Universität umbenannt.

6 Was Delitzsch von Ausgrabungen hielt, kommt in seinem Vortrag über »Babel und Bibel« klar zum Ausdruck: »Wozu diese Mühen im fernen, unwirtlichen, gefahrvollen Lande? Wozu dieses kostspielige Umwühlen vieltausendjährigen Schuttes bis hinab auf das Grundwasser, wo doch kein Gold und kein Silber zu finden?« (Delitzsch 1902, 3). Natürlich um Texte zu finden, die das Alte Testament als Derivat babylonischer Kultur entlarven.

7 Andraes baugeschichtliche Perspektive kommt sowohl in seiner Synthese *Das wiedererstandene Assur* (1938) in vielen architektonischen Rekonstruktionen als auch besonders in seiner Gestaltung der vorderasiatischen Sektion des Pergamon-Museums zutage. Dort sind in einzigartiger Weise Fassaden antiker Großbauten in einem modernen Museum eingebaut (Bernbeck 2000); mit dem Effekt allerdings, dass die mobilen Funde schon visuell zu nebensächlichem Beiwerk verkümmern.

Die Etablierung Vorderasiatischer Archäologie als Universitätsfach

Mit der Entscheidung, Walter Andrae als Architekturhistoriker an die Spitze des Museums zu stellen, aber auch schon mit Ernst Herzfelds Berufung auf die erste deutsche Professur für Orientalische Archäologie 1918 an der Technischen Hochschule Berlin (nach 1946 TU Berlin), wurde die Abtrennung der altorientalischen Text- von den Materialwissenschaften ein Stück weiter vorangetrieben (Renger 1979, 186 f.).[8] Herzfeld war hauptsächlich Archäologe und Architekt, doch waren seine Interessen sehr vielseitig. Zeitlich war er nicht nur an den altorientalischen ›Schrift-Zeiten‹ interessiert, sondern unternahm wichtige prähistorische Ausgrabungen. Ein weiterer Schwerpunkt seiner Arbeiten war die sasanidische und frühislamische Zeit, die inzwischen ein eigenes Forschungsfeld ist (s. Gunter / Hauser 2005). Schließlich publizierte er Inschriften, war mithin auch als Epigraphiker tätig.

Mit Anton Moortgat wurde 1937 ein Altertumswissenschaftler außerordentlicher Professor an der Friedrich Wilhelm-Universität, der zwar ebenso wie Herzfeld von Eduard Meyer und dessen universalhistorischen Ansätzen beeinflusst, der aber vor allem in der Tradition der Klassischen Archäologie ausgebildet war.[9] Moortgat sah dementsprechend Verbindungen zur Klassischen Archäologie, entwickelte aber ein theoretisches Konzept, das letztlich zu einer starken Verengung des Fachs Vorderasiatische Archäologie führte. Nach dem Zweiten Weltkrieg etablierte er die Vorderasiatische Archäologie an der Freien Universität Berlin als Ordinariat, noch bevor ein Lehrstuhl für Altorientalische Philologie eingerichtet wurde. Seit Moortgats Zeit sind die postachämenidischen Perioden praktisch aus dem Gesichtsfeld der Vorderasiatischen Archäologie verschwunden. Auch die vorgeschichtlichen Perioden waren für ihn ohne Interesse. Denn Moortgat (1971; s. a. Ellis 1975) wollte die Denkmäler Altvorderasiens über sog. ›Bildgedanken‹ systematisieren, d. h. über die ikonographischen Inhalte, und für die Bestimmung solcher Bildgedanken waren für ihn Texte der einzige Zugang.[10] Dementsprechend findet man in seinem Hauptwerk, der *Kunst des alten Mesopotamien* (Moortgat 1967), nur einige kurze Bemerkungen zur Vorgeschichte und Rückschlüsse von historischen Zeiten auf die Perioden mit den ältesten Schriften im späten vierten Jahrtausend v. u. Z. Neben die chronologische Verengung trat eine inhaltliche, denn für Moortgat war die gesamte materielle Alltagskultur

---

8 Nach ersten Jahren intensiver Lehre war Herzfeld seit den frühen 1920er Jahren in seinem Seminar jedoch fast kaum noch präsent, so dass die Wirkung dieses Lehrstuhls gering blieb (vom Bruch 2005, 498).

9 Moortgat wird oft als erster akademischer Vertreter des Fachs Vorderasiatische Altertumskunde in Deutschland dargestellt. Für eine historisch detaillierte Richtigstellung s. Hauser 2006.

10 Das problematischste Beispiel hierfür ist seine Rekonstruktion eines »Tammuz«-Mythos, der die Wiederauferstehung eines primordialen Hirten feiern sollte (Moortgat 1949). Hierfür fand Moortgat in den Bildwerken des 4. und 3. Jahrtausends v. u. Z. überall Anzeichen, doch in methodisch so fragwürdiger Art, dass H. Frankfort (1950, 191) von einer »Obsession« sprach.

inklusive des ›Kunsthandwerks‹ ohne jede Relevanz. Eine entsprechende Verengung galt auch für Texte. Diese waren nur dann wichtig, wenn sie Schlüssel zur zeit-räumlichen und ikonographischen Ordnung von Denkmälern liefern konnten, während Schriftquellen rein ökonomischen oder sozialen Inhalts ohne Interesse waren. Die Moortgat-Schule hatte zunächst erheblichen Einfluss auf die Vorderasiatische Archäologie in Deutschland und führte zu einer kompletten disziplinären Trennung der TextspezialistInnen von den ArchäologInnen. Die Entwicklung in der Ägyptologie, wo nach wie vor beide Sparten integrierter Bestandteil der gesamten Disziplin sind, steht hierzu in auffallendem Gegensatz und zeigt an, dass diese Spezialisierung keine notwendige Entwicklung war. Dabei ist allerdings hinzuzufügen, dass Ägyptologie bislang so etwas wie eine ›Oberschicht-Wissenschaft‹ ist, die den Alltag einfacher Leute im Alten Ägypten schlicht ausgeblendet hat.

Mit Hans J. Nissen wurde ein Nachfolger für Moortgats Lehrstuhl gefunden, der die Einseitigkeit des Faches in den beiden aufgezeigten Hinsichten aufhob. Denn er insistierte darauf, dass die Trennung in vorgeschichtliche und geschichtliche Perioden in dieser Schärfe nicht aufrechtzuhalten sei, trotz oder gerade weil er selbst sich für die Anfänge der Schrift interessierte. Außerdem ist Nissen sowohl philologisch als auch archäologisch ausgebildet[11] und publiziert in beiden Feldern. Dennoch konnte er die beiden Aspekte nicht in ein Fach re-integrieren, obwohl dies nach seiner eigenen Aussage im Ideal geschehen sollte,[12] da es mittlerweile parallele Ordinariate in beiden Fächern gab.[13] In den letzten Jahren hat sich mit der Entstehung einer auf den Vorderen Orient spezialisierten Paläobotanik und Paläozoologie sowie anderer Zweigwissenschaften die Aufsplitterung gerade in der Archäologie sogar noch verstärkt.

Arbeitsteilung in historisch-archäologischen Wissenschaften: fünf Thesen

Was hier kurz als historische Entwicklung der Vorderasiatischen Altertumskunde beschrieben wurde, ist typisch für die meisten Wissenschaften, nämlich eine zunehmende Differenzierung. Eine Untersuchung der damit einhergehenden ideologischen und praktischen Vorgänge sollte aber nicht unter die militärische Metapher des Moltke'schen »Getrennt marschieren, vereint schlagen« gestellt werden. Weder ist die Vergangenheit der zu besiegende Feind noch ist die Auseinandersetzung mit ihr eine Schlacht, bei der der Vergangenheit auch nur ein Hauch der Möglichkeit des ›Siegens‹ zugestanden würde.

---

11 Bis heute gibt es in Heidelberg, wo Nissen studierte, das Fach Vorderasiatische Archäologie nicht, sondern es wird durch die Ur- und Frühgeschichte mitvertreten.

12 Nissen, pers. Mitt.

13 Eine exzellente Außensicht auf die Fachentwicklung bietet Eggert 2006, 70–85.

Sehr viel angebrachter als Parallele für eine Beschreibung des Verhältnisses von Geschichtswissenschaft und Archäologie im Allgemeinen ist der Prozess der Arbeitsteilung. Die Vergangenheit ist Gegenstand der Forschung, während die Methoden ihrer Erschließung als Produktionsmittel fungieren. Wie aus dem oben Gesagten klar geworden sein dürfte, ist im Falle des alten Vorderasien das Scheidungskriterium von Philologie und Archäologie die Art der Quelle – Schrift oder Objekt, wobei innerhalb der letzteren Kategorie nochmals grob nach primär symbolischen und funktionalen Gegenständen unterschieden werden kann. Doch was die Wissenschaften vom Alten Orient angeht, so ist es merkwürdig, dass sowohl die TextquellenbearbeiterInnen als auch die ArchäologInnen Quelleneditionen, Ausgrabungsberichte und Kataloge produzieren, während historische Abhandlungen sehr selten verfasst werden. Arbeitsteilung führt mithin nicht zu einem gemeinsamen Endprodukt.[14] Meist dient als Ausrede, ›Grundlagenwissen‹ zu erarbeiten, eine weit verbreitete Legitimierung für antiquarisch ausgerichtete Forschungsprojekte. In der Vorderasiatischen Archäologie handelt es sich dabei meist um das raum-zeitliche Ordnen von Objektklassen; eine Tätigkeit, die immer noch den Kern vieler Dissertationen bildet und damit zu einem – in Bourdieus Terminologie – ausgeprägten Sortier-Habitus führt. In der Philologie werden interpretative Unternehmen durch die Idee behindert, dass lexikalische und texteditorische Probleme den Vorrang haben. Kurzum, die häufigste Begründung für dieses Vorgehen lautet: Erst wenn wir genug Basiswissen angesammelt hätten, könnten wir tatsächlich zu Interpretationen voranschreiten – und ersteres ist für die Vollständigkeitsapologeten nie der Fall. Daher ist auch an das Interpretieren selten gedacht und noch weniger ist die *Art* des Interpretierens reflektiert worden.

Dennoch fällt auf, dass die meisten historischen Synthesen eher von PhilologInnen als von ArchäologInnen geschrieben werden. Um sich hiervon zu überzeugen, genügt ein Blick in die *Fischer Weltgeschichte* und neuere Darstellungen (Edzard 2004; Selz 2005; van de Mieroop 2006). Hingegen nehmen sich von Archäologen konzipierte Gesamtdarstellungen, ob nun kunstgeschichtlich oder anderweitig ausgerichtet, eher wie Kataloge ohne narrativen ›roten Faden‹ aus (z. B. Orthmann 1975; Hrouda 1991; Roaf 1990). Ausnahmen wie etwa Überblicksarbeiten von Liverani (1988) und Nissen (1983; 1999) stammen von Wissenschaftlern, die den Graben zwischen Text- und Materialwissenschaften überbrücken können. Unter den Philologen herrscht implizit nach wie vor die Auffassung, dass die längere Wissenschaftstradition und ihre ›besseren‹ Quellen automatisch den geeigneteren Zugang zur Geschichtsschreibung eröffneten, wobei die ›Denkmäler‹, meist verstanden als Kunstgegenstände, zur Illustration der auf Texten basierenden Darstellung dienen. Dies ist insofern ein interessanter Fall von Hierarchisierung, als er vollkommen der Gewichtung der Arbeitsteilung im

---

14 Man könnte versucht sein, die Militärmetapher abzuändern in »Getrennt marschieren, ohne zu wissen wofür und wohin.«

Alten Orient selbst entspricht, wo Schreiber der Herrschaftsschicht angehörten und damit höher gestellt waren als mit materiellen Dingen Beschäftigte.[15]

Versuchen wir, den derzeitigen Zustand theoretisch und praktisch im Sinne der Arbeitsteilung weiterzudenken. Schon Marx setzte sich in seinen Schriften mit der Arbeitsteilung als einem grundsätzlichen Phänomen der Ungleichheit auseinander (s. a. Lefèbvre 1965, 91).[16] Die Soziologen Spencer, Durkheim und Simmel haben, jeder auf seine Weise, Arbeitsteilung als notwendiges Phänomen für den funktionalen oder organischen gesellschaftlichen Zusammenhalt interpretiert. Dieses Verständnis einer ›Notwendigkeit‹ der Tätigkeitsaufteilung in Sparten und Fähigkeiten scheint sich auch in der Wissenschaftsideologie fest verankert zu haben und wird heutzutage weitgehend als selbstverständlich angesehen. Doch sollten wir nicht vielleicht Marx folgen und fragen, wer denn von einer solchen Teilung und Spezialisierung profitiert?

1) Die Zerstückelung des Wissens in Einzelbereiche macht es möglich, eine als unzusammenhängend erfahrene Welt dennoch als in jedem Einzelbereich harmonisch und aufeinander abgestimmt darzustellen. Wir können die Welt erklären, ohne wirklich die Zusammenhänge zu verstehen. Daher hat die Arbeitsteilung in der Wissenschaft ein Ergebnis, das dem in der Produktion diametral entgegensteht: In der industriellen Produktion wirkt Spezialisierung entfremdend, da der einzelne Arbeitsvorgang als unverständlich und artifiziell aus einem größeren Ganzen herausgelöst empfunden wird. In der Wissenschaft hingegen führt die Aufsplitterung des Erkenntnisprozesses in immer kleinere Einheiten zu zunehmend geschlossenen Erklärungswelten, oft als »Paradigmen« legitimiert. Ich behaupte, dass die Sehnsucht nach einer einheitlichen Darstellung der Hauptantrieb für die zunehmende Spezialisierung ist.

2) Die Zerstückelung des akademischen Gesamtwissens führt zu einer großen Menge an Einzelprodukten, Artikeln, Patenten, Katalogen, Büchern usw., die untereinander in Verbindung stehen, aber unter Umständen, die denen der »unsichtbaren Hand des Marktes« entsprechen. Wie auch in der kapitalistischen Produktion, so ist im Wissenschaftsbereich eine Steuerung der Produktion, folgt man dem öffentlichen Diskurs, weder erwünscht noch möglich. Das Humboldt'sche Bildungsideal und die (vermeintliche) universitäre Autonomie bilden hierfür die Grundlage. Eine Folge davon ist, dass unentwegt neues Wissen produziert wird, das aber in der Grundanlage die eingeschliffene Argumentationsweise der Wissenschaft, nämlich die instrumentelle Rationalität, nicht verlassen darf. Insofern stützt dieses System auf einer

---

15 Wenn damals Bildern eine große Wirkungskraft zugestanden wurde, so waren dafür die Priester, die den Statuen Leben einhauchten, nicht aber die Bildproduzenten verantwortlich.

16 »Die Teilung der Arbeit wird erst wirklich Teilung von dem Augenblicke an, wo eine Teilung der materiellen und geistigen Arbeit eintritt. Von diesem Augenblicke an kann sich das Bewußtsein wirklich einbilden, etwas Andres als das Bewußtsein der bestehenden Praxis zu sein« (Marx / Engels 1969, 31).

Metaebene den mit der gleichen Rationalität operierenden Kapitalismus, der daher auch von dieser Verfasstheit der Wissenschaften profitiert.[17]

3) Die esoterischen Ergebnisse der hyperspezialisierten Einzelwissenschaften müssen durch Öffentlichkeitsarbeit legitimiert werden.[18] Ein Blick auf solche Medien, die die wissenschaftlichen Resultate popularisieren, ob nun der Dokumentarfilm oder Zeitschriften wie etwa »Scientific American«, »Spektrum der Wissenschaft« oder auch »Geo«, zeigt, dass diese Organe drei Zwecke gleichzeitig erfüllen. Sie berichten von ›bahnbrechenden‹ Ergebnissen der Forschung und überzeichnen in der Regel die Problemlösungsfähigkeiten der Universitäten. Gleichzeitig wird immer wieder auf die noch offenen Fragen hingewiesen, so dass nicht der Eindruck entstehen kann, das System ›wissenschaftliche Forschung‹ werde nicht mehr gebraucht, selbst wenn die behandelten Fragen oft ohne jegliche Relevanz für die LeserInnen sein mögen. Schließlich konstruieren vor allem Filme über WissenschaftlerInnen Rahmenerzählungen, die für die Beteiligten die Rolle von Helden vorsehen (Holtorf 2007). Dies soll eine Identifizierung seitens des Publikums bewirken und führt zu einer positiven Einstellung gegenüber dem ganzen wissenschaftlichen Apparat.

4) Universalgelehrte, auch Universalhistoriker, gibt es heute nicht mehr. Und das nicht allein wegen der angesammelten Wissensmenge, die angeblich ein übergreifendes Wissenschaftlerdasein unmöglich mache. Ein anderer Faktor ist, dass aus einer universalhistorischen Perspektive potenziell ungewöhnliche Fragestellungen entstehen könnten, die eine Gefahr für den routinierten wissenschaftlichen Betrieb wären.[19] Daher wird nunmehr erhebliche Zeit darauf verwendet, die Mitglieder der Wissenschaftsbetriebe im Laufe eines langjährigen Studiums in ihre geistigen Schranken zu weisen und sie zu disziplinieren. Der Begriff der »Disziplin« – ursprünglich eine römische Göttin der Selbstkontrolle und Erziehung – wird in den Wissenschaften nicht umsonst oft synonym mit einem ›Fach‹ verwandt,[20] bezeichnet er doch schon im Lateinischen ein Wortfeld, das von Erziehung über Zucht bis zu Staatsverfassung reicht. Foucault hat in einem seiner bekanntesten Werke, *Überwachen und Strafen*

17 In der Krisenzeit des Weltkriegsendes 1917 verteidigte Max Weber (1995 [1919]) in seiner bekannten Münchner Rede über »Wissenschaft als Beruf« die instrumentelle Rationalität als den einzigen für die akademischen Berufe gangbaren Weg.

18 Am Fachbereich meiner eigenen Universität (Binghamton, USA) wurde im letzten Jahr ein Vortrag über »Intersex Pigs in Vanuatu« gehalten. Ich bin mir durchaus darüber im Klaren, dass meine eigenen Vortragstitel für ›Laien‹ nicht weniger esoterisch-lachhaft klingen – und manche unverständliche wissenschaftliche Formulierung zielt darauf ab, aus Banalitäten Herrschaftswissen zu machen.

19 Der norwegische Friedensforscher Johan Galtung ist solch eine Ausnahmepersönlichkeit. Sein sehr weit gespanntes Werk (z. B. Galtung 1982; 1994) wird, wie schon ein kurzer Blick auf akademische Internetseiten zeigt, als zu stark an ethischen Grundsätzen ausgerichtet kritisiert, die Normativität seines Programms wird moniert und die über alle Fachgrenzen sich wegsetzenden Überlegungen als unrealistisch abgetan.

20 Siehe aber Eggert 2006, 9, der sich auf Heckhausen 1987 stützt.

(1994), die Disziplinierung als eines der wichtigsten Herrschaftsmittel bezeichnet. Dabei nahm er als Beispiel die körperliche ›Verbildung‹ in Strafanstalten und Schulen. Doch wir können von seinem Beispiel extrapolieren: Universitäten sind ebenfalls Anstalten öffentlicher Dressur, in denen Menschen dazu gebracht werden, die Routinen eines Faches so zu verinnerlichen, dass sie ihnen ungefragt und unkritisch folgen. Solche Lehranstalten sind prototypische ideologische Staatsapparate im Sinne Althussers (1977). In der Archäologie bestehen die tief liegenden Selbstverständlichkeiten zum Beispiel in der Notwendigkeit zu illustrieren; einer Idee der linearen Zeit als Ordnungskriterium; der Ansicht, dass Archäologie eine Wissenschaft des Materiellen sei usw. In den Geschichtswissenschaften und Philologien gibt es ähnliche Effekte. Schließlich besteht eine Parallele im Spracherwerb zwischen Kindererziehung und Sozialisierung in akademischen Fächern. Blumenberg (1999, 142 f.) bemerkt hierzu treffend:

> »Wissenschaftliche Sprache gibt es überhaupt nur im Plural, als Inbegriff der Fachsprachen, die exclusive Regionalidiome sind, verstärkt isoliert durch ein soziologisches Moment, das die Behauptung oder gar die Praxis der Übersetzung ins Gemeinsprachliche als ›Disziplinverstoß‹ empfunden werden läßt.«

Die Tendenz im Formalen, Eindeutigkeit über Fachsprachen erzwingen zu wollen, entspricht den Harmonisierungsbestrebungen im Inhaltlichen.

5) ArchäologInnen haben, ebenso wie HistorikerInnen, durch diesen je spezifischen Drill und diese Dressur eine ihnen eigene Subjektivität, die Originalität und neue Ideen beschränken hilft.[21] Nun mag man einwenden, dass doch gerade die Wissenschaften immer großen Wert auf das Neue, die Innovation gelegt hätten. Doch m. E. ist dieses Argument unerheblich, denn solche Innovationen bleiben immer im eng gesetzten Rahmen der Disziplin, die zudem – oft uneingestanden – mit außeruniversitären sozialen Werten eng verknüpft ist. Wie wäre es, wenn ein Archäologe sich dezidiert dafür einsetzte, Altertümer *nicht* zu bewahren, da wir deren ja eigentlich schon genug haben? Wenn eine Philologin eine Interpretation von Keilschrifttafeln propagierte, die vor allem darauf basiert, was nicht aufgeschrieben wurde? Wohl ist im angloamerikanischen Theorie-Diskurs die Menge neuer Ideen scheinbar endlos. Ich meine aber, dass Richard Sennetts Thesen zum »mp3-Kapitalismus« (Sennett 2005) auf die Wissenschaften ausgedehnt werden können: Je größer die angeblichen Differenzen und Neuerungen selbst innerhalb eines Faches sind, desto mehr stehen sie auf einem riesigen gemeinsamen Sockel, der durch ein dünnes Furnier darüber klebender Unterscheidungsmerkmale verschleiert wird.

---

21 Auch Habermas, der den notwendig interessegeleiteten Aspekt der wissenschaftlichen Erkenntnis aufzeigt, verteidigt die Bändigung der »Subjektivität des Meinens« (Habermas 1969, 160). Die Frage ist jedoch eine normative: Wie weit soll der Raum, innerhalb dessen gedacht werden darf, durch Disziplinierung eingeschränkt werden?

Kultur, Geschichte, Erzählung

Arbeit, auch wissenschaftliche, ist gemeinhin mit dem Zweck verbunden, ein Endprodukt entstehen zu lassen. Meines Erachtens ist dieser Zweck in jenen Wissenschaften,
die den Alten Orient zum Gegenstand ihrer Betrachtung erhoben haben, mittlerweile
weitgehend in Vergessenheit geraten.[22] Die Beschäftigung mit der Vergangenheit im
weitesten Sinne hat nur ein vages Ziel, kann jedoch von den meisten Einzelforsche-
rInnen klarer aufgrund eigener Ausbildung und Interessen bestimmt werden, wobei
die Angaben zwischen Grammatik, Stilanalyse, politischen Organisationsformen,
Religion und Mensch-Umwelt-Beziehungen variieren mögen. Ebeling (2004, 24)
erhebt in Anschluss an Foucault die Inkonsistenz und Heterogenität in den Archäologien gar zum attraktiven Element der Disziplin.

»Während Archäologie Kultur zunächst [...] aus nichtschriftlichen Quellen aus-
liest, diese Quellen der *material culture* dann aber mit philologischem Werkzeug
verarbeitet, sind in ihr natur- und geisteswissenschaftliche Verfahren untrennbar
verbunden. Allein dieser Umstand der fundamentalen Heterogenität der Archäologie
könnte genügen, um die Faszination der Disziplin zu erklären.«

Dennoch gesteht auch er einen doppelten Konsens ein: Wir haben es mit der Vergangenheit zu tun, und wir benutzen ›philologische Mittel‹ – womit er wohl Sprache
meint – zur Interpretation der Heterogenität. Anfangs hatte ich ausgeführt, dass das
Interesse am Alten Orient aus Fragen nach der Bibel entsprang. Doch ging es dabei
um den Nachweis ihrer *Historizität,* mithin um Geschichtsschreibung. Wenn sich dies
im Zuge der wissenschaftlichen Aufsplitterung in kleine Spezialbereiche geändert hat,
so müssen wir uns fragen, was denn heutzutage die Beschäftigung mit der altorientalischen Vergangenheit soll?[23] Ist eine Synthese, wie auch immer inspiriert, überhaupt
noch die gemeinsame Zielvorgabe?

Der Prähistoriker Manfred Eggert hat vor kurzem den Vorschlag gemacht, alle
Archäologien als »Historische Kulturwissenschaften« zu verstehen (2006). Doch
genügt eine allgemeine Verständigung auf die vage Bestimmung ›Kulturwissenschaft‹
nicht, die materielle und symbolische, also auch textliche Zeugnisse einzubeziehen

---

22 Das gilt übrigens auch für andere archäologische Richtungen. Man könnte meinen, dass die in
    Mode gekommene »reflexive Archäologie« solchen Kollektivmüdungen ein Ende setzt. Ein
    Blick in Werke der reflexiven Archäologie führt jedoch allzu deutlich vor Augen, dass der Ter-
    minus »reflexiv« die Praxis betrifft, nicht aber Interpretation und Theorie (z. B. Hodder 2000;
    Edgeworth 2003).

23 In der US-amerikanischen, vom Ansatz der *processual archaeology* dominierten Vorderasiatischen
    Altertumskunde spielt partikularistische Geschichte eine nur geringe Rolle, da Forschungsziele
    theoriegeleitet sind. Damit werden vergangene Zeitabschnitte und Regionen sowie Menschen und
    deren Handlungen zu ›Fallbeispielen‹ für Abstrakta degradiert.

hätte.[24] ›Kultur‹ schließt zweierlei ein. Erstens handelt es sich dabei um eine Wissenschaft, die nach ›Sinn‹ fragt. Dabei liegt dieser Sinn im Falle der archäologischen, philologischen und historischen Fächer in der Vergangenheit. Des Weiteren muss ›Sinn‹ vermittelt und dargestellt werden. Nun gibt es gerade in heutiger Zeit multiple Wege der Sinnvermittlung vom Visuellen zum Audiovisuellen und rein Narrativen. M. E. ist es ein Zeichen der Kulturwissenschaften, dass sie nicht ohne ein narratives Element auskommen. Denn selbst wenn Bilder den größten Anteil einer Darstellung ausmachen, können sie nicht, wie schon Sontag (1977) bemerkt, ohne Textunterschriften auskommen – bzw. im Falle von Filmen ohne begleitende gesprochene Worte. Das Adjektiv »historisch« setzt diesen Bemerkungen nur ein Element hinzu: Das Objekt des Erkennens ist die Vergangenheit, womit sich ein zeitlicher Unterschied zum Erkenntnissubjekt einstellt.

Von diesem Standpunkt aus sind Werke der altorientalischen Wissenschaften auf ihre Erzählformen hin zu untersuchen. Instruktiv hierfür ist die Diskussion in der Ur- und Frühgeschichte, wo man neuerdings Hayden Whites und Jörn Rüsens narratologische Typologien auf fachinterne Anwendbarkeit hin analysiert (Eggert 2006, 213–6; Veit 2006; Rieckhoff 2007). Auch die Erzählformen der o. g. Synthesen Moortgats, Nissens oder van de Mieroops wären eine intensive Auseinandersetzung wert. Wie werden einzelne vorhandene Fakten in Sinn produzierender Weise miteinander verbunden? Wie werden die selektierten Quellen sprachlich in ein Gerüst gebracht, in dem der Erzähler – und nicht, wie bei Hayden White (1973), Tropen – eine fundamentale Rolle spielt? Statt hier einer Kritik des Bestehenden nachzugehen, möchte ich eine an anderem Ort schon vorgestellte Idee zu einer modifizierten Historiographie etwas weiter ausarbeiten (Bernbeck 2005).

Aspektivische Geschichtsschreibung

Zunächst sei vorausgeschickt, dass ich meine, die Beschäftigung mit der Vergangenheit müsse, wo sie von der Analyse zur Synthese umschlägt, in Geschichtsschreibung münden. Historiographische Rudimente lassen sich in vielen Artikeln und Büchern entdecken, so dass diese Forderung weder neu ist noch extra verteidigt werden muss. Letztlich ist damit das Ziel der Altertumsforschung angesprochen, und unabhängig vom Inhalt liegt der Zugang im Erzählen, prosaischer ausgedrückt im Schreiben von Texten, die prinzipiell diachrone Ereignisse und Strukturen in eine Verbindung bringen.

---

24 Eggerts Diskussion über den Kern dessen, was Kulturwissenschaften ausmache, bleibt verständlicherweise unentschlossen.

Hier stoßen wir auf das erste Problem. Denn beim Schreiben von Texten muss man zwischen AutorIn und ErzählerIn eines Textes unterscheiden. In Romanen wird diese Differenz oft explizit vorgeführt, wenn nämlich der Erzähler in die Geschichte als handelnde Figur eingebunden ist. Das gilt auch für historische Romane, die von der Textform her nahe an die Geschichte herankommen, und kann etwa in Stefan Heyms *Der König David Bericht* beobachtet werden, in dem der Erzähler ein Ethan ben Hoshaja ist. Doch auch in allen anderen Texten – wissenschaftliche inklusive – wird, ob gewollt oder nicht, eine Erzählerfigur konstruiert, die sich durch grammatikalische Wendungen, aber auch durch den Textinhalt und bewertende Adjektive und Adverbien wie »leider«, »höchst selten« in ihren Präferenzen aus dem Text herauslesen lässt.[25]

Der ohnehin in Texten vorhandene Erzähler lässt sich für eine stärker reflexive Form der Geschichtsschreibung nutzen. Denn hinter unserem Schreiben stehen immer, ob eingestanden oder nicht, Interessen (Habermas 1969), und das Bemühen solcher Philosophen wie Edmund Husserl bestand darin, einen Weg zum interesselosen Betrachten der Welt zu finden, ohne in einen blinden Positivismus zu verfallen. Ein Wandel in der geschichtlichen Erzählform, nämlich die Einfügung eines explizit gemachten Narrators (oder, das sei immer mitgedacht: einer Narratorin), würde zwar nicht zu interessefreier Geschichtsdarstellung führen, jedoch AutorInnen dazu zwingen, den LeserInnen diese Interessen deutlicher vor Augen zu führen.

Ein Narrator ist damit die Figur im Text, die die Verbindung zwischen Vergangenheit und Gegenwart herstellt. Auch hier hätte eine Narrator-zentrierte Form des Erzählens ihren Vorteil, denn in den Standard-Geschichtswerken scheint das Erkenntnisobjekt ›Vergangenheit‹ den Autoren unmittelbar zugänglich zu sein, d. h., die zeitliche Relation wird sprachlich gar nicht zum Ausdruck gebracht. Die ›Kelten‹ sind, wie Rieckhoff (2007) ausführt, eben ein Konstrukt der Gegenwart, nicht jedoch eine vergangene Entität *für sich*. In historischen Synthesen, aber auch schon in den analytischen Vorarbeiten hierzu, wird Vergangenheit konstituiert aus einem unendlichen Meer von Faktoiden, aus denen die als wichtig empfundenen hervorgehoben und in eine Erzählung integriert werden, während die unwichtig erscheinenden entweder randständig eingeschlossen oder ganz und gar verschwiegen werden (Trouillot 1995). Interessen kommen in diesen narrativen Prozessen doppelt zum Zuge: einerseits als Mechanismus der Quellenselektion, andererseits als die Art und Weise des »connecting the dots«. Wird ein expliziter Narrator in die historische Erzählung eingeschlossen, so besteht auch die Möglichkeit, solche Selektions- und Konstruktionsvorgänge aus der dunklen Tiefe des vermeintlich ›historischen Verstandes‹ des Autors / der

---

25 Ausnahmen sind ingeniös konstruierte Aneinanderreihungen von Dokumenten, die eine historische Sicht vermitteln, ohne aber einen einzigen Autor und damit Erzähler zu haben. Ein Paradebeispiel hierfür ist Walter Kempowskis Sammelwerk *Das Echolot* (1993–2005). Dennoch kündigt der btb-Verlag die Taschenbuchausgabe des letzten Bandes *Abgesang '45* als »Roman« an.

Autorin ans Licht zu bringen. Am einfachsten gelingt dies in der Form der Rahmenerzählung, die den Narrator charakterisieren und seine Interessen vorführen kann. Ich nenne nur ein kleines Beispiel mit solchem Potenzial aus dem Alten Vorderasien. In groß angelegten Geschichten – von denen es ohnehin nur wenige gibt – wird die Neolithisierung heutzutage als ein Phänomen abgehandelt, das auf die Levante und Anatolien konzentriert war. Ein Grund ist die Quellenselektion, nicht aber die Quellenlage: Es gibt, zeitgleich etwa zu Çatal Höyük, Orte im iranischen Tief- und Hochland, die jedoch vergleichsweise arm an symbolisch aufgeladenen Gegenständen wie Wandmalerei, Figurinen usw. sind. Vielleicht stand aber dieser Beschränkung im Bereich materieller Kultur ehemals eine Vielfalt in anderen kulturell-sozialen Sphären gegenüber. Archäologische Synthesen, deren Interesse immer wieder an Çatal Höyük und ähnliche Orte ausgerichtet ist, spiegeln dominante Gegenwartsinteressen wider, indem sie den Schwerpunkt auf das, im wahrsten Sinne des Wortes, Spektakuläre legen. Eine in einer Rahmenerzählung eingeführte Erzählerin könnte hingegen so konstruiert werden, dass sie dem Visuellen weniger verfallen ist und daher radikal andere Schwerpunkte setzt.[26]

Das Einfügen eines Narrators in den Text genügt jedoch nicht. Denn damit würde immer noch ein der Erzählung wesenhaft innewohnender Zug bewahrt: die Kohärenz. Erzählen selbst ist, wie jede symbolische Repräsentationsform, ideologisch, denn diese Praxis führt, wenn sie erfolgreich ist, zu einer in sich stimmigen, geschlossenen Darstellung. Dies ist für fiktive Texte wie etwa historische Romane nicht notwendig ein Problem.

Für die Historiographie hingegen ist eine formal in sich konsistente Erzählung nach oben angestellten Überlegungen – und dem *mainstream* der Historiker zum Trotz – zwangsläufig ein Misserfolg. Denn ein einheitliches Narrativ betrachtet die Vergangenheit aus einer Einzelperspektive, unabhängig davon, ob die mit dieser Perspektive verbundenen Interessen nun explizit gemacht werden oder im Verborgenen bleiben. Es steht außer Frage, dass die menschliche Geschichte insgesamt getrieben wird vom Widerstreit der Interessen, so dass eine Darstellung aus einer einzigen Sicht im Ansatz schon Prozessen der Vergangenheit nie gerecht werden kann. Denn Form und Inhalt des Dargestellten sind immer untrennbar miteinander verbunden.

Daher schlage ich vor, dass die Absonderung des Narrators vom Autor in der Historiographie durch die Multiplikation des Narrators erweitert wird, um so von einer *perspektivischen* zu einer *aspektivischen* Geschichtsschreibung zu gelangen.[27]

---

26 Wenn Vielfalt in Interpretationen zu einem gewissen Grade in der Vorderasiatischen Archäologie existiert, dann m. E. vor allem wegen des Bestrebens, die Resultate eigener Feldarbeit hervorzuheben. Ich gestehe ein, dass mein hier gegebenes Beispiel ebenfalls einen solchen Ursprung hat.

27 Dies ist eigentlich keine bahnbrechend neue Forderung. Eggert etwa schreibt (2006, 240): »Dabei halte ich die Konzepte einer Metaebene [der Kulturwissenschaften] und Multiperspektivität allerdings durchaus für sinnvoll, solange sie keine rhetorischen Floskeln darstellen, und die dahinter

»Aspektive« meint dabei die Narratoren-Sicht auf ein- und denselben Gegenstand von mehreren Standpunkten aus ›gleichzeitig‹.[28] Dabei kämen drei essenzielle Elemente einer reflexiven Historiographie zum Ausdruck. Erstens würde durch die zeitlich vom Erzählten abgesetzten, aber in die Geschichte integrierten Narratoren klar, dass die Geschichtserzählung eine zeitliche Relation ist. Zweitens würde Geschichte als interessegeleitete Erzählung erfahrbar. Dieses Thema und die mangelnde Objektivität von Textdarstellungen wird in der Kulturanthropologie und Ethnologie schon seit langem diskutiert (Clifford / Marcus 1986), hat aber selten zu einem Vorschlag neuer Schreibformen geführt. Drittens würde der Vergangenheit ihre vorgebliche Einheitlichkeit genommen, indem die Spiegelung der Interessenvielfalt der Gegenwart in deren disparaten Rekonstruktionen von Vergangenheit*en* zum Ausdruck käme. Damit könnte dies ein Ansatz zu einer ideologiekritischen Geschichtsschreibung werden, da solche Texte zwar in einzelnen Abschnitten kohärent, im Großen und Ganzen aber von Gegensätzen durchwirkt wären; damit entspräche die Form des Textes seinem Inhalt, einer menschlichen Geschichte mit all ihren Konflikten und sich überschneidenden Interessen.

Ein letzter, nicht unwichtiger Punkt, den ich bislang nur peripher erwähnt habe, ist das Fehlen handelnder Menschen, ein Problem, das gerade die Synthesen vorgeschichtlicher Perioden plagt und deren Attraktivität bei einem Großteil des Publikums beeinträchtigt. Eine im obigen Sinne konstruierte aspektivische Geschichtsschreibung würde auch dieses Problem insofern lösen, als handelnde Figuren nicht in der ›erzählten Zeit‹ (Vergangenheit) angesiedelt wären, sondern in der ›Erzählzeit‹ (Gegenwart). Im Gegensatz zur »multivocality«-Debatte der angloamerikanischen Archäologie geht es bei der hier vorgeschlagenen Erzählform jedoch nicht darum, unterschiedlichen Gruppen Raum für ihre als jeweils berechtigt erscheinenden Interessen an einer bestimmten Vergangenheitsauslegung zu gestatten. Denn diese Konstellation führt zu unlösbaren Konflikten zwischen konstruktivistischem ›Gestatten‹ solcher Erzählräume seitens derjenigen, die akademische Machtpositionen innehaben, und essenzialistischen Tendenzen seitens derer, die diese Räume füllen. Vielmehr zeigt sich in einer aspektivischen Erzählweise jede Interpretation klar als ein Konstrukt wie jedes andere, parallel dazu aufgeführte.

In der Praxis stellt sich meinem Vorschlag ein Problem entgegen. Wir erziehen in der universitären Lehre zumindest in den Vorderasiatischen Altertumswissenschaften ForscherInnen, die – wie ich selbst auch – auf ›Objektivität‹, Nachvollziehbarkeit und das Unterdrücken eigener Interessen beim Nachdenken über andere, vergangene Gesellschaften gedrillt werden. Das ist zumindest für den Abbau von Vorurteilen

---

stehenden Betrachtungsweisen nicht jener Beliebigkeit zuzurechnen sind, die Proß [...] zu Recht kritisiert hat.«

28 Dies kann nur als Gleichzeitigkeit im Rahmen eines einzelnen Textes wirken. Denn die lineare Natur der Sprache gestattet es nicht, mehrere Geschichten tatsächlich ›gleichzeitig‹ zu erzählen.

und *common sense*-Argumenten auch notwendig. Wir lernen ein ganz spezifisches Argumentationsraster, innerhalb dessen wir uns bewegen dürfen. Dies schließt die Erfindung fiktiver Persönlichkeiten und Charaktere aus. Die Trennung von Autor und Narrator erfordert aber genau diese kreative Fähigkeit. Wenn wir aus dem gegenwärtigen Zustand des Vor-sich-Hinwerkelns mit den überkommenen Formen – als ›Spezialisierung‹, ›Inter-‹ oder ›Transdisziplinarität‹ ideologisch überhöht – herauskommen wollen, so müsste unter anderem an dieser Stelle in der Ausbildung angesetzt werden.

Literaturverzeichnis

Althusser 1977: L. Althusser, Ideologie und ideologische Staatsapparate. Hamburg: VSA 1977.

Andrae 1938: W. Andrae, Das wiedererstandene Assur. Leipzig: Hinrichs 1938.

Arenhövel / Schreiber 1979: W. Arenhövel / Ch. Schreiber (Hrsg.), Berlin und die Antike. Aufsätze. Berlin: Wasmuth 1979.

Arnold / Weisberg 2002: B. T. Arnold / D. B. Weisberg, A Centennial Review of Friedrich Delitzsch's ›Babel und Bibel‹ Lectures. Journal Biblical Literature 121, 2002, 441–57.

Bernbeck 2000: R. Bernbeck, The Exhibition of Architecture and the Architecture of an Exhibition: the Changing Face of the Pergamon Museum. Arch. Dialogues 7, 2000, 98–145.

Bernbeck 2005: Ders., The Past as Fact and Fiction. From Historical Novels to Novel Histories. In: S. Pollock / R. Bernbeck (Hrsg.), Archaeologies of the Middle East: Critical Perspectives. Oxford: Blackwell 2005, 97–122.

Blumenberg 1999: H. Blumenberg, Wirklichkeiten, in denen wir leben. Stuttgart: Reclam 1999.

Vom Bruch 2005: R. vom Bruch, Ernst Herzfeld in an Academic Context: The Historical Sciences of Culture at the University of Berlin during the Weimar Republic (1919–1933). In: Gunter / Hauser 2005, 477–504.

Butler 1935: E. M. Butler, The Tyranny of Greece over Germany. Cambridge: Cambridge University Press 1935.

Clifford / Marcus 1986: J. Clifford / G. E. Marcus, Writing Culture. Berkeley: University of California Press 1986.

Crüsemann 2000: N. Crüsemann, Vom Zweistromland zum Kupfergraben. Vorgeschichte und Entstehungsjahre (1899–1918) der Vorderasiatischen Abteilung der Berliner Museen vor fach- und kulturpolitischen Hintergründen. Beih. Jahrb. Berliner Mus. N. F. 42. Berlin: Mann 2001.

Delitzsch 1902: F. Delitzsch, Babel und Bibel. Ein Vortrag. Leipzig: Hinrichs 1902.

Dilthey 1981: W. Dilthey, Der Aufbau der geschichtlichen Welt in den Geisteswissenschaften. Frankfurt a. Main: Suhrkamp 1981 [Erstausg.: Berlin 1910].

Donohue 2005: A. A. Donohue, Greek Sculpture and the Problem of Description. Cambridge: Cambridge University Press 2005.

Ebeling 2004: K. Ebeling, Einleitung. In: K. Ebeling/St. Altekamp (Hrsg.), Die Aktualität des Archäologischen in Wissenschaft, Medien und Künsten. Frankfurt a. Main: Fischer 2004, 9–32.

Edgeworth 2003: M. Edgeworth, Acts of Discovery: An Ethnography of Archaeological Practice. BAR Internat. Ser. 1131. Oxford: Archaeopress 2003.

Edzard 2004: D. O. Edzard, Geschichte Mesopotamiens. Von den Sumerern bis zu Alexander dem Großen. München: Beck 2004.

Eggert 2006: M. K. H. Eggert, Archäologie: Grundzüge einer Historischen Kulturwissenschaft. Tübingen: Francke 2006.

Ellis 1975: R. S. Ellis, Review of A. Moortgat: Some Observations on Mesopotamian Art and Archaeology. Journal Am. Oriental Soc. 95, 1975, 81–94.

Foucault 1994: M. Foucault, Überwachen und Strafen. Die Geburt des Gefängnisses. Frankfurt a. Main: Suhrkamp 1994.

Frankfort 1950: H. Frankfort, Rez. zu Moortgat 1949. Journal Near Eastern Stud. 9, 1950, 189–91.

Galtung 1982: J. Galtung, Strukturelle Gewalt. Beiträge zur Friedens- und Konfliktforschung. Reinbek b. Hamburg: Rowohlt 1982.

Galtung 1994: Ders., Menschenrechte – anders gesehen. Frankfurt a. Main: Suhrkamp 1994.

Gerhard 1850: E. Gerhard, Archäologische Thesen. Arch. Zeitung 8, 1850, 203–5.

Gesenius 2005: W. Gesenius (Hrsg.), Ludwig Burckhardt. Reise in Syrien, Palästina und der Gegend des Berges Sinai. Doc. Arabica. Hildesheim: Olms 2005 [Erstausg.: Weimar 1823–1824].

Giuliani 2003: L. Giuliani, Kleines Plädoyer für eine archäologische Hermeneutik, die nicht mehr verstehen will, als sie auch erklären kann, und die nur soviel erklärt, wie sie verstanden hat. In: M. Heinz/M. K. H. Eggert/U. Veit (Hrsg.), Zwischen Erklären und Verstehen? Beiträge zu den erkenntnistheoretischen Grundlagen archäologischer Interpretation. Tübinger Arch. Taschenb. 2. Münster u. a.: Waxmann 2003, 9–22.

Gunter/Hauser 2005: A. C. Gunter/St. R. Hauser (Hrsg.), Ernst Herzfeld and the Development of Near Eastern Studies, 1900–1950. Leiden: Brill 2005.

Haberland 1993: D. Haberland (Hrsg.), Engelbert Kaempfer – Werk und Wirkung. Stuttgart: Steiner 1993.

Habermas 1969: J. Habermas, Erkenntnis und Interesse. Frankfurt a. Main: Suhrkamp 1969.

Hauser 2005a: St. R. Hauser, History, Races and Orientalism: Eduard Meyer, the Organization of Oriental Research, and Ernst Herzfeld's Intellectual Heritage. In: Gunter/Hauser 2005, 505–60.

Hauser 2005b: Ders., Quellen – Material. Historiker, Archäologen und das Schweigen der Steine. In: K. Hitzl (Hrsg.), Methodische Perspektiven in der Klassischen Archäologie. Schr. Dt. Archäologenverband 16, 2005, 69–107.

Hauser 2006: Ders., Die Integration der Orientarchäologie in die Universitäten. In: L. Hanisch (Hrsg.), Der Orient in akademischer Optik. Beiträge zur Genese einer Wissenschaftsdisziplin. Orientwiss. H. 20. Halle: Orientwissenschaftliches Zentrum 2006, 63–88.

Heckhausen 1987: H. Heckhausen, »Interdisziplinäre Forschung« zwischen Intra-, Multi- und Chimären-Disziplinarität. In: J. Kocka (Hrsg.), Interdisziplinarität. Frankfurt a. Main: Suhrkamp 1987, 129–45.

Hodder 2000: I. Hodder (Hrsg.), Towards Reflexive Method in Archaeology: The Example at Çatalhöyük. Cambridge: McDonald Institute for Archaeological Research 2000.

Holtorf 2007: C. Holtorf, Archaeology Is a Brand! The Meaning of Archaeology in Contemporary Popular Culture. Walnut Creek / Calif.: Left Coast Press 2007.

Hrouda 1991: B. Hrouda (Hrsg), Der alte Orient. Geschichte und Kultur des alten Vorderasien. Gütersloh: Bertelsmann 1991.

Hunt 1984: E. D. Hunt, Holy Land Pilgrimage in the Later Roman Empire, AD 312–460. Oxford: Clarendon Press 1984.

Johanning 1988: K. Johanning, Der Bibel-Babel Streit. Eine forschungsgeschichtliche Studie. Europä. Hochschulschr. 23, Theol. 343. Frankfurt a. Main: Lang 1988.

Kempowski 1993–2005: W. Kempowski, Das Echolot. Ein kollektives Tagebuch. München: Knaus 1993–2005.

Kruse 2004: F. K. H. Kruse (Hrsg.), Ulrich Jasper Seetzen's Reisen durch Syrien, Palästina, Phönicien, die Transjordan-Länder, Arabia Petraea und Unter-Aegypten. Hildesheim: Olms 2004 [Erstausg.: Berlin 1855–1859].

Lefèbvre 1965: H. Lefèbvre, Probleme des Marxismus, heute. Frankfurt a. Main: Suhrkamp 1965.

Liverani 1988: M. Liverani, Antico Oriente. Storia, Società, Economia. Rom: Editori Laterza 1988.

Lowenthal 1985: D. Lowenthal, The Past Is a Foreign Country. Cambridge: Cambridge University Press 1985.

Lynch 1977: W. F. Lynch, Narrative of the United States' Expeditions to the River Jordan and the Dead Sea. New York: Arno Press 1977 [Erstausg.: Philadelphia 1849].

Marchand 1996: S. L. Marchand, Down from Olympus: Archaeology and Philhellenism in Germany, 1750–1970. Princeton: Princeton University Press 1996.

Marx / Engels 1969: K. Marx / F. Engels, Die Deutsche Ideologie. MEW 3. Berlin: Dietz 1969, 5–530.

van de Mieroop 2006: M. van de Mieroop, History of the Ancient Near East: Ca. 3000–323 BC. Oxford: Blackwell ²2006.

Miquel 1963: A. Miquel (Übers.), Al Muqadassi: Ahsan at-taqasim fi ma'rifat al aqalim. La meilleure repartition pour la connaissance des provinces. Damaskus: Institut Français de Damas 1963.

Moortgat 1949: A. Moortgat, Tammuz. Der Unsterblichkeitsglaube in der altorientalischen Bildkunst. Berlin: de Gruyter 1949.

Moortgat 1967: Ders., Die Kunst des alten Mesopotamien. Die klassische Kunst Vorderasiens. Köln: DuMont 1967.

Moortgat 1971: Ders., Einführung in die vorderasiatische Archäologie. Darmstadt: Wissenschaftliche Buchgesellschaft 1971.

Nissen 1983: H. J. Nissen, Grundzüge einer Geschichte der Frühzeit des Vorderen Orients. Darmstadt: Wissenschaftliche Buchgesellschaft 1983.

Nissen 1999: Ders., Geschichte Alt-Vorderasiens. Oldenbourg Grundriss Gesch. 25. München: Oldenbourg 1999.

Nöldeke 1879: Th. Nöldeke (Übers.), Al Tabari: Geschichte der Perser und Araber zur Zeit der Sasaniden. Aus der Arabischen Chronik des Tabari. Leiden: Brill 1879.

Orthmann 1975: W. Orthmann, Der alte Orient. Propyläen Kunstgesch. 14. Berlin: Propyläen 1975.

Osterhammel 1998: J. Osterhammel, Die Entzauberung Asiens. Europa und die asiatischen Reiche im 18. Jahrhundert. München: Beck 1998.

Reid 2003: D. M. Reid, Whose Pharaohs? Archaeology, Museums, and Egyptian National Identity from Napoleon to World War I. Berkeley: University of California Press 2003.

Renger 1979: J. Renger, Die Geschichte der Altorientalistik und der vorderasiatischen Archäologie in Berlin von 1875–1945. In: Arenhövel/Schreiber 1979, 151–92.

Renger 2006: Ders., Die Altorientalistik als philologische und historische Disziplin an den deutschen Universitäten des 19. Jahrhunderts. In: L. Hanisch (Hrsg.), Der Orient in akademischer Optik. Beiträge zur Genese einer Wissenschaftsdisziplin. Orientwiss. H. 20. Halle: Orientwissenschaftliches Zentrum 2006, 43–62.

Rieckhoff 2007: S. Rieckhoff, Keltische Vergangenheit: Erzählung, Metapher, Stereotyp. Überlegungen zu einer Methodologie der archäologischen Historiografie. In: St. Burmeister/H. Derks/J. von Richthofen (Hrsg.), Zweiundvierzig. Festschrift für Michael Gebühr zum 65. Geburtstag. Internat. Arch. Stud. Honoraria 25. Rahden/Westf.: Leidorf 2007, 19–34.

Roaf 1990: M. Roaf, Cultural Atlas of Mesopotamia and the Ancient Near East. New York: Facts on File 1990.

Robinson 1856: E. Robinson, Biblical Researches in Palestine, and in the Adjacent Regions. A Journal of Travels in the Year 1838. Boston: Crocker and Brewster 1856.

Selz 2005: G. Selz, Sumerer und Akkader – Geschichte, Gesellschaft, Kultur. München: Beck 2005.

Sennett 2005: R. Sennett, Die Kultur des neuen Kapitalismus. Berlin: Berlin Verlag 2005.

Sontag 1977: S. Sontag, On Photography. New York: Farrar, Strauss and Giroux 1977.

Stähli 2001: A. Stähli, Vom Ende der Klassischen Archäologie. In: St. Altekamp/M. Hofter/M. Krumme (Hrsg.), Posthumanistische Klassische Archäologie. München: Hirmer 2001, 145–70.

Trouillot 1995: M.-R. Trouillot, Silencing the Past. Power and the Production of History. Boston: Beacon Press 1995.

Veit 2006: U. Veit, Der Archäologe als Erzähler. In: H.-P. Wotzka (Hrsg.): Grundlegungen. Beiträge zur europäischen und afrikanischen Archäologie für Manfred K. H. Eggert. Tübingen: Francke 2006, 201–14.

Weber 1995: M. Weber, Wissenschaft als Beruf. Stuttgart: Reclam 1995 [Erstausg.: München 1919].

White 1898: A. D. White, A History of the Warfare of Science with Theology in Christendom. New York: Appleton 1898.

White 1973: H. White, Metahistory. Baltimore: Johns Hopkins University Press 1973.

Wiesehöfer/Conermann 2002: J. Wiesehöfer/St. Conermann (Hrsg.), Carsten Niebuhr und seine Zeit. Stuttgart: Steiner 2002.

MARTIN FITZENREITER

»In Ägypten ist alles ganz anders«.
Über die (vermeintliche) Einheit von Archäologie
und Historiographie in der Ägyptologie

Zusammenfassung: Für einen ob der diesbezüglichen Theorie- oder Methodendebatte nicht
vorgewarnten Ägyptologen ist die Zweiteilung in Archäologie und Geschichtswissenschaften
verwirrend. Ursache dieser methodologischen Naivität mag der spezifische Weg der Institutionalisierung des Faches Ägyptologie an deutschen Universitäten sein, aber auch die Omni-
präsenz von Schrift- und Bildzeugnissen im archäologischen Befund in Ägypten ganz allgemein. Besonders trägt zur fehlenden Sensibilität bei der Unterscheidung von Archäologie und
Geschichtswissenschaften bei, dass sich die Ägyptologie als Regionalwissenschaft die Behandlung der Totalität der altägyptischen Kultur zum Ziel gesetzt hat – und dabei methodische Spe-
zialisierungen anderer Fächer oft nicht wahrnimmt. Dieser Umstand kann einerseits vorteilhaft
sein, da er redundante Debatten über Deutungshoheiten reduziert, andererseits befördert er die
Tendenz zu einer selbstreferenziellen Paradigmatik. Am Beispiel der so genannten »Reichseinigungszeit« wird der »typisch ägyptologische« Umgang mit historischem Material demonstriert. In einem Nachsatz wird das Konzept einer Geschichtsschreibung umrissen, die sich an
der besonderen Befundsituation archäologischer Fächer orientiert. Dabei soll, um dem Begriff
»Geschichte« wieder einen allgemeinverständlichen Inhalt zu geben, unter praxistheoretischer
Prämisse jeder Befund auf seine »ereignishaften« Entstehungsbedingungen hin untersucht und
so als das Ergebnis eines historischen Zusammenhanges gelesen werden.

Die Verwirrung des Ägyptologen[1]

Aufgefordert, über das der Tagung zugrunde liegende Thema aus der Sicht eines
Ägyptologen zu sprechen, ergab sich anfänglich eine gewisse Schwierigkeit, das
Kernproblem zu erfassen. Das im Beitragstitel aufgenommene freie Zitat nach Hero-
dot (II, 35 ff.), dass in Ägypten alles anders sei, bezieht sich auf die Wahrnehmung
Ägyptens durch die Griechen. Hier ist es jedoch umgekehrt zu sehen: Es konstatiert

---

1 Verwirrung kann in der Archäologie nur positiv sein. Ich danke Stefan Burmeister und Nils Müller-Scheeßel für die Einladung zu der hochinteressanten Tagung, der ich viele Anregungen für ein
   eigenes Projekt verdanke. Robert Schistl danke ich für Hinweise auf relevante Literatur.

die Verwirrung eines Ägyptologen über ein Problem, das der die Tagung vorbereiten-
den These zufolge die ur- und frühgeschichtliche Forschung einigermaßen bewegt.
Wie ist das mit dem Verhältnis von Geschichtswissenschaft und Archäologie nämlich
gemeint? Bezieht es sich auf hermeneutische Stufen, z. B. Befunderhebung versus
Befunddeutung? Archäologie sozusagen als die Stufe der Befundsicherung (*Gegen-
standssicherung*, wie man in der Kunstwissenschaft sagt; Sauerländer 1988) und
Geschichtswissenschaft als die Stufe der Interpretation, Deutung, Dekonstruktion,
Verallgemeinerung usw.? Oder bezieht es sich auf unterschiedliche Materialgrundla-
gen, also auf Bodenbefunde versus Schriftquellen? Erstaunlicher Weise auf letzteres.
Was einen Ägyptologen verwirrt, denn Texte sind in der Ägyptologie eine zentrale
Befundgattung. Ist das ein Zeichen dafür, dass Ägyptologie gar nichts mit Archäologie zu tun hat? Und wenn Geschichtswissenschaft die Interpretation vorrangig
narrativer Quellen ist, also von Texten, dann ist die Ägyptologie, die sich u. a. mit
Gräbern und Keramik befasst, auch keine Geschichtswissenschaft. Ist Ägyptologie
einfach nur Ägyptologie?

   An dieser Stelle der Überlegung angekommen, die sich um nichts als Fächerdefi-
nitionen zu drehen scheint, wächst ein Verdacht: Mit dem Gegensatz von Archäologie und Geschichtswissenschaft sind weder unterschiedliche hermeneutische Ebenen
noch Quellenpräferenzen gemeint, sondern ganz schlicht: unterschiedliche Institutionen. Dann ist der Unterschied allerdings weniger methodische Pragmatik oder
gar Quellenkompetenz, sondern vor allem: institutionsgebundener Dünkel. So wie
Ägyptologen von Vertretern der Ur- und Frühgeschichtlichen Archäologie ob der
Feldmethodik scheel angesehen werden und jene wiederum die Lockenzählerei bei
den Klassischen Archäologen bespöttelt, so sprechen die Historiker vielleicht den
Archäologen ab, dass sie lesen können und umgekehrt halten die Archäologen die
Historiker nicht für richtige Männer – oder Frauen. Wenn also als Thema aufgerufen
wird, die »Zusammenarbeit zweier *Disziplinen*« zu beleuchten, dann geht es wohl
zuerst einmal um zwei *Fächer*: die Geschichtswissenschaft mit ihrer Verästelung in
Alte, Mittlere, Neue und Zeitgeschichte und die Ur- und Frühgeschichtliche Archäologie, die sich ebenso in Stein-, Bronze-, Eisenzeit-, Mittelalterarchäologie usw.
spaltet. Zwei Fächer also, die akademisch institutionalisiert sind, historisch unterschiedlich gewachsen – und dann betroffen feststellen, dass es zumindest fallweise
Überlappungen des Forschungsgegenstandes gibt.

Ägyptologie als Institution

Sieht man das Spannungsverhältnis von Geschichtswissenschaft und Archäologie als
das zweier Institutionen, dann erscheint die Problemstellung klar, und der Ägyptologe
kann sich möglicherweise auch dazu äußern. Denn während er über Archäologie und

Geschichtswissenschaft ja eigentlich nicht viel zu sagen hat, so kann er immerhin etwas über die Ägyptologie als Institution sagen. Wenigstens lassen sich einige Elemente aufzählen, die für das Phänomen »Ägyptologie« als Institution charakteristisch sind, worunter ich im Moment allein die westeuropäische bzw. in konkreteren Fällen sogar nur die in Deutschland institutionalisierte Spielart der Ägyptenkunde verstanden wissen will.[2]

Die Geburt aus der Philologie

Die institutionalisierte Ägyptologie sieht die Entzifferung der Hieroglyphen durch François Champollion im Jahr 1822 als ihre Geburtsstunde an. Wie immer man solche ereignis- und erlebnisorientierten Muster deuten will – wir befinden uns hier bereits im Feld der Historiographie –, die weitere Entwicklung im 19. Jahrhundert bettete die Ägyptologie klar in die Philologie ein; genauer gesagt in die Sprachwissenschaft. Die am Beginn des ›langen‹ 19. Jahrhunderts entstandene Sprachwissenschaft deckte im Doppelprojekt der Romantik den Bereich der Kultur, die Sphäre des vom Menschen Geschaffenen ab, während die Naturwissenschaften sich der Sphäre des nicht vom Menschen Geschaffenen zuwandten. Die Gebrüder von Humboldt stehen als idealtypisches Zweigestirn der Wissenschaftsidee jenes Zeitalters, bei denen Alexander die Natur erforschte, Wilhelm die Kultur, besonders die Sprachen. Und jener Wilhelm war es, der einen jungen Philologen – Richard Lepsius – zur Ägyptologie drängte und ihn 1846 auf den ersten ägyptologischen Lehrstuhl setzte.[3] Lepsius war Philologe, hatte aber die ganze Bürde der Ägyptologie zu übernehmen. Neben der Professur war er Direktor des Ägyptischen Museums in Berlin, und leitete – gewissermaßen als Initiationsritus – eine Expedition nach Ägypten, den Sinai und den Sudan. Damit waren alle Bereiche der Ägyptologie institutionalisiert: die Lehre, die Sammlung, die Grabung sowie die Fundaufnahme.

An Lepsius lässt sich auch gut beobachten, welche Folgen die philologische Grundlegung für die ägyptologische Historiographie hatte. Lepsius forschte ausführlich über chronologische Fragen und stellte – im Zusammenspiel mit anderen – die in groben Zügen bis heute in der Ägyptologie gebräuchliche Periodisierung nach Reichen, Zwischenzeiten und Dynastien auf (Endesfelder 1988). Hauptquellen dafür waren Textzeugnisse, die in ganz erheblichem Maße aus der griechisch-römischen Überlieferung stammten, zunehmend ergänzt und korrigiert durch ägyptische Quellen. Das so gestaltete Geschichtsbild prägt bis heute die Chronologie des Alten Ägypten.

---

2 Dass man institutionalisierte Ägyptologien international nicht über einen Kamm scheren kann, zeigt etwa Jeffreys 2003, 14–7. Nichtinstitutionalisierte – also »illegale« – Ägyptologien bzw. Ägyptomanien lassen sich noch weniger in ein Schema pressen: Picknett/Prince 2003.

3 Eine Zusammenfassung jener Pionierzeit z. B. bei Le Roy Ladurie 1990.

Sie unterscheidet sich deutlich von dem, was aus archäologischer Sicht ein chronologisches Gerüst ausmacht. Die Ägyptologie verweigert sich erfolgreich dem Periodensystem von Christian Jürgensen Thomsen. Bronze- oder Eisenzeiten gibt es hier nicht; man lebt ganz den ereignisgeschichtlichen Horizont der *res gestae*, der Taten der Herrschenden. Schwer genug ist es daher, die unter ereignisgeschichtlichem Gesichtspunkt gestaltete Chronologie der altägyptischen Kultur mit den unter archäologischen Gesichtspunkten erstellten Chronologien zu synchronisieren, die für Nachbarkulturen im Mittelmeerraum erstellt wurden. Hierbei ist allerdings zu erwähnen, dass auch die Synchronisierung der ereignisgeschichtlichen Horizonte in Ägypten selbst Probleme bereitet (Bietak 2000; 2003).

Lepsius beschäftigte sich neben dieser eigentlichen ägyptologischen Arbeit intensiv mit dem der Sprachwissenschaft eigenen Projekt, die Sprachen der Welt in Verwandtschaftsgruppen zu klassifizieren (Höftmann 1988). Pate stand das Muster der biblischen Völkergenealogie, was sich in der Benennung der verschiedenen Zweige der Sprachfamilien nach den Söhnen Noahs – Sem, Ham und Japhet – als semitische, hamitische und japhetische Sprachen niederschlägt. Dieses System der linguistischen Genealogie ist aus zweierlei Gründen auch für die Geschichtsschreibung von außerordentlicher Bedeutung. Erstens greift es das genealogische Erzählmuster auf, das vielen historischen Narrationen zugrunde liegt (Fitzenreiter 2005); zweitens waren und sind ›Sprachverteilung‹ und ›Sprachwanderung‹ beliebte Grundlagen für diverse ereignisgeschichtliche Rekonstruktionen.[4] Das in den Sprachwissenschaften entwickelte Modell, das sich der Kartierung großflächiger Sprachgruppen bedient und jeweils »verwandte« Sprachen oder Dialekte mit »rassisch« verwandten Volksgruppen und deren Wanderbewegungen in Beziehung setzt, dürfte nicht zuletzt die ebenfalls kartengestützten Kulturmodelle Kossinnas und Childes inspiriert haben.[5] Heute hat es in der westlichen Ägyptologie zwar nicht mehr die zentrale Stellung, die ihm bei der Rekonstruktion historischer Vorgänge im Übergang vom 19. zum 20. Jahrhundert zugeschrieben wurde, ist aber von großer Bedeutung in der afrozentristischen Ägyptologie (Abb. 1–2).[6]

---

4 So schon bei Lepsius; siehe Endesfelder 1988, 237.
5 Siehe z. B. die Kartierung der Sprachgruppen in Nordostafrika in Lepsius 1848–1859, Abth. I. Bl. 1. Zur Kartierung von Fundzusammenhängen und ihrer Deutung durch Kossinna und Childe: Trigger 1989, 161–74.
6 Siehe etwa Diop 1979 [1955]; Obenga 1993 und Lam 1997. Es sei noch angemerkt, dass die Erhebung von Frühbelegen der meroitischen und nubischen Sprache und daraus abgeleitet die Rekonstruktion von Wanderbewegungen und anderen historischen Ereignissen in der westeuropäischen Forschung zum antiken Sudan z. Z. eine erhebliche Rolle spielt (Rilly im Dr.).

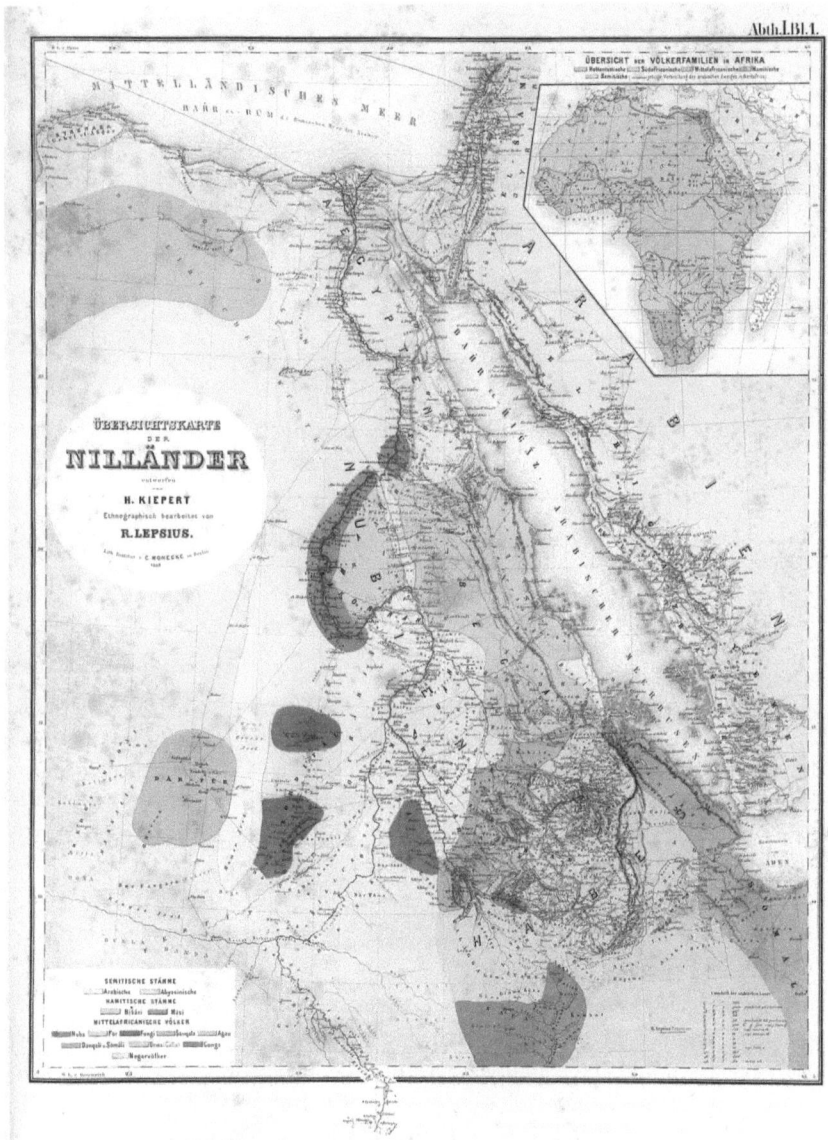

Abb. 1. Verteilung nordostafrikanischer Sprachen und Sprachfamilien nach Karl Richard Lepsius (1848–1859, Abth. I. Bl. 1).

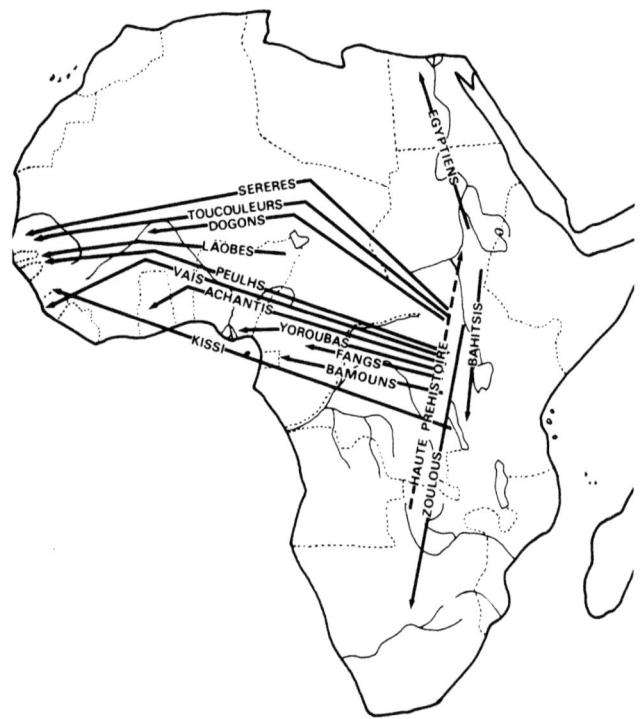

Abb. 2. Ereignisgeschichtliche Rekonstruktion von Wanderungsbewegungen und einer gemeinsamen rassischen und kulturellen Urverwandtschaft von westafrikanischen Sprechergruppen und dem pharaonischen Ägypten aus Sprachverteilungsmustern bei Cheikh Anta Diop (1979 [1954], 373 Abb. 51).

Das Phänomen der Hochkultur

Auch wenn man sich nicht sonderlich für Sprachwissenschaft interessiert, kommt ein Ägyptologe kaum an Schrift vorbei. Nicht nur bei der Beschäftigung mit monumentalen Zeugnissen, mit Tempeln, Pyramiden und Großgräbern; auch in – wenn man so will – originär archäologischen Kontexten spielt Schrift fast immer eine Rolle: als Aufschrift, Beischrift, Parallele. Es ist also nicht von ungefähr, dass im Prinzip jeder Archäologe in Ägypten sich dann, wenn er Befunde aus pharaonischer Zeit erhebt, auch mit dem Textbefund konfrontiert sieht – und zwar als einem archäologischen Artefakt (Kemp 1984).

Dieser durchaus heilsame Umstand hat bis heute eine echte Grabenbildung in der Ägyptologie zwischen einer den Grabungsbefund interpretierenden Archäologie und einer nur textorientierten Historiographie verhindert. Allerdings kam dabei die archäologische Komponente zu kurz. Vornehmste Aufgabe der ägyptischen Archäologie schien es lange genug zu sein, Textquellen zu finden; Objekte wurden auf die Eigenschaft als »Textträger« reduziert.[7] Bis heute wird der den Text umgebende bzw. ihn eigentlich erst hervorbringende Kontext oft vernachlässigt; bei der Interpretation von Befunden wird der Textinformation unverhältnismäßiges Gewicht zugemessen. Aber dieses Phänomen ist allen Altertumswissenschaften gemein, die sich den so genannten Hochkulturen widmen, also solchen Hinterlassenschaften, die von Menschen geschaffen wurden, die sich der Schrift bedienten.

Ägyptologie als eine totale Wissenschaft

Man kommt bei der Klassifizierung der Ägyptologie auch deshalb immer wieder ins Straucheln, weil sie sich weder als Philologie noch als Archäologie noch als Geschichts-, Kunst-, Sozial-, Kultur-, Wirtschafts- oder sonstige Wissenschaft einordnen lässt. Ägyptologie ist eine Regionalwissenschaft. Sie hat aus ihrer noch ganz vorromantischen, aufklärerischen Gründungszeit den Anspruch geerbt, das *ganze* Ägypten in all seinen Facetten zu beschreiben. So ist es niedergelegt in dem Werk, das neben Champollions Akademiebrief über die Entzifferung der Hieroglyphen als zweite – oder eigentlich erste – Geburtsurkunde der Ägyptologie gilt: Die *Description de L'Égypte*, die Ausbeute des wissenschaftlichen Nebenkriegsschauplatzes bei der Eroberung Ägyptens durch Napoleon.[8] Die *Description* beschrieb noch Ägyptens Natur, Fauna und Flora, Menschentypen, Trachten, Sitten und Gebräuche, Wirtschaft, Monumente, Lebensumstände usw. usf. bis zum Tage der Eroberung; die Ägyptologie als regionale Altertumswissenschaft hat diesen Anspruch auf die Zeit der Pharaonen eingeengt – aber auch auf nicht weniger. Natürlich spezialisiert man sich im Zuge einer akademischen Ausbildung, aber im Prinzip darf der Ägyptologe beanspruchen, genauso Philologe wie Archäologe, genauso Kunstwissenschaftler wie Historiker zu sein.

---

7   Durch die enge Beziehung, die in der ägyptischen Monumentalschrift – den Hieroglyphen – zwischen Schriftzeichen und Bild besteht, wird im ägyptischen Kontext »Schrift« und »Bild« oft als eine Einheit gesehen. Eine echte Trennung zwischen Schrift- und Bildwissenschaft, wie sie Reinhard Bernbeck auf der Tagung z. B. für die Vorderasiatische Altertumskunde diagnostizierte, besteht in der Ägyptologie nicht (Baines 2007). Allerdings werden in der Ägyptologie die Darstellungen gern verkürzt als semiotische Zeichen im Sinne von Sprachcodes (»Bildsprache«) gelesen; die Eigengesetzlichkeit der Gestaltungsweise wird so übersehen. Zu dem neuerdings wieder erwachenden Interesse an der pharaonischen Ikonologie siehe Verbovsek 2005.

8   1809 bis 1828 und seitdem in verschiedensten Neuauflagen erschienen; siehe Le Roy Ladurie 1990, 45–59.

Zwei Einschränkungen sind hier zu machen:

1. Die totalitäre Breite des forschenden Ansatzes ist natürlich Illusion. Zumindest in Deutschland und Frankreich beansprucht die Philologie das Primat in der ägyptologischen Forschung; das zeigt die Besetzung der Professuren. In Bezug auf die innerägyptologische Geschichtsschreibung darf man auch in neuesten Publikationen Aussagen wie »a text is worth a thousand pots« lesen (Redford 2003, 4). Dennoch kann man in der Ägyptologie eine gewisse Weiterentwicklung gerade hinsichtlich solcher Positionen diagnostizieren (s. diverse Beiträge in Shaw 2000).

2. Die Totalität der Okkupation des pharaonischen Ägyptens durch die Ägyptologen hat dazu geführt, dass man sich in diesem Fach oft genug von der Entwicklung vergleichbarer Wissenschaftszweige abgekoppelt und auf einigen Gebieten eine gewissermaßen inzestuöse Paradigmatik und – daran gebunden – selbstreferenzielle Diskurse entwickelt hat. Das betrifft die Sprach- und Religionswissenschaft, aber durchaus auch die Historiographie. Während die Althistoriker den Klassischen Archäologen und zusammen mit den Mittelalterhistorikern den Ur- und Frühgeschichtlern reinreden und umgekehrt, blüht die Geschichtsschreibung der pharaonischen Zeit eher in Monokultur. In Überblickswerken wird für Ägypten das übernommen, was Ägyptologen hervorgebracht haben. Althistoriker wagen sich kaum über die Perserzeit hinaus, selbst Afrikahistoriker schreiben die betreffenden Seiten bei den Ägyptologen ab, oder man überlässt die entsprechenden Kapitel überhaupt einem Ägyptologen.[9] Allerdings zeichnet sich Besserung ab; an den Randzonen – der Levante, dem Mittelmeerraum allgemein und im sudanischen Bereich – muss sich die Ägyptologie immer häufiger mit den Konzepten und Paradigmen anderer Fachrichtungen auseinandersetzen.[10]

Ägyptologie als Habitus

Institutionen sind Arenen sozialen Handelns. Auf eine nicht zu vernachlässigende Besonderheit ägyptologischer Forschung hat Bill Adams hingewiesen. Als anthropologisch orientierter Archäologe war er in den 1960er Jahren bei den Rettungsarbeiten

9 Z. B. der Ägyptologin Karola Zibelius-Chen in der »Welt- und Kulturgeschichte« Band 1 aus dem Zeitverlag 2006. Die Autorin teilte mir mit, dass es sich dabei um ein bereits 1994 für den Bertelsmann-Verlag geschriebenes Manuskript handelt, dass von diesem verkauft und dann gedruckt wurde, ohne dass man ihr die Möglichkeit zur Aktualisierung eingeräumt hätte. Das Beispiel mag paradigmatisch für viele Aspekte des Wissensbetriebes sein; hier steht es vor allem für das Problem, sich zwischen den Fächern über den *aktuellen* Stand der Forschung auszutauschen.

10 Für den antiken Sudan vergleiche z. B. jüngste Publikationen aus der traditionell an der pharaonischen Zeit geübten Perspektive der Ereignisgeschichte wie Morkot 2000 vs. solchen von Afrika-Archäologen, geschrieben aus archäologisch-anthropologischer Perspektive, wie Edwards 2004.

in Nubien massiv mit den Ägyptologen und ihrem Bild von Kultur, aber auch ihrem diskursiven Habitus konfrontiert. In seinem Beitrag in einem unter dem Titel »Anthropology and Egyptology. A Developing Dialogue« publizierten Band bestreitet er, dass es für einen solchen Dialog tatsächlich eine breitere Basis gäbe (Adams 1997). U. a. führt er dafür soziale Gründe an: *Cultural anthropology* wird in den USA eher von Akademikern aus einem proletarischen bzw. linken Milieu betrieben, Ägyptologie von solchen aus gehobenen, eher konservativen Kreisen. Was auch heißt: Sich in der Ägyptologie zu bewegen, bedeutet einen völlig anderen soziokulturellen Habitus zu pflegen, als er etwa unter *cultural anthropologists* üblich ist. Auf der einen Seite ist schöngeistiges Parlieren angesagt; auf der anderen Seite wird Wert auf einen bärtigerdigen Auftritt gelegt. Es ließen sich mit Bourdieu'schen Verteilungsanalysen nun diverse Übergangsbereiche der habituellen Marker kartieren (Bourdieu 1987; 1988), aber Fakt bleibt: Der Ägyptologe legt größten Wert auf seine Hieroglyphenkenntnisse, die er gern gegen *thousand pots* oder mehr ausspielt.

Die Bindung an den soziokulturellen Habitus hat natürlich Folgen für die Geschichtsschreibung. Jeder Historiker schreibt die Geschichte genau jener Phänomene, die seine Lebenswelt berühren. Wer sich im habituellen Feld eines gelehrten Diskurses über Herrschaft, Individualität, Gedächtnis und Gender bewegt, wird darüber Geschichte schreiben, wer sich unter ›Keramologen‹ bewegt über Töpfe (Abb. 3).

(Akademische) Institution versus (materialbezogenes) Fach versus (methodische) Disziplin

Was erzählt diese Beschreibung des Faches Ägyptologie nun über das Verhältnis von Geschichtswissenschaft und Archäologie?

Institutionalisierung als Zufall

Der Exkurs zur Etablierung der universitären Ägyptologie aus der Weltsicht der Romantik sollte zeigen, dass institutionelle Grenzen als Zufälle anzusehen sind. Institutionelle Grenzen bilden sich in den Gesellschaftswissenschaften oft genug nicht entlang unterschiedlicher Gegenstände heraus, sondern entlang unterschiedlicher methodischer Zugänge. Als Philologie bzw. Sprachwissenschaft fokussierte sich die Ägyptologie auf das Artefakt als Textträger. Eine Anekdote über Lepsius besagt, er hätte von seiner Expedition ausschließlich Statuenköpfe mit abgeschlagenen Nasen mitgebracht – weil er nicht an den Kunstwerken, sondern nur an ihren Inschriften

Abb. 3. Habitus und Attitude. Die Inszenierung des Wissenschaftlers kann durchaus differenziert sein. Links – Der Akademiker: Jean-François Champollion (1790–1832); posthumes Bildnis von Léon Cogniet; rechts – Der Ausgräber: Jean-François Champollion auf seiner Ägyptenexpedition 1828–1830 (Zeichnung von d'Angelli [?]).

interessiert war. Hätte – wie im Fall der Klassischen Archäologie Winckelmann'scher Prägung – die Kunstwissenschaft an der Wiege der Institutionalisierung gestanden, wäre die Ägyptologie wohl anders verlaufen.

Die den akademischen Fächern meist im 19. Jahrhundert zugewiesenen methodischen Präferenzen bestimmen so bis heute die Sichtweise auf das Material. Da dasselbe Material auch andere Fächer bearbeiten (in Lepsius' Fall eben die Kunstwissenschaft), ist ein methodisches Spannungsfeld durchaus fruchtbar. Fatal sind eher solche monokulturellen Situationen wie in der Ägyptologie, wenn eine akademische Institution mit einer methodischen Präferenz (der Philologie) das Material in seiner Gänze okkupiert.

Determinierung durch die Materialbasis

Der Bezug auf den hochkulturellen Charakter des von der Ägyptologie bearbeiteten Materials sollte daran erinnern, dass es neben der eher zufälligen Institutionalisierung natürlich ebenso der spezifische Befund ist, der einer Fachrichtung methodische Prämissen vorschreibt. Texte nicht als originäre Befundgruppe zu behandeln, ist in einem Land wie Ägypten absurd. Eine Unterscheidung von Archäologie und Geschichtswissenschaft anhand der Quellenpräferenz kann es nicht geben. Der Befund setzt aber auch die Grenzen der Forschung: Wir deuten nur das, wofür wir Belege haben. Dies hat zur Folge, dass oft genug Bereiche, zu denen es (scheinbar) keine Belege gibt, in der altertumswissenschaftlichen Narration nicht vorkommen, und solche Bereiche, die massiv belegt sind, eine übergebührliche Rolle spielen. M. E. betrifft Letzteres in der Ägyptologie auf der archäologischen Seite die funeräre Sphäre, auf der philologischen Seite die Schriftlichkeitskultur. Als Gegenbeispiel: Eine Dimension wie die Klangwelt wird überhaupt erst in der allerjüngsten Forschung als Teil der kulturellen Matrix wahrgenommen, obwohl die Erfahrung uns doch lehren sollte, wie massiv Klänge unsere Lebenswelt konstituieren.[11] Aus historiographischer Sicht wird gern die ungebührliche Dominanz von Schrift-/Bildquellen aus elitären/maskulinen Zusammenhängen beklagt, aber die Potenz archäologischer Befunde – hier einmal verkürzt als materielle, stratigraphische und topographische Befunde gesehen – für die historische Narration ›ereignisloser‹ Räume viel zu selten in Erwägung gezogen.[12] Archäologische Befunde können zwangsläufig nicht dieselben Fragen beantworten wie Texte oder Bilder, vielmehr sind an ihnen neue Fragestellungen und Formen der historiographischen Narration zu entwickeln.[13]

Totalität des Gegenstandes – Postdisziplinarität der Methodik

Wenn also die akademische Institutionalisierung einerseits und die Orientierung am zur Verfügung stehenden Material andererseits Differenzen bei der Art der methodischen Aufarbeitung historischer Zustände und Zusammenhänge bewirken, dann sollte – das in diesem Sammelband zu bemerken ist natürlich ein Gemeinplatz – einer-

11 Bahnbrechend sind, neben der bereits etablierten musikologischen Forschung zur pharaonischen Zeit (z. B. Hickmann 1961), die neuesten Untersuchungen zu *rock gongs* im Gebiet des 4. Nilkataraktes, die eine Dimension antiker Klangwelten erahnen lassen, von der man bisher keine Vorstellung hatte (Kleinitz/Koenitz 2006).

12 Ein hervorragendes Beispiel, wie für eine bestimmte Periode der pharaonischen Geschichte – die so genannte 1. Zwischenzeit – durch die Synthese von Schriftquellen und archäologischem Befund nicht nur diverse ›dunkle‹ Bereiche beleuchtet werden, sondern die gesamte, gemeinhin als Verfallszeit charakterisierte Etappe gänzlich neu interpretiert wird, bietet St. J. Seidlmayer in Shaw 2000, 118–47.

13 Hier sei ein Verweis auf die so genannte postprozessuelle Archäologie gestattet, der oft vorgeworfen wird, sie hätte zur Lösung traditioneller Fragen relativ wenig beigetragen. Die Stärken der postprozessualen Paradigmatik liegen allerdings auch nicht in der Klärung traditioneller Fragen, sondern in der Formulierung neuer Fragen und damit der Erschließung neuer bzw. bislang zu wenig berücksichtigter Befunde.

Martin Fitzenreiter

seits die Synthese der Ergebnisse, andererseits die Dekonstruktion der jeweiligen methodischen Präferenzen das Ziel einer komplexen Historiographie sein. Auf diese Weise ließe sich der scheinbare Gegensatz von in Institutionen erstarrter »Archäologie« und »Geschichtswissenschaft« in den weniger formalen Rahmen von methodischen Disziplinen auflösen – wie es im Untertitel der die Tagung einleitenden Thesen auch formuliert ist. Die Ägyptologie als totale Wissenschaft kann so gesehen sogar als ein Modellfall auftreten, der zumindest schon immer so funktionieren *wollte*. Die Totalität des spezifischen Gegenstandes – das pharaonische Ägypten in all seinen kulturellen Ausprägungen – muss dazu aber in einer, die spezifischen methodischen Zugänge aufhebenden, ›totalen‹ – inter-, trans- oder postdisziplinären, ganz nach Belieben – Methodik seine Entsprechung finden (Loprieno 2003).

Habitus und Attitüde

Die Bemerkungen zum diskursiven Habitus sollten uns allerdings gemahnen, solche postdisziplinären Phantasien nicht zu weit zu treiben. Es sind noch ganz andere Zwänge als die Institution und das Material, die Präferenzen in der Altertumskunde dirigieren. Das reicht von den omnipräsenten Vorgaben der Wissenschaftspolitik und des Feuilletons bis zum Wohlfühlfaktor bei fachübergreifender Diskussion. Gegenseitiges Abgrenzen, sei es bei der Quellenpräferenz oder der Methodik, hat im innerwissenschaftlichen Diskurs durchaus seine Berechtigung, da es die notwendige fachspezifische Paradigmenbildung fördert. Ohne die Pflege eines kleinen, feinen und hochspezialisierten Diskurses sind Quellen mit abnormhieratischen Texten ebenso wenig zu erschließen wie Belege einer proto-kuschitischen Keramik einzuordnen (Malinine 1974; Klimaszewska-Drabot 2003). Ein bestimmtes Spezialwissen zu pflegen ist allemal zielführender, als sich dem Rausch einer oft genug oberflächlichen Totalisierung hinzugeben. Die Betonung dieser paradigmatischen Präferenzen oder der je spezifischen Quellen pendelt zwangsläufig zwischen Habitus und Attitüde. Spezialisierung und Fachjargon sind unvermeidlich, manche dabei in geheimwissenschaftlicher Art generierte Fachesoterik jedoch gewiss unnötig. Aber wissenschaftliche Abgrenzungen – wie auch Interaktionen – müssen nicht unbedingt sinnvoll sein, um wenigstens für akademische Karrieren zweckdienlich zu wirken. Man profiliert sich im Wissenschaftsbetrieb als einsamer Spezialist ebenso wie als weltgewandter Generalist. Sonderforschungsbereiche und Exzellenzcluster liefern reiches Belegmaterial für die Effektivität der binären Option Kooperation / Nichtkooperation.

Archäologie und Geschichtswissenschaft in der Ägyptologie – ein Beispiel

Wie steht es nun aber um Geschichtswissenschaft und Archäologie in der Ägyptologie? Als separate Institutionen bzw. Fächer innerhalb einer umfassenden Regionalwissenschaft vom ganzen Ägypten haben sie sich im Westen nicht etablieren können; so groß war und ist das imperialistische Interesse an diesem Landstrich doch nicht.[14] Es gibt von Lehrstuhl zu Lehrstuhl an Individuen gebundene Präferenzen, aber im Ganzen gesehen existiert die Historiographie im Brennpunkt eines philologisch-textorientierten und eines archäologisch-kulturwissenschaftlichen Schwerpunktes der Forschung.

Dazu als Beispiel das Phänomen der Reichseinigung: Ein wesentlicher Aspekt der ägyptologischen Historiographie war immer die Entstehung des pharaonischen Königtums, des Staates. Das entspricht dem zwanghaften Muster historiographischer Narration, die unbedingt einen Anfang haben muss. Auch die Quellen pharaonischer Zeit setzen einen mythischen Beginn an und leiten dann in die Ereignisnarration über, die – wie sollte es anders sein – aus den *res gestae* von Königen besteht. Solche Berichte über die Taten von Herrschern sind seit dem Alten Reich (ca. 2800 v. u. Z.) erhalten (Redford 1986). Die in ihnen zugrundegelegte chronologische Folge der Ereignisse, dann der Könige und der Dynastien, gliedert die pharaonische Geschichte und wurde so in einer griechischen Fassung überliefert. Mit dem Textwissen der antiken Überlieferung ausgerüstet, machte sich die Gründergeneration der Ägyptologie daran, in den nun immer besser lesbaren altägyptischen Textquellen die bisher nur in gräzisierter Form bekannten Königsnamen aufzufinden. So legten Champollion und seine Nachfolger die Grundlage der ägyptologischen Chronologie (Endesfelder 1988). Zugleich konnten sie größere Objektvergesellschaftungen den jeweiligen Perioden zuordnen – Bauwerke mit Königsnamen, Textkorpora und beschriftete Objekte, schließlich mit weiteren mit diesen vergesellschafteten Funde –, wodurch auch kulturelle Sequenzen mit dieser Chronologie synchronisiert wurden.

Nach exakt diesem Muster erfolgte auch die Rekonstruktion der so genannten Reichseinigungszeit. Anhand der griechischen Quellen wusste man um einen König

---

14 Dass die Ägyptologie im modernen Staat Ägypten – und die Altertumswissenschaft im heutigen Staat Sudan – eine völlig andere Institution, mit anderen Zielen und Strukturen, sein muss, sollte spätestens an dieser Stelle klar sein. Dennoch fällt es westlichen Ägyptologen immer wieder schwer zu verstehen, dass ägyptische und sudanesische Forscher andere Ziele und Aufgaben als sie haben und damit auch einer anderen Paradigmatik folgen (siehe zur ägyptischen Ägyptologie Haikal 2003). Die Klassische Archäologie hat im Abendlande natürlich eine andere Rolle als die Ägyptologie: Sie gilt als die Wissenschaft vom *europäischen* Altertum und hat sich entsprechend institutionalisiert. Dieser Umstand begründet auch die Konkurrenz zur Ur- und Frühgeschichtlichen Archäologie, die sich mit ihrer Betonung als »vaterländischer« Wissenschaft gegen den paneuropäischen Anspruch der Klassischen Archäologie wehrte.

Abb. 4. Die so genannte Narmer-Palette (ca. 3000 v. u. Z.; Kairo, Ägyptisches Museum, JE 32169 = CG 14716) – die monumentalisierte Fassung einer Tafel zum Anrühren der Schminke für ein Götterbild – zeigt auf ihrer Rückseite den König Narmer, der einen am Boden knienden Feind erschlägt. Das Motiv des »Erschlagens der Feinde« besitzt in der pharaonischen Kunst eine lange Tradition und ist bisher von ca. 3300 v. u. Z. bis in die griechisch-römische Antike belegt (Schoske 1994). Weitere Darstellungen auf der Palette stehen ebenfalls im Zusammenhang mit Gewaltausübung und symbolischer Macht.

»Menes«, der als Begründer der 1. pharaonischen Dynastie gilt, und diesen galt es in den Quellen zu finden. In innerägyptischen, aber späteren Listen taucht dieser Name sogar auf. Nur in den kontemporären Quellen wurde man nicht fündig, konnte aber bereits die Gruppe denkbarer Herrscher eingrenzen (Brunner 1982). 1894 wurde in Hierakonpolis eine prunkvolle Weihgabe des Königs Narmer gefunden, die für die Ägyptologie das narrative Dokument der Reichseinigung abgab. Man setzte diesen Narmer mit dem Reichseiniger Menes gleich und hatte nun den großen Mann, der Geschichte macht, der ein Reich eint (Abb. 4–5).

Die philologische Historiographie blieb aber an diesem Punkt nicht stehen. Als man am Ende des 19. Jahrhunderts in den Pyramiden der 5. und 6. Dynastie den ältesten

Abb. 5. Die rezente Umsetzung der Narmer-Palette in einem ägyptischen Jugendbuch (Amgad al-faraunija, Kairo 1989; selbst eine Übertragung: die Vorlage entstammt dem Band 70 der Reihe »Was ist Was« des Tessloff-Verlages Nürnberg), interpretiert das Bild als Momentaufnahme eines Schlachtgeschehens. Das pharaonische Ikon hat durchaus den Charakter eines »affirmierenden Ereignisses«, es deutet auf Machtausübung und Herrschaftsanspruch und hat so eine historische Dimension, grundsätzlich aber besitzt es rituellen Charakter, nicht den ereignishaften der neuzeitlichen Imagination.

großen Textkorpus in Ägypten fand, beschäftigte sich Kurt Sethe, einer der bedeutendsten Philologen, ausführlich mit diesem Material (Sethe 1908–1922). Er kam zu weit reichenden Schlüssen lexikographischer, grammatikalischer, aber auch kultur- und religionshistorischer Art sowie zu historiographischen Ergebnissen. Er rekonstruierte aus den zu verschiedenster Zeit in religiösen Texten aufgezeichneten mythischen Anspielungen die Existenz mehrerer Kleinstaaten und sogar eines ganz Ägypten umfassenden Einheitsreiches lange vor der Zeit von Menes / Narmer, das gewissermaßen das kulturelle Muster abgab für die dann erst erfolgende Wiedervereinigung (Sethe 1930). Anfänglich als Glanzleistung mythenkritischer Historiographie aufgenommen, wurde das Gebilde Sethes bald abgeschrieben. Auch die Narmerpalette verlor ihren Status als Geburtsurkunde Ägyptens und wurde auf den Beleg einer eher emblematisch zu verstehenden ikonographischen Affirmation zurückgestuft (Baines 2007, 294 f.).

Diese Entwicklung hatte ihren Ursprung im Aufstieg der archäologischen Forschung: Zeitgleich mit der Aufarbeitung der Pyramidentexte durch Sethe hatte mit
William Mathew Flinders Petrie das Zeitalter der Feldarchäologie in Ägypten begonnen. Petrie grub u. a. den Friedhof der frühdynastischen Könige in Abydos aus und
konnte Königsgräber vor Narmer belegen, so dass sich die ganze Ereignisgeschichte
unerfreulich unübersichtlich gestaltete (Petrie 1902–1904). Außerdem begründete
er die Methode der Keramikseriation, die für Ägypten ein diachrones Kontinuum
beschreibt, das fallweise mit Ereignisdaten wie Königsnamen o. ä. korreliert werden
konnte (Petrie 1901, 4–12). Die Methodik wurde in den folgenden Jahren erweitert
und verfeinert (zusammenfassend: Wilkinson 1996, 9–11). So ließ sich ein differen-
ziertes Muster kultureller Veränderungen rekonstruieren, die zur Entstehung eines
einheitlichen kulturellen Horizontes im unteren Niltal führten. An die Stelle der
ereignisgeschichtlich definierten »Reichseinigung« trat das strukturgeschichtliche
Paradigma der »Entstehung der pharaonischen Hochkultur«, sekundiert von dem
sozialanthropologisch inspirierten Forschungsvorhaben »Entstehung differenzierter
Gesellschaften / Staatsentstehung« (z. B. Trigger 1983; Wilkinson 1996). Die Ägyptologie fand damit wenigstens für die früheste Phase der pharaonischen Geschichte auch
Anschluss an die strukturellen Periodenschemata der allgemeinen Archäologie.

Allerdings lässt sich die Philologie so leicht nicht unterkriegen. In jüngster Zeit
erlebt eine philologisch-semiotisch orientierte Betrachtung der Belege aus dem 4. und
3. Jahrtausend v. u. Z. neuen Schwung, die sich den Botschaften der Objekte widmet
(Baines 2007, 95–145; Morenz 2004). Aus der kulturellen Matrix werden so medial
gebrochen dokumentierte Ereignisse gewonnen, und sogar der mythologische Zugang
von Sethe, der in die hinterste Ecke der Frühgeschichtsforschung verbannt war, darf
sich neuen Interesses erfreuen. Auch wird intensiv daran gearbeitet, die strukturellen
Daten mit denen der textlich überlieferten Ereignisgeschichte zu kombinieren (Kaiser
1990; von der Way 1993). Das strukturalistische Paradigma von der selbstbewegten,
quasi alternativlosen »Entstehung« von Hochkultur und Staat wird so wieder zu einer
archaeology with people, die konkret interagieren und so Hochkultur und Staat erst
schaffen.

Was ist Geschichtsschreibung in archäologischen Fächern?

Das zuletzt skizzierte Beispiel der Geschichtsschreibung für eine sehr frühe Phase der
pharaonischen Kultur kann beispielhaft für eine Situation sein, in der Archäologie und
Geschichtswissenschaft überhaupt erst als zwei Pole der Altertumskunde hervortre-
ten. Mit der Narration der »Reichseinigung« ist unmittelbar der Zugriff auf Text- und
Bildquellen verbunden. Ohne die antiken Berichte über einen »Anfang« des pharaonischen Königtums und die entsprechenden narrativen Befunde im historischen Kon-

text – wozu neben Schriftzeugnissen und Bildern noch Brandschichten und ähnliche, auf »Ereignisse« deutende Befunde zu zählen sind (siehe z. B. von der Way 1991, 422) – hätte es die Geschichte (von) der »Reichseinigung« nie gegeben. Aber die narrativen Befunde sind spärlich und ambivalent und die Interpretation gerät schnell zur – mitunter durchaus anregenden – Spekulation. Die archäologischen Belege für diese Periode scheinen im Vergleich dazu durchaus von sehr viel systematischerem und damit interpretativ verlässlicherem Charakter. Allerdings löst der archäologisch-strukturgeschichtliche Zugriff die Ereignisse in einem Kontinuum kultureller Entwicklung auf. Aber auch dieses Kontinuum hat eine ereignishafte Strömung, die sich u. a. in der ab einem bestimmten Zeitpunkt sprunghaften Ausbreitung kultureller Marker der so genannten Nagada-III-Kultur manifestiert. Beide Erzählmodi kultureller Zusammenhänge laufen damit auf eine bestimmte, in gewissem Sinne gemeinsame Geschichte zu und können sich jeweils gegenseitig in ihren Ergebnissen und Fragestellungen inspirieren, absichern oder korrigieren.

Wie diese Befruchtung im konkreten Fall aussehen kann, wird sich letztendlich daran entscheiden, inwieweit sich die beteiligten Forscher – denn sie sind es, die die Geschichte erzählen – auf die Methodik der unterschiedlichen Disziplinen einlassen. In diesem Zusammenhang erscheint es mir sinnvoll, wenn sich die Altertumswissenschaften trotz institutioneller Gebundenheit und spezifischer Quellenkompetenz einiger grundlegender Gemeinsamkeiten erinnern, die letztendlich alle methodischen Paradigmen regieren. Deshalb sei abschließend noch ein Thema angeschnitten, das sich auf etwas abstrakterer Ebene bewegt. Es ist die Frage danach, was eigentlich Geschichtsschreibung im Rahmen eines altertumswissenschaftlichen Faches ist.[15]

Wird man als Ägyptologe und als Altertumswissenschaftler ganz allgemein mit dem Begriff »Geschichtsschreibung« oder »Geschichtswissenschaft« konfrontiert, ergibt sich ein vor allem konzeptuelles Problem: die gefühlte Notwendigkeit der Abgrenzung bzw. der Präzisierung, was gegenüber einer Sozialgeschichte, Wirtschaftsgeschichte, Mentalitätsgeschichte, Kunstgeschichte und all den Kulturgeschichten der verschiedensten Phänomene – Essen, Trinken, Rauchen … – Geschichte bzw. – vornehmer – Historiographie heute noch sein kann. Auch in der Ägyptologie ist dieses die Geschichtswissenschaft schon seit Jahren umtreibende Problem als Frage angekommen. Auf dem 8. Ägyptologenkongress im Jahre 2000 war eine Sektion der *Millenium lectures* dieser Frage gewidmet, und die neue Unübersichtlichkeit aus Ereignisgeschichte, Ideologiegeschichte, Strukturgeschichte, Kulturgeschichte, *microstoria, history from below* etc. wurde referiert. Die Reaktionen reichten von

---

15 Zu diskutieren, was eigentlich »Archäologie« ist – die zweite Komponente des Tagungstitels –, kann ich mir sparen, da sich Veit 2006 kürzlich Gedanken dazu gemacht hat. Mit einer ähnlichen Fragestellung setzt sich Morris 1997 auseinander, der Archäologie als *cultural history* (»*or nothing*«) einstuft. Dabei kommt der von ihm herangezogene Begriff der anglophonen *cultural history* der 1990er Jahre dem der deutschen »Kulturgeschichte« um 1900 nahe (siehe dazu und zum speziellen Verhältnis der Kulturgeschichte zur Archäologie Hauser 2005).

deutlicher Ablehnung – »a text is worth a thousand pots« – bis zum Anspruch, aus kulturanthropologischer Perspektive eine Synthese der kulturellen Bewegtheit der Menschen insgesamt zu erschließen.[16]

Um dem so zu einer Debatte gewordenen Problem wieder mit etwas Abstand zu begegnen, möchte ich vorschlagen, die verschiedenen methodologischen Ansprüche – die oft eher deklamatorischer Art sind – etwas zu reduzieren und zu zwei Begriffen zurückzukehren, die m. E. für die Frage einer archäologisch ausgerichteten Geschichtsschreibung zentral sind: für die Geschichtsschreibung auf den Begriff »Ereignis«; für die Archäologie auf den Begriff »Befund«.

Die Definition von Ereignissen ist das zentrale Element jeder Geschichtserzählung oder -schreibung: Aus der unendlichen Zahl der *Vorfälle* extrahiert der Historiker eine Gruppe von *Ereignissen*, die er im Rahmen seiner historischen Erzählung zu einem sich selbst erklärenden Bild des Phänomens verbindet. Ob er dabei strukturelle Vorfälle – Klima, ökonomische Faktoren, Mentalitäten etc., das *longue/moyenne durée* der *annales*-Schule – oder Vorfälle kurzer Dauer – Taten, Kriege – in den Mittelpunkt stellt, ist für die Charakterisierung seiner Erzählung als »Geschichte« erst einmal irrelevant.

Der Befund ist die zentrale Kategorie der Archäologie: Im Unterschied zum Rezipienten, dem das *Artefakt* als Teil seiner Lebenswelt erscheint – als Landmarke, sakral/bedeutungsvoll »erfühlter« Platz, Schatz, Kuriosum, ästhetisches Erlebnis im Museum usw. –, definiert der Archäologe ein wie auch immer geartetes Phänomen als einen *Befund*, wenn er dessen Einbettung in einen historischen Zusammenhang erkennt. Dieses Erkennen ist ein konzeptueller Vorgang, der in die Interpretation von Kontext und Funktion mündet. Spätestens in dem Moment aber, in dem die Entstehungsbedingungen des Befundes rekonstruiert werden, der Befund also als Ergebnis eines Praxiszusammenhanges dargestellt wird, ist er auch als das Ergebnis eines Ereignisses interpretiert. Das ist der Moment, in dem die archäologische Befundaufnahme in Geschichtsschreibung umschlägt. Ob wir dann Ereignisgeschichte, Strukturgeschichte, Mikrohistorie usw. schreiben, hängt vom Befund ab, dem wir uns widmen, und der Intention, die der Forscher verfolgt. Kurz gesagt: *In dem Moment, in dem wir den Befund als Ereignis erzählen, schreiben wir (archäologische) Geschichte.* Und in diesem Moment treffen wir uns nicht nur mit einer zentralen Forderung der bourdieuschen Praxistheorie,[17] sondern auch mit einer alten ägyptologischen Definition

---

16 Zur »Millenium Debate« Hawass 2003, 1–22; deutlich wurde der Anspruch einer kulturanthropologischen Geschichtsschreibung in der Ägyptologie zuletzt in Shaw 2000 formuliert.

17 Bourdieu 1979, 164: »Um dem *Strukturrealismus* zu entgehen, der die Systeme objektiver Realität derart hypostasiert, dass er sie jenseits der Geschichte des Individuums oder der Geschichte der Gruppe angesiedelte präkonstruierte Totalitäten verwandelt, gilt es und genügt es auch, vom *opus operatum* zum *modus operandi*, von der statischen Regelmäßigkeit oder algebraischen Struktur zum Erzeugungsprinzip dieser observierten Ordnung überzugehen«.

des Begriffes Archäologie, die da lautet: Archäologie ist »eine Erzählung alter Dinge« (Uhlemann, 1857, 1). Das mag etwas platt klingen. Vielleicht erinnert es uns ja nur daran, nicht zu viel Zeit auf Terminologie zu verschwenden.

Literaturverzeichnis

Adams 1997: W. Y. Adams, Anthropology and Egyptology: Divorce and Remarriage? In: J. Lustig (Hrsg.), Anthropology and Egyptology. A Developing Dialogue. Monogr. Mediterranean Arch. 8. Sheffield: Sheffield Academic Press 1997, 25–32.

Baines 2007: J. Baines, Visual and Written Culture in Ancient Egypt. Oxford: Oxford University Press 2007.

Bietak 2000: M. Bietak (Hrsg.), The Synchronisation of Civilisations in the Eastern Mediterranean in the Second Millenium B. C., 1. Contributions Chronology Eastern Mediterranean 1 = Denkschr. Gesamtakad. 19. Wien: Verlag der Österreichischen Akademie der Wissenschaften 2000.

Bietak 2003: Ders. (Hrsg.), The Synchronisation of Civilisations in the Eastern Mediterranean in the Second Millenium B. C., 2. Contributions Chronology Eastern Mediterranean 4. Wien: Verlag der Österreichischen Akademie der Wissenschaften 2003.

Bourdieu 1979: P. Bourdieu, Entwurf einer Theorie der Praxis auf der ethnologischen Grundlage der kabylischen Gesellschaft. Frankfurt a. Main: Suhrkamp 1979.

Bourdieu 1987: Ders., Die feinen Unterschiede. Kritik der gesellschaftlichen Urteilskraft. Frankfurt a. Main: Suhrkamp 1987.

Bourdieu 1988: Ders., Homo academicus. Frankfurt a. Main: Suhrkamp 1988.

Brunner 1982: H. Brunner, Stichwort »Menes«. In: W. Helck / E. Otto (Hrsg.), Lexikon der Ägyptologie 4. Wiesbaden: Harrassowitz 1982, 46–8.

Diop 1979: Ch. A. Diop, Nations nègres et culture. De l'antiquité nègre égyptienne aux problèmes culturels de l'Afrique Noire d'aujourd'hui. Paris: Presence Africaine 1979 [Erstausg.: Paris 1955].

Edwards 2004: D. N. Edwards, The Nubian past: An archaeology of the Sudan. London, New York: Routledge 2004.

Endesfelder 1988: E. Endesfelder, Der Beitrag von Richard Lepsius zur Erforschung der altägyptischen Geschichte. In: E. Freier / W. F. Reineke (Hrsg.), Karl Richard Lepsius (1810–1884). Akten der Tagung anlässlich seines 100. Todestages. Schr. Gesch. u. Kultur Alter Orient 20. Berlin: Akademie 1988, 216–46.

Fitzenreiter 2005: M. Fitzenreiter, Einleitung: Genealogie – Realität und Fiktion sozialer und kultureller Identität. In: Martin Fitzenreiter (Hrsg.), Genealogie – Realität und Fiktion von Identität. Internet-Beitr. Ägyptologie u. Sudanarch. 5. Berlin, London: www.ibaes. de, Golden House Publications 2005, 1–10.

Haikal 2003: F. Haikal, Egypt's Past Regenerated by Its Own People. In: S. MacDonald / M. Rice (Hrsg.), Consuming Ancient Egypt. Encounters with Ancient Egypt 3. London: University College London Press 2003, 123–38.

Hauser 2005: St. Hauser, Quellen – Material. Historiker, Archäologen und das Schweigen der Steine. In: K. Hitzl (Hrsg.), Methodische Perspektiven in der Klassischen Archäologie.

Schr. Dt. Archäologen-Verband 16. Tübingen: Deutscher Archäologen-Verband 2005, 69–107.

Hawass 2003: Z. Hawass (Hrsg.), Egyptology at the Dawn of the Twenty-first Century. Proceedings of the Eight International Congress of Egyptologists, 2. History, Religion. Kairo, New York: American University Kairo Press 2003.

Hickmann 1961: H. Hickmann, Ägypten. Musikgesch. Bilder 2, 1. Leipzig: Deutscher Verlag für Musik 1961.

Höftmann 1988: H. Höftmann, Lepsius' Beitrag zur Klassifikation afrikanischer Sprachen. In: E. Freier/W. F. Reineke (Hrsg.), Karl Richard Lepsius (1810–1884). Akten der Tagung anlässlich seines 100. Todestages. Schr. Gesch. u. Kultur Alter Orient 20. Berlin: Akademie 1988, 191–201.

Jeffreys 2003: D. Jeffreys, Introduction – Two Hundred Years of Ancient Egypt: Modern History and Ancient Archaeology. In: D. Jeffreys (Hrsg.), Views of Ancient Egypt since Napoleon Bonaparte: imperialism, colonialism and modern appropriations. Encounters with Ancient Egypt 4. London: University College London Press 2003, 1–18.

Kaiser 1990: W. Kaiser, Zur Entstehung des gesamtägyptischen Staates. Mitt. DAI Kairo 46, 1990, 287–99.

Kemp 1984: B. J. Kemp, In the Shadow of Texts: Archaeology in Egypt. Arch. Review Cambridge 3, 2, 1984, 19–28.

Kleinitz/Koenitz 2006: C. Kleinitz/R. Koenitz, Fourth Nile Cataract Petroglyphs in Context: the ed-Doma and Dirbi Rock-Art Survey. Sudan and Nubia 10, 2006, 34–42.

Klimaszewska-Drabot 2003: E. Klimaszewska-Drabot, Proto-Kushite (?) Ceramics, an Archaeological Enigma. In: B. Zurawski, Nubia II. Southern Dongola Reach Survey 1. Warschau: Editions Neriton 2003, 439–41.

Lam 1997: A. M. Lam, Les chemins du Nil. Les relations entre l'Égypte ancienne et l'Afrique Noire. Paris: Présence Africaine 1997.

Le Roy Ladurie 1990: E. Le Roy Ladurie (Hrsg.), Memoires d'Égypte. Hommage de l'Europe à Champollion. Strassburg: La nuée bleue 1990.

Lepsius 1848–1859: C. R. Lepsius, Denkmaeler aus Aegypten und Aethiopien, 12 Bde. Berlin: Nicolai 1848–1859.

Loprieno 2003: A. Loprieno, Interdisziplinarität und Transdisziplinarität in der heutigen Ägyptologie. In: T. Hofmann/A. Sturm (Hrsg.), Menschenbilder – Bildermenschen. Kunst und Kultur im Alten Ägypten [Festschrift E. Feucht]. Norderstedt: Books on Demand 2003, 227–40.

Malinine 1974: M. Malinine, L'hiératique anormal. In: Textes et langages d'Égypte pharaonique. Cent cinquante années de recherches 1822–1972. Bibl. Ètudes 64, 1. Kairo: Institut français d'archéologie orientale 1974, 31–5.

Morenz 2004: L. D. Morenz, Bild-Buchstaben und symbolische Zeichen. Orbis Biblicus et Orientalis 205. Fribourg, Göttingen: Vanderhoek & Ruprecht 2004.

Morkot 2000: R. Morkot, The Black Pharaos. Egypt's Nubian Rulers. London: Rubicon 2000.

Morris 1997: I. Morris, Archaeology as Cultural History. Arch. Review Cambridge 14, 1, 1997, 3–16.

Obenga 1993: Th. Obenga, Origine commune de l'Egypte ancien du copte et des langues negro-africaine modernes. Paris: L'Harmattan 1993.

Petrie 1901: W. M. F. Petrie, Diospolis parva. The Cemeteries of Abadiyeh and Hu, 1898–9. London: Egypt Exploration Fund 1901.

Petrie 1902–1904: Ders., Abydos, 1–3. London: Egypt Exploration Fund 1902–1904.

Picknett/Prince 2003: L. Picknett/C. Prince, Alternative Egypts. In: S. MacDonald/M. Rice (Hrsg.), Consuming Ancient Egypt. Encounters with Ancient Egypt 3. London: University College London Press 2003, 175–93.

Redford 1986: D. B. Redford, Pharaonic King-Lists, Annals and Day-Books. A Contribution to the Study of the Egyptian Sense of History. Publ. Soc. Stud. Egyptian Ant. 4. Mississauga: Benben Publications 1986.

Redford 2003: Ders., The Writing of History of Ancient Egypt. In: Z. Hawass (Hrsg.), Egyptology at the Dawn of the Twenty-first Century. Proceedings of the Eight International Congress of Egyptologists, 2. History, Religion. Kairo, New York: American University Kairo Press 2003, 1–11.

Rilly im Dr.: C. Rilly, Enemy Brothers. Kinship and Relationship Between Meroites and Nubians (Noba). In: Between the Cataracts. Proceedings of the 11th Conference of Nubian Studies, 27.8.–2.9.2006. Warschau im Druck.

Sauerländer 1988: W. Sauerländer, Die Gegenstandssicherung allgemein. In: H. Belting/H. Dilly/W. Kemp/W. Sauerländer/M. Warnke (Hrsg.), Kunstgeschichte. Eine Einführung. Berlin: Reimer ³1988, 47–57.

Schoske 1994: S. Schoske, Das Erschlagen der Feinde: Ikonographie und Stilistik der Feindvernichtung im alten Ägypten. Ann Arbor/Mich.: University Microfilms International 1994.

Sethe 1908–1922: K. Sethe, Die altägyptischen Pyramidentexte. Leipzig: Hinrichs 1908–1922.

Sethe 1930: Ders., Urgeschichte und älteste Religion der Ägypter. Abhandl. Kde. Morgenland 18, 4. Leipzig: Deutsche Morgenländische Gesellschaft, Brockhaus 1930.

Shaw 2000: I. Shaw (Hrsg.), The Oxford History of Ancient Egypt. Oxford: Oxford University Press 2000.

Trigger 1983: B. G. Trigger, The Rise of Egyptian civilization. In: Ders./B. J. Kemp/D. O'Connor/A. B. Lloyd, Ancient Egypt. A Social History. Cambridge: Cambridge University Press 1983, 1–70.

Trigger 1989: Ders., A History of Archaeological Thought. Cambridge: Cambridge University Press 1989.

Uhlemann 1857: M. Uhlemann, Handbuch der gesamten ägyptischen Alterthumskunde 2. Aegyptische Archäologie. Leipzig: Wigand 1857.

Veit 2006: U. Veit, »Digging for symbols«: Ur- und Frühgeschichtliche Archäologie als Kulturwissenschaft? Ethnogr.-Arch. Zeitschr. 47, 2006, 145–62.

Verbovsek 2005: A. Verbovsek, »Imago aegyptia«. Wirkungsstrukturen der altägyptischen Bildsprache und ihre Rezeption. Ein programmatischer Ausblick. Imago Aegypti 1, 2005, 145–55.

von der Way 1991: Th. von der Way, Die Grabungen in Buto und die Reichseinigung. Mitt. DAI Kairo 47, 1991, 419–24.

von der Way 1993: Ders., Untersuchungen zur Spätvor- und Frühgeschichte Unterägyptens. Stud. Arch. u. Gesch. Altägypten 8. Heidelberg: Orientverlag 1993.

Wilkinson 1996: T. A. H. Wilkinson, State Formation in Egypt. Chronology and society. Cambridge Monogr. African Arch. 40 = British Arch. Reports Internat. Ser. 651. Oxford: Tempus Reparatum 1996.

ULF F. ICKERODT

Der ganze Mensch:
Archäologie und Geschichte als Historische Anthropologie

Zusammenfassung: Seit geraumer Zeit wird das Auseinanderdriften der unterschiedlichen historischen Disziplinen und Fachrichtungen bemerkt und kritisiert. Ebenso lang wird die Historische Anthropologie als übergeordneter theoretisch-methodologischer Rahmen angedacht. In diesem Beitrag wird dieser möglichen Funktion der Historischen Anthropologie nachgegangen. Ein wichtiger Aspekt ist hierbei die Berücksichtigung des Einflusses des gesellschaftlichen Rahmens auf diesen Prozess einer wissenschaftlichen Standortbestimmung. Dabei umfasst der »Einfluss des gesellschaftlichen Rahmens« die unterschiedlichen Verständnisebenen eines jeden Forschers einschließlich der Wechselbeziehungen zu seinem wissenschaftlichen und gesellschaftlichen Umfeld. In diesem Beitrag werden in einem ersten Schritt die Wurzeln unserer wissenschaftlichen und kulturhistorischen Voraussetzungen und Grundlagen aus einer wissenschaftssoziologischen Perspektive heraus untersucht. In einem zweiten Schritt schließt sich die Evaluierung des das System »Wissenschaft Archäologie« umgebenden gesellschaftlichen Rahmens an, um die sich hieraus ergebenden und auf die Diskussion auswirkenden interpretatorischen Determinismen aufzuzeigen. Dieser Aspekt wird insbesondere vor dem Hintergrund einer sich differenzierenden Individualgesellschaft thematisiert. Den Abschluss dieses Beitrags bilden der Versuch einer Umschreibung des historisch-anthropologischen Ansatzes sowie eine Darstellung der Erkenntnisziele der Historischen Anthropologie als komplementärer und inter- bzw. transdisziplinärer Erkenntnisrahmen archäologischer Forschung.

»Der große Gegenstand der Geschichte ist der Mensch« (Iselin 1764)

Einleitung[1]

Als Wissenschaften, die sich mit dem Ursprung unserer eigenen menschlichen Existenz beschäftigen, kommt der Archäologie wie auch allen anderen historischen Wissenschaften im Sinne einer gesellschaftlichen Leitwissenschaft ein besonderer Stellenwert zu: Erfahrungen der Vergangenheit sollen helfen, gesellschaftliche,

---

1   An dieser Stelle möchte ich mich bei den Herausgebern Stefan Burmeister (Kalkriese b. Bramsche) und Nils Müller-Scheessel (Frankfurt a. Main) sowie bei Winfried Henke (Mainz) und Oliver Nakoinz (Schleswig / Kiel) für die kritische Durchsicht meines Textes bedanken.

politische u. a. Entwicklungen zu bewerten und zukünftige Herausforderungen zu meistern.[2]

Ein solcher »Blick zurück nach vorne« kann, wie in Europa bereits für die klassische Antike belegt, über eine bewusste historische Reflexion erfolgen. Insofern diese Form der Auseinandersetzung mit der Vergangenheit den allgemeinen Standards des wissenschaftlichen Arbeitens entspricht, d. h. nachvollziehbar und reproduzierbar ist, wird sie gerne als Beleg für den Erfolg der wissenschaftsbasierten Umweltwahrnehmung und als Sieg über das Irrationale gewertet. Dabei unterschlägt ein solches Verständnis, dass mythologisch verklausulierte Erfahrungen der Vergangenheit ebenso gut wie wissenschaftlich generiertes Wissen zur Seinsstabilisierung beitragen.[3]

In der westlichen Welt reicht das Spektrum der sich mit der Genese des Menschen und seiner Lebenswelten auseinandersetzenden Wissenschaften von der Geologie oder Biologie / Paläontologie bis zu den historisch arbeitenden Humanwissenschaften. Dabei werden sie trotz ihrer inhaltlichen, thematischen bzw. chronologischen und methodischen Überschneidungen jeweils als eigene Forschungsfelder denn als Teile eines Ganzen wahrgenommen. Dieser Reduktionismus ist das Produkt der jeweiligen fachlichen Institutionalisierung und Differenzierung, der zwangsläufig eine Fokussierung auf das jeweils eigene Arbeitsgebiet nach sich zieht und sich in einem Rückgang holistischer Bezugssysteme niederschlägt. Diesem Trend entsprechend, scheint sich auch ein Graben zwischen den unterschiedlichen archäologischen und historischen Disziplinen aufzutun.

Dennoch ist dieser Graben nur ein scheinbarer, da die beiden hier besonders zu thematisierenden historischen Disziplinen »Geschichte« und »Archäologie« mit ihren Teilbereichen bewusst oder unbewusst Bestandteil des (ideellen) Gesamtprojektes »Universalgeschichte« im Sinne von z. B. Johann G. Herder (2003 [1774]) oder Karl Jaspers (1955) bzw. einer »Globalgeschichtsschreibung« im Sinne von Jürgen Habermas (1990a, 201) geblieben sind. Diese Sicht wird auch immer wieder von Vertretern

2 Das Herkunftsdenken beinhaltet dabei nicht nur die Auseinandersetzung mit dem Menschsein selbst, sondern dehnt sein Interesse auch auf die Genese menschlicher Lebens- und Umwelten (terrestrischer und extraterrestrischer) (z. B. Rudolph / Tschohl 1977; Fabian 1988; dazu Ickerodt 2004 a, 6) sowie auf deren zukünftige wissenschaftliche Erforschbarkeit und wirtschaftliche Nutzbarkeit aus. Insgesamt beinhaltet das westliche Herkunftsdenken ein zunehmendes Verständnis von Umweltzusammenhängen, das wiederum aus einer immer genaueren wissenschaftlichen Erfassung der Umwelt und ihrer Rückkopplungsprozesse resultiert.

3 Auf den Umstand, dass sich die Tradierung von mythologisch kolportierten Erfahrungen in funktionaler Hinsicht nicht von wissenschaftlich generierten Ursprungsnarrativen unterscheidet, hat bereits Leroi-Gourhan (1964, 35–41) hingewiesen. Dabei ist bereits dieser Umstand ein hinreichender Beleg für den lebensweltlichen Bezug archäologisch-historischer Forschung und der daraus potenziell gegebenen Möglichkeit der Beugung von Forschung auf Ebene einer zumeist unerkannt verlaufenden gesellschaftlich-wissenschaftlichen Wechselwirkung. Als eine Konsequenz gilt es daher, diese Interaktionsprozesse zu untersuchen, um ihre Auswirkung auf Geschichtsforschung und -vermittlung zu verstehen.

der Prähistorischen Archäologie vertreten (z. B. Eggers 1986, 16 f.; Pittioni 1961; Frerichs 1981, 65 f.) und manifestiert sich in der Tatsache, dass mit archäologischen Methoden auch die Vor- und Frühgeschichte der außereuropäischen Welt erforscht werden soll, um die eigene Geschichte verstehen zu können (z. B. Leroi-Gourhan 1982, 11–23).

Dennoch ist diese Form der auf archäologisch-historischen Methoden basierenden Auseinandersetzung mit Vergangenheit eine primär westliche, die als Grundrichtung einer auf Emanzipation abzielenden Erkenntnis den Menschen als Glied und evolutionäres Produkt in einer autonomen Natur ansiedelt. Der Entwicklungsprozess, der diese Form der Auseinandersetzung mit der Vergangenheit ermöglicht, setzt mit der Aufklärung ein und ist inzwischen weltweit nachweisbar.[4]

Die Anziehungskraft bzw. die Wirkfähigkeit der wissenschaftlichen Auseinandersetzung mit der Vergangenheit resultiert aus der an anderer Stelle dargestellten selbstlegitimierenden Wirkung der Vergangenheit selbst: Ein u. a. auf archäologisch-historischer Forschung basierendes Geschichtsbild erreicht in einer Säkulargesellschaft eine höhere gesellschaftliche Akzeptanz als religiös begründete Ursprungsmythen, da solche historischen Leitbilder weltanschauliche Anschauungen zwar transportieren können, aber dennoch ideologisch eher unbedenklich bzw. wissenschaftlich plausibel erscheinen und auf diese Weise bewusst oder unbewusst instrumentalisiert werden.[5]

Der Philosoph Emil Angehrn (1996, 308) erkennt daher im Geschichtsdenken zu Recht das Analogon zum Ursprungsmythos. Beides, Geschichtsdenken und Ursprungsmythos, hat die Seinssicherung durch Ursprungspartizipation zum Ziel. Beide Formen der ontologischen Fundierung zielen letztendlich auf die normative Begründung von Sein und damit der eigenen Existenz ab. Sie bieten gesellschaftliche Stabilisierung über allgemeingültige und verbindliche, durch vergangene Erfahrungen legitimierte Konventionen, die ihre Wirkkräfte und Plausibilitäten aus einem übergeordneten Metarahmen beziehen, der wiederum die Vorstellungen zur menschlichen und zur eigenen Existenz prägt. Dieser Metarahmen, die große Erzählung, kann bei der Vermittlung gesellschaftlicher Leitbilder gleichermaßen auf wissenschaftliche Plausibilitäten wie auch auf metaphysische oder mythologisch-religiöse Anschauungen bzw. auf deren Mischformen zurückgreifen (s. a. Leroi-Gourhan 1964, 13 f.).

---

4   Zur Genese dieser Anthropologie vgl. Krauss 1987.
5   Ickerodt 2004 a; 2004 b; 2005 a. – Hervorstechende Beispiele für die politische Instrumentalisierung der Vergangenheit sind die Nationalsozialismus und der Kommunismus. Dieses Ausnützen der gesellschaftlichen Wirkfähigkeit der Vergangenheit wird in der Totalitarismusforschung über das in den 1930er Jahren entwickelte Konzept der »politischen Religion« erklärt. Dieser Ansatz hebt vor allem auf die Untersuchung der genutzten Symbolik und politischen Mythen ab: »Totalitäre Regime zielen auf die umfassende Deutung der Wirklichkeit, auf Sinnstiftung und ein konkretes diesseitiges Heilsgebot, das in dem jeweiligen Staat verwirklicht werden soll« (Hering 2009, 11).

Diese inhaltliche Unschärfe sowie die Polarität von wissenschaftlicher Erkenntnisfähigkeit und metaphysischer Erklärung sind darum bis heute ein charakterisierendes Merkmal der Auseinandersetzung mit geschichtsphilosophischen Fragestellungen.[6]

Damit kann – neben der zuvor skizzierten Ebene der praktischen Folgen und Konsequenzen eines fachlichen und innerfachlichen Differenzierungsprozesses – eine zweite Ebene identifiziert werden, die einen grundlegenden Einfluss auf den fachübergreifenden wissenschaftlichen Dialog hat. Diese zweite, außerwissenschaftliche Ebene beruht neben Zeitgeistströmungen auf der individuellen, Wir-Gruppen-spezifischen Metatheorie zur Genese des eigenen Seins, die als lebensweltlicher Bezugsrahmen den wissenschaftlichen Diskurs auf den möglichen Wirkebenen determiniert.[7] Hans Rössner (1986, 10) spricht hier vom vorwissenschaftlichen Selbstverständnis des Menschen. Vor diesem Hintergrund ist die Frage nach den Entwicklungstrends in einer individualisierten Säkulargesellschaft mit ihrem Hang zu beschleunigten Selbstdifferenzierungsprozessen und deren Auswirkung auf die archäologische Erkenntnisfähigkeit im Sinne einer »Selbstreflexiven Archäologie« nur allzu berechtigt, wenn nicht gar notwendig (Ickerodt / Mahler 2007; 2010).

Ziel dieses Beitrages ist daher neben der Darstellung der Bedeutung der Historischen Anthropologie als wissenschaftstheoretischem Bindeglied und Kommunikationsinstrument die Fokussierung auf den sich wandelnden gesellschaftlichen Rahmen und dessen Einfluss auf wissenschaftlich generierte Interpretationsmuster, die ihrerseits als Paradigmenwechsel wahrgenommen werden. Deswegen werden hier einerseits unsere wissenschaftstheoretischen und andererseits unsere kulturhistorisch-gesellschaftlichen Voraussetzungen untersucht, die die Entstehung der Historischen Anthropologie ermöglichen bzw. ermöglicht haben. Daran schließt sich eine Skizze des historisch-anthropologischen Ansatzes an. Den Abschluss bildet die Darstellung der Erkenntnisziele der Historischen Anthropologie.

---

6 Diese Polarität findet sich bereits in der Gründungsphase der Geschichtsphilosophie im 18. Jahrhundert. So schließt Johann Gottfried Herder seinen Entwurf zu »Auch eine Philosophie der Geschichte zur Bildung der Menschheit« mit dem Satz »Glaube an Geschichte – durch Geschichte glaube an Gott« (Irmscher 2003, 157). Der Theologe Herder bietet hier eine Alternative zur geschichtsphilosophischen Auffassung seiner Zeit, die die Geschichte nun als Ort des menschlichen Handelns (z. B. Voltaire) deutet. Herder hingegen versucht im Gegensatz zu den oder als Reaktion auf die meisten anderen Autoren seiner Zeit ein transzendental-aszendentes (= aufsteigendes), teleologes Geschichtsbild zu vermitteln: Der Geschichtsverlauf wird im Sinne der Heilsgeschichte gedeutet (s. a. Krauss 1987, 11) und findet sein modernes Äquivalent in einer teleologen Technik- und Wissenschaftsgeschichte (Ickerodt 2008; 2009 a; 2009 b).

7 Im Hinblick auf die narrative Gebundenheit des historischen Verstehens hat Jürgen Habermas (1990 a, 201 f. 245 f.) vorgeschlagen, zwischen Geschichtsschreibung und Geschichtsforschung zu differenzieren, da beide Bereiche jeweils an unterschiedliche soziale bzw. semiotische Bezugssysteme gebunden sind (s. a. Ickerodt / Mahler 2009, 2010; Untersuchungen hierzu Ickerodt 2004 a).

Definition des Projektes »Historische Anthropologie«

Genauso vielfältig wie die Definitionen zur (menschlichen) Kultur sind die Definitionsversuche, was »Historische Anthropologie« ist bzw. was sie ausmacht. Ihre institutionelle Verankerung hat sie aus historisch-archäologischer Sicht in Deutschland beispielsweise in dem Freiburger Institut für Historische Anthropologie mit seinem Organ »Saeculum«, der Berliner Historischen Anthropologie mit der Zeitschrift »Paragrana« oder in der Zeitschrift »Historische Anthropologie. Kultur – Gesellschaft – Alltag«. Auf archäologischer Seite ist der Fall sprachlich nicht so eindeutig gefasst. Dennoch ist hier die frühere »Kommission für Allgemeine und Vergleichende Archäologie« und heutige »Kommission für Archäologie Außereuropäischer Kulturen« (Bonn) des Deutschen Archäologischen Instituts zu nennen (Müller-Karpe 1980), die implizit historisch-anthropologische Zielsetzungen verfolgt. Hinzu kommen die verschiedenen Geistes- und Naturwissenschaften sowie ihre interdisziplinären konzeptionellen und institutionalisierten Derivate, die sich mit historisch-anthropologischen Fragestellungen beschäftigen (Evolutionäre Anthropologie, Humanethologie usw.). Beispielhaft kann hier die transdisziplinär ausgerichtete Forschung des Max-Planck-Instituts für evolutionäre Anthropologie (Leipzig) angeführt werden, die ihren Niederschlag in den Abteilungen für Primatologie, für vergleichende und Entwicklungspsychologie, für Linguistik, für evolutionäre Genetik und für Humanevolution findet.

Der Historiker Otto Ulbricht (2003, 77) stellt in diesem Zusammenhang fest, dass die Historische Anthropologie als neue Richtung der Geschichtswissenschaft zu den »Absetzbewegungen« vom traditionellen Wissenschaftsverständnis gehöre. Dieser Differenzierungsprozess findet sich neben anderen Wissenschaften auch innerhalb der Archäologie, ohne dass es hier zu einer sprachlich-institutionellen Verankerung gekommen ist. Der Grund hierfür mag der Umstand sein, dass viele neue Aspekte des historisch-anthropologischen Ansatzes in den Geschichtswissenschaften *per se* Bestandteil archäologischer Forschung sind.[8]

Das die historisch-anthropologischen Bestrebungen verbindende Element ist ein umfassender Kulturbegriff, ohne dass sich bisher eine theoretische Grundrichtung durchgesetzt hätte oder ein geschlossenes Konzept bzw. Programm erarbeitet worden wäre (Ulbricht 2003, 77). Dennoch kann ein übergeordneter inhaltlicher Zusammenhang erschlossen werden, der den analytischen Rahmen bildet:

Die Historische Anthropologie beschäftigt sich mit der Frage nach der lokalen, regionalen und der globalen Natur- und Kulturgeschichte des Menschen als geschichtsbildendem Faktor. Dabei werden seine unterschiedlichen Lebensformen

---

8 Ein Beispiel hierfür ist von Seiten der Geschichtswissenschaften die seit den 1980er Jahren verstärkte Beschäftigung mit der Ethnologie. Im Gegensatz dazu haben Ethnologie und archäologische Forschung eine enge gemeinsame Geschichte, siehe etwa die »Paleoethnologie« (s. a. Ickerodt 2010).

und die Gesamtheit ihrer Wechselbeziehungen und Rückkopplungen in den unterschiedlichen Lebensräumen mit ihren spezifischen biotischen und abiotischen Faktoren berücksichtigt. Dies gilt auch für die unterschiedlichen menschlichen Wahrnehmungs- bzw. Verhaltensformen und -normen in ihrer diachronen und synchronen Perspektive in Vergangenheit, Gegenwart und Zukunft.

In dieser Hinsicht stellt die Historische Anthropologie ein zumindest theoretisches Bindeglied zwischen allen sich mit dem Menschen oder seinem Kulturschaffen auseinandersetzenden Wissenschaften dar. Eine zwar formal akzeptierte, aber kulturwissenschaftlich inhaltlich unspezifische Metatheorie ist hier die Theorie der biologisch-kulturellen Evolution des Menschen.

Beispiele für in diese Richtung gehende, fachübergreifende Ansätze sind die Konzepte des Psychologen und Mediziners Rudolf Bilz (1971) oder des Biologen Adolf Portmann (1973). Beiden schwebt die Zusammenfassung aller wissenschaftlich möglichen Aussagen zum Menschen vor. Bilz bezeichnet seinen Ansatz als »Paläoanthropologie«[9] und Portmann seinen als »basale Anthropologie«.[10] Der Historiker und Theologe Hans Rössner (1986, 9), der Portmann in der Forderung nach einer zu gründenden Wissenschaft vom Menschen folgt, bezeichnet diesen Ansatz als »pragmatische Anthropologie« im Sinne Kants: »Was ist der Mensch?« und »Was kann ich wissen?«. Diese wenigen Beispiele belegen trotz vorhandener Mängel zweifelsohne ein hohes transdisziplinär ausgerichtetes wissenschaftliches Interesse an historisch-anthropologischen Fragestellungen, zumal sie auch als lebensweltliches Bezugssystem in einer Säkulargesellschaft kommuniziert werden können.

Diese Ausrichtung findet sich insbesondere bei dem Physiker Carl F. von Weizsäcker (1977, 12). Er unterstützt ebenfalls die Forderung nach einer »umfassenden wissenschaftlichen Anthropologie« aus Philosophie, Biologie, Medizin und Soziologie und bezeichnet sie als »geschichtliche Anthropologie«. Von Weizsäcker misst ihr die gleiche Funktion zu, die auf einer anderen Ebene sonst Religionen zu eigen ist.[11] Insgesamt ist er dennoch eher skeptisch, ob wir zu einem solchen säkularen Ansatz überhaupt bereit sind. Der Grund für diese berechtigte Skepsis von Weizsäcker ist u. a. die angeführte individuell-ontologische Verankerung des Einzelnen, die eine allgemeine Akzeptanz der geschichtlichen Anthropologie als gemeinsames, d. h. fach-

---

9 Zur Einordnung und Wirkung von Bilz: Peters 2003, 78–88.
10 Zur Rezeption, Einordnung und Wirkung Portmanns: Illies 1981, 182–240.
11 Dieses Verständnis entspringt einer falschen Definition von Religion als vorwissenschaftliche Welterklärung und erzielt ihre Ratio aus dem mit der Verwissenschaftlichung der Umweltwahrnehmung in modernen Gesellschaften einhergehenden, akkumulierenden Bedeutungsverlust von Religion bei gleichzeitiger Überbetonung einer rationalistisch-wissenschaftlichen Welterklärung (Mensching 1955, 11 f.). »Die Gründe dieses schweren Konfliktes sind offenkundig. Sie liegen in der geschichtlich so überaus wirksam gewordenen, von manchem noch heute romantisch wieder ersehnten Einheit von Glauben und Welterkenntnis, die dem christlichen Altertum und Mittelalter selbstverständlich war« (Bornkamm 1955, 125).

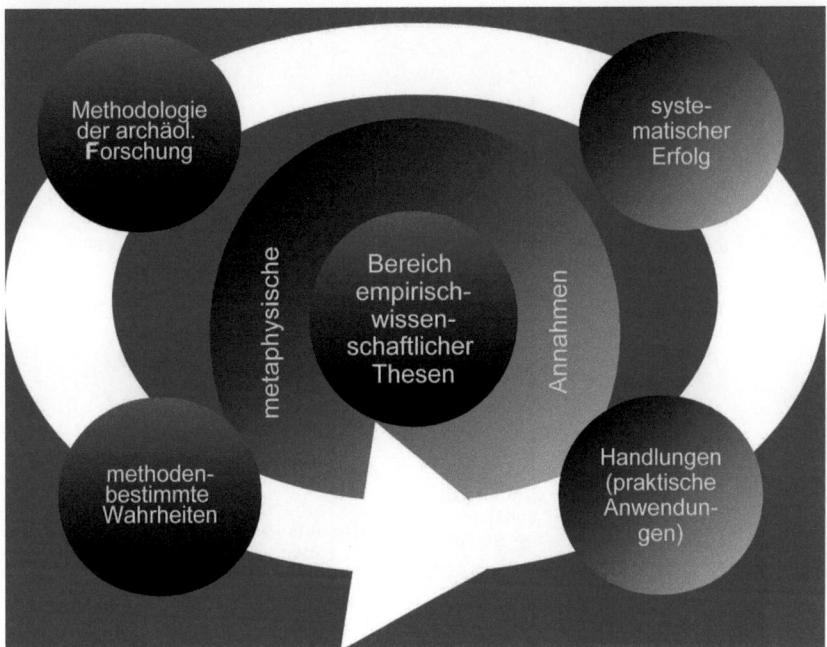

Abb. 1. Schematische Darstellung des Problems der metaphysischen Deduktion (nach Puntel 1985).

übergreifendes und gesellschaftliches Bezugssystem verhindert. Dessen ungeachtet würde die allgemeine Akzeptanz auf eine vollständig säkularisierte Gesellschaftsform hinauslaufen.

Die ontologische Verankerung basiert auf dem individuellen Menschenbild, das in einem historischen Prozess durch gesellschaftliche Strukturen und Konzepte sowie durch die eigenen lebensweltlichen Erfahrungen und Bezugssysteme geprägt ist und in der individuellen Ontogenese angelegt wird. Die Einbindung ontologischer Erfahrungen in Handlung und damit auch in wissenschaftliche Interpretationen ist wiederum situations- und nutzungsgebunden und wird in der Wissenschaftsphilosophie als »metaphysische Deduktion«[12] bezeichnet (Puntel 1985, 32–6; Abb. 1).

---

12 Der Term »metaphysische Deduktion« benennt den Sachverhalt, dass methodenbestimmte Wahrheiten zwar dem Bereich empirisch-wissenschaftlicher Erkenntnisfähigkeit entstammen, sie aber im Rahmen ihrer Anwendung um metaphysische Spekulationen ergänzt werden müssen, wenn eine Anwendbarkeit der gewonnenen Erkenntnis erreicht werden soll und die für die Deutung notwendigen Erkenntnisse außerhalb der methodischen Erkenntnisfähigkeit von Forschungsansätzen liegen (Ickerodt 2010, 24–8). Als Spekulationen oder Hypothesen entspringen sie dem

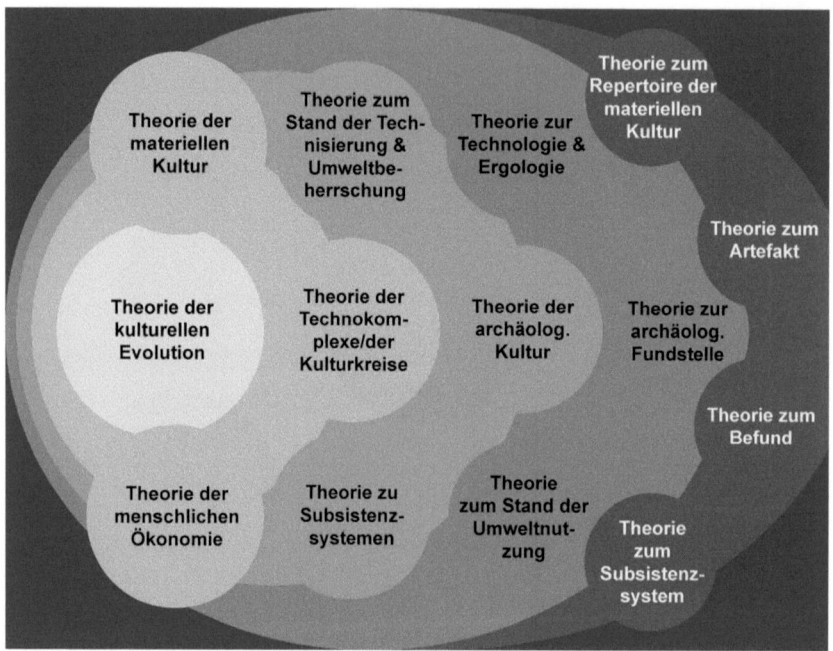

Abb. 2. Schematische Darstellung der interagierenden unterschiedlichen Untersuchungs-
und Forschungsebenen der Archäologie (nach Ickerodt 2010), die Ziel methodenorien-
tierter Forschung sind und in denen es zu dem Problem der »metaphysischen Deduktion«
kommen kann.

Von archäologisch-historischer Seite gilt dabei zu berücksichtigen, dass die metaphysische Deduktion sowohl Auswirkungen auf die Geschichtsforschung als auch
auf die Geschichtsschreibung hat.

Im Bereich der Geschichtsforschung wirkt sich das Problem auf allen analytischen
Ebenen von der Artefakt-/Befundauswertung bis hin zu den übergeordneten Theorien zur Befundsituation, zur archäologischen Kultur oder dem wissenstheoretischen
Überbau (Theorie der kulturellen Evolution, Theorie der materiellen Kultur, Theorie
der menschlichen Ökonomie) aus (s. a. Ickerodt 2010, 46 Abb. 5). D. h., auf jeder
dieser miteinander in kausaler Verbindung stehenden Interpretationsebenen kann
es im Zuge der Datenverarbeitung und der Datenweiterverarbeitung zur Interferenz
von methodisch generiertem Wissen mit nicht wissenschaftlich überprüfbaren Arbeits-

Lebensbezug des Forschers und werden von ihm daher im Zirkelschluss als sehr »wahrscheinlich«
oder »plausibel« wahrgenommen. Dieses Phänomen der metaphysischen Deduktion hat Joachim
Rehork (1989) in seinem Buch »Sie fanden was sie kannten« charakterisiert.

hypothesen kommen. In der Soziologie bezeichnet man diese Interferenzen als primäre und sekundäre Reaktivität (Abb. 2).

Im Bereich der Geschichtsschreibung, dem Prozess der Einbindung der wissenschaftlich generierten Erkenntnisse in ein bereits vorhandenes Geschichtsverständnis, kommt es ebenfalls zum Prozess der metaphysischen Deduktion. Dabei hängt hier die Interferenz von den gesellschaftlich verankerten Metanarrativen ab. Die interpretative Grundlage ist hier das europäische Entwicklungsdenken, das sich als linear-progressives Zeitkonzept im Kern auf teleologe und teleonome Geschichtskonzeptionen reduzieren lässt.

Dabei weisen teleologe Geschichtskonzepte als Produkt des europäischen Entwicklungsdenkens eine strukturelle Schwäche auf: Obwohl sie sowohl über wissenschaftsbasierte (z. B. evolutionistische / evolutionäre Ansätze) als auch religiös determinierte Bilder (z. B. Heilsgeschichte [Beispiel Herder]) vermittelt werden können, basieren sie, kulturhistorisch gesehen, auf dem gleichen linear-progressiven Zeitkonzept und stehen jeweils für ein aufsteigendes Verständnis von kulturellem Fortschritt (Ickerodt 2004 a; 2004 b). Allerdings handelt es sich in allen Fällen hierbei nicht um starre Konstrukte, sondern um Konzepte, die über die Vermittlung von Werten und Normen soziales Handeln generieren und daher durch diesen Lebensbezug direkt mit individuellen Verständnissystemen rückgekoppelt sind.

Aufgrund der genannten Rückkopplung werden sowohl der innerfachliche Austausch als auch fachübergreifende wissenschaftliche Verständigungsprozesse durch die sich differenzierenden vorwissenschaftlichen Selbstverständnisse der gesellschaftlichen Ebene erschwert. Im Falle fundamentalistischer Positionen (Kreationisten usw.) machen sie diese in manchen Fällen sogar unmöglich. Neben den getrennten Rezeptionssphären ist diese Beeinflussung von Deutung durch die individuelle Verbundenheit zu gesellschaftlichen Normen und Werten eine weitere Ursache, warum naturwissenschaftliche Ansätze zu einer Gesamtsystematik im Sinne eines übergeordneten Referenz- und Bezugssystems – wie die »Systematische Anthropologie« von Wolfgang Rudolph und Peter Tschohl (1977) – in den Geisteswissenschaften kaum wahrgenommen werden und ungenutzt bleiben. Hinzu kommen noch die praktischen Schwierigkeiten, ein solches breites Themenfeld im Rahmen der universitären Ausbildung zu vermitteln oder es im Rahmen einer Studienordnung zu strukturieren.

Dieser, auf eine Gesamtsystematik des Menschseins abzielenden Hauptrichtung der Historischen Anthropologie können unterschiedliche Ansätze mittlerer Reichweite zugeordnet werden, auf die hier nur exemplarisch hingewiesen wird. So spricht der Historiker Dieter Groh (1992 a) von einer »anthropologischen Geschichte«, Edward P. Thompson (1987) von einer »anthropologischen Sozialgeschichte« oder Maurice Godelier (1973) von einer »ökonomischen Anthropologie«. Hinzu kommen noch zahlreiche ungenannte Trends, die ihren Niederschlag in einer wechselseitigen gesellschaftlichen und wissenschaftlichen Beeinflussung finden. Jon N. Andersons

(1973) »ökologische Anthropologie« ist nur vor dem Hintergrund eines wachsenden Umweltbewusstseins oder Rhys Isaacs (1992) »ethnographische Geschichte« nur vor der wachsenden Bedeutung der Ethnologie als interpretative Leitwissenschaft innerhalb der Geisteswissenschaften zu verstehen, die mit einer breiten außerwissenschaftlichen Ethno-Bewegung einhergeht.

Zusammenfassend beinhaltet das Konzept der »Historischen Anthropologie« die (bisher nicht erfüllbare) Forderung nach einer rein wissenschaftlich fundierten Metatheorie vom Menschen. In dieser Hinsicht stellt sie zwar wissenschaftsgeschichtlich ein Analogon zur biologischen Evolutionstheorie dar. Sie bedarf dennoch trotz ihrer inhaltlichen Nähe zur biologischen Metatheorie als kulturwissenschaftliches und gesellschaftspolitisch instrumentalisiertes Derivat »biologisch-kulturelle Evolution des Menschen« in den Geisteswissenschaften noch immer der grundlegenden wissenstheoretischen Begründung. Nur so kann sie einerseits ein allgemein akzeptierter und verbindlicher wissenschaftlicher Metarahmen sein und andererseits als wissenschaftsbasiertes, lebensweltliches Bezugssystem im Sinne von Weizsäcker in einer Säkulargesellschaft als Grundlage für zu formulierende Werte und Normen genutzt werden.

Unabhängig vom zuletzt genannten lebensweltlichen Bezug bietet die Historische Anthropologie als gemeinschaftlich auf einer fachlichen, inter- und transdisziplinären Ebene zu entwickelnder Ansatz die Möglichkeit, die fachspezifischen Erkenntnisziele in ihrer Komplementarität sowie in ihrer Inter- bzw. Transdisziplinarität innerhalb eines Gesamtsystems zu verorten. In dieser Hinsicht erweist sie sich bereits jetzt als geisteswissenschaftliches Werkzeug zur Qualitätssicherung von Interpretationen, da vorwissenschaftliche Annahmen und komplementäre Erkenntnisse aus einer individuellen oder fachspezifischen Subjektivität über ein gemeinsames Bezugssystem aufgelöst werden können.[13]

Wissenschaftliche und kulturhistorische Voraussetzungen

Das fachlich und thematisch heterogene Forschungsfeld »Historische Anthropologie« ist im Hinblick auf seine Komplexität nur schwer zu umschreiben. Die wissenschaftliche Ebene beinhaltet die beiden »Pole« Naturwissenschaften und Geisteswissenschaften. Ersterer wird gemeinhin als Teildisziplin der Biologie angesehen und umfasst unterschiedliche Fachbereiche wie die Zoologie, die Human- oder Kulturethologie[14], die Humanökologie, die Paläontologie, die Medizin usw. In einer Gesamt-

---

13 Der Kulturlandschaftsbegriff ist ein Beispiel für einen Begriff, der transdisziplinär entwickelt und genutzt wird.

14 »Kulturethologie ist eine spezielle Arbeitsrichtung der allgemeinen Vergleichenden Verhaltensforschung (Ethologie), die sich mit den ideellen und materiellen Produkten (Kultur) des Menschen,

systematik des Lebendigen stellt dieser Bereich, in dem die menschliche Kulturfä-
higkeit in ihrer historischen Genese eingebettet ist, ein übergeordnetes Bezugssystem
dar, das sich primär mit den biologischen Grundlagen des Menschseins beschäftigt
(Aggression, menschliche Kognition, Partnerwahl, Sprachfähigkeit, Territorialität
usw.). Gegenüber den Geisteswissenschaften hat dieser naturwissenschaftlich-bio-
logisch ausgerichtete Bereich der Historischen Anthropologie den Vorteil gemeinsamer wissenschaftstheoretischer Grundlagen. Trotz inhaltlicher und thematischer
Überschneidungen mit den Geisteswissenschaften und trotz des enormen Einflusses
der Evolutionstheorien auf letztere kommt es zwischen beiden Fachbereichen nur zu
einem begrenzten wissenschaftlichen Austausch. Dabei scheinen die Vorbehalte eher
von den Geisteswissenschaften auszugehen.

Die historisch-anthropologische Diskussion innerhalb der Geisteswissenschaften
ist darüber hinaus durch die Polarität von historischen und sozialwissenschaftlichen
Fragestellungen gekennzeichnet. Hier bilden die Gesellschaftswissenschaften (Soziologie, Psychologie usw.) und die Geschichtswissenschaften diametrale Interpretati-
onsrichtungen (synchron vs. diachron ausgerichtete Untersuchungen), die allerdings
nicht grundsätzlich getrennt sein müssen. Eine Art Klammerfunktion haben die
archäologischen und die ethnologischen Disziplinen sowie die Raumwissenschaften
(Historische Geographie usw.), da sie sich thematisch im Schnittbereich dieser beiden
Richtungen bewegen können.

Dieser sich wechselseitig beeinflussende Gesamtforschungsbereich der sich mit
dem Menschen beschäftigenden Wissenschaften ist durch einige Defizite gekennzeichnet: Grundlegend ist hier das als anthropologisch zu bezeichnende Defizit
(Ickerodt 2010). Es resultiert aus einer möglichen individuellen Unvereinbarkeit des
vorwissenschaftlichen Selbstverständnisses der einzelnen Forscher mit historisch-
anthropologischen Erkenntnissen und ist darüber hinaus durch Zeitgeist, Moden und
Trends geprägt. Ein anderes Problem entspringt der manchmal unter dem Schlag-
wort der »hermeneutischen Falle« bezeichneten Subjekt-Objekt-Dichotomie. Trotz
der wissenschaftsphilosophisch konstatierten grundsätzlichen Einheit im biologischen
Menschsein ist die Realitätswahrnehmung einer jeweils zu erforschenden kulturhistorischen Gegenwart (= Forschungsobjekt) durchaus eine andere als die eigene,
d. h. die Realitätswahrnehmung des Forschungssubjektes. Sie kann nur beschränkt
durch einfühlendes Hineindenken erfasst werden (Kippenberg 1987; Cole 1978).

Ein solcher emphatischer Zugang findet sich in der Archäologie teilweise in der
experimentellen Archäologie oder der Reenactment-Bewegung. Ferner kennzeichnet
er die kulturtouristische Nutzung der Vergangenheit. Erkenntnistheoretisch gesehen
ist dieser emphatische Ansatz als außerwissenschaftlicher Zugang zur Vergangenheit

---

deren Entwicklung, ökologischer Bedingtheit und ihrer Abhängigkeit von angeborenen Verhal-
tensweisen sowie mit entsprechenden Erscheinungen bei Tieren vergleichend befaßt« (Koenig
1970, 17). Sie findet laut O. Koenig ihre Parallelen vor allem in Volks- und Völkerkunde.

über präexistente Metanarrative strukturiert und entzieht sich gemäß der uns heute zur Verfügung stehenden Methoden wissenschaftlicher Erkenntnisfähigkeit. Als subjektive Wahrnehmungsstruktur basiert der emphatische Zugang zur Vergangenheit auf methodenbestimmten Wahrheiten, d. h. mit archäologischen Methoden zu generierende Erkenntnisse (Abb. 2), die in präexistentes Wissen eingebaut werden.

Nicht nur in dieser Hinsicht entspringt das anthropologische Defizit dem einleitend umrissenen wissenschaftlich / gesellschaftlichen Interaktions- und Kommunikationsprozess und dem angeführten gesellschaftlichen Bedürfnis nach Selbstlegitimierung der eigenen Gegenwart. Dieser die wissenschaftliche Interpretation beeinflussende Wirkfaktor entsteht in einem Umfeld rückgekoppelter Wechselbeziehungen von wissenschaftlichen Teilgruppen mit ihrem gesellschaftlichen Umfeld. Als in der individuellen Sozialisation erworbenes ›Regelwerk‹ bilden die einem Bedürfnis der Legitimierung der eigenen Gegenwart entspringenden Erkenntnisziele den individuell-ontologischen Rahmen wissenschaftlicher Diskurse. In letzter Konsequenz lassen sich daher alle Methoden und Regeln der empirischen Forschung sowie die darauf aufbauende ikonografische Verarbeitung und Kommunikation von wissenschaftlicher Erkenntnis immer nur aus ihrer Vergesellschaftung heraus in ihrer historischen Dimension verstehen (Habermas 1990 a, 204–13; Rüsen 1983, 29). Bei beidem, dem Problem der Legitimierung der eigenen Gegenwart *via* historischer Analogien als auch der ikonografischen Verarbeitung dieser Erfahrungen, kommt es zwangsläufig zur Interferenz von wissenschaftlicher Interpretation und gesellschaftlicher Realität (Ickerodt 2005 a). Diese Wechselwirkung entspricht dem genannten Problem der Reaktivität (Soziologie) bzw. dem der metaphysischen Deduktion (Wissenschaftsphilosophie).

Hinzu kommen noch einige wissenschaftliche Defizite. Am schwerwiegendsten ist hier wohl der Umstand, dass entgegen der Ausgangssituation des naturwissenschaftlichen Pendants in den Geisteswissenschaften kein einheitliches Interesse an der Historischen Anthropologie vorhanden ist. Sie bedingen das Fehlen eines gesamtwissenschaftlichen, aber auch fachspezifischen Konsens und erfordern geradezu im Sinne einer Problemlösung eine Erweiterung der »Common-sense-Grundlage« (Habermas 1990 a, 202) im innerfachlichen sowie im fachübergreifenden Dialog. Da das hier geforderte Bündel an Maßnahmen, wie der Vereinheitlichung von Wissenschaftssprache, der Entwicklung eines übergeordneten wissenschaftstheoretischen Gesamtbezugssystems oder eine transdisziplinäre Ausrichtung geisteswissenschaftlichen und damit archäologischen Forschens mit Blick auf den weitergehenden Spezialisierungs- und Differenzierungsprozess kaum zu leisten ist, kann der geisteswissenschaftliche historisch-anthropologische Forschungsbereich gegenüber dem der Naturwissenschaften als eher komplementäres und manchmal interdisziplinäres Arbeitsfeld ohne bewusste Reflexion der eigenen Grundlagen identifiziert werden. Dieses zu ändern, bleibt trotz aller Hindernisse die zentrale Aufgabe der Historischen Anthropologie.

Evaluierung des gesellschaftlichen Rahmens

Im Kern des zuletzt genannten Problems stehen gesellschaftliche Entwicklungen, die erst die Entstehung der modernen Wissenschaften ermöglichten. Sie beruhen auf kulturellen und gesellschaftlichen Veränderungen, die hier nur mit den Schlagwörtern »Fortschrittsdenken«[15], »Säkularisierung«[16] und »Rationalismus«[17] sowie »Individualismus«[18] und »politische Selbstbestimmung« skizziert werden können. Diese Werte stehen allerdings im Zusammenhang mit und komplementär zu gesellschaftlichen Chauvinismen. Sie haben über teleologische Geschichtskonzepte ihre Legitimation erfahren und werden angesichts ihrer Beharrungstendenz, z. B. in der Form von wissenschaftlich begründetem Rassismus, erst in den letzten Jahrzehnten langsam abgeschüttelt (Ickerodt 2004 a; 2004 b; 2006).

Dieser gesellschaftliche Wandel ist seit dem Mittelalter mit einem massiven und permanenten wirtschaftlichen und gesellschaftlichen Umstrukturierungs- und Neuorientierungsprozess rückgekoppelt. Eine Zäsur bildet das 19. Jahrhundert. Waren noch zu seinem Beginn ca. 75 % der Werktätigen in der Landwirtschaft tätig, so sind es heute nicht einmal mehr 5 %. Als prägende Wirtschaftsbereiche haben in der gegenwärtigen westlichen Gesellschaft inzwischen die Dienstleistungs- und Informationssektoren mit ihren spezifischen Anforderungen »Wandel« und »Innovationsdruck« längst der Industrie den Rang als Ort der Subsistenzsicherung in der urbanisierten und globalisierten Nachkriegsgesellschaft abgelaufen. Diese neuen Wirtschaftsfelder beinhalten immer spezifischere Anpassungsanforderungen und individuelle

---

15 In der zweiten Hälfte des 19. Jahrhunderts werden wissenschaftlich-technischer und sozialer Fortschritt unter Berücksichtigung der Evolutionstheorie von der Gesellschaft als wissenschaftliche Tatsache deklariert. Fortschritt wird in diesem Prozess als aufstrebend, linear progressiv verstanden (= teleolog), wobei der zunehmende Grad der gesellschaftlichen und technisch-wissenschaftlichen Differenzierung mit Verbesserung gleichgesetzt wird (Ickerodt 2004 a, 40 f.; s. a. Ickerodt 2008; 2009 a; 2009 b).

16 Mit Säkularisierung wird im Allgemeinen der Prozess der Verweltlichung, d. h. die zunehmende Abtrennung sozialer Strukturen, Normen und Werte von religiösen Glaubensinhalten und Moralvorstellungen bezeichnet. Ein Merkmal von Säkulargesellschaften ist deren starke Empfänglichkeit für Innovation und Wandel sowie eine damit einhergehende Verdrängung des Jenseits- durch eine Diesseitsorientierung.

17 Der Rationalismus entwickelt sich in enger Verbindung mit den Emanzipationsbestrebungen des Bürgertums im 17./18. Jahrhundert als Alternative zu den obsolet werdenden mittelalterlichen Vorstellungen und wird durch den Optimismus unbeschränkter menschlicher Erkenntniskraft angetrieben. Allein die Vernunft wird Maß für Wissenschaftlichkeit und darauf aufbauendem sozialem Verhalten.

18 Der Individualismus wurzelt als Weltanschauung des frühen Bürgertums in den Humanitäts- und Autonomievorstellungen der Aufklärung und zielt auf die Befreiung des Einzelnen aus den bis dahin vorherrschenden absolutistisch-feudal-klerikalen Bindungen. Andererseits geht er bei steigendem Bildungsniveau mit einer zunehmenden horizontalen und vertikalen gesellschaftlichen Differenzierung einher.

Erwerbsstrategien, die den oben genannten gesellschaftlichen Differenzierungsprozess fördern. Ein Ergebnis dieses Prozesses ist der mit der Neuzeit einsetzende Austausch traditioneller, transzendental legitimierter Werte durch solche, die ihre Ratio
zunehmend über wissenschaftliche Plausibilitäten beziehen.[19] Dabei werden diese
Wahrnehmungskategorien zumeist als gegensätzlich und selten als sich gegenseitig
ergänzend angesehen.

Diese langfristigen Veränderungen im gesellschaftlichen Bereich ermöglichten
einen Perspektivwechsel in unserem Welt- und Geschichtsverständnis. Im Kern stehen hier die vier Schlagworte »Entwicklungsdenken«, »Säkularisierung«, »Gesellschaftskritik« und »Kulturrelativismus«.

Im Mittelpunkt des westlichen Entwicklungsdenkens steht neben dem Kontinuitätsdenken (»Great chain of Being«) die zunehmende Bewusstmachung von Wandel
vor dem Hintergrund eines linear-progressiven Zeitverständnisses. Trotz der modernen naturwissenschaftlichen Erkenntnisse und der damit verbundenen evolutionären
Perspektive befindet sich die Geschichtsphilosophie noch immer im Spannungsfeld
von Aszendenz- und Deszendenzdenken sowie von teleologischen und teleonomischen Geschichtsmodellen. Eine Begleiterscheinung ist die sich auf eine teleologische Geschichtskonzeption berufende, weit verbreitete Fortschrittsgläubigkeit des
Menschen insbesondere der zweiten Hälfte des 19. und der ersten Hälfte des 20. Jahrhunderts. Diese Fortschrittsgläubigkeit ist aber von Anfang an sowohl von einer
Kritik an der großen Fortschrittsgeschichte der Menschheit begleitet (z. B. Herder
2003 [1774], 37) als auch durch den Einfluss weitreichender biologischer Erkenntnisse geprägt. So findet unter dem Einfluss der Kulturpsychologie eine Abkehr von
dem Paradigma der identischen Triebausstattung aller Menschen statt (Burke 2005,
48–51). Dieser Prozess zeigt sich u. a. in der Abkehr kollektivistischer zugunsten von
personalistisch-individualistischen Theorien.

Der zweite Aspekt ist der Prozess der Säkularisierung. Er zielt insbesondere seit
der Aufklärung auf eine Verwissenschaftlichung der Umweltwahrnehmung ab. Dabei
wird diese Form des Denkens bereits von Jugend an eingeübt und findet ihren Niederschlag in der Popkultur und führt zwangsläufig zu einer Auseinandersetzung der
als antonymisch wahrgenommenen Pole Aberglaube / Religion einerseits und Wissenschaft andererseits, die im Sinne des Fortschrittsdenkens für Rückständigkeit bzw.
für Fortschrittlichkeit stehen. Auf einer gesellschaftlichen Ebene zielt diese Form
des Denkens über das Prinzip der »ungleichzeitigen Gleichzeitigkeit« auf die Hier-

---

19 Ickerodt 2004; 2007. – Ein charakteristisches Beispiel für die Auswirkungen dieses Prozesses
   ist der Streit zwischen Kreationisten und Anhängern der Evolutionstheorie. Beide stehen für den
   Anspruch einer wissenschaftsbasierten Welterklärung. Dabei wird im gesellschaftlichen Diskurs
   diese Auseinandersetzung auf die Form »Wissenschaft gegen (Aber-) Glaube« zugespitzt und
   über die Polarität von »Fortschritt gegen Rückständigkeit« kommuniziert. Als lebensweltliche
   Bezugssysteme sind beide Positionen durch ein gewisses Maß an Intoleranz gekennzeichnet.

Analysekategorie	Verankerung	Analysequalität und -ebene	Zielsetzung
(1) wissenschaftlicher Blick	wissenschaftliches Verstehen von Raum-Zeit-Zusammenhängen	Objektivierung der Fremdwahrnehmung (über die Analyse der Selbstwahrnehmung), etisch/objektivierend	wissenschaftlicher Blick auf historische Habitatnutzungen, Nomothese (Theorie der kulturellen Evolution)
(2) kulturdeterminierter Blick	gesellschaftliches Verstehen von Raum-Zeit-Zusammenhängen	Selbst- und Fremdwahrnehmung, emisch/subjektivierend	kulturdeterminierter Blick auf die eigene Umwelt (*native's point of view*), Ideographie

Abb. 3. Wissenschaftliche Außenperspektive und gesellschaftliche Eigenperspektive als unterschiedliche archäologische Untersuchungsebenen.

archisierung des menschlichen Miteinanders (in Gegenwart und Vergangenheit) ab (Ickerodt 2004 a; 2005 b) und wird als Zivilisationsgefälle kommuniziert.

Ein wichtiger Aspekt des Perspektivwechsels in unserem Geschichtsverständnis ist die Gesellschaftskritik, die seit dem 2. Weltkrieg durch den Wandel hin zur urbanisierten und globalisierten Massengesellschaft geprägt ist. Diese Entwicklung ermöglicht letztendlich das Erkennen von Chauvinismen (Rassismus, Ethnozentrismus usw.) und das Erreichen derzeitiger Ziele der unterschiedlichen Emanzipationsbewegungen (Antikolonialismus, Frauenbewegung, politische Selbstbestimmung, Bürgerbeteiligung u. a.). Sie wird durch eine Ökologisierung unseres Umweltverständnisses sowie durch den Kulturrelativismus begleitet. Ersteres beruht auf dem Anerkennen der Endlichkeit der naturräumlichen Ressourcen und damit der Begrenztheit von Wachstum, Letzteres auf dem Erkennen der eigenen Subjektivität und dem damit einhergehenden Verständnis unterschiedlicher kultureller Eigensichten (Abb. 3). Prägend ist hier die wissenschaftliche Entdeckung des *native's point of view*, der emischen Perspektive der zu untersuchenden vergangenen und gegenwärtigen Kulturen, die in der Geschichtsforschung sukzessive als gleichwertige und eigenständige soziale Logik taxiert wird. Diese Entwicklung ist grundlegend für das Erkennen, Erschließen und die Analyse neuer Informationsquellen sowie das Überwinden von hermeneutischen Fallen, die sich aus dem Versuch ergeben, fremde Kulturen im Kontext der eigenen Kultur verstehen zu wollen.

Im Hinblick auf die Ebene der Geschichtsschreibung ermöglicht der *native's point of view* eine Differenzierung in unterschiedliche kulturelle Eigensichten sowie den damit einhergehenden Rollenverständnissen.

Ein anderer wichtiger Einflussfaktor ist das von den unterschiedlichen Wissenschaftsbereichen ausgehende Verständnis von sozialen Prozessen. In dieser Hinsicht hat der Austausch von Sprachwissenschaften/Linguistik und Ethnologie (»Ethnographie des Sprechens/Ethnolinguistik«) Anfang der 1960er Jahre das Wissen um die Beziehung zwischen den Elementen eines kulturellen und eines sozialen Bezugssystems ermöglicht. Die Ethnologie hat zu einem besseren Verständnis von gesellschaftlichen Prozessen geführt, indem sie diese als Wechselspiel zwischen politischen, sozialen und ökonomischen Strukturen sowie Erfahrungen, Mentalitäten, Wahrnehmungen, Interpretationen und Handlungen (C. Geertz) interpretiert.

Als ein Fazit dieser Entwicklung kann einerseits eine Liberalisierung der wissenschaftlichen und gesellschaftlichen Deutungsansätze konstatiert werden. Andererseits ist sie mit einem Rückgang der Konsensfähigkeit verbunden, was das Menschsein ausmacht.

Versuch der Umschreibung des historisch-anthropologischen Ansatzes

Der historisch-anthropologische Ansatz[20] kann durch vier Qualitäten charakterisiert werden. Er ist fachübergreifend, ganzheitlich/holistisch, vergleichend und biologie- bzw. körpernah.

Dabei werden die partizipierenden Wissenschaftssparten entsprechend des jeweils gewählten Austauschziels als komplementäre oder interdisziplinäre bzw. darüber hinausgehend als transdisziplinäre Partner wahrgenommen (Abb. 4). Diese Aussage hebt auf die unterschiedlichen Qualitäten des fachübergreifenden Wissenstransfers ab. Im Rahmen des komplementären Wissensaustauschs haben nicht alle bearbeiteten Themenfelder für alle beteiligten Disziplinen die gleiche Relevanz, sondern tragen als Mosaiksteine dazu bei, langfristig ein schlüssiges Gesamtbild zu erzeugen. Demgegenüber steht der inter- und transdisziplinäre Austausch. Im ersten Fall arbeiten unterschiedliche Wissenschaften auf einem gemeinsamen Forschungsfeld mit einem

20 Diese Charakterisierung des historisch-anthropologischen Ansatzes basiert auf Habermas 1990a; von Weizsäcker 1977; Martin 1984; Medick 1984; Süssmuth 1984b; Rössner 1986; Veit 1990; Geertz 1992; Burke 1992; 2005; Groh 1992b; Habermas/Minkmar 1992b; Ulbricht 2003.

Ebenen des archäol. Wissens	Verankerung und Zielsetzung	Analysequalität
subjektives Wissen	– individuelles Weltbild (Ontologie) – wissenschaftliches Vorverständnis	– individuell – subjektiv
Fachwissen	– fachspezifisches Weltbild auf Basis innerfachlicher Methoden und Daten – Versuch der Objektivierung von Wissen für den innerfachlicher Austausch	– fachspezifisch – fachlich-subjektiv
komplementäres Wissen	– fachspezifisches Weltbild auf Basis fachübergreifender Methoden und Daten – komplementäres Wissen zum innerfachlichen Austausch	– fragestellungs-spezifisch – individuell – subjektiv
interdisziplinäres Wissen	– fachspezifisches Weltbild auf Basis der innerfachlichen Methoden und Daten – Prüfung der eigenen Erkenntnisse mit Hilfe fachfremder Methoden	– fragestellungs-spezifisch – fachlich-subjektiv – objektivierend
transdisziplinäres Wissen	– gemeinschaftliches, fachübergreifendes Weltbild/-wissen auf Basis von fachübergreifenden Methoden und Daten	– fachübergreifendes, gemeinschaftlich erarbeitetes Wissen

Abb. 4. Qualitative Ebenen des archäologischen Fachwissens.

gemeinsamen Forschungsziel unter Beibehaltung der fachlichen Differenzierung, während im zweiten Fall diese fachliche Differenzierung zugunsten gemeinsamer Grundlagen (z. B. Nomenklatur, Erkenntnisziel usw.) überwunden wird.

Mit dem historisch-anthropologischen Ansatz will man sich dem Menschsein von einer universellen Perspektive aus nähern. Als historisch-vergleichender Ansatz hebt er auf das Offenlegen von Gemeinsamkeiten und Unterschieden des Menschseins ab, indem er als biologie- oder körpernaher Ansatz Körperlichkeit und Geistigkeit des Menschen verbindet (Abb. 5). Aus einer wissenschaftstheoretischen Perspektive hat die Historische Anthropologie folgende Ziele:

• den Austausch von Methoden und Erkenntnissen, um fachspezifische Wissens- und Erkenntnislücken zu schließen oder zu überbrücken;

• die Identifizierung und Nutzung aller möglichen Informationsquellen der materiellen und immateriellen Kultur sowie die Sicherung dieser Quellen;

• die inhaltliche Erweiterung der vorhandenen Forschungsansätze und Vermeidung einer Perspektivverengung;

	etische Perspektive	emische Perspektive	Nomothese	Ideographie
Erkenntnis-gegenstand	– wissenschaftliche Außenperspektive	– gesellschaftliche Innensicht (= *native's point of view*) – gesellschaftl. Außensicht (z. B. Römer auf Germanen usw.)	– kulturelle Evolution (= Theorie der sozialen Evolution)	– diachrone und synchrone Vielfalt der Lebensäußerungen als Bestandteil der kulturellen Evolution
Erkenntnis-bereich	– wissenschaftl. Blick auf die historische Habitatnutzung – absolut/objektiv – wissenschaftl. Historisches Verstehen	– kulturdeterminierter Blick auf die eigene Umwelt – relativistisch/subjektiv – gesellschaftl. Historisches Verstehen	– biologische Grundlagen – elementare Erfahrungen – Grundstrukturen und Kategorien des menschlichen Daseins	– Prägung durch lokale & regionale Umwelten – historische Überlagerungen – soziale Differenzierung
Mögliche Themenfelder	– die Natur- und Kulturgeschichte des Menschen als geschichtsbildendem Faktor – Mensch-Umwelt-Rückkopplungen – gesellschaftliche Prozesse als Wechselspiel politischer, sozialer und ökonomischer Strukturen sowie von Erfahrungen, Mentalitäten, Wahrnehmungen, Interpretationen und Handlungen	– Lebenszyklen & Übergangsriten (Kindheit, Jugend, Vater- oder Mutterschaft, Alter usw.) – gesellschaftliche Rollen (Mann/Frau, Kindheit/Erwachsensein, Herr/Knecht, Römer/Griechen usw.) – gesellschaftl. Organisationsformen (soziale, politische usw. Strukturen/ Institutionen, Wirtschafts- & Subsistenzsysteme, kulturelle Einrichtungen, Brauchtum usw.) – Selbst- und Fremdwahrnehmung	– elementare Erfahrungen (Geburt & Tod, Jugend & Alter, Gesundheit & Krankheit, Behinderte, Mann & Frau, Kinder, Arbeit & Freizeit, Mangel & Überfluss, Risiko & Sicherheit, Grenzen & Grenzüberschreitungen, Andersdenkende & -lebende, Etablierte & Außenseiter usw.) – Elementarstrukturen (Territorialität, Macht usw.)	– Individuum und seine soziale Einbindung (Familie, Geschlechterrollen, Verband, Subkultur u. a.) – soziale Infrastruktur und soziale Sicherungssysteme – Wirtschaftsweisen/ Produktionssysteme – religiöse und pseudoreliigiöse Bindung – Territorialität & Macht – usw.

Abb. 5. Perspektiven und Aussagepotenzial der Historischen Anthropologie.

• die Reintegration der sich differenzierenden Wissenschaften, Ansätze, Eingangsvoraussetzungen und gesellschaftlichen Grundlagen über eine verbindende Metatheorie (»Theorie der sozialen Evolution«);
• die Untersuchung der eigenen hermeneutischen Grundlagen.

Im Fokus steht dabei der Mensch als geschichtsbildender Faktor in seinen unterschiedlichen Kulturen. Thematischer Mittelpunkt sind hier der Prozess der Zivilisation sowie die elementaren Strukturen des Menschseins (Abb. 5).

Als Forschungsansatz basiert die Historische Anthropologie auf dem Vergleich aller menschlichen Lebens- und Verhaltensformen durch die Zeit unter Berücksichtigung ihres jeweiligen sozialen Kontextes. Im Kern steht die Untersuchung der Wechselwirkung von Mensch und Umwelt, wobei unterschiedliche Untersuchungsebenen und deren Kombination möglich sind:

• Individuum (1) zur eigenen Wir-Gruppe / Subkultur / Kultur (2);
• Individuum (1) zu anderen Wir-Gruppen / Kulturen (3a);
• Individuum (1) zur biotischen Umwelt (3b);
• Individuum (1) zur abiotischen Umwelt (3c);

- Wir-Gruppe/Subkultur/Kultur (Welt 2a) zu anderen Subkulturen der eigenen Wir-Gruppe/Kultur (2b);
- Wir-Gruppe/Kultur (2) zu anderen Wir-Gruppen/Kulturen (3a);
- Wir-Gruppe/Kultur (2) zur biotischen Umwelt (3b);
- Wir-Gruppe/Kultur (2) zur abiotischen Umwelt (3c).

Diese Ebenen können aus verschiedenen, in keinem hierarchischen Verhältnis zueinander stehenden Blickwinkeln anhand von Text-, Bild- und anderen Sachquellen oder von mündlichen Überlieferungen untersucht werden. Mögliche Untersuchungsziele sind hier u. a. Studien zur Lokal-, Regional- oder Universal- bzw. Globalgeschichte oder zur Technik-, Kunst-, Alltags-, Entwicklungs-, Mentalitäts- oder Kulturgeschichte des Menschen aus einer

- diachronen oder synchronen,
- mikro- oder makrogeschichtlichen,
- nomothetischen (universellen) oder ideosynkratischen (partikularistischen),
- emischen (= kulturelle Innensicht sowie kulturelle Außensicht[21]) oder etischen (= wissenschaftliche Außensicht) Perspektive.[22]

Erkenntnisziele der Historischen Anthropologie

Die Erkenntnisse, die im Rahmen von historisch-anthropologischen Studien erarbeitet werden, zielen auf zwei Ebenen ab. Die inhaltliche Ebene wurde bereits umrissen und bedarf an dieser Stelle keiner weitergehenden Ausführungen. Mögliche Themenfelder können Abbildung 5 entnommen werden. Die andere Ebene ist erkenntnistheoretischer Natur und eng mit der einleitend dargestellten Frage nach den eigenen/individuellen, systemischen und gesellschaftlichen, wissenschaftlichen und kulturhistorischen Voraussetzungen verbunden.

Sie kann wiederum in eine praktische, anwendungsorientierte und eine wissenschaftstheoretische Ebene untergliedert werden. Der Unterschied zwischen beiden liegt in der Ausnutzung des selbstreflexiven Potenzials: Während die praktisch-empirische bzw. anwendungsorientierte Ebene methodenbezogene Erkenntnisse generiert

---

21 Der Begriff der kulturellen Außensicht bezeichnet den Blick einer historischen oder rezenten Gesellschaft auf eine andere historische oder rezente Gesellschaft (vgl. auch Abb. 3 und 5).

22 Dabei können auf der subjektiven Ebene unterschiedliche Qualitäten und Ebenen der (1) Selbst- und (2) Fremdwahrnehmung in Vergangenheit und Gegenwart aus einer syn- oder diachronen Perspektive heraus untersucht und reflektiert werden. Themen sind z. B. (1) Geschlechterrollen u. a. und (2) der Blick der Griechen auf Kelten, Thraker, Skythen, Ägypter usw., der Römer auf Griechen, Germanen, Nubier usw., der Humanisten auf die klassische Antike, der Postmoderne auf die Rezeption der klassischen Antike durch die Humanisten, Renaissance, Aufklärung oder Moderne.

und dabei ohne einen tiefergehenden Selbstreflexionsprozess auskommt, zielt die wissenschaftstheoretische Ebene auf ein selbstkritisches Hinterfragen der fachlichen und gesellschaftlichen Grundlagen ab, um das Problem der Reaktivität bzw. der metaphysischen Deduktion berücksichtigen zu können. In dieser Hinsicht muss der Austausch von Geschichtsforschung und Archäologie einerseits und Soziologie und Ethnologie andererseits nicht nur reiner Selbstzweck von Geschichtsforschung und -schreibung sein, sondern kann auch der Überprüfung und Weiterentwicklung gesellschaftswissenschaftlicher Theorien dienen (s. a. Habermas 1990, 201 f.).

Die wissenschaftstheoretische Ebene zielt auf den Austausch von Ansätzen und Methoden selbst oder der daraus resultierenden Erkenntnisse wie z. B. auf

- das heuristische Potenzial zur Identifikation neuen Quellenmaterials bzw. neuer Ansätze und Methoden bei der Interpretation der bisher bekannten und genutzten Untersuchungsmaterialien,
- die Entwicklung neuer Wege der Quellenkritik,
- die historische und gesellschaftliche Kontextualisierung von Quellen, Ansätzen und Methoden und damit von wissenschaftlicher Erkenntnis insgesamt (Kontextanalyse),
- die Vermeidung einer Perspektivverengung (Reaktivität/metaphysische Deduktion) bzw. das Ermöglichen von Perspektivwechseln in der Geschichtsforschung und der -vermittlung (alternative Narrationspositionen),
- das Erkennen von Subjektivität und die Entwicklung von Objektivierungskriterien (Kulturrelativismus),
- das Verstehen von Determinierung und Kontingenz, d. h. von kulturhistorischen Zwangsläufigkeiten und alternativen Geschichtsverläufen.

Der Prozess der Entwicklung der zuvor aufgezählten Aspekte geht insbesondere seit dem 2. Weltkrieg mit der in Abschnitt 3 diskutierten Liberalisierung und Pluralisierung des gesellschaftlichen und wissenschaftlichen Rahmens einher und führt im Rahmen dieser Entwicklung zu Verschiebungen im wissenschaftlichen Erkenntnisinteresse und Bezugssystem einerseits sowie zu einer fachlichen Spezialisierung und damit zu einer Einengung des Untersuchungsgegenstandes andererseits.

Aus einer forschungsgeschichtlichen Perspektive kommen der Historischen Anthropologie als auf einen metatheoretischen Rahmen abzielendes Bezugssystem zwei Funktionen zu: In einem ersten Schritt erzeugt sie im Evolutionismus (z. B. Morgan, Tylor, Lane Fox Pitt-Rivers) und Sozialdarwinismus (Spencer) des 19. Jahrhunderts ein verbindliches wissenschaftliches und gesellschaftspolitisches Bezugssystem.

In einem zweiten Schritt muss der Historischen Anthropologie eine reintegrierende Funktion zukommen, mit der der Differenzierungsprozess der wissenschaftlichen Ansätze seit dem 2. Weltkrieg durchbrochen werden kann. Das reintegrierende Potenzial resultiert aus der transdisziplinären Ausrichtung der Historischen Anthropologie, die helfen soll, im transdisziplinären Sinne wissenschaftlich-objektivierende von fachspezifisch- und gesellschaftlich-subjektivierenden Erklärungen zu unterscheiden.

Auf der theoretischen Ebene zielt die Historische Anthropologie dabei auf die Untersuchung der gesellschaftlichen wie wissenschaftlichen Eingangsvoraussetzungen und Grundlagen und damit auf die Untersuchung der eigenen, d. h. individuellen und wissenschaftsimmanenten, hermeneutischen, ontologischen und epistemologischen Grundlagen mit dem Ziel des Erkennens und der Definition des angewandten interpretativen Rahmens ab. Hierfür ist die Trennung von emischer und etischer Perspektive sowie von nomothetischer und ideographischer Erkenntnis wesentlich (Abb. 5), um einerseits zwischen einer kulturellen Eigen- und einer wissenschaftlichen Außenperspektive und andererseits zwischen individuellen, gesellschaftlichen oder biologischen, das menschliche Verhalten steuernden Gesetzmäßigkeiten und umweltbedingter Variabilität (Untersuchungsebenen Individuum – Wir-Gruppe – Umwelt) unterscheiden zu können (s. a. Ickerodt 2010).

Thematisch ist dieser Untersuchungsansatz vom europäischen Entwicklungsdenken und seinen unterschiedlichen Varianten geprägt. Diese Form der Raum-Zeit-Wahrnehmung ermöglicht erst die Entstehung von historischem Denken, wie wir es kennen, und beschränkt es gleichzeitig auch (Habermas 1990a; s. a. Ickerodt 2004a; 2004b; 2006; 2008; 2009a; 2009b). In dieser Hinsicht hat Rössner (1986, 11) Recht, wenn er unter Bezug auf Kolakowski betont, dass die Anthropologie eine »genuin europäische Wissenschaft« ist. Sie ist in ihren unterschiedlichen Ausdeutungen Bestandteil unseres wissenschaftlichen Vorverständnisses.

Dennoch verzichten sowohl Geschichtswissenschaften als auch die archäologische Forschung[23] darauf, von dem »eigentlichen Theorieangebot der Soziologie für die Geschichte« (Luhmann zitiert nach Habermas 1990a, 200; 1990b), der Theorie der sozialen Evolution[24], als integrierend wirkende Metatheorie der Geschichtsforschung oder in abgewandelter Form als Metanarrativ der Geschichtsschreibung[25] Gebrauch zu machen.

---

23 Obwohl in den USA seit Mitte der 1950er Jahre die Arbeiten der Evolutionisten des 19. Jahrhunderts erneut aufgegriffen werden und eine neue Fundierung erfahren, kann sich diese Ausrichtung der ethnologisch-archäologischen Forschung nicht durchsetzen. Ihre einflussreichsten Vertreter waren Morton Fried (1923–1986), Marshal Sahlins (*1930), Elman R. Service (1915–1996), Lesley A. White (1900–1975) sowie Julian H. Steward (1902–1972). Die von ihnen vertretene Richtung wird als Neoevolutionismus, aber auch als Kulturmaterialismus oder Kulturfunktionalismus bezeichnet und beinhaltet besonders im Fall Stewards eine stark ökologisch geprägte Ausrichtung.

24 Der Brite Vere Gordon Childe (1892–1957) gilt als letzter Prähistoriker, der sich mit diesem Thema auseinandergesetzt hat (Childe 1975) und durch seine Arbeit als wirklich fachprägend bezeichnet werden kann bzw. auch fachübergreifend bis heute rezipiert wird.

25 Habermas (1990a, 249f.) selbst ist allerdings skeptisch, inwieweit ein solcher Ansatz in praktischer Sicht durchführbar ist.

Ein solches Gesamtkonzept, das sein Analogon in den Theorien zur biologischen Evolution hätte, könnte den seit langem geforderten Brückenschlag zwischen den Disziplinen ermöglichen und helfen, trotz weitergehender Spezialisierung konsensfähig zu bleiben, da es im Idealfall unabhängig von A-priori-Annahmen, gesellschaftlichen und fachspezifischen Konventionen funktioniert.

Zusammenfassende Abschlussbetrachtung

In seiner »Einführung in die Vorgeschichte« schreibt Hans Jürgen Eggers (1986, 16 f.) programmatisch, dass es nur eine Geschichte gebe, zu der auch im vollen Umfang die Vorgeschichte gehöre. Beide Disziplinen, Vorgeschichts- und Geschichtsforschung – dies gilt auch für andere historische Disziplinen (historische Geografie, historische Geologie usw.) –, seien nur durch ihre unterschiedlichen Quellen[26] voneinander getrennt und blieben im Ziel eine Einheit. Obwohl dieser »Fluchtpunkt« eines einheitlichen und fachübergreifenden Interesses im Verlauf der fachlich-methodischen Spezialisierung zunehmend in den Hintergrund gedrängt wurde, ist dennoch im Kern eine historisch-anthropologische Ausrichtung beider Disziplinen auf das Gesamtprojekt »Menschheitsgeschichte« zu erkennen.

Im Gegensatz zum 19. und frühen 20. Jahrhundert sind allerdings die heutigen Diskussionen und die Bearbeitung anthropologischer Fragestellungen durch unterschiedliche, interagierende Aspekte geprägt: Neben einer Zunahme des Quellenmaterials, neuer archäometrischer Untersuchungsmethoden und theoretischer Ausrichtungen ist gleichzeitig eine schwindende Akzeptanz des Evolutionismus und seiner Derivate als einheitliche Metatheorie zu verzeichnen. Dieser Prozess wird darüber hinaus durch einen sich ausdifferenzierenden gesellschaftlichen Rahmen massiv beeinflusst. Wie dieser gesellschaftliche ist auch der damit einhergehende wissenschaftliche Selbstdifferenzierungsprozess durch Individualisierung und Pluralisierung von Wahrnehmungen, Werten und Normen, lebensweltlichen Bezugssystemen usw. gekennzeichnet. Dabei birgt er die Gefahr einer Fragmentierung der gesamtgesellschaftlichen und wissenschaftsinternen Konsensfähigkeit, so dass man Gefahr läuft, sich im Kaleidoskop der »bunten Bilder« zu verlieren. Hier wird eine große Schwäche der unterschiedlichen, sich mit dem Menschen auseinandersetzenden historischen

---

26 Dieser Ansatz einer absoluten Trennung von historischen und archäologischen Disziplinen ist heute allerdings nicht mehr haltbar, da beide Seiten zunehmend auch mit dem Quellenmaterial der jeweils anderen Disziplinen beschäftigt sind und es so auch zu einer Erweiterung der Möglichkeiten der jeweils fachspezifischen Formen der Quellenkritik kommen kann. So untersuchen Historiker Aspekte der materiellen Kultur oder beschäftigen sich mit Bildmaterialien *(iconic turn)* oder mit der Ethnologie (Anm. 8). Archäologen greifen bei ihren Untersuchungen auf Schriftquellen zurück oder Arbeiten im Spannungsfeld von Linguistik oder Philologie.

geisteswissenschaftlichen Disziplinen offenbar: Ihnen fehlt ein übergeordneter wissenstheoretischer Bezugsrahmen wie der der evolutionären Erkenntnistheorie oder der von Luhmann geforderten Theorie der sozialen Evolution, über den Ausgangsprämissen und die darauf aufbauenden Erkenntnisse und Konventionen fachintern bzw. fachübergreifend in Relation zueinander gesetzt werden können (Luhmann 1992; 1999). Dabei muss von prähistorisch-archäologischer Seite wie auch von allen anderen beteiligten Disziplinen aus in unterschiedliche Kategorien des Fachwissens (Abb. 4) und deren inhaltliche Tragweite unterschieden werden.

Vor diesem Hintergrund gilt es, die unterschiedlichen Deutungen von Lebenszyklen und Übergangsriten oder gesellschaftlichen Rollen nicht nur als wissenschaftliche Kategorien *per se* bzw. *per definitionem* zu verstehen, sondern auch als Produkte individueller und gesellschaftlicher Sinnsuche, die einerseits der Rückversicherung bzw. Selbstlegitimierung bedürfen und andererseits in die Vergangenheit projiziert werden können. Gleiches gilt für das kritische Hinterfragen von gesellschaftlichen Organisationsformen im Hinblick auf ihre sozialen, politischen sowie staatlichen Strukturen und Institutionen, ihre Wirtschafts- und Subsistenzsysteme sowie ihre kulturellen Einrichtungen oder ihr Brauchtum.

Um die sich aus einem bunten Weltbild heraus entwickelnde Heuristik, die in der Selbstwahrnehmung häufig mit einer geisteswissenschaftlichen Hermeneutik gleichgesetzt wird und die zu einer Vielzahl an Interpretationen führen kann, aus dem Bereich individuell-subjektiver Einflüsse herauszulösen und im Gegenzug auch über unterschiedliche Ansätze oder Fallbeispiele nachvollziehbar und vergleichbarer zu machen, brauchen wir neben den geeigneten wissenschaftlichen Methoden ein einheitliches Metakonzept im Sinne einer evolutionären Erkenntnistheorie oder einer Theorie der sozialen Evolution (Abb. 5), über die, wie z. B. in der biologischen Forschung, die unterschiedlichen Untersuchungsziele, Erkenntnisebenen usw. in Relation zueinander gesetzt werden können.

Eine (vorläufige) Lösung dieses Problems bietet die Historische Anthropologie, da sie als gemeinschaftlicher Plan (langfristig) und gemeinsame Kommunikationsstruktur (unmittelbar und mittelbar) den durch gesellschaftliche und wissenschaftliche Rückkopplungseffekte verursachten Differenzierungs- und Spezialisierungsprozess in Institutionen, Schulen, Fachrichtungen usw. überwinden helfen und so die Diskussion auf einer gemeinsamen theoretischen Grundlage ermöglichen will. Dies gilt insbesondere für die Bereiche archäologischer Erkenntnissuche, die durch subjektives und komplementäres Wissen dominiert werden und daher der Objektivierung bedürfen. Diese außerhalb der methodenbezogenen Erkenntnis liegenden Bereiche werden in der anwendungsorientierten Forschung zumeist unreflektiert im Zuge der metaphysischen Deduktion genutzt, um Erkenntnislücken zu schließen.

Die Historische Anthropologie wäre in diesem Zusammenhang nicht nur ein Lieferant »bunter Bilder«, sondern Bestandteil eines tiefergehenden Selbstreflexionsprozesses, anhand dessen die (1) wissenschaftsinterne und (2) gesellschaftlich-

wissenschaftliche Konstruktion von Wissen und deren Wechselwirkungen und Beeinflussungen[27] verstanden werden können.

Dieser Schritt hin zur Wissenschaftstheorie bzw. -soziologie, der wie Klaus Frerichs (1981, 9) zu Recht gefordert hat, auch aus der Archäologie selbst kommen
muss, ermöglicht einerseits die Objektivierung von Erkenntnis (»wissenschaftliche
Weltsicht«) und damit die Identifizierung von gesellschaftlich determinierten *a pri-
ori*-Annahmen, andererseits die ebenso wichtige Auseinandersetzung mit dem Subjektiven, d. h. mit dem kulturdeterminierten Blick auf die eigene Umwelt (= *native's
point of view* oder emische Perspektive) mit ihren unterschiedlichen Verständnisebenen (Abb. 3).

Auf dieser Einsicht aufbauend kann das Potenzial eines wissenschaftlichen Leit-
und Gesamtkonzeptes »Historische Anthropologie« nicht überschätzt werden. Als
Steinbruch für wissenschaftliche Innovation kann es dem komplementären, inter-
bzw. transdisziplinären Wissensaustausch und der langfristigen Qualitätssicherung
dienen. Daher möchte ich meinen Beitrag mit einem Zitat aus Henning Mankells
(2004) »Die Rückkehr des Tanzlehrers« beenden, das neben dem hier skizzierten
theoretischen auch auf den praktischen Nutzen der Historischen Anthropologie aufmerksam macht:

> »Man bewegt sich mit einer Lampe in der Hand. Damit man sieht, wohin man seine
> Füße setzt, richtet man sie direkt vor sich. Doch dann und wann sollte man auch zur
> Seite leuchten, damit man weiß, wohin man seine Füße nicht setzt.«

Literaturverzeichnis

Anderson 1973: J. N. Anderson, Ecological anthropology and anthropological ecology. In: J. J.
    Honigmann (Hrsg.), Handbook of Social and Cultural Anthropology. Chicago: Rand
    McNally 1973, 179–239.
Angehrn 1996: E. Angehrn, Ursprungsmythos und Geschichtsdenken. In: H. Nagl-Docekal
    (Hrsg.), Der Sinn des Historischen. Geschichtsphilosophische Debatten. Frankfurt
    a. Main: Fischer 1996, 305–32.
Bilz 1971: R. Bilz, Paläoanthropologie. Der neue Mensch in der Sicht einer Verhaltensfor-
    schung. Frankfurt a. Main: Suhrkamp 1971.
Burke 1992: P. Burke, Historiker, Anthropologen und Symbole. In: Habermas / Minkmar 1992 a,
    21–41.
Burke 2005: Ders., Was ist Kulturgeschichte? Schriftenreihe Bundeszentrale für Politische
    Bildung 532. Bonn: Bundeszentrale für politische Bildung 2005 [Erstveröff.: What Is
    Cultural History? Cambridge u. a.: Polity 2004].

---

27 Hier ist neben dem genannten Problem der Reaktivität zusätzlich auf die prosoziale Wirkung (z. B.
   Anm. 5) der archäologischen Forschung zu verweisen.

Bornkamm 1955: G. Bornkamm, Der Schöpfungsglauben der Christen. In: Das Heidelberger Studio, Schöpfungsglaube und Evolutionstheorie. Eine Vortragsreihe bekannter Theologen und Naturwissenschaftler. Stuttgart: Kröner 1955, 123–37.

Childe 1975: V. G. Childe, Soziale Evolution. Frankfurt a. Main: Suhrkamp 1975 [Erstveröff.: Social Evolution. London: Watts 1951].

Cole 1978: J. R. Cole, Psychic Archaeology: Time Machine to the Past (Review). Skeptical Inquirer 2, 2, 1978, 105–8.

Eggers 1986: H. J. Eggers, Einführung in die Vorgeschichte. München: Piper ³1986 [Erstausg.: München 1959].

Fabian 1988: A. C. Fabian, Origins. The Darwin College Lectures. Cambridge u. a.: Cambridge University Press 1988.

Frerichs 1981: K. Frerichs, Begriffsbildung und Begriffsanwendung in der Vor- und Frühgeschichte. Zur logischen Analyse archäologischer Aussagen. Arbeiten Urgesch. Menschen 5. Frankfurt a. Main, Bern: Lang 1981.

Geertz 1992: C. Geertz, Kulturbegriff und Menschenbild. In: Habermas/Minkmar 1992a, 56–82.

Godelier 1973: M. Godelier, Ökonomische Anthropologie. Untersuchung zum Begriff der sozialen Strukturen primitiver Gesellschaften. Reinbek b. Hamburg: Rowohlt 1973 [Erstveröff.: Horizon, trajets marxistes en anthropologie. Paris: Maspero 1973].

Groh 1992a: D. Groh, Anthropologische Dimension der Geschichte. Frankfurt a. Main: Suhrkamp 1992.

Groh 1992b: Ders., Ethnologie als Universalwissenschaft. In: Groh 1992a, 42–53.

Habermas 1990a: J. Habermas, Geschichte und Evolution. In: J. Habermas, Zur Rekonstruktion des Historischen Materialismus. Frankfurt a. Main: Suhrkamp ⁵1990, 200–59 [Erstausg.: Frankfurt a. Main 1976].

Habermas 1990b: Ders., Zum Theorienvergleich in der Soziologie: am Beispiel der sozialen Evolutionstheorie. In: J. Habermas, Zur Rekonstruktion des Historischen Materialismus. Frankfurt a. Main: Suhrkamp ⁵1990, 129–43 [Erstausg.: Frankfurt a. Main 1976].

Habermas/Minkmar 1992a: R. Habermas/N. Minkmar (Hrsg.), Das Schwein des Häuptlings. Beiträge zur historischen Anthropologie. Berlin: Wagenbach 1992.

Habermas/Minkmar 1992b: Dies., Einleitung. In: Habermas/Minkmar 1992a, 7–19.

Herder 2003: J. G. Herder, Auch eine Philosophie der Geschichte zur Bildung der Menschheit. Stuttgart: Reclam 2003 [Erstausg.: O. O. 1774].

Hering 2009: R. Hering, Paul Schütz und seine Konzeption »Die politische Religion« aus dem Jahr 1935. In: R. Hering, Paul Schütz. Die politischen Religionen. Eine Untersuchung über den Ursprung des Verfalls in der Geschichte. Hamburger Hist. Forsch. 4. Hamburg: Hamburger University Press 2009, 9–48.

Ickerodt 2004a: U. Ickerodt, Bilder von Archäologen, Bilder von Urmenschen. Ein kultur- und mentalitätsgeschichtlicher Beitrag zur Genese der prähistorischen Archäologie am Beispiel zeitgenössischer Quellen. Diss. Univ. Halle-Wittenberg 2004. http://sundoc. bibliothek.uni-halle.de/diss-online/05/06H070/index.htm [26.07.2010].

Ickerodt 2004b: Ders., Die Legitimierung des Status quo: Ein Beitrag zur gesellschaftlichen und politischen Relevanz prähistorischen Forschens. Rundbrief Arbeitsgemeinschaft Theorie Arch. 3, 1–2, 2004, 10–23.

Ickerodt 2005 a: Ders., Hobsbawms erfundene Traditionen – Archäologie als Soziales Phänomen. Arch. Nachrbl. 10, 2, 2005, 167–74.

Ickerodt 2005 b: Ders., Der Kulturlandschaftsbegriff als organischer Bestandteil des historischen Verstehens. Siedlungsforschung 23, 2005, 427–64.

Ickerodt 2006: Ders., Das Erbe der Urmenschen – eine Erwiderung auf Porrs Kritik. Rundbrief Arbeitsgemeinschaft Theorie Arch. 5, 2, 2006, 9–19.

Ickerodt 2007: Ders., Archäologie, Pseudowissenschaft und Geschichtsvermittlung. Die gesellschaftliche Relevanz der Archäologie zwischen übertriebenem, wissenschaftlichem Positivismus und Pseudowissenschaft. Nachr. Niedersachsen Urgesch. 76, 2007, 297–304.

Ickerodt 2008: Ders., The Spatial Dimension of History: Propagation of Historical Knowledge via Open-Air Museums, Leisure Parks and Motion Pictures. Public Journal Semiotics 2, 2, 2008, 73–102.

Ickerodt 2009 a: Ders., Erlebte Vergangenheit. Archäologische Wissensvermittlung am Beispiel von Bodendenkmalen, Freilichtmuseen, Freizeitparks und Spielfilmen. Nachr. Niedersachsen Urgesch. 78, 2009, 207–24.

Ickerodt 2009 b: Ders., Die räumliche Dimension der Geschichte – Historische Wissensvermittlung am Beispiel des slawischen Burgwalls von Raddusch. In: S. Rieckhoff/S. Grunwald/K. Reichenbach (Hrsg.), Burgwallforschung im akademischen und öffentlichen Diskurs des 20. Jahrhunderts. Wissenschaftliche Tagung der Professur für Ur- und Frühgeschichte der Universität Leipzig, 22.–23.6.2007. Leipziger Forsch. Ur- u. Frühgeschichtl. Arch. 5. Leipzig: Professur für Ur- und Frühgeschichte der Universität 2009, 181–95.

Ickerodt 2010: Ders., Einführung in das Grundproblem des archäologisch-kulturhistorischen Vergleichens und Deutens. Frankfurt a. Main u. a.: Lang 2010.

Ickerodt/Mahler 2009: Ders./F. Mahler, 1. Uelzener Gespräch am 12. Februar 2009. Archäologie und völkisches Gedankengut: Ein Beitrag zur Selbstreflexiven Archäologie. Heidewanderer 85, 6, 2009, 21–3.

Ickerodt/Mahler 2010: Dies., Archäologie und völkisches Gedankengut: Ein Beitrag zur Selbstreflexiven Archäologie. In: U. Ickerodt/F. Mahler, Archäologie und völkisches Gedankengut: Zum Umgang mit dem eigenen Erbe. Ein Beitrag zur Selbstreflexiven Archäologie. Frankfurt a. Main u. a.: Lang 2010, 7–15.

Illies 1981: J. Illies, Adolf Portmann. Ein Biologe vor dem Geheimnis des Lebendigen. Freiburg u. a.: Herder 1981.

Irmscher 2003: H. D. Irmscher, Nachwort. In: Herder 2003, 140–59.

Isaac 1992: R. Isaac, Der entlaufende Sklave. Zur ethnographischen Methode in der Geschichtsschreibung. Ein handlungstheoretischer Ansatz. In: Habermas/Minkmar 1992 a, 147–85.

Iselin 1764: I. Iselin, Philosophische Muthmaßungen über die Geschichte der Menschheit. Frankfurt a. Main, Leipzig: Harscher 1764.

Jaspers 1955: K. Jaspers, Vom Ursprung und Ziel der Geschichte. München: Fischer 1955.

Kippenberg 1987: H. G. Kippenberg, Einleitung: Zur Kontroverse über Verstehen fremden Denkens. In: H. G. Kippenberg/B. Luchesi (Hrsg.), Magie. Die sozialwissenschaftliche Kontroverse über das Verstehen fremden Denkens. Frankfurt a. Main: Suhrkamp 1987, 9–51.

Koenig 1970: O. Koenig, Kultur und Verhaltensforschung. Einführung in die Kulturethologie. München: Deutscher Taschenbuch Verlag 1970.

Luhmann 1992: N. Luhmann, Die Wissenschaft der Gesellschaft. Frankfurt a. Main: Suhrkamp 1992.

Luhmann 1999: Ders., Soziale Systeme. Grundriß einer allgemeinen Theorie. Frankfurt a. Main: Suhrkamp 1999 [Erstausg.: Frankfurt a. Main 1984].

Martin 1984: J. Martin, Probleme historisch-anthropologischer Forschung. In: Süssmuth 1984 a, 43–8.

Medick 1984: H. Medick, Vom Interesse der Sozialhistoriker an der Ethnologie. Bemerkungen zu einigen Motiven der Begegnung von Geschichtswissenschaft und Sozialanthropologie. In: Süssmuth 1984 a, 49–56.

Mensching 1955: G. Mensching, Die Schöpfungsvorstellungen der großen Religionen. In: Das Heidelberger Studio, Schöpfungsglaube und Evolutionstheorie. Eine Vortragsreihe bekannter Theologen und Naturwissenschaftler. Stuttgart: Kröner 1955, 9–23.

Müller-Karpe 1980: H. Müller-Karpe, Die Gründung der Kommission für Allgemeine und Vergleichende Archäologie. Beitr. Allgemeine u. Vergleichende Arch. 2, 1980, 15–28.

Peters 2003: S. K. Peters, Rudolf Bilz (1898–1976): Leben und Wirken in der Medizinischen Psychologie: Eine kritische Würdigung seines Lebens und seiner wissenschaftlichen Tätigkeit auf dem Gebiet der medizinischen Psychologie. Beitr. Medizin. Psychologie u. Medizin. Soziologie 11. Würzburg: Königshausen und Neumann 2003.

Pittioni 1961: R. Pittioni, Über die Zusammenarbeit der ›anthropologischen Disziplinen‹ vom Standpunkt der Urgeschichte. In: E. Breitinger / J. Haekel / R. Pittioni (Hrsg.), Theorie und Praxis der Zusammenarbeit zwischen den anthropologischen Disziplinen. Bericht über das 2. Österreichische Symposion auf Burg Wartenstein bei Gloggnitz, September 1959. Horn: Berger 1961, 10–36.

Portmann 1973: A. Portmann, Vom Lebendigen. Versuch zu einer Wissenschaft vom Menschen. Frankfurt a. Main: Suhrkamp 1973.

Puntel 1985: L. B. Puntel, Einführung in Nicholas Reschers pragmatische Systemphilosophie. In: N. Rescher, Die Grenzen der Wissenschaft. Stuttgart: Reclam 1985, 7–47.

Rehork 1989: J. Rehork, Sie fanden was sie kannten. Archäologie als Spiegel der Neuzeit. Bergisch Gladbach: Bastei-Lübbe 1989.

Rössner 1986: H. Rössner, Bemerkungen zum anthropologischen Defizit. In: H. Rössner (Hrsg.), Der ganze Mensch. Aspekte einer pragmatischen Anthropologie. München: Deutscher Taschenbuch Verlag 1986, 9–28.

Rudolph / Tschohl 1977: W. Rudolph / P. Tschohl, Systematische Anthropologie. München: Fink 1977.

Rüsen 1983: J. Rüsen, Historische Vernunft. Grundzüge einer Historik I: Die Grundlagen der Geschichtswissenschaft. Göttingen: Vandenhoeck & Ruprecht 1983.

Süssmuth 1984 a: H. Süssmuth (Hrsg.), Historische Anthropologie. Der Mensch in der Geschichte. Göttingen: Vandenhoeck & Ruprecht 1984.

Süssmuth 1984 b: H. Süssmuth, Geschichte und Anthropologie. Wege zur Erforschung des Menschen. In: Süssmuth 1984 a, 5–18.

Thompson 1987: E. P. Thompson, Die Entstehung der englischen Arbeiterklasse. Frankfurt a. Main: Suhrkamp 1987 [Erstveröff.: The Making of the English Working Class. London: Gollancz 1963].

Ulbricht 2003: O. Ulbricht, Neue Kulturgeschichte, Historische Anthropologie. In: R. von Dülmen (Hrsg.), Geschichte. Frankfurt a. Main: Fischer 2003, 56–83.

Veit 1990: U. Veit, Kulturanthropologische Perspektiven in der Urgeschichtsforschung. Einige forschungsgeschichtliche und wissenschaftstheoretische Vorüberlegungen. Saeculum 41, 1990, 182–214.

von Weizsäcker 1977: C. F. von Weizsäcker, Der Garten des Menschlichen. Beiträge zur geschichtlichen Anthropologie. München u. a.: Hanser 1982.

ULRICH VEIT

Über das ›Geschichtliche‹ in der Archäologie –
und über das ›Archäologische‹ in der Geschichtswissenschaft[1]

Zusammenfassung: Ausgangspunkt der Debatten im Rahmen der Schleswiger Tagung bildete eine idealtypische Gegenüberstellung von Archäologie und Geschichtswissenschaft als weitgehend autonome Fachwissenschaften mit jeweils spezifischen (v. a. methodischen) Kompetenzen und die Frage, wie der zwischenfachliche Austausch zwischen ihnen in Zukunft reguliert werden kann. Mit dieser Frage verbindet sich eine weiter reichende Problematik, die auf die Kriterien für die Unterscheidung beider Fächer zielt. M. E. ist es nötig, intensiver darüber nachzudenken, inwieweit sich Archäologie und Geschichtswissenschaft überhaupt voneinander unterscheiden, d. h. in welchem Umfang ›historisches Denken‹ Teil der Archäologie und umgekehrt ›archäologisches Denken‹ Teil der Geschichtswissenschaft ist. Diese Frage stellt sich ganz besonders für die Prähistorische Archäologie, die im 19. Jahrhundert zunächst als eine Art Antigeschichte konzipiert wurde, sich später dann aber als eine spezielle Form von Geschichtswissenschaft an den Universitäten etablieren konnte. Während man in Großbritannien und im angloamerikanischen Raum im 20. Jahrhundert immer wieder über Alternativen dazu nachgedacht hat (Archäologie als [Natur-]Wissenschaft, Archäologie als Literatur), ist dieses Selbstverständnis der Archäologie als einem genuin historischen Fach für den mitteleuropäischen Raum bis heute weitestgehend unangefochten geblieben. Wie nicht zuletzt der uneinheitliche und häufig unreflektierte Gebrauch des Begriffs »Kulturgeschichte« zeigt, besteht allerdings noch keine Einigkeit darüber, was konkret unter der häufig beschworenen ›historischen‹ Grundlage des Faches genau zu verstehen ist. Ziel dieses Beitrags ist es, den Diskussionsstand kurz zu bilanzieren und kritisch zu bewerten. Dies sollte indirekt auch helfen, die teilweise von Vorurteilen geprägte Zusammenarbeit zwischen Archäologen und Historikern zu versachlichen.

Wenn hier das Verhältnis von Archäologie und Geschichtswissenschaft beleuchtet werden soll, so kann dies nur aus der Perspektive des (Prähistorischen) Archäologen geschehen, wurde ich doch in diesem Bereich sozialisiert.[2] Wäre ich in der Histori-

---

1 Ich danke Stefan Burmeister und Nils Müller-Scheeßel für die freundliche Einladung, diese Gedanken im Rahmen der Schleswiger Tagungsveranstaltung 2007 vortragen und hier in leicht überarbeiteter und erweiterter Form zum Abdruck bringen zu dürfen.

2 Als ich in den 1980er Jahren studierte, trug das Fach allerdings noch weitgehend unangefochten die Bezeichnung »Vor- und Frühgeschichte« bzw. »Ur- und Frühgeschichte«. Dies hat sich aus verschiedenen Gründen in den letzten Jahren etwas geändert. Heute besteht die Tendenz, eher von Ur- und Frühgeschichtlicher Archäologie zu sprechen – und so eine (primär über die Methodologie definierte) Eigenständigkeit gegenüber der Geschichtswissenschaft herauszustellen (etwa Eggert 2008, Eggert/Samida 2009; siehe dagegen an ältere Traditionen anknüpfend: Trachsel 2008).

kerzunft sozialisiert worden, würde ich die Fragestellung – der dortigen Fachidentität entsprechend – sicherlich etwas anders angehen. Die unterschiedlichen Identitätskonstrukte beider Fächer, die bei einem Vergleich der entsprechenden Herangehensweisen deutlich würden, bilden zweifellos jeweils eine eigene Realität, die nicht zu leugnen und in ihrer forschungspraktischen Bedeutung kaum zu unterschätzen ist. Dennoch geht es mir im Folgenden nicht darum, diese Unterschiede herauszuarbeiten.[3] Vielmehr möchte ich diese Konstrukte, indem ich nach der gemeinsamen Basis archäologischer und historischer Forschung frage, zumindest in Teilen hinterfragen.

I.

In der schriftlichen Darlegung der Ziele der Schleswiger Sitzung bezogen sich Stefan Burmeister und Nils Müller-Scheeßel auf die bekannte Moltkesche Devise »getrennt marschieren, vereint schlagen« – ein Motto, das bereits von Hans Jürgen Eggers vor über fünfzig Jahren zur Grundlage einer Zusammenarbeit von Archäologie und Geschichtswissenschaft erhoben wurde. Dies geschieht nicht affirmativ, sondern – unter Bezug auf die wichtigen Äußerungen von Reinhard Wenskus (1979) zu diesem Fragenkomplex – durchaus distanziert und unter Hinweis auf die praktischen Schwierigkeiten, die der Umsetzung einer solchen programmatischen Handlungsanweisung entgegenstehen. Dessen ungeachtet halten Burmeister und Müller-Scheeßel in ihrer Stellungnahme implizit an der idealtypischen Gegenüberstellung von Archäologie und Geschichtswissenschaft fest. Archäologen und Historiker, so lautet die Botschaft, stehen sich als Vertreter zweier konkurrierender »Disziplinen« gegenüber. Daran ändert im Grundsatz auch die Tatsache nichts, dass nachdrücklich für eine stärkere Öffnung beider »Disziplinen« füreinander geworben wird.

Eine solche idealtypische Gegenüberstellung beider Fächer ist nicht ungewöhnlich, sondern findet sich auch in vergleichbaren programmatischen Erörterungen.[4] Gleichwohl erscheint sie der komplexen Verflechtung beider Forschungsfelder, mit der wir heute konfrontiert sind, nicht angemessen. So kommen Historiker heute nicht mehr darum herum, archäologische Quellen für die Arbeitsfelder, auf denen sie verfügbar sind, in ihre Untersuchungen mit einzubeziehen – ohne dadurch gleich zu Archäologen werden zu müssen. Andererseits verstehen gerade im deutschen Sprachraum – aber beileibe nicht nur hier – viele Archäologen ihre Tätigkeit schon immer als eine genuin »historische« und orientieren sich entsprechend an den Regeln historischer Methodik. Aber dadurch sehen sie die Eigenständigkeit ihres Faches keineswegs in Frage gestellt.

---

3 Siehe dazu im Hinblick auf die Ur- und Frühgeschichtliche Archäologie: Veit 1995; 2001.
4 Zumeist ist sie mit der Vorstellung verknüpft, eine Fachwissenschaft ähnele einem »Handwerk«.

Genau dies postulieren aber Burmeister und Müller-Scheeßel, wenn sie in ihren weiteren Ausführungen die Geschichtswissenschaft als »interpretationsleitende Disziplin« für die Ur- und Frühgeschichtliche Archäologie charakterisieren. Der Archäologie fehle jenseits der Datenerhebung und -verarbeitung das methodische und theoretische Rüstzeug, ihren Realien ein »›gesellschaftliches Antlitz‹« zu geben. Sie sei mithin hinsichtlich »gesellschaftlicher Interpretation«[5] auf die Hilfe der Geschichtswissenschaft[6] angewiesen. Dies wiederum begründe die Undurchführbarkeit der Handlungsmaxime vom »getrennten Marschieren«.

Mit dieser Stellungnahme wird die Archäologie *de facto* zu einer »Hilfswissenschaft« (besser noch: zu einer Hilfsmethode) der Geschichtswissenschaft degradiert. Zu einer eigenständigen Fachwissenschaft (von einer »Disziplin« möchte ich hier aus Gründen, die später noch zu erläutern sein werden, ohnehin nicht sprechen) gehört nämlich zweifellos mehr als nur ein spezifischer Quellenbestand und eine sich daran entfaltende Heuristik und Quellenkritik. Diese Aussage widerspricht m. E. in letzter Konsequenz dem primären Anliegen der beiden Autoren, nämlich einer von gegenseitigem Respekt getragenen, informierten Zusammenarbeit beider Fächer ›auf Augenhöhe‹. Mehr noch, das hier skizzierte asymmetrische Verhältnis beider Fächer entspricht m. E. weder der aktuellen Situation, noch scheint es für die Zukunft der Archäologie erstrebenswert.

Die Geschichtswissenschaft kann nicht *per se* als »interpretationsleitende Disziplin« für die ebenfalls mit dem Epitheton »Disziplin« geadelte Archäologie definiert werden. Beide Fächer sind in dieser Hinsicht durchaus unabhängig voneinander und eigenständig in der Deutung ihrer Quellen, auch wenn sie selbstverständlich für eine bestimmte Fragestellung relevante Quellen des jeweils anderen Faches nicht ignorieren können. Andererseits sind beide Fächer aufgrund ihres auf Vergangenes hin gerichteten Interesses in ihren Interpretationen immer auch bis zu einem gewissen Grade abhängig – abhängig aber nicht voneinander, sondern von unserem gegenwärtigen Wissen bzw. besser von unserem Wissen über die Gegenwart. Sowohl geschichtswissenschaftliches wie auch archäologisches Wissen setzt nicht nur eine genaue Kenntnis der untersuchten Quellen, sondern immer auch ein systematisches, theorieförmiges Wissen über Gesellschaft und Kultur voraus, aus dem heraus unsere Fragen an die Quellen entwickelt werden. Dieses Wissen braucht dazu nicht unbedingt explizit zu werden. Und in der Tat bleibt es in großen Teilbereichen häufig unreflektiert.

Dieses Wissen konkretisiert sich insbesondere in den Begriffen und Modellen, mit denen wir Kultur und Gesellschaft zu beschreiben suchen. Diese Begriffe und Modelle, die den Bereich der jeweiligen Fachwissenschaft transzendieren, umschreiben – zusammen mit Grundannahmen darüber, was als eine erkenntnistheoretisch

---

5 Man könnte an dieser Stelle ebenso »historische Interpretation« sagen.
6 Oder auch anderer Fächer mit dichter Quellenüberlieferung, wie etwa der Ethnologie.

legitime Verfahrensweise zu gelten hat – im Idealfall ein bestimmtes theoretisches Integrationsniveau.

Dieses Integrationsniveau wiederum – und nicht etwa ein bestimmter Quellenbestand oder eine bestimmte, daran ausgebildete Methodik – möchte ich mit Heinz Heckhausen (1987; 1989) als kennzeichnend für das ansehen, was man als eine wissenschaftliche Disziplin zu bezeichnen pflegt. So gewendet, ist der Begriff »Disziplin« sehr viel weiter gefasst als der Begriff »Fach« (bzw. »Fachwissenschaft«). Da sich Historiker und Archäologen mit ihren Fragestellungen in aller Regel auf demselben theoretischen Integrationsniveau bewegen, möchte ich anders als Burmeister und Müller-Scheeßel diesbezüglich nicht von zwei Disziplinen sprechen. Vielmehr bilden beide Fachwissenschaften zusammen mit weiteren, historisch arbeitenden Kulturwissenschaften eine einzige Disziplin.[7]

II.

Die Begriffe »Archäologie« und »Geschichtswissenschaft« bezeichnen also lediglich unterschiedliche Fachwissenschaften (angesichts der inneren Ausdifferenzierung beider Bereiche genauer: Gruppen von Fachwissenschaften), die allerdings auf einem gemeinsamen theoretischen Integrationsniveau – dem der historischen Kulturwissenschaften – arbeiten. Deshalb sollte man in diesem Zusammenhang nicht von »Disziplinen« sprechen – und entsprechend im Hinblick auf ihre Zusammenarbeit auch nicht von Interdisziplinarität.

Dieser Sachverhalt wird indirekt auch dadurch bestätigt, dass überall dort, wo es zu einer konkreten Zusammenarbeit dieser beiden Fächer kommt, in der Regel nicht Grundsatzfragen verhandelt werden, sondern lediglich unterschiedliche Einschätzungen bestimmter Fragestellungen vor dem Hintergrund unterschiedlicher Quellenzugriffe. Ziel einer Zusammenarbeit zwischen Archäologen und Historiker muss es deshalb sein, ihre unterschiedlichen methodischen Kompetenzen zur Lösung gemeinsamer Forschungsfragen zu bestimmten Epochen und Räumen konsequent zusammenzuführen.

Dies ist in der Vergangenheit in verschiedenen Bereichen unterschiedlich gut gelungen. Nicht selten kam es dabei auch zu Konflikten zwischen Vertretern beider Fächer. Bei solchen Auseinandersetzungen ging und geht es in der Regel aber nicht

---

7   Dies berührt indes nicht die Gültigkeit der einleitend getroffenen Feststellung, dass Archäologie und Geschichtswissenschaft voneinander unabhängige Fächer – genauer sogar Fächergruppen – darstellen. Ähnlich wie die Geschichtswissenschaft zerfällt die Archäologie nämlich in unterschiedliche Einzelfächer, die teilweise auf eine lange eigene Fachgeschichte zurückblicken können. Dies macht schon die Gegenüberstellung von Klassischer und Ur- und Frühgeschichtlicher Archäologie deutlich.

um die Konfrontation unterschiedlicher Wissenschafts- bzw. Kulturkonzepte, sondern lediglich um unterschiedliche Bewertungen des Quellenwertes der verfügbaren Quellen. Selbst im so erbittert geführten Troia-Streit zwischen dem Prähistoriker Manfred O. Korfmann und dem Althistoriker Frank Kolb hingen, wie der Tübinger Rhetoriker Joachim Knape (2002, 21) aus einer Position des unbeteiligten Beobachters heraus richtig angemerkt hat, die beiden Parteien »denselben orthodox-positivistischen Methodenvorstellungen an« und waren »sich über die entsprechenden wissenschaftstheoretischen Implikationen einig«. Im Mittelpunkt der Auseinandersetzung standen Differenzen bezüglich der angewandten Methoden und der Bewertung der erzielten Ergebnisse. Die Spaltung erfolgte deshalb letztlich auch gar nicht streng entlang von Fachgrenzen, die Verwerfungen liefen vielmehr teilweise quer zu diesen (siehe etwa die verschiedenen Beiträge von Repräsentanten des »Kolb-Lagers« in Ulf 2003).

Trotzdem ist immer wieder versucht worden, solche Auseinandersetzungen ins Grundsätzliche zu wenden. Dies war beispielsweise der Fall, als Hans-Peter Uerpmann auf der Tübinger Troiakonferenz provokativ fragte, ob das schriftquellenbasierte Fach Alte Geschichte mit seinen stagnierenden Ergebnissen nicht besser den Prähistorischen Archäologen mit ihrer anders gearteten Zugriffsweise auf die Geschichte das Feld überlassen sollte. Obwohl Uerpmanns Hinweis primär auf das ›troianische Schlachtfeld‹ zielte, stellte er letztlich den generellen Anspruch der Geschichtswissenschaft in Frage, die Leitlinien historischer Forschung zu bestimmen. Dabei wählte er – als Archäozoologe – sicherlich nicht ganz zufällig eine paläontologische Metaphorik: Fächer, deren Zeit vorbei ist, seien – ähnlich wie die Saurier des Mesozoikums oder die eiszeitliche Megafauna – zum Aussterben verurteilt und machten so neuen Fächern Platz.

Uerpmanns Kritik konnte allerdings insofern nicht verfangen, als sich die Alte Geschichte schon lange nicht mehr in der einseitigen Form auf Schriftquellen bezieht, wie dies von ihm vorausgesetzt wurde. Tatsächlich ist eine derartige Beschränkung des historischen Quellenspektrums, wie sie der Geschichtswissenschaft von Archäologen häufig unterstellt wird, selbst in den klassischen geschichtswissenschaftlichen Methodenlehren des ausgehenden 19. Jahrhunderts nicht anzutreffen. Erinnert sei in diesem Zusammenhang etwa an die bereits bei Johann Gustav Droysen angelegte Unterscheidung zwischen »Tradition« und »Überresten«.[8] Darüber hinaus lässt sich

---

8   »§ 21 Historisches Material ist teils, was aus jenen Gegenwarten, deren Verständnis wir suchen, noch unmittelbar vorhanden ist (Überreste), teils was von denselben in die Vorstellung der Menschen übergegangen und zum Zweck der Erinnerung überliefert ist (Quellen), teils Dinge, in denen sich beide Formen verbinden (Denkmäler)« (Droysen 1977, 426) – Im Zusammenhang mit den »Überresten« erwähnt Droysen auch die Prähistorie: »Die ganze Disziplin, welche neuester Zeit als Prähistorie namentlich bei den historisierenden Naturforschern so beliebt geworden ist, beruht auf derartigen Materialien« (Droysen 1960, 38). »Aber das historisch Wesentliche ist hier, daß man die Spur von Menschengeist und Menschenhand an diesen Resten erkennt und aus dem, was da als menschlich benutzt oder verbraucht beieinander ist, eine immerhin noch äußerst schwan-

spätestens seit der Wende zum 20. Jahrhundert eine permanente und konsequente Ausdehnung des geschichtswissenschaftlichen Quellenverständnisses beobachten. Die Herausbildung der verschiedenen archäologischen Fächer selbst kann als ein wichtiger Teil dieser Entwicklung weg von der textzentrierten Weltsicht des 19. Jahrhunderts begriffen werden. Sie führte dazu, dass letztlich sogar Abfall geschichtswürdig wurde.[9]

Natürlich gab es innerhalb der akademisch etablierten Geschichtswissenschaft – beginnend mit dem Lamprecht-Streit (Raphael 1990) – immer von neuem Widerstände gegen diese Tendenz, verbunden mit Bemühungen um eine Rückbesinnung auf die erzählenden Geschichtsquellen als vermeintlichem oder tatsächlichem Kern des Fachs. Diese haben die angezeigte Entwicklung, die man, wollte man mit den Begriffen spielen, als eine »Archäologisierung« beschreiben könnte, jedoch nicht verhindert. Mehr noch: Die kritischen Einwände gegen einen extrem erweiterten Quellenbegriff erfüllten eine wichtige Funktion, initiierten sie doch einen kritischen Diskurs innerhalb der Geschichtswissenschaft bezüglich des praktischen Werts der einzelnen Quellengattungen. Es genügt ja nicht, den historischen Quellenwert beispielsweise des Abfalls zu behaupten, er muss vielmehr im konkreten Fall erwiesen werden.

III.

Dieser Aufgabe haben sich auch Archäologen zu stellen, die aufgrund eigener Quellenstudien bestimmte historisch als erwiesen geltende Sachverhalte umdeuten wollen – etwa wenn es heute darum geht, aus der Analyse des Mülls aus dem Hause Luther ein neues Bild des Reformators zu gewinnen (Meller 2008). Ich bin allerdings skeptisch, ob man angesichts der ausgeprägten Asymmetrie der Quellenlage in diesem Fall wirklich zu einem neuen, archäologisch gegründeten Luther-Bild kommen kann. Beim Blick auf die aktuellen Forschungen gewinnt man eher den Eindruck, dass der eigentliche Wert der doch recht begrenzten, genuin archäologischen Beiträge zur Luther-Biographie darin liegt, Anlass zu einer umfassenderen historischen Beschäftigung mit dem Reformator gegeben zu haben (auch dies ist keine geringe Leistung).

Darüber hinaus mag die Handgreiflichkeit der potenziellen Luther-Artefakte – eher als dessen Schriften – dem Ausstellungsbesucher helfen, eine unmittelbarere Beziehung zum Menschen Luther herzustellen. Für eine sich als kritisch verstehende archäologische bzw. historische Forschung verbietet sich aber solcherart Einfühlung,

---

kende Vorstellung menschlicher Zustände gewinnt, von denen sie und nur sie Zeugnis geben« (ebd. 39).

9 Assmann 1996; Schmidt 2003; 2005; Veit 2006a (mit einer gewissen Relativierung der provokativen Thesen Schmidts).

zumal wenn in den meisten Fällen gar nicht gesichert ist, ob eine direkte Beziehung zwischen den geborgenen Artefakten und Luther bestanden hat. Wenn Bischof Axel Noack (in Meller 2008, 12 f.) in seinem Grußwort zur Ausstellung im Jahre 2008 in Halle mit Blick auf die geborgenen Artefakte einerseits von einer Bestätigung des vertrauten Bildes und andererseits von einer gewissen Horizonterweiterung spricht,[10] so scheint mir dies eine realistische und angemessene Beschreibung der Möglichkeiten der Archäologie in diesem Fall. Mehr bietet m. E. aber auch die von Noack als Sensation gefeierte (Wieder-) Entdeckung des im 19. Jahrhundert abgerissenen Luther-Turms, der wegen des bekannten Turmerlebnisses Luthers für evangelische Christen als »Geburtsort der Reformation« gelten könne, nicht. Die Bedeutung dieses Ortes gründet allein in der – nicht ernsthaft angezweifelten und mit Mitteln der Archäologie auch nicht in Frage zu stellenden – schriftlichen Überlieferung. Die Archäologie kann den Lesern lediglich den Ort der Geschichte wiedergeben – und dies auch nur deshalb, weil er schrifthistorisch verbürgt ist. Über die Faktizität des Luther-Erlebnisses sagt die Archäologie nichts aus – ähnlich wie die Entdeckung Troias nicht das konkrete Ereignis »Troianischer Krieg« belegt, sondern allenfalls den geographischen und historischen Rahmen beleuchtet, in dem sich dieser vollzogen haben mag. Die Schaffung bzw. Erneuerung von Gedächtnisorten scheint mir – bezogen auf beide Beispiele – nicht als eine genuine Aufgabe der Archäologie geeignet.[11]

Aber auch die von Archäologen immer wieder beschworene aufklärerische Komponente ihrer Tätigkeit bedarf der Relativierung. Wenn gesagt wird, die Prämisse einer ärmlichen Abstammung Luthers sei durch die neuen Forschungen im Elternhaus in Mansfeld nicht mehr aufrecht zu erhalten, so ist auch diese Einsicht ebenso nicht allein der Archäologie geschuldet, sondern sie beruht auf einer Neubewertung des gesamten Quellenbestandes. Ohne ergänzende Heranziehung von Archivalien bzw. traditionellem Wissen wäre nicht einmal die Identifizierung des Baus möglich gewesen.

Deshalb gilt auch in diesem Zusammenhang, was der Althistoriker Moses Finley (1987, 31) für sein Arbeitsgebiet formuliert hat. Finley hält es grundsätzlich für falsch »von dem Verhältnis zwischen Geschichte und Archäologie zu sprechen. Zur Debatte stehen nicht zwei qualitativ unterschiedliche Disziplinen, sondern zwei Formen von Quellen über die Vergangenheit, zwei Arten von historischen Quellen. Es kann daher keine Frage der Priorität im Ganzen oder der Überlegenheit der einen Art von Quellen über die andere sein; alles hängt in jedem einzelnen Falle von den vorhandenen Quellen und den speziell zu beantwortenden Fragen ab. Es gibt Zusammenhänge, wo

---

10 Konkret: »Wir wissen nun, dass auf der festlich geschmückten Tafel auch teures Glas stand und dass Luthers auch wertvolle Fayencen aus Norditalien und der heutigen Türkei ihr Eigen nannten« (ebd. 13).

11 Eine ausdrücklich als »Memoria« verstandene Verehrung der Lutherstube und des Lutherhauses als Erinnerungsort der Reformationsgeschichte ist bereits seit 1655 belegt: Schmitt/Gutjahr 2008, 139.

die beiden Formen von Quellen in so enger Verbindung gesehen werden müssen, daß gewissermaßen keine ohne die andere von großem Nutzen ist.«

Dennoch wird im Vorwort zum Ausstellungskatalog vom Landesarchäologen Harald Meller das bereits von Wenskus als unangemessen erwiesene klassische Argumentationsmuster von historischer These und archäologischer Antithese erneuert. Danach sei mittels archäologischer Forschung der Primat der Schriftquellen bei der Deutung historischer Ereignisse zu hinterfragen: »Denn das zu Papier Gebrachte ist naturgemäß allzu oft intentionell gefärbt und verzerrt die tatsächlichen Vorgänge und handelnden Charaktere. *Wir müssen uns also jeweils über die Verlässlichkeit der Schriftquelle vergewissern. Dies ist bei den archäologischen Quellen nicht der Fall, denn sie sind unbestechlich.* Ohne Intention auf spätere Wirkung entsorgt, verloren, zerstört oder deponiert, sind sie nicht nur Zeitdokumente, sondern regelrechte Indizienbeweise« (Meller 2008, 14; Hervorhebung U. V.).

In Grundsatzerörterungen haben Archäologen immer wieder auf diese Weise ein Überlegenheitsgefühl gegenüber der Geschichtswissenschaft zum Ausdruck gebracht. Es gründet in der festen Überzeugung, mit den Mitteln der Archäologie hinter die in schriftlichen Quellen verkörperten Idealisierungen und Ideologisierungen sehen zu können. Diese Überzeugung ist ebenso anfechtbar wie das in ihr zum Ausdruck kommende Überlegenheitsgefühl der Archäologie letztlich unangemessen erscheint.[12] Die grundsätzliche Problematik, die hier angesprochen wird, ist nämlich keine genuin archäologische. Sie wurde vielmehr von der Geschichtswissenschaft selbst schon früh diskutiert. Ihre klassische Formulierung fand sie in der auf Droysen und Bernheim zurückgehenden und bis heute aktuellen Unterscheidung zwischen Tradition und Überresten.[13]

Andererseits übersieht die These von der Überlegenheit einer archäologischen Perspektive, dass die notwendige Versprachlichung der aus den archäologischen Quellen (bzw. den »Überresten«) erhobenen Einsichten zwangsläufig einen Rückgriff auf gegenwärtige Konventionen erfordert. Sobald wir unsere Beobachtungen in zwangsweise durch unsere Geschichte geprägte Begriffe (aber auch in Tabellen oder Bilder) zu fassen versuchen, sind wir selbstverständlich auch anfällig für die darin enthaltenen Idealisierungen und Ideologisierungen. Die Einlassung Mellers, man müsse die archäologischen Quellen nur »richtig zum sprechen bringen« (ebd.), hat also einen ganz entscheidenden Haken. Ein irgendwie privilegierter Standpunkt des Archäologen ist nirgendwo zu erkennen. Und genausowenig lässt sich auf diese Weise letztlich ein systematischer Unterschied zwischen beiden Fächern begründen.

---

12 Dies bedeutet indes nicht zwangsläufig, dass man umgekehrt aus der Beschränkung der (Prähistorischen) Archäologie auf materielle und nichtschrifttragende Quellen eine grundsätzliche Unterlegenheit dieses Faches gegenüber einer mit erzählenden Quellen arbeitenden Geschichtswissenschaft annehmen müsste (wie etwa Manfred K. H. Eggert 2002 und in diesem Band).
13 Siehe Anm. 8.

IV.

Meine These lautet deshalb, dass es den in archäologischen Grundsatzerörterungen aus Gründen der Identitätsbildung immer wieder beschworenen grundsätzlichen Unterschied zwischen Archäologie und Geschichtswissenschaft nicht gibt. Beide Fächer bzw. Fächergruppen untersuchen von modernen Erfahrungen ausgehend und gestützt auf authentische Quellen Vergangenes. Dass es sich dabei jeweils um unterschiedliche Ausschnitte der Vergangenheit mit einer teilweise sehr unterschiedlichen Quellensituation handelt, erscheint demgegenüber sekundär. Es bedingt lediglich die Unterschiede hinsichtlich der anzuwendenden Methoden, um zu begründbaren Aussagen zu gelangen.[14] Das Ergebnis ist in jedem Fall dasselbe: nämlich ganz einfach Geschichte (siehe etwa Veyne 1990).[15]

Mit dieser Aussage soll nicht geleugnet werden, dass die spezifische Struktur der Quellen, mit denen die Archäologie arbeitet, ihre Methoden und die Aussagemöglichkeiten in vieler Hinsicht mitbestimmt – v. a. auch im Sinne einer Begrenzung der Aussagemöglichkeiten (Eggert 2002). Von einem deterministischen Denken, wie es in entsprechenden Debatten immer wieder aufscheint, sei jedoch ausdrücklich gewarnt. Dem Archäologen steht (contra U. Fischer 1987) weit mehr als nur eine antiquarische Zugriffsmöglichkeit auf die Vergangenheit offen. Die quellenmäßigen Voraussetzungen prägen gerade auch in der Praxis die Struktur unseres Faches letztlich weit weniger, als vielfach unterstellt wird. Auch von einer reduzierten archäologischen Quellenbasis aus sind ganz unterschiedliche Zugriffe auf die Vergangenheit möglich. Dies lässt sich vielleicht am besten mit einem Bild veranschaulichen, das den Archäologen dem Architekten gegenüberstellt. Jener kann grundsätzlich aus dem gleichen Stein eine massive, fest mit der Erde verbundene Pyramide wie eine gen Himmel strebende gotische Kathedrale erschaffen – nicht aber den Pariser Eiffelturm oder die Glaspaläste der Gegenwart. Dies zeigt z. B. eine Gegenüberstellung der sehr unterschiedlichen Deutungen des Megalithphänomens in traditionell-kulturhistorischen, prozessualen und postprozessualen Studien (Veit 1999). Insofern ist es mehr eine Frage der persönlichen Einstellung und der akademischen Sozialisation als eine Grundsatzfrage, ob man eher die Chancen oder die Grenzen der an materiellen Quellen orientierten historischen Forschung betont. Andererseits existieren natürlich auch durch die Quellen gesteckte Grenzen für archäologische wie historische Untersuchungen. Wie man aus Stein keinen Eiffelturm errichten kann, so lassen sich

---

14 Die angewandten Methoden unterscheiden sich dabei auch nicht nur zwischen Archäologie und Geschichtswissenschaft, sondern beispielsweise auch schon zwischen Verfassungsgeschichte und Alltagsgeschichte, zwischen Ereignis- und Umweltgeschichte usw.

15 Vor diesem Hintergrund erscheint ein Begriff wie »Historische Archäologie«, der in den letzten Jahren verstärkt gebraucht wurde, um eine chronologisch bis weit in die Neuzeit hinein verlängerte Archäologie des Mittelalters zu kennzeichnen, die parallel materielle und schriftliche Quellen analysiert (Frommer 2007), widersinnig.

allein anhand archäologischer Quellen keine kanonischen Diskursanalysen (Landwehr 2008) durchführen.

Entscheidend ist aber letztlich, dass die Fragen, die wir an die Vergangenheit richten, mindestens genauso wichtig sind wie die Quellen. Und diese Fragen unterscheiden sich oftmals sehr viel weniger zwischen einzelnen Vertretern der Archäologie und der Geschichtswissenschaft als zwischen unterschiedlichen Bereichen innerhalb der Geschichtswissenschaft bzw. innerhalb der Archäologie. Ein Umwelthistoriker profitiert sehr wahrscheinlich viel mehr vom Fachgespräch mit einem Umweltarchäologen als vom Gespräch mit einem Rechtshistoriker.

Auch hier erkennen wir also eine zunehmende Erosion der alten Fächergrenzen. Ohnehin wird man sich die Fachgrenzen und Fächerbeziehungen nicht allzu fest gefügt und zeitresistent vorstellen dürfen – so beunruhigend eine solche Vorstellung für den eingeschworenen Fachwissenschaftler auch sein mag. Ein Blick in die Wissenschaftsgeschichte macht jedenfalls unmissverständlich deutlich, dass die Prähistorische Archäologie noch im 19. Jahrhundert mit der Geschichtswissenschaft recht wenig zu tun hatte. Im Kontext des Darwinismus und der Evolutionstheorie ist sie zunächst vielmehr als eine Art von »Antigeschichte« konzipiert worden.[16] Dies gilt nicht nur für die westeuropäischen Länder, sondern ebenso für Mitteleuropa – auch wenn Rudolf Virchow, als Hauptvertreter dieser Richtung in Deutschland, dem Entwicklungsdenken gegenüber immer skeptisch blieb.[17] So dauerte es lange, bis sich das Fach Ur- und Frühgeschichte nach 1900 sukzessive als eine spezielle Form von Geschichtswissenschaft an den Universitäten etablieren konnte. Aus diesem Grund habe ich starke Vorbehalte gegenüber der These Ulf Ickerodts (dieser Band), dass eine Rückbesinnung auf das 19. Jahrhundert in unmittelbarer Weise zur Lösung aktueller Strukturprobleme der Wissenschaft beitragen könne. Von einer gemeinsamen epistemologischen Wurzel von Archäologie und Geschichtswissenschaft kann m. E. für das 19. Jahrhundert jedenfalls nicht gesprochen werden.

Demgegenüber existiert heute – trotz aller Verständigungsschwierigkeiten im praktischen Miteinander – zumindest im Grundsätzlichen eine gemeinsame Basis von Prähistorischer Archäologie und Geschichtswissenschaft. Die Legitimationsprobleme, mit denen sich das Fach Ur- und Frühgeschichte noch zu Beginn des 20. Jahrhunderts konfrontiert sah, sind nämlich in dem Maße geschwunden, in dem der klassische Historismus in der Geschichtswissenschaft an Einfluss verloren hat. Das Aufkommen und die Blüte der landesgeschichtlichen Forschung seit den 1930er Jahren war ein wichtiger Schritt hin zu einer integrierten historisch-archäologischen Erforschung von Siedlungsprozessen auf regionaler Ebene (Jankuhn 1970). Und spätestens mit

16 Man beachte auch den noch älteren Gegensatz zwischen dem Antiquar und dem Historiker: Arnold 2001; Momigliano 1995.
17 Eine ähnliche Skepsis hegte Virchow indes auch gegenüber den Historikern: Veit 2006b mit weiteren Belegen.

dem Aufkommen des Paradigmas der Historischen Sozialwissenschaft war eine breite Grundlage für eine produktive Zusammenarbeit von Archäologie und Geschichtswissenschaft auf Gebieten gemeinsamen Interesses gegeben. Mit der neuerlichen Umorientierung von Teilen der Geschichtswissenschaft hin zu einer Historischen Kulturwissenschaft hat sich daran zumindest im Grundsätzlichen nichts geändert, auch wenn die mitteleuropäische Archäologie immer noch zögert, diesen Schritt mitzugehen.

Dies gilt auch auf einer abstrakteren Ebene mit Blick auf die unterschiedlichen Grundüberzeugungen bzw. Paradigmen historischer wie archäologischer Forschung. So gibt es Archäologen, die den Prinzipien des Historismus nahe stehen, andere die Archäologie als Historische Sozialwissenschaft verstehen und wiederum andere, die sich in ihren Forschungen implizit oder explizit am Modell einer Historischen Kulturwissenschaft orientieren. Sie können mit Historikern gleicher erkenntnistheoretischer Grundüberzeugung meist sehr viel problemloser kommunizieren als mit Kollegen aus dem eigenen Fach, die einem anderen Forschungsparadigma anhängen.

Vor diesem Hintergrund verdienen einige jüngere Diskussionen im Bereich der Kulturwissenschaften unser Interesse. Dort ist seit einigen Jahren die Tendenz sichtbar,»Archäologie« paradigmatisch an Stelle der Geschichtswissenschaft zur Leitdisziplin zu erheben. Aus einer solchen an Foucault orientierten Perspektive erscheint die Vergangenheit des Menschen primär als ein technisch-mediales Konstrukt (Ebeling 2002; Ebeling/Altekamp 2004). Das heißt, dass nicht Narration, sondern Ausgrabung und Archivierung die kulturwissenschaftliche Praxis bestimmen.

Dieses Archäologiebild hat indes mit dem aktuellen Selbstverständnis der im engeren Sinne archäologisch arbeitenden Fachwissenschaften nicht viel gemein – abgesehen von einer gewissen Distanz gegenüber einem traditionellen, an erzählenden Quellen orientierten Geschichtsverständnis. Es wird in der Regel überhaupt nicht wahrgenommen[18] – und dort, wo dies doch der Fall ist, spricht man von einer »›Para-Archäologie‹«, die eher eine Gefahr als eine Bereicherung für die ›echten‹ Archäologien darstelle (Eggert/Samida 2009, 306). Dieses harsche Urteil scheint mir voreilig – und in einem Lehrbuch, das zuallererst die Neugier der Studierenden wecken sollte, auch deplatziert.

Angesichts der Radikalität des Foucaultschen historischen Denkens (einführend: Veyne 1992; Sarasin 2003), das viele der grundlegenden und lange unhinterfragten Selbstverständlichkeiten des oben dargelegten, gemeinsamen Fachverständnisses von Archäologie und Geschichtswissenschaft in Frage stellt (etwa in der Bevorzugung des Prinzips der Rarheit gegenüber dem der Generalisierung und Analogiebildung), kommen solche überzogenen Urteile allerdings auch nicht ganz überraschend. Ich halte es dennoch nicht für ausgeschlossen, dass entsprechende Einsichten mittelfristig

---

18 Dies gilt selbst dort, wo die Auseinandersetzung mit der archäologischen Fachforschung direkt gesucht wird, etwa durch Beteiligung an der Troia-Debatte: Ernst 2004.

auch in der mitteleuropäischen Archäologie an Bedeutung gewinnen und so zu einer ganz neuen Form von Archäologie führen könnten, deren Umrisse sich heute erst erahnen lassen.[19]

Literaturverzeichnis

Arnold 2001: J. H. Arnold, Geschichte. Eine kurze Einführung. Stuttgart: Reclam 2001.

Assmann 1996: A. Assmann, Texte, Spuren, Abfall. Die wechselnden Medien des kulturellen Gedächtnisses. In: H. Böhme/K. R. Scherpe (Hrsg.), Literatur und Kulturwissenschaften. Reinbek b. Hamburg: Rowohlt 1996, 96–111.

Droysen 1960: J. G. Droysen, Historik. Vorlesungen über Enzyklopädie und Methodologie der Geschichte (hrsg. von R. Hübner). Darmstadt: Wissenschaftliche Buchgesellschaft ⁴1960.

Droysen 1977: Ders., Historik, Rekonstruktion der ersten vollständigen Fassung der Vorlesungen (1857). Grundriß der Historik in der ersten handschriftlichen (1857/1858) und in der letzten gedruckten Fassung (1882). Stuttgart-Bad Cannstatt: Frommann-Holzboog 1977.

Ebeling 2002: K. Ebeling, Die Mumie kehrt zurück. Zur Aktualität des Archäologischen zwischen Philosophie, Kunst und Technik. Weimarer Beitr. 48, 2002, 273–89.

Ebeling/Altekamp 2004: Ders./St. Altekamp (Hrsg.), Die Aktualität des Archäologischen. Frankfurt a. Main: Fischer 2004.

Eggert 2002: M. K. H. Eggert, Between Facts and Fiction. Reflections on the Archaeologist's Craft. In: P. F. Biehl/A. Gramsch/A. Marciniak (Hrsg.), Archäologien Europas: Geschichte, Methoden und Theorien/Archaeologies of Europe: History, Methods and Theories. Tübinger Arch. Taschenb. 3. Münster: Waxmann 2002, 119–31.

Eggert 2008: Ders., Prähistorische Archäologie: Konzepte und Methoden. Tübingen: Francke ³2008 [Erstausg.: Tübingen 2001].

Eggert/Samida 2009: Ders./St. Samida, Ur- und Frühgeschichtliche Archäologie. Tübingen: Francke 2009.

Ernst 2004: W. Ernst, Datenkrieg: Troja zwischen Medien und Archäologie. In: Ebeling/Altekamp 2004, 233–51.

Finley 1987: M. I. Finley, Quellen und Modelle in der Alten Geschichte. Frankfurt a. Main: Fischer 1987.

Fischer 1987: U. Fischer, Zur Ratio der prähistorischen Archäologie. Germania 65, 1, 1987, 175–95.

Frommer 2007: S. Frommer, Historische Archäologie. Ein Versuch der methodologischen Grundlegung der Archäologie als Geschichtswissenschaft. Tübinger Forsch. Hist. Arch. 1. Büchenbach: Dr. Faustus 2007.

---

19 Ein Anfang im Bereich der Klassischen Archäologie ist bereits gemacht: Rösler 2004.

Heckhausen 1987: H. Heckhausen, »Interdisziplinäre Forschung« zwischen Intra-, Multi- und Chimären-Disziplinarität. In: J. Kocka (Hrsg.), Interdisziplinarität. Praxis – Herausforderung – Ideologie. Frankfurt a. Main: Suhrkamp 1987, 129–45.

Heckhausen 1989: Ders., Die disziplinäre Organisation von Forschung und Lehre. Konstanzer Bl. Hochschulfragen 26, 98/99, 1989, 28–46.

Jankuhn 1970: H. Jankuhn, Archäologie und Landesgeschichte. In: G. Droege (Hrsg.), Landschaft und Geschichte. Festschrift für Franz Petri zu seinem 65. Geburtstag am 22. Februar 1968. Bonn: Röhrscheid 1970, 299–311 [Neu abgedruckt in: P. Fried (Hrsg.), Probleme und Methoden der Landesgeschichte. Darmstadt: Wissenschaftliche Buchgesellschaft 1978, 370–89].

Knape 2002: J. Knape, Im Clinch mit den Kollegen. Attempto! Forum der Universität Tübingen 12, 2002, 20–2.

Landwehr 2008: A. Landwehr, Historische Diskursanalyse. Frankfurt a. Main: Campus 2008.

Meller 2008: H. Meller (Hrsg.), Fundsache Luther. Archäologen auf den Spuren des Reformators. Halle, Stuttgart: Landesamt für Denkmalpflege und Archäologie Sachsen-Anhalt – Landesmuseum für Vorgeschichte, Theiss 2008.

Momigliano 1995: A. Momigliano, Wege in die Alte Welt. Frankfurt a. Main: Fischer 1995.

Raphael 1990: L. Raphael, Historikerkontroversen im Spannungsfeld zwischen Berufshabitus, Fächerkonkurrenz und sozialen Deutungsmustern. Lamprecht-Streit und französischer Methodenstreit der Jahrhundertwende in vergleichender Perspektive. Hist. Zeitschr. 251, 1990, 325–63.

Rösler 2004: D. Rösler, Foucault und die Archäologen. In: Ebeling/Altekamp 2004, 118–34.

Sarasin 2003: Ph. Sarasin, Geschichtswissenschaft und Diskursanalyse. In: Ders., Geschichtswissenschaft und Diskursanalyse. Frankfurt a. Main: Suhrkamp 2003, 10–60.

Schmidt 2003: D. Schmidt, »Kommt Zeit, kommt Unrat«. Abfallforschung und die Entdeckung der Vorgeschichte im 19. Jahrhundert. In: M. Fansa/S. Wolfram (Hrsg.), Müll – Facetten von der Steinzeit bis zum Gelben Sack. Schriftenr. Landesmus. Natur u. Mensch 27. Mainz: Zabern 2003, 187–95.

Schmidt 2005: Ders., Die Lesbarkeit des Abfalls: Zur Entdeckung materieller Unkultur als Objekt archäologischen Wissens. In: T. L. Kienlin (Hrsg.), Die Dinge als Zeichen: Kulturelles Wissen und materielle Kultur. Universitätsforsch. Prähist. Arch. 127. Bonn: Habelt 2005, 239–52.

Schmitt/Gutjahr 2008: R. Schmitt/M. Gutjahr, Das »schwarze Kloster« in Wittenberg. Bauforschung und Archäologie im und am Kloster der Augustiner-Eremiten und Wohnhaus Martin Luthers. In: Meller 2008, 132–39.

Trachsel 2008: M. Trachsel, Ur- und Frühgeschichte. Quellen, Methoden, Ziele. Zürich: Orell Füssli 2008.

Ulf 2003: Ch. Ulf (Hrsg.), Der neue Streit um Troia. Eine Bilanz. München: Beck 2003.

Veit 1995: U. Veit, Zwischen Geschichte und Anthropologie. Überlegungen zur historischen, sozialen und kognitiven Identität der Ur- und Frühgeschichtswissenschaft. Ethnogr.-Arch. Zeitschr. 36, 1995, 137–43.

Veit 1999: Ders., Überlegungen zur Funktion und Bedeutung der Megalithgräber im nördlichen und westlichen Europa. In: K. W. Beinhauer/G. Cooney/Ch. E. Guksch/S. Kus (Hrsg.), Studien zur Megalithik. Forschungsgegenstand und ethnoarchäologische Perspektiven. Veröffentlichung zu einer internationalen Konferenz am Reiss-Museum in Mannheim vom 1.–4.10.1992. Beitr. Ur- u. Frühgesch. Mitteleuropa 21. Langen-weißbach: Beier & Beran 1999, 395–419.

Veit 2001: Ders., Von der Schwierigkeit ein Fach zu bestimmen: Überlegungen zur kognitiven Identität der Ur- und Frühgeschichtsforschung. Saeculum 52, 2001, 73–90.

Veit 2006a: Ders., Abfall als historische Quelle: Zeugenschaft in der Archäologie. Parapluie: Elektronische Zeitschrift für Kulturen • Künste • Literaturen 22. Zeugenschaft, 2005/2006. http://parapluie.de/archiv/zeugenschaft/archaeologie/.

Veit 2006b: Ders., Gründerjahre: Die mitteleuropäische Ur- und Frühgeschichtsforschung um 1900. In: J. Callmer/M. Meyer/R. Struwe/C. Theune (Hrsg.), Die Anfänge der ur- und frühgeschichtlichen Archäologie als akademisches Fach im europäischen Vergleich (1890–1930) – The Beginnings of Academic Pre- and Protohistoric Archaeology in a European Perspective (1890–1930). Berliner Arch. Forsch. 2. Rahden/Westf.: Leidorf 2006, 43–62.

Veyne 1990: P. Veyne, Geschichtsschreibung – und was sie nicht ist. Frankfurt a. Main: Suhr-kamp 1990.

Veyne 1992: Ders., Foucault: Die Revolutionierung der Geschichte. Frankfurt a. Main: Suhr-kamp 1992.

Wenskus 1979: R. Wenskus, Randbemerkungen zum Verhältnis von Historie und Archäologie, insbesondere mittelalterliche Geschichte und Mittelalterarchäologie. In: H. Jankuhn/H. Wenskus (Hrsg.), Geschichtswissenschaft und Archäologie. Vorträge u. Forsch. 22. Sigmaringen: Thorbecke 1979, 637–57.